公司法

杨敏 程南 唐英◎著

中国政法大学出版社

2019·北京

前 言
PREFACE

本书由贵州民族大学法学院承担商法课程教学的骨干教师编写。程南和唐英，教授、法学博士；杨敏，副教授、法学硕士。三位执笔教师均具有多年讲授公司法的教学经验，有完成省级以上教改课题的教研经历。全书共分为七章：杨敏编写【公司设立】和【公司股东】两章，唐英编写【公司与公司法概述】和【公司治理】两章，程南编写【公司资本及其变化的法律规制】、【公司组织形式变化的法律规制】和【公司解散和清算的法律规制】三章。

本书的编写理念是：全面呈现法律规定"是什么"的知识内涵，深度挖掘"为什么如此规定"的知识意义，以增强读者对知识的理解领悟、提升其对法律的应用能力。为此，特别的编写设计是：第一，在每一章的开头增加了【导论】部分——向读者展示法律为什么如此规定，即展现法律回应现实的视角，揭示法律的实践性，激发读者对公司法框架体系构建的思考和共鸣。第二，在章节知识点中，进一步结合相关的实务和理论热点，增设【实务拓展单元】和【理论拓展单元】两部分——展现出实务问题和理论思考，揭示法律适用需要不断回应发展的实践，使读者树立正确的公司法价值认识观念，生发出平衡参与公司各方主体利益的法价值观，能更好地适用公司法。

同时，因为强调对公司法实践意义以及法律和法学知识意义的阐释，所以，本书还具有紧跟公司法立法潮流和司法热点等最新发展的特点。我国的《公司法》历经多次修改完善，还包括相关司法解释的补充规定，使得立法的科学性已得到较大提升。具体来说，一方面，对公司设立方面的法律规制，已基本完善和定型。但围绕公司资本制度的改革，因为牵涉打造营商环境、推进政府"放管服"改革、为市场主体减负等宏观层面的改革进程，其中的公司法理论和实践意义以及具体的制度构建，都还有细化提升的空间。另一方面，在公司治理和公司变化两方面，随着我国市场经济不断向纵深发展、资本市场的完善，暴露出较多的实务问题，凸显出相关的法律规定还较为原则，对法律的认识还需要不断发展。

在具体内容上，本书前四章围绕对公司和公司法的认识，从公司设立、运行的角度展现各方主体对公司的参与。通过学习，读者可以逐步建立起对公司内部法律关系和公司外部法律关系的认识，熟悉诸如有限责任公司、发起人、发起责任、出资方式、出资责任、控股股东、高管、勤勉义务等基本的公司法概念，初步领悟公司制度运作中股东利益、公司利益、债权人利益三者之间的区别和法律保护的不同。

本书后三章，进一步立足于参与公司的各方主体利益的不同保护需要，揭示公司制下的法律规则供给。后三章的内容，均围绕公司变化，主要包括三种类型：第一，公司资本的变化，即公司资本的增加和公司资本的减少；第二，公司组织形式的变化，即合而为一的公司之间合并、一分为二的公司分立以及一家公司在有限责任公司和股份有限公司两种法定公司类型之间进行转换；第三，公司经营状态的变化，即终止经营的公司解散决定和退出市场前的公司清算程序。

一般而言，公司法之所以关注公司设立、公司治理和公司变化，原因都在于引入严格的公司法规范的必要性。一方面，这些都是商主体根据自身发展所做的自主选择，存在着独立的公司发展利益需要法律保护；另一方面，商主体的自主选择又会影响公司相关方的利益，所以法律有必要引入对债权人保护和小股东保护的审视。公司制度之所以引发了利益相关方保护的法治需要，根源都在于公司组织的控制权问题。

第一，债权人相对于股东而言，显然缺乏对公司的控制权。股东有限责任制度，意味着股东在可能拥有控制公司的权力的同时又获得了有限责任的豁免。在这种情况下，如果公司法无视债权人利益保护，势必使得信用先天不足的公司难以在市场上获得交易机会，因为债权人不敢与其交易。

相应地，公司设立，因为涉及公司资本的形成，是债权人保障的基础，当然有必要引入债权人保护。为此，《公司法》的规定是：发起人责任、出资不实的法律责任。公司治理中，通过公司人格否认制度的适用，使债权人得以刺破公司的面纱而追及股东，由其对公司债务承担直索责任。公司变化，无论是公司资本变化中的公司利润分配和减资、公司组织形式变化中的合并和分立，还是公司经营变化中的公司清算等，因为涉及公司资产的处分和变化，都需要引入债权人保护。为此，《公司法》的规定是：利润分配中的资本维持规则，减资和合并中的债权人知情权和实体权利保护，公司分立中的债务概括承继。

第二，小股东相较于大股东而言，显然缺乏公司的控制权。公司法人独立制度，意味着小股东一旦投资进入公司就要尊重公司意思机关的决策，无法以个人意志与资本多数决下的公司意志抗衡，从而极可能遭受权益锁定，无法从公司获得预期的经济利益和控制利益。如果公司法无视中小股东的利益保护，势必影响公司制的基本功能即资本筹集的效果。股东相较于管理层，同样因为缺乏控制权而引发了代理问题，需要公司法回应。

相应地，公司治理中股东权利的法律规定、控股股东义务的法律规定、高管任职资格、义务和法律责任的法律规定，都体现出法律对股东利益和小股东利益的法律保护。公司资本变化中的公司利润分配和增资，公司组织形式变化中的合并和分立等，因为涉及公司资产的处分和变化，有必要保护小股东利益。为此，公司法区分了不同公司变化对小股东利益的不同影响，赋予小股东以个体股东权利，包括：利润分配请求权，增资中的优先认缴权，以及合并、分立中的异议股东回购请求权。

总之，从公司设立开始、到公司发展中的公司治理，再到公司变化，均会引发相应的公司法规制，由此产生一系列的公司外部法律关系和公司内部法律关系。由公司法制供给来承担起债权人保护和中小股东保护的职责，这样的法律规范意义在于：促进作为经济组织方式的"公司"能被现实选择——既保证公司制能被中小股东选择，从而有力地集结社会闲散资本进入投资领域；又保证公司能被债权人选择，从而可以通过交易营利，获得长足发展。所以，因为公司的发展能不断吸引投资和扩大交易，公司也自然成为增强一国市场经济活力的基本力量。而不断完善公司法治，就是在不断促进市场经济发展。公司法是发展市场经济的重要法治保障。

目 录

公司与公司法概述

导　论

公司或者说有限公司，之所以能作为概念出现、被法律固定为人类制度文明、并被各国发展市场经济所普遍适用，都与其历史功用密不可分。股东有限责任制度作为公司制度之不可动摇的基石，其意义巨大，西方史学家甚至认为其历史作用和影响远远大于蒸汽机的发明。股东有限责任制度最重要的意义是，降低和分散了股东的投资风险，极大地激励和刺激了股东的投资热情和积极性。从而，加快了公司规模的扩大，适应了社会化大生产和现代市场经济发展，极大地推动了社会生产力的提高。而且，由于投资风险的显著降低，使得股东将自己的股权转让给其他股东或外部第三人也变得更为迅速和容易，股东通过转让股权方便快捷地退出公司，有利于实现资源的优化配置，并促进产权市场尤其是证券市场的形成和发展。因此，公司，作为一种组织经济的方式，成为增强一国市场经济活力的重要力量。公司的存在本身决定了对公司的认识。

从理论上认识公司，有字面、经济学和法学等多重含义。法学中，公司是一种能够绝对独立承担责任、具有法人人格的企业类型，从而与不能绝对独立承担责任的非法人型企业相区别。从法学理论上来看，公司与企业、法人和社团是相关概念，既有联系也有区别，企业性、法人性和社团性都是公司的特征；作为企业形态之一，公司显著区别于个人独资企业、合伙企业等非法人型企业，而有其突出的自身特点，包括：股东有限责任、所有权与经营权两权分离、股权的自由转让以及受到较多的国家干预。所以，法学范畴上的公司，强调具有绝对独立责任或绝对独立主体资格。

从法律制度的角度理解公司，股东有限责任制度是最重要的公司制度内核，其重要的功能之一，是促进了股东人数的增加和股权多元化。从而，形成公司内部多元股东之间的分权制衡机制，避免和控制了单个或少数股东独裁或滥权的可能性，有利于保护全体股东尤其是中小股东和公司债权人的利益。功能之二，是促使所有权和经营管理权两权分离的公司治理机制的形成。从而，有利于公司经营管理的专业化和科学化，大大提高了公司的经营管理效率。可见，在法律上，股东有限责任制度是公司制度的主干和前提，公司治理制度、股权转让制度等其他公司制度均是股东有限责任制度的逻辑结果和附属配套制度。

公司法的调整对象，是平等主体之间的、与公司有关的各种内部社会关系和外部社会关系。公司法围绕着公司法人主体的设立、运行规定了一系列法律关系，明显区别于其他民商事部门法以及商事公法。公司法，在性质上以私法性为主但兼具一定的公法性，具有商主体法与商行为法的结合、较强的技术性及国际趋同性和变动性等基本特征。当代公司法的两大发展趋势是放任自治与强化责任，二者并行不悖。

法律规定中的公司，在大陆法系国家公司的基本分类是无限公司、有限公司和两合公司，英美法系国家公司的基本分类是封闭性公司和开放性公司。每种分类，都有基本的分类标准和意义。我国《公司法》对公司的分类，包括有限责任公司、股份有限公司、一人有限责任公司、国有独资公司。

总之，公司是现代市场经济最重要的市场主体和企业形态，是依法设立的具有法人资格的企业；公司法是调整平等主体之间的、与公司有关的各种内部和外部社会关系的法律规范的总称。

第一节　公司概述

一、公司的含义

（一）公司的字面含义

"公司"一词并非我国所固有。19 世纪上半叶，中国才开始以公司来称呼外国商人在华开办的商事组织。"公"乃共，含有无私、共同的意思；"司"为主，含有主持、掌管的意思。公司即是共同掌管之意。[1]"公司"这一称谓揭示了典型的公司是由多数股东共同投资和共同管理的重要特征。因此，"公

---

〔1〕 王新、秦芳华：《公司法》，人民法院出版社 2000 年版，第 30 页。

司"最初的字面含义是指众多主体为实现共同目的（通常为经济目的）及从事共同事业之结社。[1]

英语中"company""corportion"两词都可指称公司，但两者实质不同。"company"的含义非常宽泛，相当于"组织""团体""社团"，既包括具有法人资格的社团如公司，也包括不具有法人资格的社团如合伙。而"corportion"的含义狭窄确定，相当于"法人"，仅指具有法人资格的组织、团体或社团。由此可见，公司与社团和法人这两个概念之间都存在着紧密联系。

（二）公司的经济学含义

经济学上将一切营利性组织都称为公司，公司与企业大体等同，可互换使用。故而，经济学是将公司看作一种投资工具或经济工具，着重针对公司的经济特点进行描述性的界定。古典经济学从技术因素和外部视角考察公司的特征，将公司看成是一种以谋求利润最大化为目标的生产单位或经济单元，公司的功能是把土地、劳动、资本等生产要素投入生产并转化为一定的产出，因此可将公司界定为一个投入产出的生产函数。新制度经济学则从制度因素和内部视角揭示公司的本质，将公司看成是投资者、经营管理者、劳动者、供应商、销售商等生产要素所有者之间签订的一系列契约的集合体和连接点。由权威的经营管理者来统一支配各种生产要素并组织生产，其交易费用会低于通过产品市场来组织生产所花费的费用。因此，公司是一种替代外部产品市场机制的内部要素市场机制和制度安排，其产生的动因在于降低和节约市场交易费用。[2]

（三）公司的法学含义

法学上对公司含义的界定虽然是以经济学上的界定为前提，但较之经济学视角，更强调从公司的主体资格或法律人格的角度来对公司进行定义，突出公司较之商自然人及公司股东是具有独立人格的商组织体。由于传统英美法系国家法学传统素来不注重对法律概念的严格界定，因此其公司立法并未对公司作出明确的定义，并在经济学的宽泛意义上使用公司这一概念。而传统大陆法系国家法学传统历来重视对法律概念的提炼和精准定义，其公司立法大都将公司定义为具有法人资格的企业形态，将有限责任公司、无限责任

---

[1]　史际春：《企业和公司法》，中国人民大学出版社2008年版，第132页。
[2]　牛国良：《企业制度与公司治理》，清华大学出版社2008年版，第26~27页。

公司等所有公司类型与个人独资企业、合伙企业等不具有法人资格的企业相区别，从而将公司的外延明确限定于能独立承担债务责任的法人型企业，避免了经济学上泛化公司外延将公司与企业概念等同的模糊做法，使得公司企业成为与商自然人以及不具有法人资格的个人独资企业、合伙企业等相并列的一种具有特定内涵和外延的企业形态。

大陆法系国家和地区通常在公司法、商法典或民法典中对公司作出明确定义，其或对公司整体作统一定义，或对各类公司分别定义。如《日本商法典》第52条第1款规定："本法所称公司，是指以从事商行为为业的目的而设立的社团。"该法第54条第1款还规定："公司是法人。"如《意大利民法典》在数个条文中分别就股份公司、有限责任公司等的含义作出明文规定。而我国《公司法》采取的是既对公司作统一定义、也对各类公司分别定义的周全做法，我国《公司法》第3条第1款规定："公司是企业法人，有独立的法人财产，享有法人财产权。公司以其全部财产对公司的债务承担责任。"第2款规定："有限责任公司的股东以其认缴的出资额为限对公司承担责任；股份有限公司的股东以其认购的股份为限对公司承担责任。"我国《民法总则》第76条第1款规定："以取得利润并分配给股东等出资人为目的成立的法人，为营利法人。"第2款规定："营利法人包括有限责任公司、股份有限公司和其他企业法人等。"从以上条款可知，我国民商事立法将公司明确界定为一种能独立承担责任、具有独立人格的企业法人或营利法人，对公司内涵和外延作出了精准和科学的界定。

二、公司与相近或相关概念的比较

（一）公司与企业

显然，公司只是企业的一种形态，公司与企业之间是种属概念之间的关系。本书认为，应从商事主体层面来考察企业的内涵和外延。商事主体可分为商自然人和商组织体。企业作为一种重要的商事主体，其是与商组织体等同的概念，企业就是商事主体中的商组织体类型，从而与商事主体中的商自然人相区分。企业作为商组织体具有如下特征：

1. 企业的经济性

企业是从事生产、运输、贸易等经济活动的社会经济组织。企业作为社会经济活动的主导力量，其社会功能在于从事商品生产、商品流通以及提供劳务或服务等社会经济活动。企业的经济性特征使得企业区别于国家机关、社会团体、事业单位[1]、军队等从事非经济活动的其他社会组织。

2. 企业的经营性

企业的经营性又称为企业的营业性，是指企业基于一定的经济目的进行筹划运作，计较投入产出，进行经济核算，有计划地、长期地、持续地、反复地从事社会经济活动。企业的经营性特征突出了企业从事经济活动的长期性、稳定性、持续性、反复性、职业性以及计划性，使得企业的经济活动区别于一次性、偶尔性、季节性等短期性和非职业性经济活动。如几个自然人临时合伙在夏季贩卖西瓜以及某些非企业组织偶尔从事经济活动，均不属于企业的经营性经济活动。

3. 企业的营利性

营利性是企业的本质特征。企业的营利性是指企业从事社会经济活动的目的在于追求企业自身利润最大化并将企业利润分配给其投资者，最终实现投资者利润最大化。可见，企业的营利性包含了企业利润最大化和投资者利润最大化两层意义。本书认为，投资者利益最大化即投资者私人营利性才是企业营利性的本质，投资者利润最大化即投资者私人营利性是投资者设立企业的初衷和目的，是企业从事社会经济活动的最终目的，而企业利润最大化只不过是实现投资者利润最大化即投资者私人营利性的工具和载体。

营利性不同于经济性和经营性。一些以企业命名的社会组织如政策性银行、公用事业企业等虽然从事的也是经营性的经济活动，并且其从事经营性经济活动的目的也是为了追求企业自身利润最大化，但其利润不分配给投资者或主要不是分配给投资者，其从事经营性经济活动的目的不是或主要不是为了实现投资者利润最大化，而是基于执行某种国家政策或实现某种社会公益目的。因此，这类企业并非私法意义上的狭义企业、典型企业和普通企业，而是属于公法意义上的广义企业、非典型企业、特殊企业。对于前者，实行的是私法的意思自治原则，国家只有在例外情形下才给以适度和必要的干预；

---

[1] 参见范健、王建文：《公司法》，法律出版社2006年版，第16页。我国的事业单位情况较为复杂，不仅有财政全额拨款的事业单位，也有部分财政拨款的事业单位，甚至还有实行企业化管理或经营而在经费上实行自收自支的事业单位。因此，如今的事业单位中已经有不少名为事业实为企业的单位。这些实质上的企业单位也必须在工商部门办理企业法人登记，领取企业法人营业执照。因此，在我国企业与事业之间的区别具有一定的相对性。

而对于后者，实行的是公法的国家强制原则，国家对其进行全面和严格的监管。

营利性也不等同于盈利性或赢利性。营利性指向的是目的，强调的是投资者设立企业以及企业从事经营性经济活动的目的在于分配利润于投资者以实现投资者利润最大化；而盈利性或赢利性指向的是结果，强调的是企业现实地实现了利润以及投资者现实地分配了利润。显然，企业的营利性不同于企业的盈利性或赢利性。因为，以投资者利润最大化这一营利目的设立的企业，在现实中由于市场行情不佳、经营决策失误、经营管理不善等原因而往往不能实现赢利甚至严重亏损，我们并不能以这些企业并未现实地实现赢利而否认其营利性属性。

4. 企业的组织性

企业在形式上表现为一种社会组织体，是一种从事社会经济活动的社会经济组织或实体，此即为企业的组织性。企业的组织性使得企业区别于从事经营性经济活动的商自然人，商自然人或者以单个自然人的形式出现，或者以自然人结合的家庭形式出现。

商自然人与作为商组织体的企业相比，前者属于非组织体形态的个体经营形式，以单个自然人或人数有限的家庭成员自己投资经营和从事劳动为主，既没有内部组织机构，也没有雇员或只有极少数的雇员，商自然人在对外从事经营活动时是以作为投资者的商自然人的个人名义为之；而后者属于组织体形态的经营形式，一般是复数以上的投资者共同投资经营，有一定的内部组织机构，并且有较多或众多雇员，企业在对外从事经营活动时不是以投资者名义而是以企业的名义为之。企业的组织性特征使得企业较之商自然人能够进行更大规模的经营活动，为投资者创造更多的利润。因此，企业尤其是公司企业才是现代市场经济中最重要的商事主体。

5. 企业的独立性或主体性

企业的独立性是指企业作为商组织体具有绝对独立或相对独立的财产，能够以自己的名义对外独立进行经营性经济活动，并能以自己的财产绝对或相对独立地承担责任。企业的独立性是企业作为商组织体区别于商自然人的一个重要特征，这一特征是企业组织性的必然推导和结果。企业的组织性促使企业与其投资者在主体资格上相分离，使得企业较之其投资者具有了独立的财产、独立的名义、独立的经济核算、独立的决策和独立的责任，即企业具有绝对或相对的独立性或主体性，企业是与其投资者相独立的两个不同的民事主体，各自绝对或相对独立地对其债务承担责任。

6. 企业的法定性

企业的法定性是指企业必须依照法律规定的条件和程序予以成立并须具备法定的企业形态。企业的法定性包括企业设立条件及程序的法定性、企业形态的法定性两个方面的内容，前者是指企业必须依照法律规定的设立条件和设立程序依法成立，后者是指企业投资者必须在法律明文规定的企业形态中选择所设企业的形态，不允许投资者自创企业类型。企业的法定性特征体现了国家对企业这种以组织体形式规模性经营的商事主体设立自由的适度和必要限制，此种干预的动因是基于企业尤其是公司企业的重要社会影响力，此种干预的目的是保护企业人数众多的债权人、劳动者等企业利益相关者的利益，以维护交易安全和交易公平，保护社会公共利益并维系基本的社会稳定。相较而言，商自然人作为商事主体表现为单个自然人或少数家庭成员的小规模经营形式，其社会影响力微小，国家对商自然人的设立自由基本不作限制或限制极少。

企业的设立原则经历了由早期的自由设立主义与特许设立主义到现今的核准设立主义与准则设立主义的演变过程，当今绝大多数国家包括我国的商事企业立法均以准则设立主义为主，仅在特殊情况下采取核准设立主义。准则设立主义的实质是由法律事先规定各类企业的设立条件和设立程序，只要企业设立具备法定的条件和履行了法定的程序，企业登记机关必须准予其登记，确认企业的主体资格和营业资格。因此，在现代准则设立主义的前提和背景之下，法定性成为当今所有企业的共同和普遍特征。

在以上列举的企业各种特征中，经济性、经营性和营利性是包括企业和商自然人在内的所有商事主体共同具有的特征，而组织性、独立性和法定性是企业作为商组织体所独具的特征，以区别于商自然人这种以个体投资和个体劳动为核心的小规模经营形式的商事主体。公司作为企业中的一种重要类型，其当然具有以上列举的企业的所有特征。

（二）公司与法人

如前所述，企业作为商组织体，较之商自然人具有组织性及独立性特征，能够以组织体名义对外独立从事经济活动并独立承担责任。而公司作为现代社会重要和复杂的一种企业形态，其当然具有作为一切企业共性的独立性特征即具有独立的法律人格。因此公司与法人这一概念也就紧密勾连在一起。关于公司与法人之间的关系以及这两个概念是否等同这一问题，各国立法和学理上均有较大分歧，其实质在于对法人概念的广义和狭义的不同理解。

广义的法人是指与自然人相对称的一切团体或组织，既包括法人成员与法人绝对独立的团体，此种团体的特点是对外绝对独立地承担责任，法人成员不须对团体的债务负责即所谓法人成员的有限责任；也包括法人成员与法人相对独立的团体，此种团体的特点是对外相对独立地承担责任，法人成员须对团体的债务负责即所谓法人成员的无限责任。广义的法人可看作是区别于自然人的、能以自己名义参与法律关系的一切团体或组织，法人人格即团体人格也。广义的法人概念揭示了法人制度的基本功能不在于赋予法人成员以有限责任的优惠，而在于方便各种团体以团体整体名义对外从事各种民事活动和诉讼活动，避免团体的众多成员各自或共同以自己名义对外从事活动所带来的效率低下和关系混乱，大大提高了交易效率并有效地维护了交易安全及便捷。在此种广义的法人概念下，一切具有一定组织性的团体均可被赋予法人资格，组织性是团体取得法人人格的唯一条件。因此，不仅投资者承担有限责任的有限责任公司和股份有限公司是法人，而且个人独资企业、合伙企业等投资者承担无限责任的企业也是法人。大多数传统大陆法系国家均采广义法人概念，将无限责任公司、两合公司、股份两合公司[1]等全部股东或部分股东承担无限责任的公司也称为法人。

狭义的法人仅指法人成员与法人绝对独立的团体，因为，狭义的法人概念和理论认为，赋予法人成员以有限责任的优惠才是法人制度的基本功能。在此种狭义的法人概念下，并非一切具有组织性的团体都能被赋予法人资格，组织性和成员有限责任成为团体取得法人人格的双重条件。因此，仅投资者承担有限责任的有限责任公司和股份有限公司才是法人，而个人独资企业、合伙企业等投资者承担无限责任的企业不是法人。我国民商事立法始终如一地采狭义的法人概念，我国《民法通则》第36条第1款规定："法人是具有民事权利能力和民事行为能力，依法独立享有民事权利和承担民事义务的组

---

〔1〕 我国公司法仅规定了有限责任公司和股份有限公司两种公司形态，不承认无限责任公司、两合公司、股份两合公司形态，而将其归属于合伙企业类型。

织。"第37条规定："法人应当具备下列条件：……能够独立承担民事责任。"我国《民法总则》也大体延续了与《民法通则》相同的做法，只是将独立承担民事责任不作为法人的条件而作为法人的特征来表述。并且为遵循我国《合同法》和《民事诉讼法》的一贯做法，我国《民法总则》还提出了非法人组织这一概念，以与法人组织相区别；将非法人组织界定为不具有法人资格，但是能够依法以自己的名义从事民事活动的组织。[1]非法人组织成为自然人、法人之外的第三类民事主体。

本书认为，能够独立承担民事责任的确不是法人的条件而是法人的特征。法人的条件应是具有绝对独立于其成员的财产和意志，一个组织体只要具备绝对独立于其成员的财产和意志就能够被赋予法人资格，从而可以自己的名义绝对独立地承担民事责任，其成员不须对组织体的债务负责。非法人组织与法人的区别在于其只具备相对独立于其成员的财产和意志，因而只能相对独立地承担民事责任，其成员仍须对组织体的债务负责。

综上可知，公司与法人之间具有密切的联系，可以说公司一定是法人。在广义的法人概念下，公司是指一切具有一定组织性从而可以自己的名义对外从事活动并相对独立地承担责任的团体或组织；在狭义的法人概念下，公司仅指具有独立于其成员的财产和意志从而可以自己的名义绝对独立地承担民事责任的团体或组织。

（三）公司与社团

社团乃大陆法系概念，是指为一定目的由二人以上所组成的团体，社团的成员称为社员。社团的成立基础在于复数社员的结合，社团是由两个以上社员联合而成。与社团相对称的概念是财团，财团是指以一定目的财产为成立基础的组织体。财团没有成员，表现为独立的特别财产。简而言之，社团乃人的集合体，财团乃财产的集合体。大陆法系国家因此将私法人分为社团法人和财团法人，并将公司界定为社团法人。

公司作为社团法人，其成立基础在于作为社员的复数股东的联合，因此，股东的社员性和股东的复数性成为公司的普遍特征。公司的社团性具有重大的意义，首先，公司的社团性有利于分散投资者的投资风险并促进规模经济

---

〔1〕《民法总则》第102条规定："非法人组织是不具有法人资格，但是能够依法以自己的名义从事民事活动的组织。"

的形成。公司是两个以上的复数股东共同投资所形成，绝大多数的公司特别是募集设立的股份有限公司其股东人数众多，可以极大地分散单个股东的投资风险，形成众多股东之间共同投资、共担风险的风险分担机制；人数众多的股东共同出资，可以快速地集聚和形成雄厚的公司注册资本和公司财产，从而促进大型企业和规模经济的形成和发展，公司因而成为大型企业和巨型企业的主要组织形态。其次，公司的社团性有利于股东之间的相互分权与制衡机制的形成，限制和避免单个股东对公司的不当和过度控制，保障公司的财产独立和意志独立，从而保护全体股东的利益和公司债权人的利益。因为人数众多的所有股东作为公司的投资者和成员，均享有参与重大决策和选择管理者等间接管理和控制公司的权利，在公司中均有权通过股东大会形式间接掌控和管理公司。因此，股东人数的复数性和众多性有助于股东之间形成分享权利、相互制约、相互平衡的分权制衡机制，防止单个股东以及大股东滥用对公司的控制权以损害其他股东和公司债权人的利益。

鉴于公司的社团性对于保护全体股东利益和公司债权人利益的重要作用，在很长一段时间里，各国法律均拒绝赋予单个成员或投资者的社团以法人资格，在公司立法上则表现为不承认或不完全承认一人公司这种公司形态。一人公司是指只有一个股东且该股东承担有限责任的公司形态。由于一人公司与传统公司法强调的公司社团性具有明显的矛盾和冲突，且一人公司形态极不利于公司债权人利益的保护，因此，传统和近代公司法不承认一人公司尤其是原生型一人公司和形式意义上的一人公司。然而现代公司法基于保护和促进投资自由的理念，大都开始部分或全面承认一人公司存在的合理性和合法性，一人公司成为一种重要的法定公司形态。我国 2005 年《公司法》顺应各国公司立法趋势，也明确规定了一人有限责任公司和国有独资公司两种一人公司形态。

在各国公司法普遍承认一人公司的立法现实下，如何解决一人公司与公司社团性之间的矛盾和冲突成为公司法的一个重要的理论问题。对此学界有三种不同观点，第一种观点认为，社团性乃公司的本质特征，公司的社团性是指股东的社员性和股东的复数性。一人公司只有一个股东，不具有社团性，其乃公司社团性的例外。另一种观点认为，应抛弃公司具有社团性这一看法，将组织性而不是多数成员性作为公司的普遍特征，从而为承认一人公司预留出名正言顺的理论空间。最后一种观点认为，有必要重新创立可以包容和涵盖一人公司的公司社团性理论。而关于公司社团性的创新性理论主要有两种，一种理论指出，公司的社团性的核心内容不在于股东的复数性而在于股东的成员性。一人公司虽然只有一个股东，但这唯一的股东仍是公司的成员。因此，一人公司也具有社团性，一人公司也是社团法人。另一种理论指出，公司的社团性不仅可表现为复数股东的结合，还可表现为公司股东与高级管理人员、职工乃至债权人等公司利益相关者之间的结合。因此，一人公司虽然只有一个股东，但其同样具有社团性。本书赞同第一种理论，公司的社团性是公司的普遍特征，公司属于社团法人；公司社团性的本质在于股东作为公司的成员是公司成立的基础，从而显著区别于以一定目的财产为成立基础的财团和财团法人。与多人公司一样，股东作为公司成员也是一人公司的成立基础，因此，一人公司同样具有社团性。

通过以上对公司与企业、公司与法人以及公司与社团这三对相关概念的比较以及相互关系的探讨，可以得知，公司与企业、法人和社团这三个概念之间联系紧密。首先，公司是一种重要的企业形态，因而，公司具有企业所具有的一切特征即经济性、经营性、营利性、组织性、独立性和法定性；同时在我国，由于对法人概念持狭义理解，公司还是能绝对独立地承担责任而股东承担有限责任的法人型企业。最后，公司是社团法人，其成立基础在于作为成员的股东。

三、与个人独资企业、合伙企业相区别的公司特征

公司属于现代企业范畴，个人独资企业、合伙企业属于古典企业范畴。一方面，公司作为现代企业与个人独资企业、合伙企业这些古典企业同属企业，因而，两者均具有企业的一些共同特征如经济性、经营性、营利性、组织性和法定性。另一方面，公司作为现代企业与个人独资企业、合伙企业这些古典企业之间又区别显著，公司具有以下鲜明而独有的特征。

（一）股东有限责任

股东有限责任是公司企业制度的核心内容和魅力所在。由于我国持狭义法人概念，我国的公司仅指向股东承担有限责任的有限责任公司和股份有限公司这两种有限公司；即使是在持广义法人概念的国家，股东承担有限责任的有限公司也是公司的典型形态。因此，可以将股东有限责任看作是公司或典型公司的普遍特征。通说认为，股东有限责任是指股东仅以其认缴的出资

额为限对公司的债务承担责任，即股东对公司债务负有责任但其责任限于其认缴的出资额范围之内。详言之，股东仅须在其认缴的出资额范围内对公司债务负责，而不须以其认缴的出资额范围之外的其他个人财产对公司债务负责。股东有限责任的本质是公司绝对独立责任。

股东有限责任虽然是公司法学理约定俗成的说法，但这一用语并不准确和科学；而且以上通说对股东有限责任的界定存着法理错误。首先，股东有限责任的本质是公司的绝对独立责任，两者之间是一体两面而实质等同的关系。股东责任的有限性必然意味着公司责任的绝对独立性，同样公司责任的绝对独立性也必然意味着股东责任的有限性。公司绝对独立责任是指公司作为绝对独立于股东的民事主体具有自己绝对独立的财产和绝对独立的意志，因而能够以自己的财产绝对独立地承担民事责任，股东对公司债务无须承担责任。简言之，公司的绝对独立责任等于股东无责任，所谓股东承担有限责任的说法并不确切和科学。其次，通说将股东依其认缴的出资额向公司实缴出资的义务等同于股东对公司债务负责，在法理上也是站不住脚的。股东的实缴出资义务的义务对象是公司，而股东对公司债务负责的义务对象是公司债权人。因此，股东对公司的实缴出资义务与股东对公司债务负责是两个性质截然不同的法律关系，不能牵强地将两者等同。因此，股东只有对公司实缴出资的义务，并无所谓以其出资为限对公司债务负责的义务。所谓股东有限责任实际上是指股东对公司的实缴出资义务，以确保公司具有与注册资本相当的偿债财产，进而间接保护债权人利益。

总之，公司的绝对独立民事主体地位决定了它必须绝对独立地对自己的债务负责，股东无须对公司的债务承担责任。公司独立责任的实质是股东对公司债务的无责任。[1] 公司独立法人制度和股东有限责任制度，作为现代公司制度的两大基石，是一体两面的关系。

原则上股东无须对公司债务承担个人责任，除非存在法律明文规定的例外情形。正是因为公司是与股东相互独立的法人主体，公司实行独立责任制度即公司独立地对自己的债务负责。因此，当股东瑕疵出资时，公司债权人不能要

---

〔1〕 与其说股东有限责任是公司的特征，不如说公司独立责任才是公司的特征。当然由于股东有限责任这一术语因长期使用已成固定习惯，本书在澄清其实质内涵之后仍沿袭使用之。

求股东直接向其履行出资义务，除非符合债权人代位权的构成要件。[1]公司债权人原则上不能要求股东代替公司承担债务，除非股东滥用公司独立人格制度（股东有限责任制度）并严重损害了债权人的利益，公司债权人才可请求股东对公司债务承担连带责任，此即各国公司法包括我国公司法确认的公司法人格否认制度的内容。

公司法人格否认制度，是指为阻止股东滥用公司独立人格制度和有限责任制度，保护公司债权人利益和社会公共利益，在特定情形下就具体法律关系中的特定事实，否认公司与其背后的股东各自独立的人格及股东有限责任，责令公司股东对公司债权人或社会公共利益直接负责的一种法律制度。[2]英美法系国家称之为"刺破公司面纱"或"揭开公司面纱"，德国称之为"直索责任"。公司法人格否认制度的功能在于，在股东滥用有限责任制度的情形下，排除股东有限责任制度的适用，以保护公司债权人利益和社会公共利益。因此该制度可以在一定程度上弥补和矫正公司独立责任制度（股东有限责任制度）对债权人保护不利的弊端，平衡公司股东与债权人之间的利益。我国2005年《公司法》第20条规定："公司股东……不得滥用公司法人独立地位和股东有限责任损害公司债权人的利益。……公司股东滥用公司法人独立地位和股东有限责任，逃避债务，严重损害公司债权人的利益的，应当对公司债务承担连带责任。"第64条规定："一人有限责任公司的股东不能证明公司财产独立于股东自己的财产的，应当对公司债务承担连带责任。"这是我国首次在《公司法》中明确规定公司人格否认制度。

股东即投资者有限责任是作为现代企业的公司企业的普遍特征，从而显著区别于个人独资企业、合伙企业等古典企业。投资者无限责任是个人独资企业、合伙企业这些古典企业的共同特点，个人独资企业只有一个自然人投资人，该投资人对企业债务承担无限责任；合伙企业有两个以上投资人，其中普通合伙人须对企业债务承担无限责任，有限合伙人对企业债务承担有限

---

〔1〕　根据最高人民法院《关于适用〈中华人民共和国公司法〉若干问题的规定（三）》（以下简称《公司法司法解释三》）第13条和第14条的规定，股东未履行或者未全面履行出资义务、抽逃出资的，公司债权人可以请求这些股东在未出资本息范围内或抽逃出资本息范围内对公司债务不能清偿的部分承担补充赔偿责任。对于该条中债权人请求权的基础，学界存在着较大的争议，有法人人格否认说、债权人代位权说、新型法定请求权说等，本书赞同债权人代位权说。

〔2〕　范健、王建文：《公司法》，法律出版社2006年版，第246页。

责任。所谓投资者的无限责任是指投资者不以其实际投入到企业的财产为限而是以其全部财产对企业债务承担责任。

投资者的无限责任作为企业法学理上约定俗成的用语，同样欠缺准确性和科学性。首先，任何独立的民事主体对自己的债务都须以其全部财产承担民事责任，即所有的民事责任都属于无限责任，有限责任并不存在，将民事责任划分为有限责任和无限责任的分类也就无法成立。因此，投资者的责任并无有限与无限之别，只有有与无之别。其次，个人独资企业、合伙企业等古典企业的投资者对企业债务的责任与其说是无限责任，不如说是补充性责任或第二位责任。个人独资企业、合伙企业这些古典企业虽不像公司企业那样具有绝对独立的财产和意志从而能够绝对独立地承担责任，但其也具有相对独立的财产和意志从而能够相对独立地承担责任。因此，这些企业的债务应先由企业以自己相对独立的财产承担责任，不足以清偿部分才应由企业投资者承担责任。换言之，古典企业对其债务的责任是首位的、第一位的，而古典企业投资者的责任仅是补充性的、第二位的。

综上，公司企业作为现代企业，由于具有绝对独立的人格，其投资者无须对公司债务承担责任；而个人独资企业、合伙企业这些古典企业由于仅具有相对独立的人格，其投资者须对企业债务承担补充责任。这是公司企业作为现代企业与个人独资企业、合伙企业这些古典企业的最本质的区别。

（二）所有权与经营管理权两权分离

所有权与经营管理权两权分离简称两权分离，是公司企业作为现代企业区别于个人独资企业、合伙企业这些古典企业的又一重要特征，是指企业所有权与企业经营管理权分别由不同的主体享有，即股东仅享有对公司企业的所有权，而在公司企业中设置专门的经营管理机关——董事会及董事会聘请的高管人员，由其享有对公司的经营管理权，企业所有权与经营管理权呈现出分离状态。与两权分离相对称的是两权合一，两权合一的全称是所有权与经营管理权两权合一，两权合一是个人独资企业、合伙企业这些古典企业的重要特征，是指在个人独资企业、合伙企业这些古典企业中一般不设置专门的经营管理机关，企业所有权与企业经营管理权均由同一主体享有，即投资者既享有对企业的所有权，也享有对企业的经营管理权，企业所有权与经营管理权呈现出合一状态。两权分离产生的动因是多元的：

首先，由于公司企业的规模化和公司管理的专业化，股东已无能力亲自经营管理公司，必须委托专业人员代为管理公司。公司企业的股东有限责任制度使得公司投资者能够预期和限制自己的投资风险于认缴的出资范围内，从而大大降低了投资者的投资风险，刺激和鼓励了投资者的投资热情，公司企业能够快速集聚巨额资本，使得公司企业的规模趋于大型化、巨型化。大规模企业的经营管理是一项复杂的工作，需要经营管理方面的专业知识和专业技能。公司股东大都不具备相应的知识和能力或没有时间和精力，只能委托董事会及董事会聘请的高管人员等专业人员代为经营管理企业，所有权与经营管理权在公司企业中通常呈现出分离状态。而个人独资企业、合伙企业这些古典企业由于规模小，经营管理较为简单，投资者大都具备相应的能力和时间，能够亲自经营管理企业，所有权与经营管理权通常呈现出合一状态。

其次，公司企业的股东有限责任制度使得公司投资者的风险大大降低并能够控制在一定的范围内，投资者既无动力也无必要通过亲自参与企业经营管理来控制自己的投资风险，公司投资者倾向于远离公司的经营管理；而个人独资企业、合伙企业这些古典企业的投资者须对企业债务承担无限责任，投资风险的巨大性和不可预期性会促使投资者主动参与企业的经营管理以控制自己的投资风险。

最后，股东有限责任制度对于公司股东而言是一项利好，而对于公司债权人而言大为不利。为了保护公司债权人利益，现代公司法往往通过两权分离这一制度设计来弱化股东对公司的直接控制力，从而达到维护公司债权人利益的目的。因此，两权分离属于公司法的强制性规范，股东不得以约定变更和排除其适用。而在个人独资企业、合伙企业这些古典企业中，企业投资者承担的是无限责任，无限责任对于债权人而言极为有利，而对于投资者而言不利。因此，两权合一属于任意性规范，投资者可以以约定变更和排除其适用。

两权分离的意义重大，第一，有利于公司企业经营管理的专业化与科学化，促进和提升公司企业经营管理效率和效果；第二，也有利于预防和控制股东滥权，保护处于弱势地位的公司债权人利益；第三，还有利于公司的长期存续和稳定发展。股东只享有对公司的所有权和最终控制权，而不享有对公司的经营管理权，无须亲自、直接参与公司的经营管理，使得公司运营和存续不再受股东个体情况的重大变更如死亡、丧失行为能力等的影响,[1]有利于公司长期持久稳定地存续和发展,"百年公司""公司生命的永恒性"成为现实。

值得注意的是,两权分离与股东有限责任之间呈现出相互促进、相辅相成的关系,股东有限责任使得股东投资风险大大降低,股东通过直接参与公司经营管理来控制自己投资风险的必要性大大减弱,从而促使股东主动地远离公司的经营管理,委托职业经理人代为经营管理公司,两权分离成为股东的主动和自愿选择;同时,股东有限责任加大了公司债权人的债权实现风险,为了平衡股东与债权人利益,贯彻权利义务相一致原则,公司法要求股东在享有有限责任的权利的同时,必须放弃对公司的直接经营管理权,不能直接参与公司的经营管理,以预防和控制股东滥权以保护公司债权人利益。

因此,两权分离也是股东享有有限责任优惠必须承担的前提性义务和负担之一,[2]是股东的被动和非自愿选择。各国公司法通过规定公司治理机关的设置和权力分配等公司治理制度来保证和强制形成公司中两权分离的权力格局,而公司治理方面的公司法规范大都属于强制性规范,不允许股东以公司章程等约定变更或排除其适用。

(三)股权的自由转让

股权的自由转让是公司企业区别于合伙企业的一个重要特征,较之公司企业尤其是募集设立的股份有限公司的股东可以自由地转让自己持有的股权,合伙企业的普通合伙人转让自己在合伙企业中的财产份额却受到了较大的限制。这一显著区别源于两类企业性质的不同,公司企业尤其是募集设立的股份有限公司属于典型的资合性企业。[3]

---

〔1〕 较之公司企业,普通合伙企业实行两权合一,普通合伙人不仅是企业的所有者,还是企业的直接经营管理者,一旦某个普通合伙人发生死亡、丧失行为能力等个人情况的重大变更,势必会影响合伙企业的运营甚至存续,直接造成合伙企业的解散和终止。

〔2〕 股东必须按照其认缴的出资额实缴出资是股东享有有限责任优惠必须承担的另一项前提性义务和负担。

〔3〕 有限责任公司以及发起设立的股份有限公司虽然也是资合性企业,但不是典型的资合性企业,其在一定程度上带有人合性,因此被称为资合兼人合公司。在这类公司中,股东之间也大都存在着相互熟悉、相互信任的关系,此种相互熟悉、相互信任的关系也是此类公司存续和发展的支撑因素,因此,各国公司法对此类公司的股东对外转让股权也有一定的限制性规定以维系股东之间的人合性。如我国《公司法》第71条规定,有限责任公司股东对外转让股权须经过半数股东同意,且其他股东在同等条件下享有优先购买权。

资合性企业具有两层相互联系的含义，第一层含义是企业的信用基础在于公司的资本而不在于股东个人的信用，即所谓的公司资本信用。因为，公司企业实行股东有限责任制度，公司作为法人具有由股东出资形成的绝对独立的财产，须以自己的财产绝对独立地对外承担责任，股东原则上无须对公司债务负责，除非股东滥用股东有限责任制度并严重损害了公司债权人的利益。所以，公司企业的信用基础主要是公司的注册资本而不是股东的个人财产和个人信用。第二层含义是股东之间纯属资本的结合，股东之间通常并不存在相互熟悉、相互信任的关系，此种信任关系的存在和维系对于企业而言并非必要。因为，对于公司企业而言，通常情况下股东个人无须对公司债务负责，公司股东的投资风险大大降低并且可以预期，所以众多的公司股东之间纯属陌生人之间共同投资的简单关系，[1]相互之间并不也无需通过存在和维系相互熟悉、相互信任的人合性关系来控制投资风险。鉴于公司企业尤其是募集设立的股份有限公司是典型的资合性企业，股东之间的相互熟悉、相互信任的人合性关系对于股东控制风险和公司发展并非绝对必要，因此，公司法无须对股东对外转让股权给予过多的限制，股东可以相对自由地对外转让股权从而引入新的股东。

合伙企业则属于典型的人合性企业。人合性企业也具有两层相互联系的含义，第一层含义是企业的信用基础主要在于投资者的个人信用而不在于企业的财产，即所谓的投资者个人信用。因为，合伙企业不具有法人资格，合伙企业仅具有由合伙人出资所形成的相对独立的财产，只能以自己的财产相对独立地对外承担责任，在企业资不抵债时普通合伙人须对企业债务承担责任。所以，合伙企业的信用基础主要是普通合伙人的个人财产和个人信用而不是企业财产。第二层含义是普通合伙人之间并非简单的资本结合关系，而通常存在着相互熟悉、相互信任的人合性关系，并且此种人合性关系的存在和维系对于企业而言极为必要。因为，普通合伙人须对企业债务承担补充责任，并且普通合伙人之间的责任还具有连带性，普通合伙人的投资风险极大并且无法预期。所以，通常只有相互熟悉、相互信任的普通合伙人才会走在

---

〔1〕 在上市公司中股东之间的陌生人关系的现象最为突出。由于上市公司的股票获准可以在证券交易所上市交易，上市公司的投资者大都是通过在证券交易所购买股票而成为公司的股东的，这些股东之间完全是陌生人关系，事前甚至事后并不相互认识，更不用说相互熟悉和相互信任了。

一起合伙设立企业，并且在企业存续过程中还需维系和保持此种相互熟悉、相互信任的关系，否则不利于控制普通合伙人的投资风险和合伙企业的稳定和发展。鉴于合伙企业是典型的人合性企业，普通合伙人之间的相互熟悉、相互信任的关系对于普通合伙人的风险控制和企业发展极为必要，因此，《合伙企业法》必须对普通合伙人对外转让财产份额给以较多限制，普通合伙人不能自由地对外转让财产份额从而引入新的普通合伙人。如根据我国《合伙企业法》的相关规定，普通合伙人对外转让自己在企业中的财产份额时必须经全体普通合伙人一致同意，并且其他普通合伙人享有同等条件下的优先购买权，以保证在引入新的合伙人时充分考虑现任全体普通合伙人的意见，通过强调和维系全体普通合伙人之间的人合性关系来控制普通合伙人的投资风险。

与人合性企业对出资转让控制不同，股权的相对自由转让性是具有资合性质的公司企业的亮点。这有利于股东所持股权的保值和增值，有利于股东快捷、方便与自由地移转投资风险并退出公司，进一步降低了股东的投资风险，并且实现了社会整体资源的快速流转和优化配置；进而促进了以证券市场为典型的公司产权市场的萌芽发育和迅速发展，产权市场的发展又进一步促进了股权转让的自由和高效，两者之间形成相辅相成的良性循环。

（四）受到较多的国家干预

公司企业作为现代企业较之个人独资企业、合伙企业这些古典企业，还有一个较明显的特点是其自由和权利受到较多的国家干预和限制，表现在公司法上有较多的强制性规范。而国家对个人独资企业、合伙企业这些古典企业的自由和权利基本上不予干预和限制，表现为个人独资企业法、合伙企业法几乎不设强制性规范。国家对这两类企业干预程度的重大区别的依据在于：

第一，两类企业中投资者与债权人之间，地位对比和利益格局不同。由于公司企业实行股东有限责任制度，股东无须对公司债务承担责任。显然，有限责任制度是对股东的赋权和优惠，而对债权人极为不利，在公司企业中股东作为投资者与债权人之间存在着明显的强势与弱势的地位对比，公司债权人利益容易受到股东的损害而无法得到充分的保护。

因此，国家需通过法律的强制性规范来实施合理的国家干预措施，适度矫正股东有限责任制度造成的股东与债权人之间的利益失衡状态，对处于弱势地位的公司债权人提供特别保护，如公司法上规定的法人人格否认制度、公司两权分离治理制度、公司资本制度、发起人资本充实责任制度等均为强制性规范，其立法目的在于强加义务和责任于股东以保护债权人利益。而个人独资企业、合伙企业这些古典企业的投资者须对企业债务承担补充性责任甚至连带责任，企业债权人利益依此就足以得到很好的维护，企业投资者与债权人之间的地位平等、利益均衡，无需国家通过法律的强制性规范来限制投资者的权利以倾斜保护债权人的利益，相应个人独资企业法、合伙企业法中几乎没有或极少有强制性规范。

第二，两类企业中投资者与经营管理者之间，地位对比和利益格局不同。公司企业实行两权分离的企业治理制度，股东只享有公司所有权，不享有对公司的直接经营管理权，公司的经营管理权委托给了董事会以及董事会聘请的经理阶层，即所谓的股东"只当老板不当经理"。两权分离必然产生经济学上所说的委托代理问题，作为代理人的董事、经理等经营管理者与作为委托人的股东是两个不同的利益主体，其有可能偷懒或滥权而损害股东利益。在经营管理者与股东之间存在着明显的强势与弱势的地位对比，公司股东利益容易受到经营管理者的损害而无法得到充分的保护。

因此，国家需通过法律的强制性规范来实施合理的国家干预措施，适度矫正两权分离制度造成的经营管理者与股东之间的利益失衡状态，对处于弱势地位的公司股东提供倾斜保护，如公司法上对董事、监事和经理等高管人员法定资格的规定、对以上人员法定勤勉义务和忠实义务以及违反义务应承担的法定责任的规定等均为强制性规范。这些强制性规范的立法目的在于强加义务和责任于经营管理者以保护股东利益。而在个人独资企业、合伙企业这些古典企业中实行两权合一的企业治理制度，投资者既享有企业所有权，又享有对公司的直接经营管理权，即所谓的投资者"既当老板又当经理"。因此，在个人独资企业、合伙企业这些古典企业中不存在经济学的委托代理问题，也就无需国家通过法律的强制性规范来限制经营管理者的权利以倾斜保护投资者的利益，相应个人独资企业法、合伙企业法中几乎没有或极少有强制性规范。

第三，两类企业中大投资者与中小投资者之间，地位对比和利益格局不同。公司企业实行一股一票、资本多数决的投票机制和决策机制，因此，在公司中大股东和控股股东与中小股东和非控股股东之间存在着强势与弱势的地位对比，大股东和控股股东在股东会上可凭借其持股优势掌控和决定公司的重大事项以及选派代表自身利益的董事、监事，从而享有对公司的实质控制权；大股东和控股股东有能力也有可能利用此种控制力滥权以损害中小股东和非控股股东的利益，中小股东和非控股股东的利益得不到充分的保护。

因此，国家需通过法律的强制性规范来实施合理的国家干预措施，适度矫正资本多数决制度造成的大股东和控股股东与中小股东和非控股股东之间的利益失衡状态，对处于弱势地位的中小股东和非控股股东提供倾斜保护，如公司法上大股东和控股股东对中小股东和非控股股东的法定信义义务以及违反义务应承担法定责任的规定、对大股东和控股股东关联交易的禁止等规定均为强制性规范。这些强制性规范的立法目的在于强加义务和责任于大股东和控股股东以保护中小股东和非控股股东的利益。而在合伙企业中实行一人一票、人头多数决的投票机制和决策机制，中小投资者与大投资者享有同等的投票权和决策权，不因各自投资数额的不同而有任何差别，中小投资者与大投资者之间地位平等、利益均衡，无需国家通过法律的强制性规范来限制大投资者的权利以倾斜保护中小投资者的利益，相应个人独资企业法、合伙企业法中几乎没有或极少有强制性规范。

第二节　公司法概述

一、公司法概念：公司法调整对象的一般分析

绝大多数国外公司法或商法著作及教材中并不对公司法本身作直接的界定，只是就公司法的性质、特征等进行阐述，从这些阐述中可以间接获知关于公司法定义的主要信息；而国内学界普遍倾向于对各个部门法包括公司法直接加以明确的界定，主流的界定方式是通过揭示和框定某个部门法的特定调整对象来界定一个部门法的内涵和外延。如有学者将公司法界定为调整公司的设立、组织、活动、清算及其他对内对外社会关系的法律规范的总称；[1]有学者将公司法界定为调整与公司组织有关的各种社会关系的法律规范的总称；[2]还有学者将公司法界定为规定公司的法律地位及调整其内、外部组织

---

[1]　范健、王建文：《公司法》，法律出版社 2006 年版，第 56 页。
[2]　王新、秦芳华：《公司法》，人民法院出版社 2000 年版，第 1 页。

关系的法。[1]以特定调整对象界定公司法的方式，虽然具有一定的局限性和不周延性，但仍存在着较大的合理性和简便易行性。不过，在描述某个部门法的调整对象时，要注意强调其调整对象范围的特定性或调整对象性质的特定性，使该部门法得以区别于其他部门法，这才能达到对部门法包括公司法下定义的初衷和目的。界定公司法调整对象时，不能因具体列举而失之于概括性不足，也不能因具有概括性但未揭示出公司法调整对象性质的特定性而失之过于宽泛。因此，通过揭示公司法的调整对象范围和性质特定性的方式，能对公司法的调整对象作出一个概括性的定义。

不过，在对公司法下定义之前，首先应明确公司法的部门法属性，究竟公司法是纯粹私法意义上的公司法即狭义的公司法或公司私法，还是纯粹公法意义上的公司法即公司公法，抑或既包括私法意义上的公司法也包括公法意义上的公司法即广义的公司法。本书前面已明确将公司的范围框定于商事公司或营利性公司，因此，本书所指公司法是狭义的公司法即公司私法，只涉及股东、高管人员、债权人等主体之间以及这些主体与公司之间横向平等的社会关系；而国家对于公司的监督管理、对于公司发展的促进和保护、对于公司竞争关系的规制以及对公益性等非营利性公司的监管等纵向非平等的社会关系因归属于公司公法而不予以讨论。并且本书所指的公司法是就实质意义上的公司法而言，并不限于形式意义上的公司法即法典上的公司法，而是包括了《公司法》《证券法》《商事登记法》等众多法律文件中涉及公司的一切私法规范。

综上，公司法是指调整平等主体之间的、与公司有关的各种内部和外部社会关系的法律规范的总称。该定义一方面明确是就狭义公司法即公司私法意义上的公司法而言；另一方面指出公司法的特定调整对象是平等主体之间、与公司有关的各种内部和外部社会关系，所谓与公司有关是指涉及公司设立、管理、运营、变更、终止等一切与公司有关的事项，此种概括性的界定可避免具体列举的持一漏万。质言之，公司法调整对象的范围是与公司有关的各种社会关系，公司法调整对象的性质是平等主体之间的社会关系即私法关系。通过从调整对象的范围和性质两个方面来描述公司法的特定调整对象，使得公司法可以明确区别于其他商事部门法以及商事公法。

---

[1] 史际春：《企业和公司法》，中国人民大学出版社 2008 年版，第 155 页。

二、公司法调整对象的具体分析

在对公司法调整对象进行概括性的一般分析从而给出公司法的定义之后，我们还应该对公司法的调整对象进行细致列举式的具体分析。公司法的调整对象是平等主体之间的、与公司有关的各种社会关系，这些社会关系可分为公司内部关系和公司外部关系两类。公司内部关系是指公司内部成员相互之间、公司内部成员与公司之间、公司内部机关之间以及公司内部成员与公司内部机关之间的与公司有关的平等社会关系；公司外部关系是指公司以及公司内部成员与公司外部第三人之间的与公司有关的平等社会关系。对这两类关系又可进一步地细分和列举。

（一）公司内部关系

公司内部关系包括公司内部成员相互之间的社会关系、公司内部成员与公司之间的社会关系、公司内部机关之间的社会关系和公司内部成员与公司内部机关之间的社会关系四类。第一类是指股东、董事、监事、高级管理人员等公司内部成员之间的社会关系，具体涉及投资者与投资者之间的社会关系，股东与股东之间的社会关系，[1]股东与董事、监事、高级管理人员之间的社会关系等。其中投资者与投资者、股东与股东之间的社会关系最为重要和复杂，投资者与投资者之间的关系又可进一步细分为发起人投资者之间的社会关系、发起人投资者与认股人投资者之间的社会关系；股东与股东之间的社会关系又可进一步细分为一般股东与一般股东之间的社会关系、大股东或控股股东与中小股东或非控股股东之间的社会关系。第二类是指股东、董事、监事、高级管理人员等公司内部成员与公司之间的社会关系，具体涉及股东与公司之间的社会关系，董事、监事、高级管理人员与公司之间的社会关系。第三类是指公司内部机关之间的相互地位、职权分配等社会关系，涉及股东会与董事会之间的关系，股东会与监事会之间的关系，董事会与高级

---

〔1〕 本书明确区分投资者与股东这两个概念，因为，股东这个概念指向的是股东与公司之间的关系，所谓股东是指公司的股东；只有当公司成立之后投资者才会被称为股东，股东与股东之间的关系是社员与社员之间的关系。而在公司成立前的公司设立过程中并不存在股东这个概念而只有投资者这个概念，此时投资者有发起人投资者和认股人投资者两种类别，发起人投资者之间以及发起人投资者与认股人投资者之间均为投资交易关系。另外，一人公司中不存在投资者与投资者之间、股东与股东之间的关系，此为公司法的特例。

管理人员之间的关系等。第四类是指股东、董事、监事、高级管理人员等公司内部成员与公司内部机关之间的社会关系，涉及股东与股东会之间的关系、董事与董事会之间的关系、监事与监事会之间的关系、高级管理人员与董事会之间的关系等。

公司内部关系是公司法的主要调整对象，公司法作为主体法和组织法，主要规范的是公司在设立、运营和解散等活动中的各种内部关系。在这些繁多复杂的内部关系中，投资者与投资者之间以及股东与股东之间的内部关系至关重要，[1]是其他内部关系产生和存续的前提和基础。如股东与公司之间关系的实质是单个股东与全体股东之间的关系，而单个股东与全体股东之间的关系建立于股东之间的关系的基础之上。因为，按照传统公司法的理念，投资者即股东才是公司这个营利性社团法人的缔造者和社员，是公司最重要的内部成员和利益相关者；投资者即股东才是公司的最终所有者，公司只不过是投资者即股东营利的工具和载体。

（二）公司外部关系

公司外部关系是公司法的次要调整对象，公司外部关系包括公司内部成员与公司外部第三人之间的关系和公司与公司外部第三人之间的关系两类。

第一类是指股东、董事、监事、高级管理人员等公司内部成员与公司债权人或其他公司外部交易第三人之间的关系。由于公司具有独立的法人人格而实行股东有限责任制度，通常情况下，股东无须对公司债务负责，因此，股东与公司债权人之间一般不发生任何直接关系；但当股东滥用有限责任制度严重损害公司债权人利益时，股东仍须对公司债务负责，此时股东与公司债权人之间就会发生直接的债权债务关系。公司内部成员与其他交易第三人之间关系的典型范例是股东作为股权转让人与公司外部的股权受让人之间的股权交易关系。[2]至于董事、监事、高级管理人员作为公司受托人或高级职员在一般情况下无须对公司债务负责，因此不会直接与公司债权人之间发生任何关系；只有在违反其应承担的信义义务的特殊情况下才须对公司债

---

〔1〕　其中投资者与投资者之间的关系是所有内部关系的始源和基础，股东与股东之间的关系建立于投资者之间关系的基础之上。没有投资者之间的交易关系就不会有公司的成立和公司股东的存在，当然也就不会有股东与股东之间关系的产生。

〔2〕　必须指出的是股东与其他股东之间的股权交易关系仍属于内部关系。

务负责，[1]此时董事、监事、高级管理人员与公司债权人之间才会发生直接的债权债务关系。

第二类是指公司与公司成立后的新投资人等公司外部交易第三人之间的关系。公司与公司成立后的新投资人之间的关系是指公司成立后公司新增资本或发行新股时公司与新投资人之间的投资交易关系，由于此时新投资人是以公司外部交易第三人的身份与公司之间缔结投资合同，因此这类交易关系也属于公司与公司外部第三人之间的外部关系。由于此类交易关系属于公司所特有，因此公司法对此类交易关系进行了具体和明确的规定，此类交易关系属于公司法的特定调整对象。当然，一旦新投资者与公司缔结投资交易合同后其就会成为公司新的股东，此时新的股东与公司之间的关系就不再属于外部关系，而属于股东与公司之间的内部关系。

有观点认为，公司与公司债权人等公司外部交易相对人之间的关系也是公司法调整的公司外部关系。因为，公司作为独立的法人其与公司债权人之间会发生直接的债权债务关系，此类关系是公司外部关系中的主体和常态。公司与公司债权人之间的关系的确属于公司外部关系的范畴，但此种公司外部关系并非公司法的特定调整对象，而是属于合同法的调整对象。公司法是交易特别法，合同法是交易一般法，公司法与合同法之间存在着特别法与一般法之间的关系。凡是公司法有特别规定的适用公司法的特别规定，而对于公司法未作规定的事项应适用合同法的一般规定。公司法并未也无须对公司与公司债权人之间的一般交易关系和债权债务关系作出不同于合同法的特别规定，因此，此类关系并不属于公司法的特定调整对象。

总之，并非一切公司内部关系和公司外部关系均属于公司法的特定调整对象。公司法与民法总则、合同法、物权法、担保法等民商事法律之间是特别法与一般法之间的关系或上位抽象法与下位具体法之间的关系。只要民商事一般法和上位抽象法已经对法人等主体制度、交易关系、物权关系、担保关系等作出了一般性和概括性的规定，公司法一般无须再作出重复性的规定；只有那些民商事一般法没有作出规定或所作规定不能适用于公司而需由公司

---

[1] 传统英美国家公司法仅认为董事、监事、高级管理人员须对股东及至公司承担信义义务，现代英美公司法开始认为董事也须对公司债权人承担信义义务，董事违反对债权人的信义义务的应对债权人承担责任，从而为董事对公司债务负责奠定了理论基础。

法作出规定或作出不同规定的事项才属于公司法的特定调整对象，以及那些民商事上位抽象法虽已作出规定但所作规定较为抽象概括而需由公司法作出具体细致规定的事项才属于公司法的特定调整对象。因此，所谓公司法的特定调整对象可分为公司法所独有的调整对象以及公司法与其他民商事一般法和上位抽象法所共有的调整对象两种。

三、公司法的性质和特征

（一）私法性为主兼具一定的公法性

公司法作为商法中的一个重要部门法，总体而言，属于私法范畴，私法属性是公司法的主要性质。公司作为现代市场经济中现代企业的典型代表，是最重要的市场主体。遵循市场经济的逻辑和私法的基本原则，市场主体意思自治和交易自由应是公司法的主旋律和大方向，国家应尊重包括公司在内的市场主体的自由意志和自由选择，原则上不对其自由和权利进行国家干预，以顺应市场以价值规律为手段的自我调节机制，保证社会经济的高效运转。

公司法以任意性规范为主，意味着公司法的主要功能是赋予当事人意思自治以及对当事人意思自治进行合理诱导或对当事人意思自治漏洞进行填补，以确保当事人之间交易的自由、高效和顺利地达成与履行。因为，公司法总体而言属于私法，所以意思自治及其交易自由、投资自由原则是公司法的基石，表现为公司法中大多数规范为任意性规范，对于这些任意性规范，当事人适用时具有一定的自由选择度。这些任意性规范可分为倡导性规范、补充性规范和授权性规范，前者是在当事人明确选择适用时才适用，中者是在当事人之间没有明确排除其适用时就适用，后者可由当事人以明示或默示选择放弃适用。

与此同时，公司法较之其他商事企业法和商事部门法又兼具一定的公法性。由于公司作为现代市场经济和现代社会最重要的市场主体和商事主体，其社会影响力巨大，涉及众多公司利益相关者的利益尤其是债权人、劳动者等处于弱势地位的诸多利益相关者的利益，为保护国家利益和社会公共利益以及弱势公司利益相关者的利益，国家对公司以及公司强势利益相关者的自由和权力又必须加以适度和必要的干预和限制。

公司法的私法公法化趋势较明显，表现为公司法中有一定数量的强行性规范。对于强行性规范，当事人必须适用而不允许当事人自由选择是否适用。

这些强行性规范可分为义务负担性规范和效力评价性规范，前者是指要求当事人承担某种积极义务或消极义务的强行性规范；后者是指对当事人之间意思自治的效力加以有效、无效等评价的强行性规范。

（二）商主体法与商行为法的结合

公司法作为商法中的一个重要部门法，既调整公司内部关系也调整公司外部关系。公司外部关系涉及的是公司内部成员与公司外部交易第三人或公司与公司外部交易第三人之间的交易关系；公司内部关系既涉及公司内部成员之间的投资交易关系以及公司内部成员与公司之间的其他交易关系，也涉及公司组织机关之间以及公司内部成员与公司组织机关之间的组织关系。因此，公司法既属于商主体法或商组织法，也属于商行为法或商交易法，是商主体法或商组织法与商行为法或商交易法的结合。

（三）较强的技术性

依据法律规范的社会渊源，法律规范可分为伦理性规范和技术性规范。所谓伦理性规范是指法律规范的内容来源于社会的主流伦理道德观念，是社会伦理道德观念的体现和反映。由于民法主要以平等公平作为价值追求，其内容具有一定的伦理道德色彩，因此，民法具有较强的抽象概括性、价值非中立性和伦理性。尤其是婚姻家庭继承法大都遵从了各国本土和特有的婚姻家庭伦理道德观念，从而具有较多的伦理性规范，表现出较强的伦理性。所谓技术性规范是指法律规范的内容不是来源于社会的主流伦理道德观念，而是来源于不具有伦理道德性质的价值中立的交易技术和交易规则，是交易技术和交易规则的体现和反映。

由于商法主要以营利和效率为价值追求，为确保和维护交易的高效、安全与便捷，商法中有较多的不具有任何伦理色彩的、价值中立性的交易技术和交易规则的内容，表现出明显的可具体操作性、价值中立性和技术性。公司法作为商法中的重要部门法之一，与其他商事部门法一样具有较强的技术性，甚至在某些领域其技术性与其他商事部门法相比更为突出，如公司法中的公司机关的设置、股票的发行和交易等制度均为技术性设计的结果，具有浓郁的技术性。

当然，伦理性规范与技术性规范的区分只具有相对意义，不具有绝对意义。技术性规范大都以效率为价值目标，效率也是一种价值追求，只不过不具有道德价值性；而且也有不少技术性规范也是某种交易公平价值追求的体现，从而也具有一定的道德价值性。因此，纯粹价值中立性的规范并不可能存在，即使是技术性规范在一定程度上仍然是某种非道德价值追求如效率价值甚或某种道德价值追求如公平价值的体现。

（四）较强的国际趋同性

由于市场经济的产生和发展内在要求统一、自由的市场条件和环境，经济的区域一体化乃至全球一体化也就成为历史发展不可阻挡的潮流。统一的市场必然要求统一的市场规则，商事交易规则和交易技术在区域乃至全球的趋同化和统一化成为经济全球化中的重要内容和必然结果。因此，作为商事交易规则和交易技术法律表现的商法呈现出较强的国际趋同性和开放性，即各国的商法规范相互吸收、相互借鉴和相互渗透，逐渐趋于协调与接近甚至同化与一致。

商法的国际趋同化现象，是现代商法领域令人瞩目的突出现象。各国为改善本国投资环境从而吸引外国投资，纷纷频繁、主动地修订本国的商法，修订的模板和范例大都是发达和完善市场经济国家、经济区域一体化组织和国际经济组织的商事立法。商法的主要和具体规范在国际上表现出显著的相近性或相同性，反过来又大大助推了经济的区域一体化和全球一体化。由于公司在现代经济社会中的主体地位，公司法也成为各国最为重要的商事部门法。在商法的国际趋同化大潮中，公司法的国际趋同化更是走在前沿，是商法国际趋同化的典范。当今世界各国的公司法无论在内容上还是形式上均具有明显的相同性和一致性，各项重要的公司制度如资本制度、治理制度、解散清算制度等基本上实现了世界范围内的统一。应该指出的是，以上所述包括公司法在内的商法的技术性是其国际趋同性的前提条件。由于包括公司法在内的商法规则大都为道德价值中立性的技术性规范，民族性、本土性的伦理道德色彩不强，实现趋同化和一致化较为容易、障碍较少，因此，包括公司法在内的商法的国际趋同化步伐，较之带有较多伦理色彩的民法，明显更为快捷。

（五）较强的变动性

与较强的国际趋同性相辅相成，商法还具有较强的变动性、发展性和进步性，与民法的稳定性、持续性和保守性形成鲜明的对比。这是由商法与民法调整对象的差异所造成的。民法作为民商事一般法和上位抽象法，主要调整一般商品关系与人身关系及与人身相关的财产关系；这些社会关系往往具有较大的不变性、稳固性，从而民法一经制定就可长期、持续地沿袭援用，修订的频率往往不大，民法表现出较为明显的稳定性、持续性和保守性。而商法作为民商事特别法和下位具体法，主要调整市场交易关系。

与民法不同，在现代市场经济的环境下，随着经济的快速和迅猛发展，新的交易主体、新的交易形式、新的交易行为和新的交易技术可谓层出不穷。市场交易关系变动极快、极大，可以用日新月异来形容。因此，商法作为主要调整市场经济关系的法必须适应快速变动的市场交易现实，及时迅捷地对之进行立法反映和立法变革，从而客观要求加快商法修订的频率，商法呈现出较强的变动性、发展性和进步性特点。公司法作为极为重要的商事部门法堪称最具革命性的商事部门法，在各国商事法频繁、快速的修订浪潮中是典型的"急先锋"。为顺应现代市场经济的快速发展，各国均加快了公司法修订的步伐，公司法修订和改革浪潮席卷全球。可以说无论在修订的量上还是质上，公司法都是各国商事法中修订最多、最频的法律。

我国《公司法》自1993年制定颁布从而初步奠定了我国现代公司法的基础以来，分别于1999年、2004年、2005年、2013年、2018年进行了五次修改。其中1999年和2004年仅属个别条文更改的微调式修改；而2005年和2013年则属大范围和大幅度的实质性修改，尤其是2005年的修订其范围之大、幅度之广创下了我国《公司法》修订历史上的最高纪录。2005年我国针对1993年《公司法》暴露出来的诸多不足和弊端，一一进行了全面修改并推出了多项可圈可点的制度创新，重新绘制和布局了我国现代公司法新的蓝图；2013年我国又继续针对公司资本制度进行了更彻底的修改——废除了最低注册资本制，全面实行了认缴资本制，从而进一步降低了我国公司的设立门槛，使我国公司资本制度与国际社会真正接轨。

虽然与市场经济发达国家的《公司法》的修订频率相比，我国《公司法》并不算突出；但较之我国其他商事部门法和民事法律，其修订频率绝对是最高的。而且我国最高人民法院对于《公司法》的适用从2006年以来迄今已出台了四部司法解释，这四部司法解释名为解释，实际上已突破了法律解释的范畴，不少规定已是对《公司法》条款的修改或是对《公司法》漏洞的填补，属于实质性公司立法范畴。因此，加上这四部带有立法性质的《公司法》司法解释，我国《公司法》的实质修订频率实际上更高。相信我国《公司法》还会继续秉承其变动性和革命性的特质，不断地适应我国经济的高速和深入发展的现实，合理借鉴世界各国公司法的先进模式和科学制度。

综上，公司法作为商法的一个部门法，具有私法性为主但兼具公法性、较强的技术性、较强的国际趋同性、较强的变动性等商法的共同特征；但由于公司企业是现代市场经济中的核心性和主导性市场主体，公司法在商事部门法中具有极其重要的地位和作用，故而，商法的以上共通性特征在公司法中表现得尤其突出和显著。可以说，公司法集中体现和彰显了商法的以上特征，公司法已成为商事立法发展的重要代表和集中缩影。至于商主体法与商行为法结合性则是公司法的一个独有的特征，其他商事部门法更多表现为单一的商主体法或单一的商行为法，不具有公司法的这种明显的复合性特征。

四、当代公司法的发展趋势

放任自治和强化责任，是当代公司法发展的两个相向不悖的趋势。[1]所谓放任自治是指公司法贯彻公司自治的原则，尊重和维护公司当事人的意思自治，确认公司的设立自由、运营自由、解散自由等公司自治权，国家原则上不干预和限制公司当事人的意思自治和公司自治。强调和维护公司自治始终是现代市场经济发达国家公司法的主旋律，虽然在这些国家中，不时也有呼吁国家强制和限制公司自治的声音。但在公司自治与国家强制的此消彼长的长期博弈中，公司自治在总体和最终意义上仍是赢家。这是市场经济的内在逻辑和公司法营利及效率的价值追求所使然。

由于我国市场经济体制产生较晚、发展较慢，缺乏市场经济发达国家自由、平等和民主等市场经济体制观念的熏陶和积淀。改革开放前以及改革开放早期我国实行的是严格的计划经济体制，在此种体制环境下，我国1993年《公司法》具有浓厚的国家干预性和国家强制性。具体表现为《公司法》中具有数量众多的强制性规范、极高的公司设立门槛、严苛的公司资本制度、管制型的公司登记制度等，公司自治和股东自治空间被压缩和限制得极小极窄，违背了市场经济的内在规律，阻碍了我国公司的快速发展。因此，放松管制和强化自治一直是我国《公司法》修订的主导性方向。在放任和扩大公司自治的指导思想下，我国于2005年和2013年大刀阔斧地对1993年《公司法》进行了大幅度和大范围的重大修改，集中废除了一系列不合理、不科学

---

〔1〕　史际春：《企业和公司法》，中国人民大学出版社2008年版，第144页。

的强制性规范，从而大幅度降低了公司设立条件、简化了公司设立程序、重新确立了公司当事人尤其是公司股东的公司自治权利，使我国公司法的公法性和强制性色彩大大减弱，我国的公司法与国际社会基本接轨。本书以为，放任自治过去乃至将来仍然是我国公司法立法发展的方向和趋势，我国公司法仍应高举放任自治的大旗，进一步清理和消除我国公司中的不合理的干预和强制措施，最大程度地尊重和维护股东自治和公司自治，使我国公司法成为真正的股东自治和公司自治法。

强化责任是与放任自治并行的当代公司法的另一发展趋势。强化责任，是指当代公司法在不断放任和扩大公司自治的背景下，开始要求和强调公司的特定主体承担更多和更大的义务和责任。由于强化责任意味着对公司特定当事人强加法定义务和责任，而放任自治意味着对公司当事人赋予法定权利和自由。因此，表面看来，两者之间似乎相互抵触、背道而驰；深入来看，两者之间实际上相辅相成、并行不悖。强化责任的对象是公司中的特定主体即公司中处于强势地位的公司利益相关者如发起人投资者、大股东或控股股东等，要求这些强势主体承担更多和更大的义务和责任，其目的和动机是为了防止和控制强势主体滥用权利损害和剥夺弱势主体合法权益，倾斜保护处于弱势地位的公司利益相关者如认股人投资者、中小股东或非控股股东的合法权益，贯彻权利与义务相匹配和相一致的民法原则，实现强势主体与弱势主体之间的利益均衡和实质公平。而放任自治的对象是地位和力量基本对等的公司主体之间如发起人投资者之间、持股均衡的股东之间，由于这些主体之间地位对等，并不存在强者与弱者之间的地位和利益失衡关系，公司法对这些地位和力量均衡的公司主体完全可以也应该放任自治，无须过多干预和限制。

综上，放任自治与强化责任之间是相辅相成、并行不悖的协调关系，两者同时构成当代公司法的两大发展趋势。

第三节　公司分类

一、公司的主要分类

根据各国公司法的一般理论以及法律规定，公司主要有以下分类：

（一）无限公司、有限公司与两合公司

这是以股东对公司债务的责任形式为标准所进行的分类，是大陆法系国家公司法对公司所作的基本分类。

无限公司即无限责任公司的简称，是指由两名以上股东组成，全体股东对公司债务承担无限连带责任的公司。由于英美法系国家不以股东对公司债务的责任形式为标准划分公司类型，其规定的普通合伙企业类似于大陆法系国家的无限责任公司；我国公司法也未规定无限责任公司，而是借鉴了英美法系国家规定了普通合伙企业。学界一般认为，我国的普通合伙企业大体相当于大陆法系国家的无限责任公司。但也有部分学者认为，两者之间存在着本质区别。无限责任公司作为公司的一种，具有独立人格特征，通常被法律赋予了法人地位或事实上取得了独立民事主体资格；而普通合伙企业不具有独立人格特征，不具有法人资格。本书认为，当今无限责任公司与普通合伙企业的区别已渐趋模糊，某些国家如德国、瑞士等并不承认无限责任公司的法人地位；而普通合伙企业虽不具有法人资格，但仍具有一定的独立民事主体资格，属于第三类民事主体即非法人组织。因此，本书以为，大陆法系国家的无限责任公司是与英美法律国家的普通合伙企业基本等同的企业形态。

广义的有限公司统指股东对公司债务承担有限责任的公司，包括有限责任公司（即狭义的有限公司）和股份有限公司。前者是由一定数量以下的股东组成，股东以其认缴的出资额为限对公司债务承担有限责任的公司；后者是由一定数量以上的股东组成，全部资本分为等额股份，股东以其认购的股份为限对公司债务承担有限责任的公司。

两合公司统指部分股东对公司债务承担无限责任或者无限连带责任、部分股东对公司债务承担有限责任的公司，包括简单两合公司和股份两合公司。两者的相同之处是，均由一名以上无限责任股东和一名以上有限责任股东共同组成，无限责任股东对公司债务承担无限责任或无限连带责任，有限责任股东以其出资额为限对公司债务承担有限责任。两者的不同仅在于，简单两合公司的资本不分为等额股份，其有限责任股东是以认购出资额的形式进行出资；而股份两合公司的资本分为等额股份，其有限责任股东是以认购股份的形式进行出资。大陆法系国家的简单两合公司大体相当于英美法系国家的有限合伙企业。我国公司法未规定两合公司，而是借鉴了英美法系国家规定了有限合伙企业。一般认为，我国的有限合伙企业基本等同于大陆法系国家的简单两合公司。

（二）封闭性公司与开放性公司

这是以公司的股份是否对外公开发行以及股份是否允许自由转让为标准对公司进行的分类，是英美法系国家公司法对公司所作的基本分类。

封闭性公司又称未公开招股公司、私人公司，是指股东人数有上限限制，不能向社会公开招股，其股份不能在证券市场公开交易的公司。其大体相当于大陆法系国家的有限责任公司和未上市的股份有限公司。开放性公司又称公开招股公司、公众公司，是指股东人数无上限限制，可以向社会公开招股，其股份可以在证券市场公开交易的公司。其大体相当于大陆法系国家的已上市的股份有限公司（即上市公司）。

（三）人合公司、资合公司与人合兼资合公司

这是以公司的信用基础为标准对公司进行的分类。人合公司是指以股东个人条件和个人信用作为公司信用基础的公司，无限公司是典型的人合公司，因为无限公司的股东须以其全部财产对公司债务承担无限连带责任，股东的个人财力等个人信用情况构成公司的信用基础。资合公司是指以公司资本和公司资产条件作为公司信用基础的公司，股份有限公司是最典型的资合公司，因为股份有限公司的股东无须对公司债务承担责任，公司资本和资产条件构成公司的信用基础。有限责任公司主要表现出资合公司的特点，但由于其股东人数有限和具有封闭性，因而带有一定的人合性，表现为股东之间的相互熟悉和相互信任关系是公司成立和存续的基础。人合兼资合公司是指兼以股东个人信用和公司资本作为公司信用基础的公司，两合公司是典型的人合兼资合公司，因为两合公司的无限责任股东须以其全部财产对公司债务承担无限连带责任，而有限责任股东无须对公司债务承担责任，因此股东个人信用和公司资本共同构成公司的信用基础。

（四）国有公司、集体所有公司与私有公司

这是以出资主体及其财产性质为标准对公司进行的分类。国有公司是指国家单独投资或者以国家投资为主的公司，可以分为国有独资公司和国有控股公司两类，我国公司法对国有独资公司予以了特别规定。集体所有公司是指集体单独投资或者以集体投资为主的公司，可以分为集体独资公司和集体控股公司两类。私有公司是指私人单独投资或者以私人投资为主的公司，可以分为私人独资公司和私人控股公司。

（五）内资公司与外资公司

这是以投资者的国籍及资本的来源国为标准对公司进行的分类。内资公司是指本国投资者在本国出资设立的、资本来源于本国的公司，外资公司又称外商投资公司，是指外国投资者在内国出资设立的、资本来源于外国的公司。我国法律将外资公司又称为外商投资公司，包括中外合资经营公司、中外合作经营公司、外商独资公司等类型。

（六）本国公司与外国公司

这是以公司的国籍为标准对公司进行的分类。本国公司是指具有本国国籍的公司，外国公司是指具有外国国籍的公司。我国《公司法》第191条规定："本法所称外国公司是指依照外国法律在中国境外设立的公司。"可见，我国对于公司国籍的确定采取公司设立准据法主义和公司设立登记地主义的复合标准。因此，我国的外商投资公司是依中国法律在中国境内设立的中国公司。

（七）一人公司与多人公司

这是以投资者的人数为标准对公司进行的分类。一人公司是指投资者为一人的公司，多人公司是指投资者为两人或两人以上的公司。当今大多数国家的公司法都对一人公司予以了承认，我国公司法也顺应国际立法趋势确立了一人公司制度，对一人有限责任公司和国有独资公司两类一人公司进行了特别规定。

（八）母公司与子公司

这是以公司之间的控制与被控制关系为标准对公司进行的分类。母公司又称控制公司，是指通过拥有某一公司一定比例的股权或者通过其他方式直接、间接控制该公司的公司。与此相对应，子公司又称被控制公司，是指因其一定比例股权被某一公司拥有或者通过其他方式而直接、间接受该公司控制的公司。母公司与子公司之间是一种控制与被控制关系，两者共同组成公司集团，其中母公司在公司集团中处于主导地位和控制地位，子公司在公司集团中处于从属地位和被控制地位；子公司虽然受母公司控制，但其仍为具有独立法人资格的民事主体，因此对其债务依法独立承担责任，母公司原则上无须对子公司的债务负责。

（九）总公司与分公司

这是以公司内部管辖关系为标准对公司进行的分类。总公司又称为本公司，是指管辖公司全部内部组织的总机构；分公司是指由总公司设立的、有营业资格的、受总公司管辖的公司分支机构。必须指出的是，分公司只是总公司的组成部分和分支机构，并非独立的公司形态；分公司不具有法人资格，对其债务不能独立承担责任，因此总公司须对分公司的债务负责；但分公司又具有一定的民事主体资格，属于非法人组织，具有营业资格和诉讼主体资格。

（十）一国公司与跨国公司

这是以公司的投资和经营活动是否局限于一国为标准对公司进行的分类。一国公司是指投资和经营活动局限于一国的公司或公司集团；跨国公司又称为多国公司、国际性公司等，是指以本国为基地和中心，通过在其他国家或地区投资设立子公司、分公司或其他企业，制订并实施统一的经营战略和方针，从事国际性生产、服务等经营活动的公司集团或企业集团。跨国公司本身并非独立的法律实体，其内部关系实际为母子公司、总分公司或股东与公司之间的关系，其实质为国际性的公司集团或企业集团。

二、我国公司法对公司的分类

我国《公司法》将公司分为有限责任公司和股份有限公司，即只承认股东承担有限责任的有限公司，不承认传统大陆法系国家的无限公司和两合公司；同时，借鉴英美法系国家的企业分类体系，在《合伙企业法》中规定了与无限公司和两合公司大体相当的普通合伙企业和有限合伙企业。

在具体的法定分类中，根据股东人数的不同，我国公司法又将有限责任公司分为一人有限责任公司、国有独资公司这两种股东均为一人的有限责任公司类型和股东为2~50人之多人的有限责任公司类型。公司法对一人有限责任公司、国有独资公司这两种股东为一人的有限责任公司作出了特别规定。根据设立方式的不同，我国公司法又将股份有限公司分为发起设立的股份有限公司和募集设立的股份有限公司。募集设立的股份有限公司又可分为社会募集设立的股份有限公司和定向募集设立的股份有限公司；根据其股票是否获准在证券交易所上市交易，我国公司法还将股份有限公司分为上市公司与非上市公司。

（一）有限责任公司

与其他类型公司相比，有限责任公司虽产生较晚，但在数量上占有绝对优势，成为现代社会最重要的公司类型之一。根据我国《公司法》相关规定，有限责任公司是指由 50 个以下股东共同投资设立，股东以其认缴的出资额为限对公司债务承担责任，公司以其全部财产对公司的债务承担责任的公司类型。与其他类型的公司相比，有限责任公司具有以下特征：

1. 股东人数的有限性

各国公司法对于其他类型的公司一般只规定股东的最低人数，而无最高人数的限制；但对于有限责任公司，大多规定了股东的最高人数的限制。根据我国《公司法》第 24 条的规定，我国的有限责任公司由 50 个以下股东出资设立。因此，有限责任公司具有股东人数有限性的特征。有限责任公司股东人数的有限性导致其股东人数较少，规模较小，是小型企业和家族企业首选的公司类型。

2. 股东责任的有限性

有限责任公司的股东只以其认缴的出资额为限对公司债务承担责任，对超过其认缴的出资额范围内的公司债务不承担责任，此即有限责任公司股东责任有限性特征，这一特点使得有限责任公司明显区别于无限公司。

3. 股东出资的非股份化

有限责任公司的资本一般不划分为等额股份，股东出资数额、比例以及股东权大小和范围并不以股份为单位进行计算，而是直接以出资额为单位进行计算，此即有限责任公司股东出资的非股份化特征。但在一些国家，有限责任公司的资本也可以划分为等额股份，这种公司被称为有股份划分的有限责任公司。此类公司并不是股份有限公司，其股份不能公开发行且股份转让受到较大限制，因此，此类公司只有股份有限公司的形式，而无股份有限公司的实质，其本质上仍为有限责任公司。[1]由此可见，股东出资的非股份化并非一切有限责任公司的特征，也并非有限责任公司的本质特征。

4. 公司资本和运营的封闭性

公司资本和运营的封闭性是有限责任公司的本质特征。有限责任公司资本的封闭性表现为：其一，公司资本的形成具有封闭性。有限责任公司的资本由数量有限的股东认缴而形成，公司不能向社会公开发行股份而募集资本；其二，股东的股权转让受到较大的限制。根据我国《公司法》第 71 条的规

─────────────────

〔1〕　王新、秦芳华：《公司法》，人民法院出版社 2000 年版，第 64 页。

定，股东向股东以外的人转让股权，应当经其他股东过半数同意；经股东同意转让的股权，在同等条件下，其他股东还有优先购买权。由于有限责任公司股东人数较少、规模较小，未如股份有限公司一样涉及人数众多的中小股东利益、债权人利益等社会公共利益，因此有限责任公司的会计账簿、财务会计报告及其他经营活动信息无须向社会公开，其运营也表现出较明显的封闭性。

5. 带有一定的人合性

总体而言，有限责任公司属资合性公司，股东无须对公司债务承担责任，公司的信用基础在于公司资本和公司资产。但较之股份有限公司，有限责任公司又带有一定的人合性，股东之间的相互熟悉和相互信任关系是公司成立和存续的基础；为维系有限责任公司股东之间的人合性，我国公司法对股东的对外股权转让予以了较大的限制。

6. 组织机构较为简便灵活

由于有限责任公司股东较少、规模较小，为控制和节约管理费用和治理成本，有限责任公司的组织机构设置较为简便灵活。各国公司法大都规定，除股东会为必设机关外，董事会和监事会是否设立可依具体情况而定。根据我国《公司法》第50条和51条的规定，股东人数较少或者规模较小的有限责任公司，可以只设1名执行董事，不设董事会，且执行董事可以兼任公司经理；可以只设1~2名监事，不设监事会。

（二）股份有限公司

根据我国《公司法》相关规定，股份有限公司是指由两个以上的股东共同投资设立，全部资本分为等额股份，股东以其认购的股份为限对公司债务承担责任，公司以其全部财产对公司债务承担责任的公司类型。与其他类型的公司相比，股份有限公司具有以下特征：

1. 股东人数的无限性

股份有限公司产生的原因，在于适应社会化大生产对于巨额资本的需求，其通过向不特定的社会公众公开发行股份和股票来筹集资本，任何人均可通过认购公司的股份而成为公司的股东，因此股份有限公司的股东人数众多广泛，法律对其股东人数没有上限限制。

2. 股东责任的有限性

股份有限公司的股东只以其认购的股份为限对公司债务承担责任，对超过其认购的股份范围的公司债务不承担责任，因此与有限责任公司同属股东承担有限责任的有限公司类型。

3. 股东出资的股份化

股份有限公司的资本均划分为等额股份，股份为股份有限公司资本的最小计算单位，股东出资数额、比例以及股东权大小和范围均以股份为单位进行计算，从而便于股份的发行和资本的筹集，便于股东权利的计算、行使和转让。

4. 公司资本和运营的开放性

这是股份有限公司的本质特征。股份有限公司资本的开放性表现为：其一，公司资本的形成具有开放性。股份有限公司可以通过发行股票的形式向社会公开募集资本，任何人只要购买公司的股票就能成为公司的股东；其二，股东可以转让自由所持股份和股票。尤其是上市公司的股东，其可以方便快捷地在证券交易所公开自由地转让其持有的股份和股票。股份有限公司运营的开放性表现为，由于股份有限公司股东人数广泛众多、规模较大，涉及人数众多的中小股东利益、债权人利益等社会公共利益，因此公司的会计账簿和财务会计报告及其他经营活动信息必须向社会公开，其运营也表现出较明显的开放性。

5. 浓厚和典型的资合性

股份有限公司是典型的资合性公司，具有浓厚的资合性特征。股东无须对公司债务承担责任，公司的信用基础仅在于公司资本和公司资产。且股东人数众多、通常为陌生人之间的关系，因此股东之间的相互熟悉和相互信任关系并非公司成立和存续的基础，法律对股东所持股份的对外转让基本没有限制。

6. 组织机构完备复杂

由于股份有限公司股东广泛众多、规模较大，涉及数量庞大的中小股东、债权人等公司利益相关者利益，因此股份有限公司的组织机构设置完备复杂。大多数国家的公司法均规定，股份有限公司必须设立股东会、董事会和监事会三大法定机关，从而通过规范的公司治理机关设置和严格的公司治理机制来保障处于弱势地位的中小股东和债权人的利益。

（三）一人有限责任公司

一人公司又称独资公司，是指股东仅为一人的有限责任公司和股份有限公司。一人公司并不是一种新的公司类型,其不过是有限责任公司和股份有限公司的特殊形式。一人公司的突出特征在于其股东的唯一性,股东的唯一性决定了一人公司较之多人公司,公司的经营和管理直接、完全由唯一的投资者控制,一人股东在公司中享有绝对的控制权;一人公司虽然只有一个股东,但公司本身具有独立的法人资格,一人股东对公司债务不承担责任,因此一人公司也属于股东承担有限责任的有限公司。

由于一人公司在一定程度上对公司的社团性和契约性造成了冲击,早期各国公司法对一人公司不予承认;出于鼓励投资以及尊重一人公司客观存在现实的考量,当今各国公司法对一人公司均采取了全部承认或部分承认的态度。我国公司法对于一人公司采取了部分承认的态度,只承认一人有限责任公司,不承认一人股份有限公司。此处所言的一人有限责任公司是指广义的一人有限责任公司,包括普通的一人有限责任公司即狭义的一人有限责任公司和国有独资公司。

普通的一人有限责任公司即狭义的一人有限责任公司是指只有一个自然人股东或者一个法人股东的有限责任公司。由于一人有限责任公司形式较之多人有限责任公司形式对于债权人利益保护不利,我国公司法对狭义的一人有限责任公司予以了特别的限制性规定,主要内容为:(1)一个自然人只能投资设立一个一人有限责任公司。该一人有限责任公司不能投资设立新的一人有限责任公司。(2)一人有限责任公司应当在每一会计年度终了时编制财务会计报告,并经会计师事务所审计。(3)一人有限责任公司的股东不能证明公司财产独立于股东自己的财产的,应当对公司债务承担连带责任。

(四)国有独资公司

根据我国《公司法》第64条第2款的规定,国有独资公司是指国家单独出资、由国务院或者地方人民政府授权本级人民政府国有资产监督管理机构履行出资人职责的有限责任公司。国有独资公司作为广义的一人有限责任公司中的一种,其特殊之处在于一人股东身份的特定性,即国有独资公司的一人股东是国家,具体由国有资产监督管理机构代表国家行使股东职责。

鉴于国有独资公司股东身份的特定性,我国《公司法》对国有独资公司予以了特别规定,主要内容为:(1)国有独资公司章程由国有资产监督管理机构制定,或者由董事会制订报国有资产监督管理机构批准。(2)国有独资公司不设股东会,由国有资产监督管理机构行使股东会职权。除必须由国有资产监督管理机构决定或本级人民政府批准的事项外，国有资产监督管理机构可以授权公司董事会行使股东会的部分职权，决定公司的重大事项。（3）经国有资产监督管理机构同意，董事会成员可以兼任经理。（4）国有独资公司的董事长、副董事长、董事、高级管理人员，未经国有资产监督管理机构同意，不得在其他有限责任公司、股份有限公司或者其他经济组织兼职。

有必要指出的是，公司立法中的公司分类体系应不断趋于科学合理。对于我国现行公司法的公司分类体系的合理性，不乏学者提出质疑。

其一，我国现行公司法的有限责任公司与股份有限公司分类体系不科学、不周延。我国现行公司法将公司分为有限责任公司与股份有限公司两个大类，其立法本意是将有限责任公司构建成英美法系国家的封闭性公司类型，将股份有限公司构建成英美法系国家的开放性公司类型。封闭性公司的特点是股东人数有上限限制，不能向社会公开招股，其股份不能在证券市场公开交易；其适合于股东人数较少、资本有限的小型企业或家族性企业。开放性公司的特点是公司股东人数无上限限制，可以向社会公开招股，其股份可以在证券市场公开交易；其适合于股东人数众多、资本庞大的大型企业。然而，实际上我国的股份有限公司中只有社会募集设立的股份有限公司才真正符合开放性公司的特点——股东人数众多、其股份可以在证券市场公开交易。而发起设立的股份有限公司和定向募集设立的股份有限公司其股东人数较少，且股份不能在证券市场公开交易，表现出较强的封闭性特征，并不符合开放性公司的特点，本质上仍属于封闭性公司；但由于其被归属于股份有限公司（开放性公司）之中，因而不能适用公司法针对有限责任公司（封闭性公司）较为自由、灵活和简便的相关规定，由此造成同一部法中事实上存在着两种类型的封闭性公司，同是封闭性公司却实行不同制度安排的不合理现象。[1]

所以，有必要改革和修正我国现行的有限责任公司与股份有限公司分类体系，将发起设立的股份有限公司和定向募集设立的股份有限公司并入有限责任公司类型，建立囊括所有封闭性公司类型的有限责任公司类型；股份有限公司仅保留真正符合开放性公司特点的社会募集设立的股份有限公司。

其二，我国现行公司法将国有独资公司作为区别于普通的一人有限责任公司的特殊类型进行单独规定不妥当。我国现行公司法只承认一人有限责任

---

〔1〕　赵旭东主编：《公司法》，高等教育出版社 2015 年版，第 60 页。

公司，又将一人有限责任公司分为普通的一人有限责任公司即狭义的一人有限责任公司与国有独资公司，从而将国有独资公司作为不同于普通的一人有限责任公司的特殊类型进行特别立法和特别保护。但这样的分类，不仅破坏了一人有限责任公司类型体系的统一性，而且损害了公司法作为商事主体法应有的中立性、平等性和稳定性品质。

所以，从长远趋势和国际走向来看，公司法应是平等、中立地调整和适用于各种类型公司的市场主体法，内资公司与外资公司应在公司法中统一立法，对外资公司的特别规定涉及的是对外资的监管问题，应以公法性质的外资监管法的形式单独立法，不宜规定在以私法属性为主的公司法中；同理，私有公司与国有公司也应在公司法中统一立法，对国有公司的特别规定涉及的是对国有资产的监管保护问题，应以公法性质的国有资产监管法的形式单独立法，不宜规定在以私法属性为主的公司法中。

【实务拓展单元】 公司人格否认制度的适用

案由：徐工集团工程机械股份有限公司诉成都川交工贸有限责任公司等买卖合同纠纷案[1]

【基本案情】

原告徐工集团工程机械股份有限公司（以下简称徐工机械公司）诉称：成都川交工贸有限责任公司（以下简称川交工贸公司）拖欠其货款未付，而成都川交工程机械有限责任公司（以下简称川交机械公司）、四川瑞路建设工程有限公司（以下简称瑞路公司）与川交工贸公司人格混同，三个公司实际控制人王永礼以及川交工贸公司股东等人的个人资产与公司资产混同，均应承担连带清偿责任。请求判令：川交工贸公司支付所欠货款 10 916 405.71 元及利息；川交机械公司、瑞路公司及王永礼等个人对上述债务承担连带清偿责任。

被告川交工贸公司、川交机械公司、瑞路公司辩称：三个公司虽有关联，但并不混同，川交机械公司、瑞路公司不应对川交工贸公司的债务承担清偿责任。

---

〔1〕 江苏省高级人民法院（2011）苏商终字第 0107 号民事判决书。

王永礼等人辩称：王永礼等人的个人财产与川交工贸公司的财产并不混同，不应为川交工贸公司的债务承担清偿责任。

【一审证据事实】

法院经审理查明：川交机械公司成立于1999年，股东为四川省公路桥梁工程总公司二公司、王永礼、倪刚、杨洪刚等。2001年，股东变更为王永礼、李智、倪刚。2008年，股东再次变更为王永礼、倪刚。瑞路公司成立于2004年，股东为王永礼、李智、倪刚。2007年，股东变更为王永礼、倪刚。川交工贸公司成立于2005年，股东为吴帆、张家蓉、凌欣、过胜利、汤维明、武竞、郭印，何万庆2007年入股。2008年，股东变更为张家蓉（占90%股份）、吴帆（占10%股份），其中张家蓉系王永礼之妻。在公司人员方面，三个公司经理均为王永礼，财务负责人均为凌欣，出纳会计均为卢鑫，工商手续经办人均为张梦；三个公司的管理人员存在交叉任职的情形，如过胜利兼任川交工贸公司副总经理和川交机械公司销售部经理的职务，且免去过胜利川交工贸公司副总经理职务的决定系由川交机械公司作出；吴帆既是川交工贸公司的法定代表人，又是川交机械公司的综合部行政经理。在公司业务方面，三个公司在工商行政管理部门登记的经营范围均涉及工程机械且部分重合，其中川交工贸公司的经营范围被川交机械公司的经营范围完全覆盖；川交机械公司系徐工机械公司在四川地区（攀枝花除外）的唯一经销商，但三个公司均从事相关业务，且相互之间存在共用统一格式的《销售部业务手册》《二级经销协议》、结算账户的情形；三个公司在对外宣传中区分不明，2008年12月4日重庆市公证处出具的《公证书》记载：通过因特网查询，川交工贸公司、瑞路公司在相关网站上共同招聘员工，所留电话号码、传真号码等联系方式相同；川交工贸公司、瑞路公司的招聘信息，包括大量关于川交机械公司的发展历程、主营业务、企业精神的宣传内容；部分川交工贸公司的招聘信息中，公司简介全部为对瑞路公司的介绍。在公司财务方面，三个公司共用结算账户，凌欣、卢鑫、汤维明、过胜利的银行卡中曾发生高达亿元的往来，资金的来源包括三个公司的款项，对外支付的依据仅为王永礼的签字；在川交工贸公司向其客户开具的收据中，有的加盖其财务专用章，有的则加盖瑞路公司财务专用章；在与徐工机械公司均签订合同、均有业务往来的情况下，三个公司于2005年8月共同向徐工机械公司出具《说明》，称因川交机械公司业务扩张而注册了另两个公司，要求所有债权债务、销售量均计算在川交工贸公司名下，并表示今后尽量以川交工贸公司名义进行业务往来；2006 年 12 月，川交工贸公司、瑞路公司共同向徐工机械公司出具《申请》，以统一核算为由要求将 2006 年度的业绩、账务均计算至川交工贸公司名下。

另查明，2009 年 5 月 26 日，卢鑫在徐州市公安局经侦支队对其进行询问时陈述：川交工贸公司目前已经垮了，但未注销。又查明徐工机械公司未得到清偿的货款实为 10 511 710.71 元。

【一审裁判结果】

江苏省徐州市中级人民法院于 2011 年 4 月 10 日作出（2009）徐民二初字第 0065 号民事判决：一、川交工贸公司于判决生效后 10 日内向徐工机械公司支付货款 10 511 710.71 元及逾期付款利息；二、川交机械公司、瑞路公司对川交工贸公司的上述债务承担连带清偿责任；三、驳回徐工机械公司对王永礼、吴帆、张家蓉、凌欣、过胜利、汤维明、郭印、何万庆、卢鑫的诉讼请求。

【二审诉辩】

宣判后，川交机械公司、瑞路公司提起上诉，认为一审判决认定三个公司人格混同，属认定事实不清；认定川交机械公司、瑞路公司对川交工贸公司的债务承担连带责任，缺乏法律依据。徐工机械公司答辩请求维持一审判决。

【二审判决结果及裁判理由】

江苏省高级人民法院判决：驳回上诉，维持原判。

法院生效裁判认为：针对上诉范围，二审争议焦点为川交机械公司、瑞路公司与川交工贸公司是否人格混同，应否对川交工贸公司的债务承担连带清偿责任。

川交工贸公司与川交机械公司、瑞路公司人格混同。一是三个公司人员混同。三个公司的经理、财务负责人、出纳会计、工商手续经办人均相同，其他管理人员亦存在交叉任职的情形，川交工贸公司的人事任免存在由川交机械公司决定的情形。二是三个公司业务混同。三个公司实际经营中均涉及工程机械相关业务，经销过程中存在共用销售手册、经销协议的情形；对外进行宣传时信息混同。三是三个公司财务混同。三个公司使用共同账户，以王永礼的签字作为具体用款依据，对其中的资金及支配无法证明已作区分；三个公司与徐工机械公司之间的债权债务、业绩、账务及返利均计算在川交工贸公司名下。因此，三个公司之间表征人格的因素（人员、业务、财务等）高度混同，导致各自财产无法区分，已丧失独立人格，构成人格混同。

川交机械公司、瑞路公司应当对川交工贸公司的债务承担连带清偿责任。公司人格独立是其作为法人独立承担责任的前提。《公司法》第3条第1款规定："公司是企业法人，有独立的法人财产，享有法人财产权。公司以其全部财产对公司的债务承担责任。"公司的独立财产是公司独立承担责任的物质保证，公司的独立人格也突出地表现在财产的独立上。当关联公司的财产无法区分，丧失独立人格时，就丧失了独立承担责任的基础。《公司法》第20条第3款规定："公司股东滥用公司法人独立地位和股东有限责任，逃避债务，严重损害公司债权人利益的，应当对公司债务承担连带责任。"本案中，三个公司虽在工商登记部门登记为彼此独立的企业法人，但实际上相互之间界线模糊、人格混同，其中川交工贸公司承担所有关联公司的债务却无力清偿，又使其他关联公司逃避巨额债务，严重损害了债权人的利益。上述行为违背了法人制度设立的宗旨，违背了诚实信用原则，其行为本质和危害结果与《公司法》第20条第3款规定的情形相当，故参照《公司法》第20条第3款的规定，川交机械公司、瑞路公司对川交工贸公司的债务应当承担连带清偿责任。

【案例思考题】

1. 公司独立人格与股东有限责任之间的关系。
2. 股东享有有限责任优惠的前提条件。
3. 公司人格否认制度的适用情形。
4. 公司人格混同的具体情形和判断标准。

【相似或相关案例拓展】

任务：收集和整理有关公司人格否认制度适用的其他相似或相关的国内

外典型案例。

要求：总结和归纳公司人格否认制度的各种具体情形以及每种情形的判断标准。

【理论拓展单元】 公司的公共性或社会性：公司社会责任理论

公司社会责任理论自 19 世纪末 20 世纪初首先产生于哲学界，尔后影响到政治学界、经济学界、法学界。早期的公司社会责任概念限于道德、伦理层面，主要指公司进行慈善性、捐助性活动及其他社会福利活动的义务。如谢尔顿（Sheldon，1924）把公司社会责任与公司经营者满足产业内外各种人类需要的责任联系起来，认为公司社会责任含有道德因素在内。

20 世纪 80 年代以来，随着公司对社会的影响力不断增强、人们对生态环境等社会问题的日益重视，公司社会责任概念的内涵和外延不断扩展，表现为：公司社会责任的对象涉及公司的一切非股东利益相关者，公司社会责任的内容不再限于社会福利方面的道德义务，而是上升到法律层面，包括内容极为广泛的道德和法律义务。公司社会责任与利益相关者理论实现了对接，公司社会责任被理解为公司对股东以外的一切公司利益相关者提供服务并承担责任，以履行公司在社会中的应有角色。如我国学者刘俊海认为公司社会责任是指公司不能仅仅以最大限度地为股东们营利或赚钱作为自己的唯一存在目的，而应最大限度地增进股东利益之外的其他所有社会利益；与公司存在和运营密切相关的股东之外的公司利益相关者是公司承担社会责任的主要对象。[1]

本质上，公司的社会责任体现了公司的公共性和社会性特征，是指公司在追求股东利润最大化目标之外，所负有的维护和增进社会公共利益的法律和道德义务。由此可见，首先，公司社会责任名为责任，实为义务，是指公司负有的维护和增进社会公共利益的法律和道德义务，而不是公司违反相应义务应承担的法律和道德责任。其次，公司社会责任是法律责任和道德责任的统一体，是正式制度安排和非正式制度安排的结合体，是一种综合性的责任和制度。[2]如公司对劳动者保护的责任、对债权人保护的责任、对环境资

---

〔1〕 刘俊海：《公司的社会责任》，法律出版社 1999 年版，第 6~7 页。
〔2〕 李昌麒主编：《经济法学》，西南政法大学出版社 2000 年版，第 20 页。

源保护的责任等属于法律责任；而公司对所在社区经济社会发展的责任、对社会福利和社会公益事业发展的责任等属于道德责任。

近年来，公司社会责任理念在国际公司实践中有了较为突出的发展和体现，如越来越多的跨国公司开始宣称自己对劳动权和环境权等社会问题的解决负有不可推卸的社会责任，并相继出台了自己的社会责任宣言；一些发达国家的机构投资者推行社会责任投资政策，声称其在国际上选择投资对象时只选择那些具有社会责任感的公司；一些发达国家的消费者宣称其只愿购买那些具有社会责任感的公司提供的商品或服务。[1] 顺应以上思潮和实践，我国 2005 年《公司法》首次于总则的第 5 条明确规定："公司从事经营活动，必须……，承担社会责任"，从而对公司承担社会责任做出了倡导性和宣示性的规定。这是我国公司法制度史和立法史上的一大进步，代表了当今国际公司法的先进立法趋势。

公司的社会责任的理据在于，现代公司与早期公司相比，其经济规模和经济实力日益庞大，对社会生活的影响范围和程度日益深远，就对象而言涉及公司的一切利益相关者，就生活层面而言扩及经济、政治、社会各个方面，将其比拟为"私人政府"并不夸张。现代公司已拥有事实上的巨大的经济、政治、社会权力（利），因此必须要求其承担同等程度的责任，以实现权力（利）和责任的平衡和协调；同时公司作为社会的一员不能脱离社会，其长期的生存和发展需要健康繁荣、运行良好的社会的支持。公司承担必要的社会责任可以改善公司社会形象，营造良好的公司经营的社会环境，从而最终有利于公司长期营利目标的实现，即公司与社会相互影响、相互依赖，也应相互支持与合作。

所以，公司社会责任补充和修正了对公司"股东利益至上主义"和股东私人营利性的传统认识，抛弃狭隘、单一的股东利益最大化的公司目标，承认公司目标的多元性，强调公司在营利性之外还具有一定的公共性或社会性，强调股东以外的公司利益相关者在公司中的地位和作用，从而必然要求公司在决策过程中允许和鼓励利益相关者直接或间接参与，以保证决策结果考虑和反映公司一切利益相关者的利益及社会公益。

但应该看到，公司社会责任并未全盘否定公司的股东私人营利性本质和

---

〔1〕 刘俊海：《公司法》，中国法制出版社 2008 年版，第 11 页。

目标，仅仅是对公司股东私人营利性本质和目标的适度与合理的限制。公司的股东私人营利性仍然是公司的本质特征和基本前提，公司必须在保障股东利润最大化的基础之上才能适度和合理地承担一定的社会责任。一旦过分强调和扩张公司承担社会责任的范围，将导致公司丧失其商事企业私人营利性的本质，增加公司不必要的经营成本和负担，损害股东的投资积极性和热情，最终将不利于公司以及市场经济的发展。

【理论拓展思考题】

1. 公司社会责任的特点和内容。
2. 公司社会责任制度的功能。
3. 公司的公共性或社会性与其私人营利性之间的关系的平衡与协调。

【本章思考题】

1. 公司具有哪些基本特征？
2. 公司法具有哪些特征？
3. 简述我国公司法上的公司分类体系。
4. 为什么说股东有限责任制度与公司独立法人制度是公司制度的基石？

第二章 CHAPTER 2

公司设立

导 论

公司设立原则作为公司设立的基本依据和准则，是国家对设立公司所采取的态度。从各国公司设立立法的历史来看，一般经历了自由设立、特许设立、核准设立、单纯准则设立和严格准则设立的过程。我国 1993 年《公司法》实行核准设立与严格准则设立并行的制度；2005 年《公司法》统一了股份有限公司和有限责任公司的设立原则，均采用了严格准则原则，只是在少数行业仍然适用核准设立原则。

在公司的设立方式上，就大陆法系国家公司法而言，分为发起设立和募集设立。在具体的设立条件上，一般应具备两个要件：第一，基本的人力和物力条件，包括发起人、公司章程、资本、组织、名称、场所等；第二，必须符合法律规定的形式要件，即法律对公司设立的程序性要求，主要涉及商事登记。对设立条件的公司法规定，无论是基本条件，还是形式要件，都体现出优化营商环境的价值追求。我国 2013 年《公司法》全面推进了公司设立条件的改革：在基本条件上，将注册资本由实缴登记制改为认缴登记制；在形式要件上，放宽注册资本登记条件，简化登记手续等。种种重大改革举措的推行，旨在降低公司设立门槛，改善营商环境，进一步鼓励投资，增加市场经济活力。

公司设立时的资本，是否需要管制，各国公司法持有不同理念，存在着三种公司资本制：即法定资本制、授权资本制和折中资本制。所谓最低资本规则，即法律规定公司在开始经营之前必须拥有一定的最低法定资本额，所以又称为法定资本制，它是国家管制公司资本的典型。所谓授权资本制，即规定可以任由公司选择和决定自身的法定资本额，公司应对选定的法定资本额承担法律后果，它是国家放松资本管制的典型。折中资本制则是对二者的结合。采取不同的资本制，体现出对公司资本作用的不同认识。在法定资本制下，一般认为：公司设立时的资本是公司经营的物质基础，同时，由于股东只负有限责任，只有在特定情况下才对债权人直接负责，因此公司资本又成为向债权人偿债的基础。相应地，对公司设立时的资本，法律采取了严格管制的态度。但随着经济发展，人们日益认识到：设立公司时的资本在公司经营过程中不可能是一个恒定不变的数值，对于公司经营和债权人利益保护而言，法定资本制所维护的资本确定规则，作用都极为有限。所以，我国公司法持续对资本制度进行了调整和修改。在 2005 年《公司法》修改中，改变了刚性的法定资本制，引入折中资本制，部分认可了公司章程自主的"分期缴纳制"；在 2013 年《公司法》的修改中，全面取消了最低资本制，将实缴制改为认缴制，对实缴期限也不再作强制性规定；2018 年 10 月 26 日通过并施行的《公司法》维持了 2013 年修改版的规定。

公司设立时的资本，由股东的出资构成。股东出资的形式，既关系公司财产的独立性，又关系到股东对公司的控制权分配。所以，各国公司法普遍进行了明文规定。我国公司法对股东的出资形式采取严格的出资形式法定主义，股东可以货币出资，也可以实物、工业产权、土地使用权等作价出资。一旦认缴出资后出资不实，为保障公司资本对于公司经营和债权人担保的重要作用，公司法规定会在其他股东、公司、公司债权人之间引发一系列法律关系。

对于公司设立行为的法律后果，一方面，由于公司在设立过程中，需要积极筹措公司开办的各项事务，不免与第三人之间发生意定的合同关系，甚至非意定的侵权关系，这就催生了设立中公司的法律地位与性质问题。因此，公司法需要解决设立中公司与第三人之间的权利义务关系以及责任承担。另一方面，由于公司设立普遍适用严格准则主义，当出现不符合公司设立法定条件而取得公司营业资格时，会引发设立瑕疵问题。对此，各国公司法大都允许其通过相应补救措施而继续保留法律人格，体现出企业维持原则。

第一节　公司设立概述

一、公司设立的概念和性质

公司设立是指按照法律规定的条件和程序，发起人为组建公司，使其取得法律人格，必须采取和完成的一系列行为的总称。

对于设立行为的性质，传统公司法理论认为它属于法律行为，并且主要是民事法律行为。当然，并不全然都是民事法律行为，如申请公司设立登记、募集设立方式中的申请股份发行等，就属于行政法上的行为。对公司设立行为之民事法律行为的性质，有三种学说：（1）合伙契约说。这种理论认为，公司发起人协议、公司章程都是建立在当事人合意基础之上，并对当事人有约束力，是当事人彼此之间达成的合伙契约。（2）单独行为说。这种理论认为，设立行为是每一个行为人各自的单独行为，围绕取得公司法人资格这一共同目标而发生竞合。单独行为导致每一个行为人的单独责任，单独行为围绕共同目的导致单一责任的连带，所以每一个设立人就设立行为发生的债务负全部给付责任。（3）共同行为说。这种理论认为，公司设立行为是公司发起人在同一目的的驱使下，以多数发起人的意思表示，共同一致作出的行为，其行为的效果是行为人取得同质的股东权。[1]在上述三种理论中，共同行为说为通说。

公司的设立和公司的成立，二者是不同概念。公司的成立，是公司设立行为被法律认可后的法律后果或法律事实状态，是公司设立的结果，一般强调取得法人资格；而公司设立，是创立具有法律人格的公司组织的动态的全部过程和行为总和，是公司成立的前提。尽管公司设立行为发生在公司成立之前，但设立行为并不必然导致公司成立的后果。在实践中，公司设立行为往往因各种原因而最终无法成立，例如投资协议不能履行，或不具备公司设立条件等。

二、公司设立的原则

公司设立的原则是指公司设立的基本依据和基本方式。公司设立原则作为公司法的一项重要法律制度，它直接反映了国家对公司设立的立法价值取向以及公司的准入政策。从公司发展的初期到现在，由于不同国家和地区的社会政治、经济、文化背景和法律传统不同，公司设立原则在不同时期也随之发生变化。从世界范围来看，公司设立先后经历了自由设立、特许设立、核准设立、准则设立及严格准则设立的演变过程。

---

[1]　参见江平主编：《新编公司法教程》，法律出版社 1994 年版，第 79 页。

（一）自由设立原则

自由设立原则又称放任主义，是指公司的设立不需要任何条件，也不经过许可批准，完全由设立人自由为之。自由设立原则意味着公司可以自由设立，国家不加任何干涉，把设立公司当成纯粹是个人之间的契约行为，适用契约的自由原则。在公司刚刚兴起时，许多国家采用这种原则，但该原则易导致公司滥设。在欧洲中世纪早期，地中海沿岸商业贸易比较发达，法人的设立采取了自由设立原则。

（二）特许设立原则

特许设立原则，是指公司设立必须经国家元首颁布命令，或根据立法机关的特许。其缺点是条件苛刻、手续复杂，难以适应经济发展的需要。该原则在17世纪~18世纪的英国、荷兰、法国等国盛行，1601年的英国东印度公司，就是根据英国女王颁发的特许状设立的，英国此时对公司设立采取严格的特许主义原则。这种原则体现了公司对政府的依附和政府对公司的控制及利用。

（三）核准设立原则

核准设立原则，也称实质管理主义，是指公司设立除了符合法律规定的条件外，还要行政机关审查批准。这明显带有国家干预色彩。该原则的优点在于通过主管部门的实质审查，大量排除、减少投资人投资受损的机会和程度。但因为其审批周期较长，成本太高，容易导致市场效率降低。同时，该原则也容易让公众产生误解，认为凡经过国家主管部门核准的公司必然是合格公司，一旦出现公司欺诈行为就会影响政府的公信力，这种由政府把关的严格核准制度也容易滋生权钱交易。[1]法国和德国最初采用核准设立原则。从当今世界许多国家的公司法来看，对涉及国计民生的公司设立仍采用此原则。

（四）准则设立原则

也称登记设立主义，是指设立人根据法律对公司设立条件的规定，向登记机关申请注册登记即可设立，不需国家主管机关核准。这一原则产生于19世纪，它是近代资本主义自由经济的产物，美国纽约州1811年《普通公司法》、1844年《英国公司法》、1867年《法国商法典》、1897年《德国商法典》和1899年《日本商法典》均采用此原则。宽松的准则主义有利于鼓励投资，促进资源的合理配置，缺点在于国家难以对公司进行有效的控制，曾一

---

〔1〕 王保树：《中国商事法》，人民法院出版社1996年版，第187页。

度出现了滥设公司和欺诈行为盛行的现象，进而破坏了交易秩序，损害了交易安全，并由此催生了"严格准则设立主义"。

（五）严格准则原则

是指将准则设立原则加上核准设立原则的成分。该原则从 20 世纪开始适用至今。随着各国证券市场的兴起与发展，股份有限公司要向社会公开发行股票，因涉及一些相关社会公众即有关股民的利益，就需要国家对股份有限公司，尤其是上市公司进行特殊的、必要的、严格的监管。严格准则原则在单纯准则原则的基础上增加了两方面的内容：一是准则设立原则与设立登记制度结合。凡是设立公司必须经设立登记，获得营业执照，才属依法成立。二是加重发起人在公司设立中的责任，防止发起人利用公司损害债权人和社会利益。这使严格准则设立原则在国家监管和公司自由发展之间找到了平衡点，较好地实现了效率与安全的有机统一，适应了现代公司制度发展的要求，因而被当今大多数国家的公司法所采用。

我国 1993 年《公司法》实行核准设立与严格准则并行的制度。严格准则原则适用于设立一般的有限责任公司。而对特定行业和经营范围，例如金融等行业，要按规定办理审批手续，经批准后才能登记取得法人资格。同时，对股份有限公司的设立采取核准设立原则，即必须经国务院授权的部门或者省级人民政府批准后，才能进行工商登记。

2005 年《公司法》统一了股份有限公司和有限责任公司的设立原则，均采用了严格准则原则，只是在少数行业仍然适用核准设立原则。第 6 条规定："设立公司，应当依法向公司登记机关申请设立登记。符合本法规定的设立条件的，由公司登记机关分别登记为有限责任公司或者股份有限公司；不符合本法规定的设立条件的，不得登记为有限责任公司或者股份有限公司。法律、行政法规规定设立公司必须报经批准的，应当在公司登记前依法办理批准手续。"就公开募集设立的股份公司而言，除了履行特殊产业的行政审批程序，还要遵守现行《公司法》第 92 条第 2 款的要求："以募集方式设立股份有限公司公开发行股票的，还应当向公司登记机关报送国务院证券监督管理机构的核准文件。"即需要经国务院证券监督管理机构的批准后才能进行工商设立登记。

2005 年《公司法》在改革公司设立原则的同时，也加重了公司发起人对公司的债权人和公共投资者的诚信义务与民事责任，第 31 条规定了有限公司设立时的股东对其他瑕疵出资股东的连带补充清偿责任；第 95 条要求股份有限公司的发起人在公司不能成立时，对设立行为所产生的费用和债务负连带责任。

三、公司设立的方式

公司设立方式，是指设立公司时各种设立要素组合的方式。从公司资合性方面讲，公司设立方式就是设立公司时资本聚合的方式；从设立程序方面讲，公司设立方式就是发起人依法完成设立公司行为所形成的一种模式。依照公司设立时发起人是否完全认购公司发行的全部股份，可将公司设立方式划分为发起设立和募集设立两种类型。

（一）发起设立方式

所谓发起设立方式，是指发起人全部认购设立中公司发行股份的一种设立方式，又称同时设立、共同设立、单纯设立方式。发起设立方式，是世界各国和地区公司法规定的设立公司普遍采用的方式。发起设立方式之所以能够在世界各国被普遍采用，主要在于它与募集设立方式相比具有封闭性、简便性等优点。

第一，发起人之间关系的特殊性——封闭性。在发起设立方式中，公司成立需要的股份全部由发起人认购，除发起人外，没有其他认购股份的人存在。亦即，发起人设立公司的行为，仅以发起人之间的合同或在此基础上制定的章程而为之，只要发起人依照法律的规定，完成法定程序，公司即可取得法人资格，设立过程即告结束。在此过程中，既没有作为第三人的认股人的介入，同时国家经济管理机关对其进行审批、监管也相对较少。一般以这种设立方式设立的公司，其内部信息相对较少，且没有必要公布于众。因而，以此种方式设立的公司，其信息相对于外界是封闭的。

第二，程序的简便性。采用发起设立方式设立公司，发起人的设立行为较募集设立方式发起人的行为简便得多。具体而言，发起设立方式中发起人的设立行为有：制定公司章程、履行出资义务、向登记机关申请设立登记、符合条件时取得法人营业执照等。无需向社会招募股份或召开创立大会，大大节约了设立公司的时间和费用。

（二）募集设立方式

募集设立又称渐次设立、复杂设立。募集设立方式是指由发起人认购公司应发行股份的一部分，其余部分向社会募集而设立公司的一种设立方式。募集设立根据募集对象又可分为向社会公开募集和定向募集。与发起设立相比较，募集设立有三个特点：第一，募集设立是通过向社会募集部分股份而进行的设立，具有公开性。第二，募集设立中，首先由发起人认购股份，余者向社会募集，发起人认购与社会公众认购有时间上的前后顺序，不能颠倒。第三，募集设立的程序比较复杂，具体步骤不限于认足股份、缴纳股款和选任公司机构的组成人员，故又称为复杂设立。

我国《公司法》并没有特别规定公司设立的方式，但从相关法律规定来看，有限责任公司的设立类似于股份有限公司的发起设立方式。《公司法》第77条规定："股份有限公司的设立，可以采取发起设立或者募集设立的方式。发起设立，是指由发起人认购公司应发行的全部股份而设立公司。募集设立，是指由发起人认购公司应发行股份的一部分，其余股份向社会公开募集或者向特定对象募集而设立公司。"由此可见股份有限公司的设立，则可选择采用发起设立或募集设立方式，募集设立包括公开募集与定向募集两种方式。

第二节 公司设立的条件和程序

一、公司设立的条件

各个国家和地区法律对公司设立的规定不同，不同类型的公司设立的要求也不完全相同。如1980年《英国公司法》要求公司设立应当有公司名称、公司注册办事处所在地，拥有股份资本的有限公司，应写明其申请注册的股票数额，以及按一定票面价值计算的股数，对于上市公司来说实际股本额不得少于50 000英镑。[1]《法国民法典》亦要求公司设立应当规定公司的形式、宗旨、名称、公司住所、公司资本、公司期限和经营管理方式。德国《德国股份公司法》和《德国有限责任公司法》均规定设立公司的公司合同必须包括公司的商业名称和所在地、经营对象、基本资本数额。[2]

我国《公司法》第23条对有限责任公司的设立从股东人数、资本、公司

---

[1] 参见董安生等编译：《英国商法》，法律出版社1991年版，第242~243页。
[2] 卞耀武：《当代外国公司法》，法律出版社1995年版，第292页。

章程、公司名称、组织机构、公司住所等方面作了要求；第76条对股份有限公司的设立从发起人人数、资本、股份发行、公司章程、公司名称、组织机构、公司住所等方面作了规定。

（一）发起人资格及法定人数的要求

《公司法》在第4章"股份有限公司的设立和组织机构"中将设立主体条件规定为"发起人符合法定人数"，使用了"发起人"概念，而在第2章"有限责任公司的设立和组织机构"中的主体条件规定为"股东符合法定人数"，未采用"发起人"这一概念。以下简称《公司法司法解释三》第1条的规定："为设立公司而签署公司章程、向公司认购出资或者股份并履行公司设立职责的人，应当认定为公司的发起人，包括有限责任公司设立时的股东。"依此规定，发起人是指向公司出资或认购股份，在公司章程上签名盖章，承担公司筹办事务并对公司设立承担责任的人，包括有限责任公司设立时的全体股东。

1. 发起人的资格

从各个国家和地区公司法规定来看，对发起人资格的规定一般包括以下几个方面的内容：

（1）发起人身份。我国《公司法》对发起人是否必须为自然人没有规定，因此除非其他法律、行政法规另有规定，发起人可以是自然人、法人和其他非法人组织（包括个人独资企业、合伙企业、不具有法人资格的专业服务机构等）。

（2）发起人行为能力。由于发起人要承担筹办公司事务，同时必须对自己的行为承担责任，所以发起人必须具有完全行为能力，无行为能力和限制行为能力人都不能作为公司的发起人。当然，无行为能力人和限制行为能力人可以成为公司的股东。我国《公司法》虽无明文规定发起人须为完全民事行为能力人，但因发起行为属民事行为，依民法之一般原理，发起人应须具有完全民事行为能力。

（3）发起人的国籍或住所地。各国公司法一般没有对发起人国籍进行限制，不论本国人还是外国人，都可以作为发起人设立公司。但也有国家规定了外国发起人占有股份的限额。有的国家的公司法则对发起人的住所或居住年限进行限制，如挪威法律规定，股份有限公司发起人必须有一半以上在挪威居住2年以上，如果招股说明书不向公众公开，则不受居住条件限制。依我国《公司法》第 78 条，对发起人的国籍没有要求但规定发起人须有半数以上在中国境内有住所。关于"住所"的确定，我国《民法总则》第 25 条规定："自然人以户籍登记或者其他有效身份登记记载的居所为住所；经常居所与住所不一致的，经常居所视为住所。"第 63 条规定："法人以其主要办事机构所在地为住所。"法律之所以要对发起人进行住所上的限制，主要是考虑在设立股份有限公司的过程当中，至少需要一定数量的发起人具体进行筹办股份有限公司的各项活动，而足够数量的发起人在中国境内拥有住所才能便于进行此类活动。同时，发起人在设立公司期间和公司成立后承担着重要的责任，只有当他们在中国境内有了住所，才有利于国家对其进行管理和监督。

2. 发起人人数的要求

（1）公司发起人最低人数。各个国家和地区公司法一般都对设立公司的发起人有人数的限制。《德国股份公司法》第 2 条规定公司发起人至少 5 人，但德国 1980 年修订的有限公司法允许了一人有限公司的设立；日本规定公司发起人至少为 7 人；挪威、瑞典规定发起人至少为 3 人；意大利、瑞士、奥地利等国则规定至少为 2 人。而大陆法系的法国以及英美法系国家和地区的法律对发起人的最低人数没有作出限制，可以是 1 人发起设立，也可以是若干人同时发起设立公司，如《法国公司法》规定，发起人可以是 1 人或若干人，但股份公司的最初股东则不得少于 7 人。[1]我国 2005 年《公司法》承认了一人有限责任公司和国有独资公司的存在，即默认有限责任公司发起人的最低人数为 1 人。关于股份有限公司的最低发起人人数，根据《公司法》第 79 条规定的规定，发起人的最低人数为 2 人。

（2）公司发起人最高人数。在公司法发展历史上，各个国家和地区一般均曾就发起人的人数作了上限规定，也即认为设立中的公司应该是一个闭合性的团体，如旧的《日本有限公司法》第 8 条规定股东人数不得超过 50 人，我国台湾地区"公司法"曾规定有限责任公司的股东上限为 21 人。[2]我国《公司法》第 24 条规定有限责任公司由 50 个以下股东出资设立，第 78 条规

---

〔1〕 刘宗胜、张永志：《公司法比较研究》，中国人民公安大学出版社 2004 年版，第 37~38 页。

〔2〕 随着"放松公司管制"理念的深入，部分国家和地区陆续取消了最高人数的限制，如德国、奥地利、意大利、荷兰、葡萄牙、英国、瑞士等国，还有我国台湾地区在 2001 年修改"公司法"的时候也取消了此项限制。

定股份有限公司的发起人最高人数为 200 人。

（二）公司资本

公司资本，亦称股本，是指全体发起人或认股人认缴的股金总额。资本是公司赖以生存的"血液"，是公司运营的物质基础，也是公司对外承担债务的总担保。因此，它是公司设立不可少的条件之一，各国的公司法对公司的资本都作了规定。

（三）公司章程

公司章程，是公司存在和活动的基本依据，是公司行为的基本准则，对公司股东、董事、监事、高管等公司相关内部人，具有普遍约束力。将制定公司章程，作为设立公司的必要条件，体现出法律对公司自治的认可。

（四）公司名称和组织机构

公司名称是指公司依法专有的一种商业主体标志，它是公司人格性、独立性的体现，通常由地域、商号、行业或经营特点和组织形式四部分所组成。公司名称能负载公司的市场认可和商誉，所以理应受到法律保护。一定地域内的公司名称，在登记机关辖区内具有排他性。公司的组织机构，是公司意思的形成机关，体现出法律规定的公司内部分权和制衡，具体是指依法行使公司法人某方面职责的法定机关，包括股东（大）会、董事会和监事会。

（五）公司住所

公司的住所，对于确定登记管辖、诉讼管辖、债务的履行地、决定法律文书送达处所和确定涉外民事关系的准据法等，均有重要的法律意义。公司的住所不同于公司的经营场所，后者可以有多个且分别位于多地，但依《公司登记管理条例》第 12 条之规定，经公司登记机关登记的公司住所只能有 1 个。我国《民法总则》将法人的主要办事机构所在地视为法人住所地。《公司法》第 10 条和《公司登记管理条例》第 12 条，将公司住所确定在公司主要办事机构所在地。

二、公司设立的程序

（一）有限责任公司设立的程序

按照《公司法》第 6 条的规定，一般有限责任公司的设立，采取登记设立的方式。法律、行政法规规定设立公司必须报经批准的，应当在公司登记前依法办理批准手续。具体程序依《公司法》第 2 章第 1 节和《公司登记管理条例》规定。

1. 制定公司章程

全体股东对设立公司达成一致意见后，应先制定公司章程，章程应当载明下列事项：（1）公司名称和住所；（2）公司经营范围；（3）公司注册资本；（4）股东的姓名或者名称；（5）股东的出资方式、出资额和出资时间；（6）公司的机构及其产生办法、职权、议事规则；（7）公司法定代表人；（8）股东会会议认为需要规定的其他事项。然后由全体股东共同签署，即股东在章程上签名、盖章。

2. 股东认缴并依据公司章程规定缴纳出资

我国2013年《公司法》建立了注册资本认缴制，允许股东在注册资本零首付的情况下设立公司，对股东实缴出资的期限没有强制性规定，将这一权利赋予了公司股东会制定的公司章程。因此，在公司章程确定后，股东应当按期足额缴纳公司章程中规定的各自所认缴的出资额。股东以货币出资的，应当将货币出资足额存入有限责任公司在银行开设的账户；以非货币财产出资的，应当依法办理其财产权的转移手续。

3. 办理登记前置的行政审批程序

《公司法》第6条的规定，一般有限责任公司的设立，采取登记设立的方式。法律、行政法规规定设立公司必须报经批准的，应当在公司登记前依法办理批准手续。《公司登记管理条例》第20条规定，法律、行政法规或者国务院决定规定设立有限责任公司必须报经批准的，应当自批准之日起90日内向公司登记机关申请设立登记；逾期申请设立登记的，申请人应当报批准机关确认原批准文件的效力或者另行报批。

4. 申请设立登记

股东认足公司章程规定的出资后，由全体股东指定的代表或者共同委托的代理人向公司登记机关申请设立登记。设立国有独资公司，应当由国务院或者地方人民政府授权的本级人民政府国有资产监督管理机构作为申请人，申请设立登记。

（1）申请公司设立登记，应向公司登记机关申请名称预先核准。法律、行政法规规定设立公司必须经审批或者公司经营范围中有法律、行政法规规定必须报经审批的项目的，应当在报送审批前办理名称预先核准，并以公司登记机关核准的公司名称报送审批。

（2）申请公司设立登记应提交登记申请书、公司章程等文件。申请登记的单位应提交的文件、证件和填报的登记注册书齐备且符合要求后，方可受理，否则不予受理。受理的登记机关将发给《企业登记受理通知书》。

（3）受理后，登记机关将对提交的文件、证件和填报的登记注册书的真实性、合法性、有效性进行审查，并核实有关登记事项和开办条件，自发出《企业登记受理通知书》之日起30日内，作出核准登记或者不予登记的决定。

5. 核准登记，颁发《企业法人营业执照》

公司登记机关核准登记的，自核准登记之日起15日内通知申请人，发给《企业法人营业执照》，并办理法定代表人或其授权人签字备案手续。公司营业执照签发日期为公司成立日期，公司凭公司登记机关核发的《企业法人营业执照》刻制印章，开立银行账户，申请纳税登记。

（二）股份有限责任公司设立的程序

股份有限公司的设立程序，因发起设立和募集设立的不同而有所区别。

1. 发起设立的程序

发起设立是由发起人认购公司应发行的全部股份而设立的公司，《公司法》第80条至83条规定了发起设立的主要程序：

（1）发起人之间以书面形式订立发起人协议，认足股份。《公司法》规定，以发起人设立方式设立股份有限公司的，发起人以书面形式认足公司章程规定发行的股份。发起人协议是公司设立程序的第一步，它是发起人之间以书面形式表达的有关公司的组建方案、发起人之间的职责分工等的共同意思。它通常包括以下内容：发起人的姓名以及住所，公司拟发行的股份类别，每股的面值、发行价、每个发起人的认购数额、出资类别，发起人缴纳股款、交付现物、转让财产权利的时间和方式以及发起费用的预算、开支和每一个发起人的发起费用的负担等。即在确定了股份有限公司的资本、总股本数和每一股份的金额后，各发起人以书面形式许诺自己将要认购的股份数，并且各发起人所认购的股份总额及股款总额等于公司要发行的总股份及总资本额。否则，发起设立的形式不能成立。

（2）缴纳股款。《公司法》第80条规定："股份有限公司采取发起设立方式设立的，注册资本为在公司登记机关登记的全体发起人认购的股本总额。在发起人认购的股份缴足前，不得向他人募集股份。"2013年《公司法》废除了发起设立的股份有限公司的注册资本实缴制，即认缴的资本在公司成立时股东不必实缴，但股东应根据公司章程规定的时间、金额与形式履行实缴注册资本的义务。发起设立认缴股款的形式可以是货币，也可以是实物、知识产权、土地使用权。我国不允许以劳务、信用作为出资方式。以现金之外的其他财产或财产权利出资的，需要由有关的中介结构如会计事务所、国有资产评估事务所依法公正地对财产进行评估，并且要依法办理有关的财产权利的转移手续。

（3）订立公司章程。认缴出资的全体发起人制订公司章程，规定公司重大事项和具体事项的原则，让公司的组织管理和业务执行有章可循。

（4）选举公司的董事会和监事会。发起人认足公司章程规定的出资后，应当选举董事会和监事会。

（5）办理登记前置的行政审批程序。《公司登记管理条例》第22条规定："公司申请登记的经营范围中属于法律、行政法规或者国务院决定规定在登记前须经批准的项目的，应当在申请登记前报经国家有关部门批准，并向公司登记机关提交有关批准文件。"

（6）申请设立登记。发起人认足公司章程规定的出资后，应当选举董事会和监事会，由董事会向公司登记机关报送公司章程以及法律、行政法规规定的其他文件，申请设立登记。

根据《公司登记管理条例》第21条第2款规定，申请设立股份有限公司，应当向公司登记机关提交下列文件：公司法定代表人签署的设立登记申请书；董事会指定代表或者共同委托代理人的证明；公司章程；发起人的主体资格证明或者自然人身份证明；载明公司董事、监事、经理姓名、住所的文件以及有关委派、选举或者聘用的证明；公司法定代表人任职文件和身份证明；企业名称预先核准通知书；公司住所证明；国家工商行政管理总局规定要求提交的其他文件。

（7）获得营业执照。《公司法》第7条第1款规定："依法设立的公司，由公司登记机关发给公司营业执照。公司营业执照签发日期为公司成立日期。"

2. 募集设立的程序

募集设立是指发起人认购公司应发行股份的一部分，其余股份向社会公开募集或者向特定对象募集而设立公司。募集设立分为公开募集设立与定向募集设立两种。二者的共同点是发起人仅认购公司发行股份总数的一部分，剩余股份要向他人招募。

尽管定向募集股份时可以更多地尊重契约自由和投资者对投资风险及投资收益的独立判断，但为预防合同欺诈，发起人应当在向特定投资者募集股份时以招股说明书形式（或者替代化的合同文件）真实、完整、准确、客观、全面地披露募集股份指向的投资项目。投资者认同投资项目，愿意承受相应投资风险的，应当与发起人签署认股书，并按照所认购股数及时足额缴纳股款。在通常情况下，发起人定向募集股份面对的投资者主要是能够为拟设立公司提供管理经验、市场份额和品牌利益的战略投资者，能够为拟设立公司提供巨额资金的高端或机构投资者（如投资基金、风险基金）以及与发起人存在某种特定法律关系的投资者等。[1]

《公司法》第 79 条至 92 条规定了募集设立的主要程序：

（1）签订发起人协议。与发起设立方式相同，《公司法》第 79 条第 2 款也要求公开募集设立的股份有限公司发起人签订发起人协议，明确各自在公司设立过程中的权利和义务。

（2）起草公司章程。鉴于发起人认购的股份仅为公司股份总数的一部分，因此发起人不享有公司章程制定权。但作为发起人的一项重要义务，发起人应当备置公司章程草案，作为未来成立大会审议通过之用。

（3）发起人认缴股份并及时缴纳出资。发起人认缴股份并及时缴纳出资是发起人取得未来股东资格的对价和前提，《公司法》第 84 条规定："以募集设立方式设立股份有限公司的，发起人认购的股份不得少于公司股份总数的35%；但是，法律、行政法规另有规定的，从其规定。"

（4）对外募集股份。在对外募集股份的问题上，定向募集与公开募集存在重大区别。就定向募集而言，由于面对的投资者数量有限，且具有封闭性，招募投资者的行为与合同的缔结行为无异。因此，定向募集股份的行为原则上属于传统契约自由的范畴，国家的公权力不必进行深度干预。合同法中的合同订立制度原则上适用于定向募集股份的情况。而公开募集股份面对的潜在投资者数量成千上万，国家公权力必须深度干预公开募集股份的行为。

为了避免有的发起人利用定向募集的形式，变相地公开募集股份、公然欺诈广大投资者，《证券法》第 10 条规定了两条反规避措施：一是向特定对

---

〔1〕 刘俊海：《现代公司法》，法律出版社 2015 年版，第 108 页。

象发行证券累计超过 200 人的；二是禁止非公开发行证券时采用广告、公开劝诱和变相公开方式。

下面主要介绍公开募集股份的程序。当然，在启动以下程序之前，发起人需要做好一系列的募股准备工作，包括但不限于选择证券承销商，与之签订承销协议；选择代收股款银行，并与之签订代收股款协议。

①报请核准。《证券法》第 10 条规定了公开发行股票（股份）的核准制度。具体说来，设立股份有限公司公开发行股票，应当符合《公司法》规定的条件和经国务院批准的国务院证券监督管理机构规定的其他条件；并依法报经国务院证券监督管理机构或者国务院授权的部门核准；未经依法核准，任何单位和个人不得公开发行股票。

根据《证券法》第 12 条之规定，发起人报请核准应当向国务院证券监督管理机构报送的法律文件包括募股申请和下列文件：公司章程；发起人协议；发起人姓名或者名称，发起人认购的股份数、出资种类及验资证明；招股说明书；代收股款银行的名称及地址；承销机构名称及有关的协议。依照本法规定聘请保荐人的，还应当报送保荐人出具的发行保荐书。法律、行政法规规定设立公司必须报经批准的，还应当提交相应的批准文件。

②预先披露信息。为了确保投资者尽早了解未来股份募集的最新动态，从而有充分的时间消化相关资料和信息，《证券法》第 21 条规定，发行人申请首次公开发行股票的，在提交申请文件后，应当按照国务院证券监督管理机构的规定预先披露有关申请文件。

③等待核准。根据《证券法》第 22 条之规定，国务院证券监督管理机构设发行审核委员会，依法审核股票发行申请。发行审核委员会由国务院证券监督管理机构的专业人员和所聘请的该机构外的有关专家组成，以投票方式对股票发行申请进行表决，提出审核意见。

为确保发行核准过程的公平、公正，《证券法》第 23 条要求国务院证券监督管理机构依照法定条件负责核准股票发行申请，核准程序应当公开，依法接受监督。参与审核和核准股票发行申请的人员，不得与发行申请人有利害关系，不得直接或者间接接受发行申请人的馈赠，不得持有所核准的发行申请的股票，不得私下与发行申请人进行接触。

为缩短核准周期，提高核准效率，《证券法》第 24 条要求国务院证券监督管理机构自受理证券发行申请文件之日起 3 个月内，依照法定条件和法定程序作出予以核准或者不予核准的决定，发行人根据要求补充、修改发行申请文件的时间不计算在内；不予核准的，应当说明理由。

为及时纠正错误的核准行为，并填补无辜投资者的损失、避免其损害的蔓延扩大，《证券法》第26条规定，国务院证券监督管理机构对已作出的核准证券发行的决定，发现不符合法定条件或者法定程序，尚未发行证券的，应当予以撤销，停止发行。已经发行尚未上市的，撤销发行核准决定，发行人应当按照发行价并加算银行同期存款利息返还证券持有人；保荐人应当与发行人承担连带责任，但是能够证明自己没有过错的除外；发行人的控股股东、实际控制人有过错的，应当与发行人承担连带责任。

④公告招股说明书。股份有限公司的招股说明书是供社会公众了解发起人和将要设立公司的情况，说明公司股份发行的有关事宜，指导公众购买公司股份的规范性文件。公开募集申请获得核准以后，发起人应当依照《公司法》第86条和《证券法》第25条的规定，在公开发行股份前，公告招股说明书，并将该文件置备于指定场所供公众查阅。发行股份的信息依法公开前，任何知情人不得公开或者泄露该信息。发起人不得在公告公开发行募集文件前发行证券。招股说明书应当附有发起人制订的公司章程，并载明下列事项：发起人认购的股份数；每股的票面金额和发行价格；无记名股票的发行总数；募集资金的用途；认股人的权利、义务；本次募股的起止期限及逾期未募足时认股人可以撤回所认股份的说明。

⑤备置认股书，以便投资者认购缴纳股款。发起人向社会公开募集股份，必须在公告招股说明书的同时制作认股书。认股书应当载明招股说明书所载事项，由认股人填写认购股数、金额、住所，并签名、盖章。如果说招股说明书是要约邀请，认股书则是投资者对发起人所作的承诺。认股书签字之时原则上就是股份认购合同生效之时。

（5）发起人应该同依法设立的证券经营机构签订承销协议，并与银行签订代收股款的协议。发起人募集股份必须通过证券经营机构进行，且必须与银行签订代收股款的协议，由银行代为收取和保存认股人缴纳的股款。

认股人认购股份后应当根据其所认缴股数缴纳股款，代收股款的银行应当按照协议代收和保存股款，向缴纳股款的认股人出具收款单据，并负有向有关部门出具收款证明的义务。为保障股份公司资本尽快充实，《公司法司法解释三》第6条实质上授予了发起人的另行募集权："股份有限公司的认股人未按期缴纳所认股份的股款，经公司发起人催缴后在合理期间内仍未缴纳，公司发起人对该股份另行募集的，人民法院应当认定该募集行为有效。认股人延期缴纳股款给公司造成损失，公司请求该认股人承担赔偿责任的，人民法院应予支持"。

（6）聘请验资机构出具验资证明。为确保发起人和认股人出资的真实性、充分性与合法性，夯实公司资本基础、维护交易安全，发行股份的股款缴足后必须经依法设立的验资机构验资并出具证明。

（7）召开公司创立大会，通过公司章程，选举董事会和监事会。发行股份的股款缴足后，必须经依法设立的验资机构验资并出具证明。发起人应当自股款缴足之日起30日内主持召开公司创立大会。创立大会由发起人、认股人组成。发起人应当在创立大会召开15日前将会议日期通知各认股人或者予以公告。创立大会应有代表股份总数过半数的发起人、认股人出席，方可举行。

创立大会是股东大会的前身，也是设立中公司的最高决策机构。成立大会的主要职权包括：审议发起人关于公司筹办情况的报告；通过公司章程；选举董事会成员；选举监事会成员；对公司的设立费用进行审核；对发起人用于抵作股款的财产的作价进行审核；发生不可抗力或者经营条件发生重大变化直接影响公司设立的，可以作出不设立公司的决议。创立大会对前款所列事项作出决议，必须经出席会议的认股人所持表决权过半数通过。

（8）办理登记前置的行政审批程序。根据《公司登记管理条例》第22条之规定，公司申请登记的经营范围中属于法律、行政法规或者国务院决定规定在登记前须经批准的项目的，应当在申请登记前报经国家有关部门批准，并向公司登记机关提交有关批准文件。

（9）申请办理设立登记。董事会应于创立大会结束后30日内，向公司登记机关报送下列文件，申请设立登记：公司登记申请书；创立大会的会议记录；公司章程；验资证明；法定代表人、董事、监事的任职文件及其身份证明；发起人的法人资格证明或者自然人身份证明；公司住所证明。以募集方式设立股份有限公司公开发行投票的，还应当向公司登记机关报送国务院证券监督管理机构的核准文件。

（10）公司登记机关颁发《企业法人营业执照》。

【实务拓展单元】 公司设立的行政许可项目：由"先证后照" 模式走向"先照后证" 模式

"先照后证"顾名思义，"照"是指工商营业执照；"证"是指商事主体开展经营需要获得相关许可审批的证明；"先"与"后"则涉及营业执照取得与相关许可审批的顺序问题。因此，"先照后证"就其语义而言，是指相关许可审批由前置程序改为后置程序，申请人只要具备法律规定的商事主体资格，可先拿营业执照后取得需要相关许可审批的证明。可见"先照后证"作为工商登记制度的一项改革措施，主要是对营业执照与相关许可审批在先后顺序上作出的调整，因而也被认为是针对"先证后照"制度作出的改革。

我国进行"先照后证"的试点早在2005年《公司法》修改前就已经在一些地方进行，如福建省2003年1月就出台相关文件来积极推行内外资统一的前置审批制度，推行"预约登记、先照后证"管理办法。2005年《公司法》修改时，各地试行的"先照后证"改革措施并未得立法机关采纳。随着经济社会的不断发展，尤其是商法理念的逐步建立并深入人心，"先照后证"被正式纳入国务院改革方案，从2012年起广东、四川、上海、重庆、吉林、湖北、河南等地又开始了新一轮"先照后证"的探索。广东省在工商总局的支持下在深圳、珠海、顺德、东莞等地区试点推行"先照后证"的做法，成效明显。深圳、珠海还出台了专门的地方性法规。[1]透过这次"先照后证"改革的内容，清晰地表明政府及管理层尊重商人自治、鼓励投资创业的决策意向，反映出商法理念正由学者思维层面向实务操作层面不断渗透和直接运用的变化，由此也提升了"先照后证"改革的现实。

2013年《国务院机构改革和职能转变方案》提出，从体制机制上最大限度地给各类市场主体松绑，激发企业和个人创业的积极性。一是减少投资项目审批，最大限度地缩小审批、核准、备案范围，切实落实企业和个人投资自主权。二是减少生产经营活动审批事项。三是减少资质资格许可。四是减少行政事业性收费。五是逐步改革工商登记制度，将"先证后照"改为"先照后证"，并将注册资本实缴登记制改为认缴登记制，放宽工商登记其他条

---

[1] 即《深圳经济特区商事登记若干规定》（由深圳市第五届人大常委会第十八次会议于2012年10月30日通过并于2013年3月1日起实施）和《珠海经济特区商事登记条例》（由珠海市第八届人大常委会第七次会议于2012年11月29日通过并于2013年3月1日起实施）。

件。产权清晰，权责明确，政企分开，管理科学，是现代企业制度的基本特征，要充分尊重商主体自我管理，完善法人治理结构，实现公平、规范、自律的市场经济秩序。同时充分发挥商主体的市场主体作用和市场机制的基础性作用，实现社会经济资源的优化配置。

第三节　公司设立的资本

一、公司资本制概述

公司资本制度是公司法的基本制度之一，贯穿于公司的设立、运营与终止的全过程。

（一）公司资本的概念

对于公司资本，在不同学科、不同领域有着不同的含义。在现代经济学中"资本"被认为是一种生产要素，这种生产要素与物质再生产过程紧密相连，并且能够带来增值。[1]这一概念体现了资本的经济价值。在公司法领域，它仅具有非常狭义的含义。它是指那些认购公司股本的人向公司缴付的资产价值。大体来说，投资者为获取股份而向公司支付的价值构成了公司的资本。[2]

公司资本与公司资产不同。所谓公司资产，即为公司拥有的法人财产，是公司全部法人财产总称，它包括股东或发起人的出资形成的财产，也包括向债权人借款或负债形成的财产，亦包括公司经营过程中增加的财产。是公司对外承担民事责任的基础。公司资产的权利主体是公司本身，公司在章程限定的范围之内为全体股东的利益而行使财产权利。依据我国会计准则的规定，公司资产是指企业过去的交易或者事项形成的、由企业拥有或者控制的、预期会给企业带来经济利益的资源。在会计制度中，还有两个相关概念：公司净资产和所有者权益。公司的净资产，是指公司全部资产减去全部负债后的净额；所有者权益是指股东对公司净资产的权利，包括实收资本、资本公

---

〔1〕〔美〕保罗·A. 萨缪尔森、威廉·诺德豪斯：《经济学》（第12版上册），高鸿业译，中国发展出版社1992年版，第88页。

〔2〕〔英〕保罗·戴维斯、莎拉·沃辛顿：《现代公司法原理》，罗培新等译，法律出版社2016年版，第266页。

积金、盈余公积金和可分配利润。由此可见，公司资本是所有者权益的一部分。在公司正常经营的情况下，所有者权益应当大于公司资本，它表明在股东出资上所形成的那部分公司资产值，是全体股东对公司资产量化了的财产权利。如果公司负债高或出现资不抵债的情况，净资产可能为零或负数。

公司资本也不同于公司资金。公司的资金，是指可供公司支配的以货币形式表现出来的公司资产的价值，它主要包括公司股东对公司的永久性投资、公司发行的债券、向银行的贷款等。尽管发行公司债和贷款等方式所筹的资金可供公司支配，但这些资金实质上是公司的债务，在公司资产负债表上是以债来表示的，只有公司股东的出资，才是公司的自有资本。由此可见，公司资金是一个外延比公司资本更加宽泛的概念，公司资本只是公司资金的组成部分。

（二）公司资本制度

公司资本制度有狭义和广义两种理解，狭义上的公司资本制度是指公司资本的形成、维持、退出等方面的制度安排；广义上的公司资本制度是指围绕股东的股权投资而形成的关于公司资本运作的一系列规则与制度的配套体系。前者侧重于研究出资、资本的增减与资本的退出三个方面所涉及的问题。而后者，则不仅包括了狭义上的公司资本制度，而且还涉及资本的转化、公司利润的分配等方面的问题。在公司资本制度的学理研究中，学者一般在狭义上使用公司资本制度这一词语。

（三）公司资本制度的分类

由于公司资本对公司有着极其得重要的意义，为保护债权和交易安全，各国公司立法都将其作为一项重要内容加以规范，对公司资本各具特色的规定，形成了种种不同的公司资本制度。西方国家目前已经形成的有法定资本制度、授权资本制度和折衷资本制度三种。

1. 法定资本制（Statutory Capital System）

又称为确定资本制，是指公司在设立时，必须在章程中对公司的资本总额作出明确规定，资本总额一旦记载于章程，即应一次认足并募足，不得分次发行，否则公司不能成立，股份认足后，股款可一次缴纳亦可分期缴纳的公司资本制度模式。因法定资本制中的公司资本，是公司章程载明且已全部发行的资本，所以在公司成立后，要增加资本时必须履行一系列的法律手续，即由股东会作出决议，变更公司章程中的资本数额，并办理相应的变更手续。

法定资本制由法国、德国公司法首创，后为意大利、瑞士、奥地利等国家公司法所继受，成为大陆法系国家公司法中的一种典型的资本制度。

在实行法定资本制的大陆法系国家，分期缴纳股款的行为几乎都是被允许的，唯一的要求是首期缴纳的股款要高于一定比例的注册资本总额，如法国规定为 25%。同时，对分期缴纳有一定的时间限制，如法国规定为 5 年。另外，对实物出资一般不允许分期缴纳，如德国、瑞士等。法定资本制是大陆法系国家，尤其是以法、德为代表性的国家在公司资本制度发展初期所采用的资本制度。法定资本制度以保护公司债权人和社会交易安全以及公司自身的正常发展为其基本目标和立法理念，更多地体现了社会本位的立法思想。由法定资本制的相关规定可以看出，法定资本制度侧重于保护债权人的利益，在平衡股东和债权人的利益时，法定资本制更倾向于债权人。一些采用法定资本制的大陆法系国家，在实际的司法实践中，法官的任务在于运用既定成文法律审理案件而不是像判例法国家那样自行地创设法律，因此在公司立法方面也就要求内容缜密，公司在资本制度方面力求确定，避免因公司在成立时资本不实给社会经济秩序造成紊乱。

法定资本制的发展形成了资本确定、维持、不变三原则，同时这三项基本原则在交易安全的维护方面、公司设立时的资本充实方面以及保护债权人利益方面起到了极其重要的作用。

（1）资本确定原则。资本确定原则在成立公司时，在公司章程中，一定要对公司的股本总额进行严格明确的规定，同时要由股东或发起人全部认足或募足，否则，公司便不能成立。资本确定原则要求：公司章程必须明确地规定公司的资本总额；公司章程规定的最低资本额不得低于法定最低注册资本额，即章程资本不得低于法定资本；公司章程对股份有限公司资本总额进行规定的同时，必须明确股份总数和每股金额。资本确定原则旨在确保公司成立之时即有相应的财产基础，可有效防止公司设立时的欺诈行为，使公司能够通过拥有稳定的财产来防止公司进行滥设的行为，这一原则对于公司积极稳定的发展和经营有积极作用，进而实现保护交易安全和维护经济秩序的目的。

（2）资本维持原则。资本维持原则又称资本充实原则，是指在公司运营存续的过程中，要始终拥有与注册资本额相等的财产。公司的注册资本表现为公司章程中股东认缴的出资额或认购的股款的数字，公司成立时的实有资产也仅为股东实际缴纳的股款。因此，公司设立后的经营过程中，能够有保障地为公司债务进行担保的是公司的实有资产。在公司设立后进行的一系列的经营活动中，由于市场的发展和变化，以及公司财产随之而产生的增值或贬值等原因，会导致公司财产始终处于一个动态的变化之中，从而使得公司的明示的资本数额与其实际财产能力不能统一。为了防止公司的注册资本在公司成立后发生的根本性的减少，极大地稳定公司的资本信用，保障债权人的利益和公司的发展，在法定资本制模式下形成和发展了资本维持原则。

（3）资本不变原则。资本不变原则是指在确定公司资本的数额后，不能随意变更数额，如果公司根据经营的需要增加或减少资本，一定要依照法律的严格规定和程序进行。公司资本不变并不是指资本的绝对不可变更，如需变更，必须严格按照法定程序进行。如前所述，公司在运营过程中的许多经营活动会导致公司资本的增加或减少。公司法允许公司进行增资或减资，同时这一规定与资本不变原则也是相一致的，公司资本不变是指公司资本不能随意变动，不能任意增减。从根本上讲，资本不变原则与资本维持原则是一致的，只是两个原则的角度有所差异，其目的都是为了防止公司由于资本总额的减少而导致公司责任能力的缩小。资本不变原则是对资本维持原则内容的延伸和细化。如果没有资本不变原则的限制，资本维持原则也就失去了其维持的依据；假设能够随意地对公司资本的增减进行变更，资本维持原则也失去了存在的意义。

2. 授权资本制（Authorized Capital System）

是指在公司设立时，资本总额虽然记载于公司章程，但并不要求发起人全部发行，只需认缴其中的一部分，公司即可成立；未认缴的部分可授权董事会根据公司经营发展的需要随时发行，不必经股东会决议，也无需变更章程。授权资本制为英、美公司法所创设。这一制度产生的目的在于克服法定资本制下产生的问题，便于公司的设立和发展。

授权资本制的核心精华在于"授权"机制，在法律规定的授权额度下分次发行公司股份，将二者结合起来，实现了有效率的融资和灵活的公司运营的目的，除了由公司章程或者法律规定的由股东决定的事项外，在授权资本额度下进行的发行、回赎、分配股份的事项等则由董事来完成。这些通过董事来完成的商业判断，要符合法律的规定，比方说偿还债务的能力在进行分配时均须受到董事责任和行为准则的规制。

在授权资本制中，有几个概念：授权资本、发行资本、实缴资本、催缴资本。

（1）授权资本，是指公司依章程授权，根据公司规模和经营情况预计发行的资本，授权资本仅须记载于公司章程，不必在公司成立时认足或募足，董事会可以在公司成立后根据需要分次发行，不必由股东会批准。有学者认为它本身还不是真正意义上的公司资本，它仅仅表明全体股东授权董事会可以分期发行的一种权限，或者说预示着公司目前和今后可能达到的规模。日本学者认为，授权资本是通过章程授予董事会的股份发行权限及其范围。准确地说应叫授权股份数，它与法律上的资本无直接关系。[1]

（2）发行资本，也称认缴资本，是指公司实际上已向股东发行的股本总额。在授权资本制之下，一般不要求注册资本都能得到发行，所以资本可能等于注册资本也可能小于注册资本，但在法定资本制下注册资本也就是发行资本，注册资本已经确定即全部发行，这是和授权资本制的区别之一。

（3）实缴资本，也称实收资本，是指已经全部缴纳股款的资本额。股东认购股份后，可以一次缴清也可在法律或章程规定的期限内分批缴清，因此实缴资本可能等于发行资本也可能小于发行资本。

（4）催缴资本，又称未收资本，是指股东已经认购但尚未缴纳股款，而公司随时可向股东催缴的那部分资本。催缴资本等于发行资本减去实缴资本后的余额。

3. 折衷资本制

法定资本制的优点在于能够保障公司资本充实而且能够保障交易的安全和债权人的利益，但是缺点则在于法定的内容过于僵化，这样僵化的规定不利于公司有效率的运行。授权资本制的优点在于，给予公司设立时以极大的灵活性，使其更能够符合时代的要求；但是缺点也很明显，那就是会比较容易造成滥设公司的现象，与此同时，赋予了董事会以发行新股的权利，这样的规定显然不利于保护股东的利益。正是由于法定资本制和授权资本制都有其缺陷，各国家和地区在总结两者的优缺点的基础上，创立了折衷资本制。目前，德国、日本以及我国台湾地区的公司法中在一定程度上实行了这一制度，以德国和日本最为典型。

---

〔1〕　叶林主编：《公司法原理与案例教程》，中国人民大学出版社 2010 年版，第 146 页。

折衷资本制是对前两者公司资本制度的折衷，法定资本制中有授权资本制的灵活规定，授权资本制也有法定资本制的某些特点，概而言之，就是吸收二者的长处，弃除二者的短处，因此是公司资本制度的一种创新。由于折衷资本制包含法定资本制和授权资本制程度的不同，因此，折衷资本制的内容和表现形式不尽相同。大体上讲，折衷资本制有两种主要类型：一种是折衷授权资本制，另一种是认许资本制。

（1）折衷授权资本制包含授权资本制的成分多，以"授权"为主，兼具法定资本制的特点，是指将公司的资本总额在设立公司时必须明确记载于公司章程，这与法定资本制的要求资本确定原则相同。而与法定资本制所不同的是，折衷授权资本制允许公司资本分次发行，只须股东认足第一次发行的资本，即可成立公司。从该种意义上讲，折衷授权资本制赋予了股东认足公司资本时一定的自由，但同时，折衷资本制又规定了严格的限制：严格限制了公司成立时首次发行的资本占记载于公司章程的资本总额的比例，并要求对该首次发行的资本须一次性全部缴足。由此可以看出，折衷授权资本制还含有法定的特点。对于分次发行的首次发行以外的资本，折衷授权资本制授权董事会根据公司实际经营的需要随时发行募集新股，这方面即是授权给董事会的自由。

（2）认许资本制，包含法定资本制的成分多，以"法定"为主，兼具授权资本制的特点，是指将公司的资本总额在设立公司时必须明确记载于公司章程，并须股东全部认足，这与法定资本制的要求相一致。而与法定资本制不同的是：法定资本制要求对公司资本一次发行、一次缴足，认许资本制则允许对公司资本一次发行，分期缴纳。从该种意义上讲，认许资本制含有授权资本制的成分，即授权董事会发行新股，增加资本，无需股东会决议。但同时，认许资本制对授权也做了严格的限制：限制了授权董事会的期限是公司成立后的一定年限内，限制了授权的资本额占授权时公司总资本额的一定的比例。由此可以看出认许资本制还是以"法定"为主。这样，认许资本制既对成立公司时股东的资本压力做了缓和，又使公司获得充实的资本得到了保证。

【理论拓展单元】　两大法系公司资本制度之比较[1]

1. 两大法系公司资本之性质比较

公司的本质是公司法理念的核心之一，在大陆法系国家，通常根据本国商事法律的规定，将公司的本质概括为社团法人。按照传统公司法理念，公司是社团法人的一种，是由 2 人以上的股东所组成的社团法人，公司的社团性突出地表现为公司股东人数的复数性。考察公司的发展历史可以发现，早先的各国公司立法几乎没有不强调公司成员的复数性的，这也是公司作为团体区别于其他的个人商业组织的基本结构特征。在公司产生之初，由于经济发展对法人制度的集资功能之要求强烈以及法技术条件的限制，股份公司作为典型的法人组织在公司法人制度中居于主角地位。但随着科技的不断进步和专业分工的日益细化，具有更大灵活性和现实适应性的中小企业大量出现，《德国有限责任公司法》首先承认了中小公司的合法地位，即中小企业享有了公司的独立法人人格，成为有限责任公司。随之，大量的家族企业和大型企业单独投资设立全资子公司，使一人公司在事实上得到合法存在。与此同时，许多国家修改立法，开始承认一人公司。在这种情况下，许多学者对作为公司本质的社团性提出质疑。

公司资本的性质取决于不同法系对公司性质的定位。从人文主义的视角出发，一切物体都同人一样具有灵性与人性，久而久之，物也变成了人，应该让它发挥作用，获得尊重；从物文主义的视角出发，一切具有灵性、神性的个人都不过是一种物质，久而久之，人就成了一堆污浊的碳水化合物，必须加以改造和管制。

从人文主义的视角出发，英美法系将公司资本定位为股东人格的外化反映，资本具有股东的人性和灵性，是一个动态的不断完善的体系，不可以硬性规制与捆绑。

从物文主义的视角出发，大陆法系将公司资本定位为股东交给公司的出资，物质资本是公司赖以存在的基础，如果不加规制，原有的物质形态就会

---

[1]　参见傅穹：《重思公司资本制原理》，法律出版社 2004 年版。赵旭东等：《公司资本制度改革研究》，法律出版社 2004 年版。[美] 罗伯特·W. 汉密尔顿：《公司法》，中国人民大学出版社 2001 年版。[日] 青木昌彦：《比较制度分析》，上海远东出版社 2001 年版。

发生变化，公司法必须限制股东的人性和灵性，以减缓股东变化对公司资本的冲击。

由于两大法系两种视角的不同，对于公司资本的定位有了不同，由于定性有了差异，于是产生了公司资本制度构造的差异。这是我们理解两大法系，尤其是对中国法律依然产生极大影响的大陆法系各学说，在公司资本制度上的差异的金钥匙，也是理解公司资本制度变化的金钥匙。

2. 公司资本制度的目的比较

两大法系的另一个区别在于，大陆法系以多视角看待世界，常常以物的视角与理论冲击人的存在，因此大陆法系的多视角产生了两个目标的冲突：即股东与债权人的冲突。这两个冲突在大陆法系的扩散性思维中，最终会演变为股东与社会的冲突，小与大的冲突，最后的处理措施当然是舍小家就大家，为债权人的利益或者所谓的社会利益，限制股东的权利，管制资本的变化。大陆法系的这种思维模式是我们理解"资本三原则"的异常重要的钥匙。

英美法系只有一个视角，任何体系与理论只有对人有用才能被视为真理。因此英美法系只有一个目标：人的目标。其他目标为实现股东的价值与公司的价值服务，股东、公司、债权人、社会之间没有冲突，承认股东的权利，为股东松绑，是实现其他价值的第一步。而在大陆法系，规制资本、捆绑股东是实现其他价值的第一步。从人文主义的视角出发，设立公司资本制度的目的主要有：（1）拓展投资者的各项自由，刺激投资者的投资积极性；（2）吸引投资者投入资金与人力，推动公司各种经营活动的顺利进行；（3）完善资本流通渠道，方便股东进入或退出具体运作；（4）不断修改资本制度，及时降低资本制度的成本。

3. 公司资本制度立法价值之比较

效率与安全始终是各国公司立法所追求的两大最根本的价值目标。二者之间既相互关联，又有一定的对立与冲突。在二者之间发生冲突时，如何取舍，直接取决于立法者的认识和态度。对于公司资本制度的设立来说，应遵从安全与效率相统一，以效率为先的原则。因为效率是经济发展的需要，也是资本制度规范对象存在和发展的根据。如果为了安全而动摇了公司存在的客观基础，那么，这样的资本制度也很难有自身的存在根据。大陆法系传统的公司法，为了确保债权人的利益和公司的对外信用基础，关于公司资本的规定大都体现了法定资本制的精神，它是为实现"国家干预经济"的政策，加强对公司资本安全性管理而设计的一种公司资本制度，更多地体现了社会本位的方法思想和价值观念。而英美法系国家，在个人本位的立法原则下确定了授权资本制，侧重于对投资者和公司提供种种便利条件，其立法意图主要在于刺激人们的投资热情和简化公司的设立程序。从西方国家的发展过程来看，通常在公司制度建立之初，滥用公司人格现象比较严重、经济秩序较为混乱的情况下，各国立法似更加强调法律安全保障功能的发挥；但当经济秩序已经稳定之后，法律则更多地转向对效率功能的追求。然而，无论采取何种资本制度，都需在"安全"与"效率"之间寻求最佳的平衡点。各国公司法实践也已充分证明，只有建立在"安全"与"效率"兼顾基础上的公司制度方是最有生命力的公司制度，公司资本制度也不例外。

二、我国公司资本制度

（一）我国公司资本制度的发展过程

1. 严格法定资本制度时期

我国 1993 年《公司法》，在公司资本制度上奉行严格的法定资本制，在这一时期内不仅在公司设立阶段（也称公司资本形成阶段），而且在公司资本运营阶段，法律都为公司资本的确定、维持和变动设定了强制性规则。此时的公司资本制度具有以下基本特点：

第一，法定的最低注册资本数额。注册资本是公司设立过程中的一项必要条件，当时我国倾向于将公司注册资本作为公司主体能力的底线设置，意图以注册资本的多少来直接彰显公司的清偿能力，因此 1993 年《公司法》对最低注册资本金提出了很高的要求。[1]

第二，以实缴义务和强制验资义务为核心的出资缴纳制度。1993 年《公司法》要求公司股东必须全额缴纳自己认缴的出资额，或者公司的股本必须全部实缴充实。此时我国《公司法》对注册资本的缴纳义务规定为"一次性

---

〔1〕 1993 年《公司法》第 23 条："有限责任公司的注册资本为在公司登记机关登记的全体股东实缴的出资额。有限责任公司的注册资本不得少于下列最低限额：（一）以生产经营为主的公司人民币 50 万元；（二）以商品批发为主的公司人民币 50 万元；（三）以商业零售为主的公司人民币 30 万元；（四）科技开发、咨询、服务性公司人民币 10 万元。特定行业的有限责任公司注册资本最低限额需高于前款所定限额的，由法律、行政法规另行规定。"第 78 条："股份有限公司的注册资本为在公司登记机关登记的实收股本总额。股份有限公司注册资本的最低限额为人民币 1000 万元。股份有限公司注册资本最低限额需高于上述所定限额的，由法律、行政法规另行规定。"

缴纳"义务，同时还特别明确了严格的验资程序，即为了保证股东出资的实缴充实，依法设立了专门的验资机构，用于检查和验证公司股东出资的真实性，落实公司资本的实缴情况。因此在严格的法定资本制下，所谓的实缴制就是指"股东实缴义务"与"强制验资程序"的综合。

第三，对知识产权出资规定了上限。当时法律规定公司的出资总额中"工业产权、非专利技术"作价出资的金额不得超过公司注册资本总额的20%，这种规定实际上在一定程度上反映出了当时国家对技术资产的支持不足。在公司的实际运营中，技术入股的需求量非常大，仅仅的入股上限完全不能适应实践的需要。

第四，公司资本的增减必须经过严格的法定程序。1993年《公司法》中规定了公司资本的增加必须经过股东大会决议、章程修改和变更登记程序，并且同时还要遵守法定的最低注册资本限额。

2. 折衷法定资本制[1]

严格法定资本制之下，公司登记设立的要求和标准很高，忽视了公司融资灵活性的需要。首先，注册资本的实缴制要求公司自设立之初就储备大量的资金，这无疑为公司进入市场竞争设立了较高的准入门槛，将损害市场的活力；其次，大量闲置资金是严格法定资本制造成的不良后果之一，无法实现资金的高效利用。为此，我国于2005年对《公司法》进行了大幅度的修改，实行了更偏向法定资本制的"分期缴纳制"，将过去严格的法定资本制过渡到了折衷法定资本制，主要体现为以下几点：

第一，降低了最低注册资本限额。同时在降低注册资本限额的基础上，也相应地修改了公司设立的条件，规定了股东出资达到法定资本最低限额即可设立公司，依该法规定，有限公司最低注册资本3万元，一人公司最低10万元以及股份公司最低500万元。同时又将过去的一次性缴足出资修改为分期缴纳出资，即"首次出资额不低于注册资本的20%，也不得低于法定的注册资本最低限额，其余部分由股东自公司成立之日起2年内缴足，投资公司可在5年内缴足"；第81条规定，发起设立的股份有限公司，公司全体发起人的首次出资额不得低于注册资本的20%，其余部分由发起人自公司成立之日起2年内缴足，投资公司可以在5年内缴足。因此股东完全可以只在首期

---

〔1〕 参见范健、王建文：《商法学》，法律出版社2015年版，第137页。

缴纳出资至最低注册资本限额即可，剩余部分可以依据法定的期限分期缴纳。

第二，降低了货币出资的比例。2005年《公司法》在出资形式上将过去"限定知识产权出资比例上限"的思路改变为了"限定货币出资比例下限"的思路，即规定"全体股东或者发起人的货币出资额不得低于公司注册资本的30%"，从而允许公司更加自由的组织出资形式，体现出国家对知识产权投资、技术向生产力转化的重视。

显然，从"交易安全"与"交易效率"的立法理念来看，2005年《公司法》的公司资本制度修改从定量的角度对过去严格的法定资本制进行了宽松化的修改，主要思路在于降低限额、拓展期限，以此让公司的成立门槛更低。

3. 公司资本制度的新发展

从2005年的公司资本制度修改中，仍然可以看出一些缺陷，那就是公司股东无法根据实际情况对资金使用做出自由安排，因为2005年《公司法》中仍然实行了实缴制的出资制度，并且依然保留验资程序，如果严格按照这样的实缴制度缴纳出资，便会导致公司的资金使用效率大大降低，这在越来越激烈的市场竞争中显然不可行。而在实践过程中，《公司法》所规定的"实缴资本制"最终成了形同虚设的制度，公司设立之后股东抽逃出资的行为十分泛滥，并且绕过实缴资本制的抽逃出资行为发生之后，公司一般也不会受到监管部门的查处，这说明实缴资本制在实质上已经走到了尽头。为了解决实缴制形式化的问题，同时真正建立起适应经济发展和实践需要的公司资本制度，在满足市场需求的情况下引入更为有效的监管机制便迫在眉睫。于是我国在2013年12月28日，十二届全国人大常委会第六次会议审议通过了关于修改《公司法》的决定，修改的内容自2014年3月1日起实施。这次修改是为了及时落实国务院关于改革注册资本登记制度的部署，对公司资本制度与登记制度作了修改。新的公司法在很大程度上废除了公司资本的实缴制并改为认缴制，仅在很少的例外情况下继续保留实缴制。认缴制的目的就是降低公司成立之初的创业成本，提高资金的使用效益和激发社会投资活力，所以认缴制的确立完全适应了实践中公司设立的需求和规律，公司得以自由安排资本的实际缴纳期限，提高了公司资金的利用效率。

同时新的公司资本制度亦废除了最低注册资本限额，并设立了与认缴制相配合的企业年报制度以及公示制度、抽查制度，构建起了一套以认缴制为核心的新型公司资本制度，这样公司在资本筹集、资本运作方面拥有了更大的自主权。从"安全"与"效率"的思维来看，新的公司资本制度采用认缴制，大幅度地提高了公司资本的运行效率，同时新的公司资本制度亦没有因此降低对资本安全的保障。一系列年报制度、企业信息公示制度、抽查制度等措施的出台，使认缴制相对于过去的实缴制来说，更符合市场主体的需求，完全减少了实缴制时期抽逃出资比较泛滥的情况，而且适合于认缴制的监管机制，显然比实缴制时期流于形式的监管机制更加有效。

从我国公司资本制度的发展过程中可以看出，公司资本制度一直都处于不断改进和完善的过程中，在这一变化的过程中唯一不变的就是国家以及公众对公司资本制度的效率和安全的追求——希望能够通过公司资本制度来提高市场活力，提高公司资本的运行效率，并且保障公司资本的安全。

（二）公司资本制度改革的主要内容

根据 2013 年修正的《公司法》和 2014 年国务院批准的《注册资本登记制度改革方案》的内容，此次公司资本制度改革的主要内容为：

1. 原则上取消最低注册资本限额

2013 年修正的《公司法》第 26 条规定："有限责任公司的注册资本为在公司登记机关登记的全体股东认缴的出资额。法律、行政法规以及国务院决定对有限责任公司注册资本实缴、注册资本最低限额另有规定的，从其规定。"第 80 条规定："股份有限公司采取发起设立方式设立的，注册资本为在公司登记机关登记的全体发起人认购的股本总额。在发起人认购的股份缴足前，不得向他人募集股份。股份有限公司采取募集方式设立的，注册资本为在公司登记机关登记的实收股本总额。法律、行政法规以及国务院决定对股份有限公司注册资本实缴、注册资本最低限额另有规定的，从其规定。"因此就一般公司而言，股东认缴的资本总额即为公司的注册资本额，甚至连 1 元公司也可以就此设立，注册资本不再成为我国公司设立的门槛。正如一些学者所说，"最低注册资本制度本身在保护债权人方面从来就不是万能的。公司法也不是保护债权人的一本通。债权人保护还要依赖合同法、侵权法、担保法等一系列法律制度和交易安全智慧的支撑"[1]。在这种理念的促使下，《公司法》取消最低注册资本限额的做法也就凸显出了其鼓励创业的一面。

鉴于一些特殊公司或特定行业，由于行业自身和政府监管的特殊性，对

---

[1] 刘俊海：《现代公司法》，法律出版社 2015 年版，第 190 页。

其实缴注册资本的要求较高，所以根据该法第 26 条第 2 款和第 80 条第 2 款及第 3 款的规定，保留了最低注册资本的要求。这些公司和行业包括：

第一，依《公司法》规定采取募集方式设立的股份有限公司。

第二，现行法律、行政法规规定的金融机构。如：2015 年修正的《商业银行法》第 13 条：设立全国性商业银行的注册资本最低限额为 10 亿元人民币。设立城市商业银行的注册资本最低限额为 1 亿元人民币，设立农村商业银行的注册资本最低限额为 5 000 万元人民币。注册资本应当是实缴资本。国务院银行业监督管理机构根据审慎监管的要求可以调整注册资本最低限额，但不得少于前款规定的限额。2015 年修正的《保险法》第 69 条：设立保险公司，其注册资本的最低限额为人民币 2 亿元。国务院保险监督管理机构根据保险公司的业务范围、经营规模，可以调整其注册资本的最低限额，但不得低于本条第 1 款规定的限额。保险公司的注册资本必须为实缴货币资本。2014 年修正的《证券法》第 127 条：证券公司经营证券经纪、证券投资咨询、与证券投资活动有关的财务顾问业务的，注册资本最低限额为人民币 5 000 万元；经营证券承销与保荐、证券自营、证券资产管理和其他证券业务之一的，注册资本最低限额为人民币 1 亿元；经营证券承销与保荐、证券自营、证券资产管理和其他证券业务两项以上的，注册资本最低限额为人民币 5 亿元。证券公司的注册资本应当是实缴资本。国务院证券监督管理机构根据审慎监管原则和各项业务的风险程度，可以调整注册资本最低限额，但不得少于前款规定的限额。2015 年修正的《证券投资基金法》第 13 条：设立管理公开募集基金的基金管理公司，注册资本不低于 1 亿元人民币，且必须为实缴货币资本。此外信托公司、财务公司、金融租赁公司、消费金融公司、货币经纪公司、村镇银行、贷款公司、融资性担保公司、农村信用合作联社、保险专业代理机构、直销企业、对外劳务合作企业等依据相应的行政法规也必须达到法定最低实缴注册资本。[1]

第三，2013 年 10 月 25 日国务院第 28 次常务会议决定的劳务派遣企业、典当行、保险资产管理公司、小额贷款公司。

---

〔1〕 如：国务院 2017 年 6 月通过，2017 年 10 月 1 日施行的《融资担保公司监督管理条例》第 7 条规定，设立融资担保公司，注册资本不低于人民币 2 000 万元，且为实缴货币资本。国务院 2012 年 8 月 1 日起施行的《对外劳务合作管理条例》第 6 条规定，对外劳务合作企业实缴注册资本不低于 600 万元人民币。

2. 实行认缴登记制

此次公司资本制度改革改变了出资缴纳制度，改实缴制为认缴制。2013年《公司法》在取消注册资本最低额度的同时，对股东出资缴纳制度进行了变革，允许公司通过章程的方式自主规定股东缴纳出资的期限，即公司设立时，股东不必再实际缴纳出资（当然法律规定必须实缴的情形下除外），即使股东认缴的注册资本较高，股东仍然可以在公司章程中安排一个相对较长缴纳出资的进度和时间，以此来降低股东缴纳出资的难度，降低公司设立的难度并降低市场的准入门槛。简言之，实缴制改为认缴制的确切含义有两层：一是股东认缴出资后可以暂时认而不缴；二是股东应在章程约定或其承诺的期限内缴纳出资。改革前的实缴登记制要求营业执照上的注册资本要与公司验资后银行账户上的实有资本相吻合，改革后认缴登记制度不要求公司进行登记时对注册资本开具验资报告，公司的股东只需对外承诺与注册资本一致的企业责任即可。所以，在《公司法》修改之后，无特殊情形下，有限责任公司全体股东在工商登记部门登记的数额即为该公司的注册资本额，发起设立股份公司的全体发起人所认购的股本总额是该股份有限公司的注册资本额。对于股东或发起人的责任承担份额，有限责任公司的股东在其认缴的出资数额范围内承担，股份有限公司的股东在其认购的股份数额范围内承担。公司股东事先约定各自认缴的资本数额、明确各自的出资方式、确定各自的出资期限，等等，并把上述事项记载于公司章程之中。上述信息均应在市场主体信用信息公示系统这个平台上向社会予以公示，以监督各股东真实地、全面地履约，发挥好社会监督的作用。本次以注册资本认缴登记制度取代实行多年的注册资本实缴登记制度，使市场经营资格摆脱与商事主体资格的勾连，让商事主体真正享有经营自主权，有利于经营资格的审批与生产活动的监管相统一。与认缴制相配合，原《公司法》中关于营业执照中须记载实缴资本的规定亦被取消，认缴制的存在显然让过去营业执照中的实缴资本一栏的事项失去了记载的必要，所以修改后的《公司法》中规定营业执照上不再记载"实收资本"这一事项。当然，如上所述，如果法律、行政法规或者国务院决定对于特殊公司实行实缴制的，公司的注册资本仍然体现为公司登记机关登记的实收资本。

3. 建立企业年报和信息公示制度

自《公司法》修改了公司资本制度后，国务院亦下发了相应的政策——

《注册资本登记制度改革方案》，将企业年检制度正式取消，转而建立起了企业年报制度。基于新《公司法》的精神，国务院又制定了《企业信息公示暂行条例》，这是我国首次以法律、行政法规的形式确认了企业信息公示制度。在立法层面，企业年报制度和《企业信息公示暂行条例》主要包含了以下几方面内容：

（1）企业年报的基本内容。企业年报由企业自己编制，但是企业必须在规定的期限内编制完成年度报告，并且将其通过公示平台向社会公示。企业年报的主要内容包括公司股东的出资缴纳情况和公司资产情况等，当然在随后的《企业信息公示暂行条例》中再次细化了企业年报信息的公示标准，即企业可以有选择性地公示企业年报中的部分内容，但"工商注册信息、工商备案信息、认缴和实缴资本等信息都必须公示"。

（2）企业信息公示的内容与期限。首先，企业注册信息、即时信息都应当公示在企业信息公示系统上，这些特定的信息包括公司的工商注册登记信息、工商备案信息、动产抵押登记信息、股权质押登记信息、行政处罚信息、认缴和实缴出资即时情况、股权转让即时情况、行政许可即时情况、受到行政处罚的即时情况等。其次，《企业信息公示暂行条例》完善了此次公司资本制度改革中的企业年报制度，将企业年报与企业信息公示二者有效结合起来。根据该条例规定，公司应当在每年1月1日至6月30日之间通过企业信息公示系统向工商部门报送上一年度的企业年报，也即通过此方式将企业年报向社会公众予以公示。因此企业的通信地址、联系方式、存续状态、投资设立企业、购买股权等一系列信息都能够通过企业年报，在企业信息公示平台上公示出来。

（3）企业信息公示适用抽查制度。取消了企业年检制度后，工商部门不再对企业信息进行年检，既然企业信息由企业根据法律规定自行公示，那么对于企业信息公示的真实性问题，条例规定了由工商部门根据随机摇号的方式每年定期抽查一定数量的企业，审查企业的信息公示情况，当然主要是审查公示信息的真实性。

（4）以经营异常名录制度为核心的惩罚机制。《企业信息公示暂行条例》中赋予了企业信息制度应有的惩罚功能，构建了经营异常名录制度。如果企业未按照规定的期限公示年度报告或有关信息，或者公示信息隐瞒真实情况、弄虚作假的，将直接在企业信息公示系统中的"经营异常名录"一栏中对该公司企业的违法行为予以记录并公示。同时在政府采购等政府商业行为中，位于此名录的公司企业将予以限制或者禁入。如果公司在信息公示中的隐瞒、弄虚作假的行为情节严重、造成债权人损失、构成犯罪的，还将分别承担行政处罚责任、赔偿责任以及刑事责任。被列入经营异常名录的企业满3年未履行纠正义务，则被列入严重违法企业名单。同时违规公司的法定代表人、负责人也将被处以3年内不得担任其他企业的法定代表人、负责人的资格罚。

4. 简化公司登记事项和程序

首先，新的公司资本制度中废除了验资程序。这也是实缴制改为认缴制之后必然进行修改的环节，由于验资程序是实缴制之下的配套制度，因此在认缴制之下，验资程序不再有设立的必要。故而在设立公司时，工商部门不再对公司股东的出资缴纳情况进行查验，从而简化了公司设立登记时的事项和程序。其次，公司登记的内容也有所简化。2005年《公司法》曾经规定公司必须将股东的姓名及其出资额向工商机关进行登记，并且当股东的出资额发生变更后，公司还应当办理变更登记，否则不得对抗第三人。而新的公司资本制度中取消了股东出资额登记的内容，仅仅需要登记股东的姓名即可，这样就简化了股东出资额变更后的登记事项与程序。

这次改革将以上这些登记事项全部纳入了新设的企业年报制度中，试图以企业年报制度和信息公示制度，辅之以抽查制度、黑名单制度来倒逼企业如实地记载和公布以上信息，从而解决过去公司登记审查全部由工商部门承担，而工商部门又无法有效承担该项工作的问题。

（三）公司资本制度改革的意义

2013年的公司资本制度改革具有比较重大的意义，从法律上来说，这些意义主要体现为市场主体的自由和效率等价值的彰显，以及监管部门的监管模式与职能的转变。

1. 拓展投资创业自由

公司资本制度的改革亮点在于取消最低注册资本限额，甚至还允许设立"一元公司"，这样的做法无异于鼓励更多的人创立公司，能够真正体现有限责任原则，保护股东和公司的价值取向，因此公司资本制度的改革有助于在实践中吸引更多的技术人才和管理人才自主创业，同时让新设立的公司进一步拓展和吸引投资资源，通过提高市场活力来实现投资、资金资源的合理分配。充分的创业自由，可以在一定程度上缓解社会就业压力，一方面公司得到了发展，将创造更多的就业机会；另一方面更多的人可以设立自己的公司，自主创业，解决自己的就业问题。所以此次公司资本制度的改革意义之一就在于通过鼓励创业、降低创业门槛来实现创业自由，并通过市场活力的提高来创造更多的就业机会，同时促进经济发展。

2. 强化公司营业自由

公司资本制度的认缴制也有利于公司按照实际发展情况自主决定投资战略、资金安排，让公司能够实现营业的自由。过去法定资本制对公司资本的约束比较严格，无论是增加还是减少公司的注册资本，都需要经过严格的法定程序，并且必须要经过登记等事项后方能产生对抗第三人的效力。过去这些维持公司资本的机制虽然在一定程度上可以保证公司资本的稳定性，但公司运营过程中最关键的问题并不是资本的稳定，而是资本的效率。因此只有强化公司的营业自由，才能刺激公司的发展。所以此次公司资本制度取消增减资法定程序，改为实行公司章程自治，有利于公司根据业务发展水平、公司规模和资金规模来进行最为合理的资金安排和设计，促使公司的资金资源得到最大效率的利用，有利于公司的发展。

3. 资本信用向资产信用的转变

应当说，2005 年《公司法》一改 1993《公司法》法定资本制的做法，就已经体现了我国公司法由"资本信用"向"资产信用"转变的趋势，而 2014 年《公司法》的重大变革再一次彰显出了公司法意图构建资产信用机制的特点。过去严格法定资本制之下的资本信用，是以注册资本来反映公司、企业作为一个市场主体的资信能力，而注册资本仅能体现公司设立之初、验资之时的资本静态状况，验资之后的运营过程中，公司是否有抽逃出资的行为或者经营不善的现象，均无法从注册资本的数额上反映出来。相反，资产信用则是公司资信能力的一种动态反映，公司的资产数额体现出的是公司当前的财产数额而不是设立之初的财产数额，因此资产信用更能反映公司的实际资信状况。"在特定的一个时期内无论资产如何变化，公司注册资本始终保持不变，恰恰资产信用才是现实信用"[1]。

在这一意义上来说，新的公司资本制度中所创设的公司年报制度要求公司每年定期编制本公司的资产状况等相关信息，并将这些信息公之于众，以

---

〔1〕　赵旭东："从资本信用到资产信用"，载《法学研究》2003 年第 5 期。

使公司的资本情况、股东认缴和实缴情况等信息能够定期地反映出来，让债权人及公众可以比较准确地了解公司当前资信状况，从而更加有利于维护交易的安全性。

4. 监管模式与行政职能的转变

我国过去的公司资本制度中实施的监管机制的核心在于强制验资机制，并在设立之后的公司运行阶段实施年检制度，要求公司定期到工商部门办理年检，以求通过年检制度来检验公司资产状况。然而在实践中，对公司资本的监管重点几乎偏向了事前控制，即验资程序的重要性十分明显，但年检制度却未能得到有效落实。过去的年检制度是所有公司到工商部门接受固定地点、固定时间的年检，工商部门虽然名义上要对公司的经营状况、资本情况进行检查，但实际上由于检查地点和时间的限制，工商部门只能开展形式检查，并不能有效进行实质审查，所以年检制度最终沦为了形式检查制度，并且年检结果不向社会公开。这种监管模式只能保证公司在设立之初具备充足的资本，但并不能避免公司在运行过程中违规运作资本的行为。此次公司资本制度改革实施企业年报制度，目的就是解决这一问题，在企业年报制度下，行政部门对公司资本的监管从事前控制变为了事后监管，公司设立之初并不需要经过验资程序，之后亦不再接受工商部门的年检，而公司资本信息全部记载于公司自行编制的年报中，并且企业年报将定期向社会公示，同时工商部门通过抽查制度来检查被抽中企业的年报真实情况。新公司资本制度下的监管模式显然体现出了当前我国行政机关职能的转变，政府权力不能过度干预市场，取消工商年检而实施企业年报，减少的是工商部门利用年检制度干预企业运营的风险，增加的则是公司运营的活力。

【理论拓展单元】 债权人是否可以请求约定的出资期限尚未到期的股东提前履行出资义务？

2013年《公司法》的修改是正式以立法的形式确立了我国公司法特有的法定资本制下的认缴制度，该制度的立法目的反映了政府鼓励自主创业、活跃市场竞争力的策略。因认缴期限由股东在章程中自行约定，债权人面对这样不能履行到期债务的公司苦不堪言。而当公司在非破产情形下无法偿还公司债务且公司股东出资认缴期限未到，那么股东相应的出资责任是否能加速到期，是个别债权人就可以申请承担加速到期责任还是应由公司董事催缴，亦或只能以现行法的规定申请公司破产来实现公司股东认缴出资的加速到期责任？这个问题在实务中分歧较大，引发了专家学者的讨论以及思考。

（一）司法实务中的分歧

1. 当公司资产不足以清偿到期债务，而股东尚未完全履行出资义务时，应当通过"加速股东出资义务到期"的方式，即剥夺股东出资的期限利益，由股东提前履行出资义务，清偿债权人的债权。如浙江省象山县人民法院（2016）浙 0225 民初 3156 号民事判决认为：在注册资本认缴制下，公司股东在登记时承诺会在一定时间内缴纳注册资本，此种承诺，可以认为是其对社会公众包括债权人所作的一种承诺。认缴制下的公司股东的出资义务只是暂缓缴纳，而不是永久免除。对于此时公司已不能清偿到期债务的，债权人可以申请债务人破产，在破产程序下，股东对公司的出资义务，也需要加速到期，此规定亦可作为参考。综上所述，在公司经营发生重大变化时（包括公司实有资产无法清偿对外债务时），为平衡公司债权人和股东的利益，债权人可以要求公司股东缴纳出资，以用于清偿公司债务。持类似观点的还有（2016）苏 01 民终 9403 号民事判决、（2016）琼 97 民终 1102 号民事判决等。

2. 非公司破产的情况下，要求股东提前履行出资义务损害了股东的出资期限利益，没有法律依据。而且在个案中判令股东提前缴纳出资，破坏了债权的平等性，可能导致偏颇性清偿，损害了其他债权人的利益。故股东应当通过其他法定权利寻求救济。如广东省中山市中级人民法院（2017）粤 20 民终 2304 号民事判决认为：本案中，股东是否承担补充赔偿责任，实际上是在探讨公司注册资本认缴制下股东出资责任加速到期的问题。对此，本院认为，首先，认缴制是《公司法》的明文规定，而加速到期无疑是对认缴制的突破，这种突破实质上是加重了股东个人的责任，这种对个人责任的科处，在法无明确规定的情况下，不宜对相关条款做扩大解释；其次，……；再次，钊洪公司作为债权人，并不是只有通过诉讼来直接判定加速到期才能对债权人利益予以救济，如可以通过认定行为无效来规制股东转移公司财产行为、可以通过适用《破产法》来实现股东出资义务加速到期等，债权人可以通过这些法律明确规定的方式来维权。因此，在法无明文规定的情况下，以诉讼方式通过突破认缴制来判定股东责任加速到期，进而让出资不实的股东承担补充责任，这一诉请理由尚不充分，法律依据不足，本院不予支持。持类似观点的还有（2016）鲁 01 民终 5731 号民事判决书、（2016）苏 12 民终 2111 号民事判决书等。

（二）理论界的三种学说争论

1. 否定说，认为股东出资未届期则不承担补充赔偿责任

根据目前法律规定，认缴出资的期限提前到期仅限于公司破产的情形，除此之外不应该被提前，债权人应当尊重股东关于出资期限的约定，也应该保障股东出资的期限利益。邓峰等均主张除破产清算时未缴足出资的股东出资责任应加速到期外，其他情形在现有立法上无切实法律依据时均不宜实现未到期的出资责任因公司无力清偿或非破产情形下加速到期。王军副教授认为《破产法》以及《最高人民法院关于适用〈中华人民共和国公司法〉若干问题的规定（二）》（以下简称《公司法司法解释二》）第 22 条都规定的是清算时加速到期，非此缘由加速到期并无法律依据。[1]目前并没有具体法律规定，认缴出资期限提前到期仅限于公司破产和解散之情形。王建文教授与刘建功法官都认为尽管加速到期具有充分合理性但是目前无明确法律规定，除非法律修改，对现有法律条文不宜做扩大解释。[2]如《公司法司法解释三》第 13 条第 2 款之规定，股东承担补充赔偿责任的前提之一是股东未履行或未全面履行出资义务。反言之若股东未违背认缴承诺则无需担责。赵旭东老师在《资本制度变革下的资本法律责任——公司法修改的理性解读》一文中便提出："除非主张破产，否则债权人不能诉请加速到期"[3]。债权虽为相对权，但经公示即具有一定涉他效力。若债权人明知股东出资期限未到并与公司进行交易，其应尊重股东期限利益。[4]叶林教授认为股东出资期限的约定是公司与股东之间的，对双方具有约束力，但不约束债权人，公司无力偿还时董事应催促缴资，若不缴则可走破产或类破产程序而实现加速到期，也可以由公司债权人行使合同法上的代位权。[5]若公司与股东出资期限约定发生在债权成立之后，债权人可要求股东按原出资期限承担补充赔偿责任（但王

---

〔1〕 参见李志刚等："认缴资本制度下的债权人诉讼救济"，载《人民司法》2016 年第 16 期。

〔2〕 参见李志刚等："认缴资本制度下的债权人诉讼救济"，载《人民司法》2016 年第 16 期。

〔3〕 赵旭东："资本制度变革下的资本法律责任——公司法修改的理性解读"，载《法学研究》2014 年第 5 期。

〔4〕 参见罗培新："论资本制度变革背景下股东出资法律制度之完善"，载《法学评论》2016 第 4 期。

〔5〕 参见李志刚等："认缴资本制度下的债权人诉讼救济"，载《人民司法》2016 年第 16 期。

军副教授反对行使代位权，因代位权的行使前提也是需要债权债务已届期，同样不可加速〔1〕）。另一种情形是适用公司法人人格否认。王建文教授认为当公司资本构成中存在较大比例、较长缴纳期限之出资，而公司又明显欠缺偿债能力的，债权人可否认公司人格，这也不失为解决实务操作的一种重要思路〔2〕。

2. 肯定说，认为股东出资责任加速到期，具有正当性

首先，公司与股东的内部约定不能对抗外部第三人。公司章程关于出资时间之规定系内部约定，不能约束外部第三人，"公司自治不应该是公司自由、任意程度的管理自我，而应是在国家法律规范下的自我调节"〔3〕。因此股东出资不仅是约定义务也是法定义务。其次，加速到期作为一种救济手段，具有救济成本低、效益高之优势。〔4〕从结果上看，要求债权人提起破产申请和要求股东出资责任加速到期对股东责任影响并无二致，差别在于前者导致公司终结，后者不影响公司存续，更为经济和妥当。资本担保责任论说认为认缴资本制下的股东出资义务，相当于股东对公司承担的一种出资范围内的担保责任，当公司无力清偿到期债务时，股东即应在认缴范围内替代清偿。〔5〕约定无效说主张当事人约定出资履行期限畸长的合同，属于订约权之滥用，应予否定。〔6〕此时，视为股东未设定出资期限，债权人有权请求股东担责。蒋大兴教授也主张可以加速到期，因其认为法律变化导致加速到期已成为必要，没有了最低资本的限制会出现很多不诚信的公司，容易导致股东权利滥用，损害其他第三人的合法权益。〔7〕

3. 折衷说，主张股东未届期出资是否能加速到期，应视情况而定

一般情形下不能要求出资未到期之股东按《公司法司法解释三》第 13 条

---

〔1〕 参见李志刚等："认缴资本制度下的债权人诉讼救济"，载《人民司法》2016 第 16 期。

〔2〕 参见李志刚等："认缴资本制度下的债权人诉讼救济"，载《人民司法》2016 第 16 期。

〔3〕 朱慈蕴："公司章程两分法论——公司章程自治与他治理念的融合"，载《当代法学》2006 年第 5 期。

〔4〕 参见罗培新："论资本制度变革背景下股东出资法律制度之完善"，载《法学评论》2016 第 4 期。

〔5〕 参见王涌："论公司债权人对未实缴出资股东的请求权"，载《中国工商报》2014 年 8 月 9 日。

〔6〕 李建伟："认缴制下股东出资责任加速到期研究"，载《人民司法》2015 年第 9 期。

〔7〕 参见李志刚等："认缴资本制度下的债权人诉讼救济"，载《人民司法》2016 第 16 期。

第2款之规定承担责任，但特殊情形除外。即当公司在非破产情形下发生不能清偿的情形时是可以加速到期的。

王士鹏教授认为，"公司债权人不能向未届出资履行期的股东主张补充赔偿责任，但在公司不能清偿到期债务，经营已经面临严重困难，任由其发展难以为继甚至面临破产时，应允许债权人请求股东在未出资本息范围内承担补足责任，而不必等到公司解散、破产或出资期限届满之时。"[1]包括刘燕教授以及石冠彬博士都是持此观点。[2]岳卫峰主张债权人区分说，即公司债权人分为非自愿债权人和自愿债权人，前者是指与公司发生债权债务关系系因己方意思表示之外的其他因素所致，典型者如公司产品责任的侵权受害人；后者则相反，典型者如契约之债的债权人。[3]非自愿债权人对成为公司债权人无法预期和拒绝，不应要求其了解公司信用信息并承受知悉该信息后风险自担的义务，所以，其有权直接要求股东承担补充赔偿责任。自愿债权人则不同，在债权成立之时有自主决定权，其应为照顾自己利益而去了解交易相对人资产状况包括其股东出资状况，在知晓股东出资期限约定的情况下，负有尊重义务，适用风险自担、责任自负的原则。

三、股东出资方式

出资是公司设立的必要条件之一，出资方式也称出资财产种类。在对公司股东出资方式的规定上，各国公司法大多实行出资形式法定主义，股东可以货币出资，也可以是实物或者财产权利（包括土地使用权、知识产权等）。无限公司和两合公司的无限责任股东还可以以劳务和信用出资。

（一）我国《公司法》关于出资方式的立法演变

1. 1993年《公司法》对股东出资形式的规定

该法在第24条、第80条采用了列举的方式，允许以货币、实物、工业产权、非专利技术、土地使用权出资。而且，对于后四种出资形式必须进行评估作价，核实财产，不得高估或者低估。可以看出，出资形式实行的是严

---

〔1〕 王士鹏："未全部出资股东在公司期限未到前的债务承担"，https://wenku.baidu.com/view/f358a34ef121dd36a22d8268.html，最后访问时间：2018年1月12日。

〔2〕 参见赵树文、赵勇政、郄心怡："股东出资加速到期法律适用研究"，载《保定学院学报》2017年第5期。

〔3〕 参见岳卫峰："公司非自愿债权人的法律保护"，载《法律适用》2012年第6期。

格法定主义，只列举了五种出资形式，而且受传统资本制度重视货币资本的影响，还有对工业产权、非专利技术作价出资的金额不得超过公司注册资本20%的限制性规定。1993 年《公司法》之所以采取这种强制性规范，其立法理念是以债权人利益为中心的，重在起到担保债权人利益的功能，其目的在于在公司设立之初能确保有稳定的财产基础，能维护公司正常经营和保护债权人的合法利益，防止一些皮包公司或空壳公司虚假出资，给公司和债权人带来巨大的风险。

2. 2005 年《公司法》对股东出资方式的规定

这次修改的《公司法》对股东出资制度作出了重大修改，采用列举和概括相结合的立法模式，放宽了股东的出资方式。规定股东可以用货币出资，也可以用实物、知识产权、土地使用权等可以用货币估价并可以依法转让的非货币财产作价出资。同时又规定，法律、行政法规规定不得作为出资的财产除外。而随后修正的《公司登记管理条例》第 14 条第 2 款的规定："股东不得以劳务、信用、自然人姓名、商誉、特许经营权或者设定担保的财产等作价出资"。这无疑又限制了股东出资形式多元化的发展，但是不能否认其进步性。

与 1993 年《公司法》相比，2005 年《公司法》扩大了股东出资形式的范围，将列举的非财产出资"工业产权"改为"知识产权"。知识产权是指公民、法人或其他组织，在从事创造性的活动中所取得的智力成果，从而依据法律享有的权利。知识产权包括专利权、著作权、商标权、工业产品外观设计权等权利，而工业产权一般主要指专利权和商标权，所以说，工业产权是包括在知识产权中的，这无疑是扩大了无形资产出资的外延。同时，2005 年《公司法》对股东出资方式作出了开放性的规定，不再是过去的《公司法》采用的列举方式，而是采用了列举和概括相结合的方式，规定"可以用货币估价并可以依法转让的非货币财产都可以作价出资"。而且还对出资比例和结构作出了调整，相比 1993 年《公司法》规定的以工业产权、非专利技术作价出资的金额不得超过有限责任公司注册资本的 20%来说，2005 年《公司法》规定了货币出资所占的最低比例，即全体股东的货币出资全额不得低于有限责任公司注册资本的 30%。也就是说，以无形资产出资的比例就可以达到 70%。股东出资的方式以及不同方式在股东出资中所占的比例，取决于股东的意思表示和公司的具体情况，这一立法规定冲淡了公司法的强制性规范的意味，体现了公司自治和契约自由的精神。

3. 我国 2013 年《公司法》对股东出资方式的规定

2013 年《公司法》删除了 2005 年《公司法》的第 27 条第 3 款："全体股东的货币出资全额不得低于有限责任公司注册资本的 30%"和第 29 条"股东缴纳出资后，必须经依法设立的验资机构验资并出具证明"，不再限制货币出资所占的最低比例。此次修正取消了最低注册资本的规定，货币出资 30% 的规定也就自然失去了意义。那么，具有技术的创业者将不再急于缺少 30% 的现金而难以拿技术出资。全部用技术出资或者其他可评估的实物出资均成为现实。所以，从法律的角度来说，无形资产出资占出资总额的比例可以达到 100%，或许在实践中是没有实现的可行性的，但在理论上是成立的，法律也并没有明文禁止，这是一次立法理念的突破与创新。我国法律制度关于出资比例结构的规定经历了一个曲折的过程，但是却反映了我国公司法关于资本信用认识的不断深化。但是关于股东出资形式，立法仍然局限于原有的形式，[1]这种出资形式仍有时代的局限性。

（二）货币出资

股东以货币出资易于准确、客观地计算其价值，无须作价评估，方便快捷。为了保证公司资本中有充足的现金以满足公司经营的需要，一些国家在公司法中规定了货币出资的最低比例，法国和德国为 25%，意大利为 30%，比利时和瑞士为 20%，如前所述，我国 2013 年《公司法》取消了这一限制性规定。有限责任公司股东依《公司法》第 28 条规定，应当将货币出资足额存入有限责任公司在银行开设的账户；股份有限公司以货币出资的发起人或其他认股人，也应当将货币出资足额存入公司在银行开设的账户。

在实践中，关于货币出资的两个特别问题：第一，贷款获得的资金是否可以作为出资。对于这个问题我国《公司法》并没有明确规定。基于公司法产权结构上财产分离的理念，股东的出资一旦进入公司，就形成公司的资产，股东的借贷负债不会影响公司资产的安全与稳定；而且在民法上，作为一般等价物的货币具有种类物的特点，货币的占有即为所有，货币的借贷是消费借贷，不具有物的追及效力。[2]因此，股东只要以自己的名义出资，其作为

---

〔1〕 2016 年第三次修正的《公司登记管理条例》第 14 条保留了对股东出资形式的限制性规定，"股东的出资方式应当符合《公司法》第 27 条的规定，但股东不得以劳务、信用、自然人姓名、商誉、特许经营权或者设定担保的财产等作价出资。"

〔2〕 叶林主编：《公司法原理与案例教程》，中国人民大学出版社 2010 年版，第 163 页。

出资的货币是否为借款并不影响股东与公司之间出资关系的建立。第二，股东以违法犯罪所得的资金出资的法律效果。《公司法司法解释三》第 7 条第 2 款规定"以贪污、受贿、侵占、挪用等违法犯罪所得的货币出资后取得股权的，对违法犯罪行为予以追究、处罚时，应当采取拍卖或者变卖的方式处置其股权。"依此，以违法犯罪所得资金出资，应认为出资行为本身有效，但出资人因此取得的股权属于违法犯罪所得，应予以追缴。

（三）非货币出资

1. 构成要件

（1）非货币出资的主体。对于有限责任公司在设立阶段的出资主体，我国《公司法》第 27 条明确，在设立阶段，非货币出资的主体为股东。对于股份有限责任公司，《公司法》第 82 条则明确规定只有发起人的出资方式才适用第 27 条之规定，从而将股份有限公司在设立阶段的非货币出资主体限定于发起人股东的范围内。

至于增资阶段的非货币出资主体，《公司法》第 178 条规定："有限责任公司增加注册资本时，股东认缴新增资本的出资，依照本法设立有限责任公司缴纳出资的有关规定执行。股份有限公司为增加注册资本发行新股时，股东认购新股，依照本法设立股份有限公司缴纳股款的有关规定执行。"可见，公司法对于增资阶段的出资主体范围限定与设立阶段的是一致的，并没有肯定股份有限公司募集设立情形下，非发起人的原始股东能够以非货币财产或权利进行出资。

（2）具有商业价值且可以用货币估价。非货币出资作为公司资本的组成部分，必须为公司经营所需要，对公司的生存与发展具有商业价值。出资的最终目标是充实公司资产，而资产的多寡又与经济价值的多少相关联，有经济价值的资本应当能够满足公司经营的目的，因而，用以出资的标的物必须具有表现其经济价值的基本特征——评估的可能性。由于股份额的多少通常决定于股东出资比例的高低，因此有必要对出资的标的物进行合理公正的评估作价。除了货币，非货币形式财产在用作出资时均应当以相应的标准和方式来进行评估。具有评估可能性，不但能够保证公司资产的充足性，还能确定股东出资数额和比例以及以该项非货币财产清偿公司债务时的赔偿依据。因此，各国公司法都将不能评估的财产排除到了出资范围之外。《德国股份公司法》明确要求非货币出资的标的物必须是可以被确定经济价值的物，因此劳务等被排除在出资范围外。韩国公司制度禁止以价值不能确定的标的物进行出资，如劳务或者信用是不能成为标的的。我国《公司登记管理条例》第14条明确股东不得以劳务、信用、自然人姓名等作价出资也是基于相同的理由。

（3）可以依法转让。既包括可以持续依法转让的意思，即出资时可以转让、经营中可以转让、偿债时也可以转让；也包括自由转让的含义，即不需要第三人的同意，但可以需要通知、公示或备案性质的登记。例如，土地使用权、房屋使用权、矿藏开采权等，只要依法履行登记或备案程序，就可以由股东转移给公司，也可以转移给第三人。

（4）法律、行政法规不禁止。现代法治理念，在民商法领域遵循"法无禁止即可为"，法律欲禁止，必须以法律、行政法规的明文规定为前提。《公司法》第27条在"但书"部分明确规定"法律、行政法规规定不得作为出资的财产除外。"《公司登记管理条例》第14条对股东出资形式也有限制性规定，"股东的出资方式应当符合《公司法》第27条的规定，但股东不得以劳务、信用、自然人姓名、商誉、特许经营权或者设定担保的财产等作价出资。"

2. 非货币财产出资应该注意的问题

由于公司资本维持的原则，以非货币财产进行出资必然要涉及对非货币资产进行评估作价，以及在以房屋、土地使用权等出资时办理权属转移以及交付使用的问题，否则将有可能会被认定为未履行出资义务。

（1）出资评估。出资直接关系到利益相关人的权益，因此有必要对用以非货币出资的财产进行价值评估。一为方便会计账目的明晰，量化各个出资人所持有的股份；二为出资人预见其回报，给出资物以货币价值。如何保证非货币出资评估的公允性，从而保障所有股东和外部债权人的利益，应该从非货币出资评估模式的选择来入手。评估模式的选择往往也是评估主体的选择，不同国家立法对不同主体的认同，形成了不同的非货币财产出资价值评估模式，纵观国内外的对其评估的立法模式，存在以下四种[1]：

第一种，"董事会商业判断"模式。这一模式属于对公司的事后监督，美国的立法就是典型。在美国，非货币出资的价值评估经历了一个"精确价值规则"到"善意规则"的演变历程。《美国示范公司法》第6.21（c）款就

---

〔1〕 傅穹：《重思公司资本制原理》，法律出版社2004年版，第127～128页。

明确了这一规则，具体表现为：第一，立法设计了"推定式的董事会商业判断规则"，即如果公司的外部债权人没有足够的证据证明公司有欺诈或故意高估的行为，则公司的董事会对于非货币财产或权利对价的评估是终局性的。第二，法规经常以"没有欺诈"或"不存在事实上欺诈"作为标准。多数情形下，董事会会选择进行独立的评估，但这并不是法律的强制性要求。第三，制定法既没有要求董事会决定公司所收到的非货币对价的价值，也没有要求董事会决定对价的价值必须记载在公司账簿上。因为董事在一般情况下并不具备资产评估专业知识，而公司账簿的细节记载也并非董事会的法定责任。只要董事会判定以财产或利益为对价的股份发行是一个足以保护原有股东权益不受稀释的正当交易就已经足够了。《英国公司法》中同样规定，闭锁公司董事会评估的非货币出资价值不存在实质性欺诈时，董事会评估的价值即代表非货币出资的实际价值，不需要评估专家重新评估。

第二种，"发起人协商"模式。法国公司法、俄罗斯民法典有规定。《法国商事公司法》第 40 条明确，在非货币出资的价值不足 5 亿法郎，或者所有非货币出资的总价值不足公司资本额的一半时，可以由公司的发起人协商决定非货币出资标的物的价值，不需要聘请评估员进行评估。《俄罗斯民法典》第 66 条，也赋予了发起人类似的权利，除法律明确规定的几种需要由专门机构进行独立的鉴定检验的情况之外，均可以由发起人通过协商来决定非货币出资的价金。

第三种，"强制专家评估"与例外豁免模式。采用此种评估模式的典型是英国。相较于前述美国所采取的"董事商业判断"模式，英国对于公众公司与闭锁公司的处理方式是不同的。对于公众公司，《英国公司法》第 103 至 111 条规定，无论是公司设立之际还是公司成立之后 2 年内从发起人处购买一定股份的非货币出资，都强制性地由评估专家进行评估。这是带有预防性、强制性的公允性判断模式，属于事前监督，此为"强制专家评估模式"。而对于闭锁公司，则是与美国基本一致的事后监督模式，如前所述，只有在股东的非货币财产出资被举证存在欺诈和出资不实的情形下，才会被要求对其进行评估，否则推定该出资为真实有效。此为例外豁免模式。由此，结合而成英国公司法中的"强制专家评估"与例外豁免模式。

第四种，法院选任检查人或公证人调查、审计相结合模式。采用这一评估模式的有日本、法国、德国。为回应股份公司以违法的方式进行非货币出资的困境，德国、日本、法国在不同的公司发展阶段采取了类似的非货币出资公允性判断的模式。第一，均将非货币财产的出资情况作为公司章程的相对必要记载事项，须由法院选任的检查员或公证人将其审计事项披露给公众。第二，在德国和日本均设立了董事、监事与审计员的双重审计机制。在法国，法院选任的审计员负责审查。可见，采取这一模式的公司立法都将非货币出资的评估定性为国家的行政行为。

就我国的非货币出资评估而言，我国《公司法》第 27 条第 2 款规定，对作为出资的非货币财产应当进行评估作价与核实，并不得高估或者低估作价。相应的法规与规章对此也作出了规定。第 30 条规定，有限责任公司成立后，发现作为设立公司出资的非货币财产的实际价额显著低于公司章程所定价额的，应当由交付该出资的股东补足其差额；公司设立时的其他股东承担连带责任。第 93 条第 2 款规定，股份有限公司成立后，发现作为设立公司出资的非货币财产的实际价额显著低于公司章程所定价额的，应当由交付该出资的发起人补足其差额；其他发起人承担连带责任。可见我国采取的是典型的强制评估模式，由资产评估机构进行强制评估，在必要时候可以请评估专家来进行评估，如《证券公司监督管理条例》第 9 条明确，证券公司股东的出资，应当由具备证券、期货相关业务资格的资产评估机构评估。此外《公司法司法解释三》第 9 条进一步规定："出资人以非货币财产出资，未依法评估作价，公司、其他股东或者公司债权人请求认定出资人未履行出资义务的，人民法院应当委托具有合法资格的评估机构对该财产评估作价。评估确定的价额显著低于公司章程所定价额的，人民法院应当认定出资人未依法全面履行出资义务。"

为了确保资产评估机构公平地确定股东非货币出资的货币价值，我国《公司法》还对资产评估机构通过施加行政责任和民事责任加以规制。在行政责任方面，第 207 条第 1、2 款区分了故意和过失两种主观形态加以处罚："承担资产评估、验资或者验证的机构提供虚假材料的，由公司登记机关没收违法所得，处以违法所得 1 倍以上 5 倍以下的罚款，并可以由有关主管部门依法责令该机构停业、吊销直接责任人员的资格证书，吊销营业执照。承担资产评估、验资或者验证的机构因过失提供有重大遗漏的报告的，由公司登记机关责令改正，情节较重的，处以所得收入 1 倍以上 5 倍以下的罚款，并可以由有关主管部门依法责令该机构停业、吊销直接责任人员的资格证书，吊销营业执照。"在对公司债权人的民事责任上采用过错推定原则，第207条第3款规定："承担资产评估、验资或者验证的机构因其出具的评估结果、验资或者验证证明不实，给公司债权人造成损失的，除能够证明自己没有过错的外，在其评估或者证明不实的金额范围内承担赔偿责任。"

对于非货币出资评估，我国之所以适用强制评估，其立法理念在于：保障股东权益不被稀释，维护外部债权人对公司偿债能力的信任，通过独立的专业机构来保证其价值评估的公允性，确保股东出资的真实性与公司资产的充足性。

（2）变更登记手续及交付使用。《公司法》第28条规定："股东应当按期足额缴纳公司章程中规定的各自所认缴的出资额。股东以货币出资的，应当将货币出资足额存入有限责任公司在银行开设的账户；以非货币财产出资的，应当依法办理其财产权的转移手续。"对于股东以须办理过户手续的非货币出资，股东已将实物、知识产权及土地使用权等交付公司，但未办理过户手续的，应怎样认定该股东是否履行了出资义务，《公司法司法解释三》第10条规定："已经交付公司使用但未办理权属变更手续，公司、其他股东或者公司债权人主张认定出资人未履行出资义务的，人民法院应当责令当事人在指定的合理期间内办理权属变更手续；在前述期间内办理了权属变更手续的，人民法院应当认定其已经履行了出资义务"。可见，对于以需要变更登记的特殊财产出资的，其出资行为的完成应采用双重标准，一是需要办理权属变更登记，另一个是交付给公司使用。

（3）出资人用自己不享有处分权的财产进行出资的效力。《公司法司法解释三》第7条第1款规定："出资人以不享有处分权的财产出资，当事人之间对于出资行为效力产生争议的，人民法院可以参照《物权法》第106条的规定予以认定。"依此，当出资人用自己不享有处分权的财产进行出资时，该出资行为的效力不宜一概予以否认。如果公司取得股东无权处分的财产时属于善意取得人，就可以适用《物权法》关于善意取得的规定。

（四）股东出资的非典型形式

1. 用益物权出资

用益物权，是指非所有人对他人之物所享有的占有、使用、收益的排他性的权利。它不仅包括土地使用权、取水权、地役权、渔业权、狩猎权，还包括海域使用权、探矿权、采矿权、草原承包经营权、森林、林木以及林地使用权。用益物权出资，是物的所有权与用益权能相分离的体现，其让渡是具有一定期限的。并不是所有的用益物权都能用以出资，取水权、地役权、渔业权、狩猎权就不能进行出资。第一，对于取水权，我国《水法》并未允许以取水权进行转让，《取水许可制度实施办法》中也明确限制了取水许可证的转让。第二，对地役权，学界有观点认为地役权可以予以出资，但这种观点经不起理论的论证与实践的考验。从地役权的特性角度考量，其具有不可分性，不能脱离需役地而单独转让。如果将地役权进行出资，则地役权必须与需役地同时出资，那么这就不构成地役权的出资。如果将地役权单独进行出资，则地役权人与需役地的本权人不同，就违背了地役权本身的特性以及《物权法》对它的规制。第三，对于渔业权，我国《渔业法》第 23 条否定了捕捞许可证的流转。第四，对于狩猎权，我国《野生动物保护法》第 39 条也明确了不得进行特许猎捕证、狩猎证的流转。在我国，《公司法》仅规定了前述用益物权中的土地使用权可以用作出资，除去其他立法已经明确不能转让的用益物权，前述能够用以出资的还有海域使用权、探矿权、采矿权、草原承包经营权、森林、林木以及林地使用权等自然资源使用权。这些用益物权的转让分别在《中华人民共和国海域使用管理法》《矿产资源法》《探矿权采矿权转让管理办法》《草原法》《森林法》中予以了明确。

从这些自然资源用益物权的特性角度考量，它们也是具备非货币出资标的物的适格性的。首先，可转让性。前述用益物权的出资主体，有所有权人和获得授权的非所有权人两种，其是否能够转让主要取决于财产所有权人是否同意用益物权人将其用于投资，只要所有权人与用益权人达成一致，则用益权人即可将其用益物权投入公司资本之中。具体到自然资源用益物权当中，就需要经过相应机关的审批同意，然后对其登记信息进行变更与备案。其次，能够评估作价且具有确定性。公司获得的用益物权往往是有期限的财产使用权和收益权，它是可以根据市价评估作价换算成股权的。

2. 债权出资

对于债权能否作为公司出资的问题，《公司法》并没有作出规定。我国公司实践中涉及的债权出资主要是"债转股"的情况，在公司制改造中，尤其是对负债较多的国有企业进行的公司制改造，采取了债权转股权的做法。根据最高人民法院《关于审理与企业改制相关的民事纠纷案件若干问题的规定（法释〔2003〕1 号）》规定，在以下两种情况下认定债权出资有效：（1）在一般情况下发起人不得单纯以其对第三人的债权出资，即发起人不得以对拟设立公司以外的债权出资。若是债权人与债务人自愿达成债权转股权协议，且不违反法律和行政法规强制性规定的，应当确认债权转股权协议有效。（2）政策性债权转股权，按照国务院有关部门的规定处理。如根据《企业公司制改建有关国有资本管理与财务处理的暂行规定》（财企〔2002〕313号）的规定，国有企业实行公司制改建时，经批准或者与债权人协商，可以实施债权转为股权，并按以下规定处理：①经国家批准的各金融资产管理公司持有的债权，可以实行债权转股权，原企业相应的债务转为金融资产管理公司的股权，企业相应增加实收资本或者资本公积。经银行以外的其他债权人协商同意，可以按照有关协议和公司章程将其债权转为股权，企业相应增加实收资本或者资本公积。②改建企业经过充分协商，债权人同意给予全部豁免或者部分豁免的债务，应当转作资本公积。此外，根据《公司注册资本登记管理规定》第7条的规定，债权人可以将其依法享有的对在中国境内设立的公司的债权，转为公司股权。转为公司股权的债权应当符合下列情形之一：（1）债权人已经履行债权所对应的合同义务，且不违反法律、行政法规、国务院决定或者公司章程的禁止性规定；（2）经人民法院生效裁判或者仲裁机构裁决确认；（3）公司破产重整或者和解期间，列入经人民法院批准的重整计划或者裁定认可的和解协议。

以上规定可以看出，我国目前允许股东以其对目标公司的债权作为出资。至于股东能否以对第三人的债权出资，法律、法规未作规定。我国有学者建议，根据德国通说，股东对第三人享有的债权，只要该债权是可以转让的，就可以作为出资标的物。此种解释可供我国参考，但应采取以下态度：允许存在，但严格规制。[1]

3. 股权出资

股权出资，是股东依据法律和公司章程的规定，用其持有的在其他公司的股权作价出资，设立新公司的行为。新公司设立后，股东将其在其他公司的股东权益转让给新公司，使其成为新设公司财产的一部分。近年来，股权出资已经成为越来越普遍的出资形式，以股权置换完成对新公司的出资是许多投资者优先选择的出资方式，尤其是在上市公司组建过程中。可否以股权

---

〔1〕 刘俊海：《现代公司法》（第三版上册），法律出版社2015年版，第203页。

出资以及什么样的股权可以用来出资，依据《公司法司法解释三》第11条规定，出资人以其他公司股权出资，符合下列条件的，人民法院应当认定出资人已履行出资义务：（1）出资的股权由出资人合法持有并依法可以转让；（2）出资的股权无权利瑕疵或者权利负担；（3）出资人已履行关于股权转让的法定手续；（4）出资的股权已依法进行了价值评估。股权出资不符合前款第（1）、（2）、（3）项的规定，公司、其他股东或者公司债权人请求认定出资人未履行出资义务的，人民法院应当责令该出资人在指定的合理期间内采取补正措施，以符合上述条件；逾期未补正的，人民法院应当认定其未依法全面履行出资义务。股权出资不符合本条第1款第（4）项的规定，公司、其他股东或者公司债权人请求认定出资人未履行出资义务的，人民法院应当按照本规定第9条的规定处理。以及《公司注册资本登记管理规定》第6条规定，股东或者发起人可以以其持有的在中国境内设立的公司股权出资。以股权出资的，该股权应当权属清楚、权能完整、依法可以转让。具有下列情形的股权不得用作出资：（1）已被设立质权；（2）股权所在公司章程约定不得转让；（3）法律、行政法规或者国务院决定规定，股权所在公司股东转让股权应当报经批准而未经批准；（4）法律、行政法规或者国务院决定规定不得转让的其他情形。

四、股东和发起人违反出资义务的责任

对公司而言，有限责任公司设立时的股东和股份有限公司的发起人履行出资义务是公司设立的必经程序，也是股东和发起人应尽的义务。出资义务的违反是指股东在履行出资义务的过程中违反法律或公司章程的规定，未及时、充分出资的违法行为。出资义务的全面履行看似简单，但由于各种利益驱动，加之验资和评估等配套程序的不健全，股东通常以不同的方式违反出资义务。包括：（1）出资义务不履行和出资义务不适当履行；（2）出资评估不实，非货币财产出资的实际价值明显低于公司章程所确定的价值；（3）虚假出资，未交付或者未按期交付作为出资的货币或非货币财产及财产权利；（4）虚报注册资本；（5）抽逃出资。

（一）违反出资义务的民事责任

1. 股东对其他股东，应承担的民事责任

股东违反出资义务是对发起人协议或公司章程约定的违反，应向其他股

东承担违约责任。《公司法》第 28 条、第 83 条中明确规定有限责任公司股东
应当按期足额缴纳公司章程中规定的各自所认缴的出资额。股东不按照规定
缴纳出资的，除应当向公司足额缴纳外，还应当向已按期足额缴纳出资的股
东承担违约责任；以发起设立方式设立股份有限公司的，发起人应当书面认
足公司章程规定其认购的股份，并按照公司章程规定缴纳出资。发起人不依
照公司章程规定缴纳出资的，应当按照发起人协议承担违约责任。该规定明
确了公司或者其他已足额出资的股东可以要求违反出资义务的股东承担违约
责任。由于《公司法》及其司法解释对于违约责任的各种承担方式未作具体
规定，因此对违约责任的承担方式只能根据《合同法》、公司章程以及公司设
立协议来确定。

2. 股东对公司，应承担的民事责任

股东出资的本质是一种财产所有权的转移，由股东出资得来的财产是公
司赖以生存的基础，股东不履行出资义务或不适当履行出资义务，公司生存
和发展所需的资金或其他生产条件就难以达到，公司无法进行正常的生产、
经营和获利，股东成立公司的目的难以实现。因此，违反出资义务的股东应
向公司承担相应的责任。

（1）继续履行、差额补缴责任。股东未依照公司章程或法律规定实际缴
纳出资或缴纳出资不实，公司可以要求其继续履行出资义务。《公司法司法解
释三》第 13 条第 1 款："股东未履行或者未全面履行出资义务，公司或者其
他股东请求其向公司依法全面履行出资义务的，人民法院应予支持。"上述规
定明确了公司或者其他已足额出资的股东可以向违反出资义务的股东行使催
告追缴的权利。

《公司法》第 30 条规定："有限责任公司成立后，发现作为设立公司出资
的非货币财产的实际价额显著低于公司章程所定价额的，应当由交付该出资
的股东补足其差额；公司设立时的其他股东承担连带责任。"第 93 条规定：
"股份有限公司成立后，发起人未按照公司章程的规定缴足出资的，应当补
缴；其他发起人承担连带责任。股份有限公司成立后，发现作为设立公司出
资的非货币财产的实际价额显著低于公司章程所定价额的，应当由交付该出
资的发起人补足其差额；其他发起人承担连带责任。"此处的"非货币财产的
实际价额"应是公司设立阶段股东出资时的实际价值而非公司设立后的实际
价值，法律规定的目的是为了避免股东出资时资产评估的错误，在衡量股东

出资财产的真实性、合法性、有效性的时候，应当拿股东出资义务的时间点去判断，而不能拿股东履行出资义务之后出资财产价格的涨跌时间点去判断。因此，判断是否存在价值差额应以股东出资时的实际价值为准，只要股东交付出资时的实际价值不低于其认缴的数额即可。即使因为市场等原因使得公司成立后，股东交付出资的实际价值已显著低于公司章程所定价额，也可以免去其差额补缴责任。

（2）损害赔偿责任。在公司成立的情况下，损害赔偿责任是指股东（发起人）在未按照法律规定、公司章程或发起人协议的约定，不履行或不完全履行出资义务而给公司造成损失时，应依法或依公司章程规定承担的赔偿责任。损害赔偿责任不因其他责任形式的存在而受到限制，大多数国家公司法都规定损害赔偿可以和其他救济手段并用，即使责任人已经承担了其他违约责任，但对公司造成损害的，仍需对公司进行赔偿。我国《公司法》中没有明确规定损害赔偿责任。《公司法司法解释三》第6条规定："股份有限公司的认股人未按期缴纳所认股份的股款，经公司发起人催缴后在合理期间内仍未缴纳，公司发起人对该股份另行募集的，人民法院应当认定该募集行为有效。认股人延期缴纳股款给公司造成损失，公司请求该认股人承担赔偿责任的，人民法院应予支持。"又如《中外合资经营企业法实施条例》（2014修订）第28条规定："合营各方应当按照合同规定的期限缴清各自的出资额。逾期未缴或者未缴清的，应当按合同规定支付迟延利息或者赔偿损失。"

【理论拓展单元】 股东或发起人的出资违约责任之"失权"[1]

股东出资违约责任的归责原则，各国在立法和司法实践中，多采用严格责任原则，即无论股东是主观上不愿履行或是客观上履行不能，只要存在着出资义务不履行或不当履行的客观事实，违反出资义务的股东就须承担相应的法律责任。公司既可以通过追缴出资权的行使，强制股东缴纳出资，也可通过失权程序向他人募集股份，以使公司被认缴的出资得以落实，这是公司资本充实原则的特殊要求。

失权是公司法赋予公司或发起人的一种单方面的认股合同解除权。它是

---

〔1〕 参见：赵万一、卢代富主编：《公司法：国际经验与理论架构》，法律出版社2005年版。凤建军："公司股东的'除名'与'失权'：从概念到规范"，载《法律科学》2013年第2期。

指对于怠于履行出资义务的认股人，公司或发起人可以催告其在一定期限内缴纳出资，逾期仍不缴纳的，就会丧失股份认购人的认股权利，该股份认购人所认购的股份可以另行募集。如《德国有限责任公司法》第21条规定："在拖延支付的情形下，可以对拖延支付的股东再次颁发一项儆戒性催告，催促其在一个待定的宽限期限内履行支付，否则即将其连同应当支付的股份一并除名。"《德国股份公司法》第64条第1款规定："对没有及时支付所要求款项的股东，可以确定一个有警告的延长期限，期满后将宣布他们不再拥有其股票或支付款。"《日本商法典》第179条规定："股份认购人不按第177条之规定缴纳时，发起人可规定日期，到期仍未进行缴纳时，可向股份认购人通知其权利的丧失。""发起人发出前项的通知后，股份认购人仍未进行缴纳时，其权利丧失。在此场合，发起人可对该认购人认购的股份，重新募集股东。"我国台湾地区"公司法"也规定，"认股人延欠前条应缴之股款时，发起人应定1个月以上之期限催告该认股人照缴，并声明逾期不缴失其权利。发起人已为前项之催告，认股人不照缴者，即失其权利，所认股份得另行募集。"在英国，对于怠于缴付股款的，公司可在尚未缴付的范围内对其股份享有留置权。股东未缴付所催缴股款或其分期付款时，公司有权没收股份，没收的股份可以再次发行，但是这种没收的权力必须由公司细则加以规定。[1]

　　失权程序具有便捷的优点，其宗旨是为了防范因认股人延欠应缴股款而妨碍公司资本的筹集或使公司设立归于失败的风险，避免了社会资源的浪费，因而蕴含着效益理念。同时，此种失权系当然失权，已失权之认股人嗣后纵为缴款，亦不能回复其地位，因而也有督促认股人及时履行出资义务的功效。

　　我国《公司法》没有明确规定出资违约的失权制度。但早在1988年1月1日对外经济贸易部、国家工商行政管理局发布的《中外合资经营企业合营各方出资的若干规定》的第7条规定："合营一方未按照合营合同的规定如期缴付或者缴清其出资的，即构成违约。守约方应当催告违约方在1个月内缴付或者缴清出资。逾期仍未缴付或者缴清的，视同违约方放弃在合营合同中的一切权利，自动退出合营企业。守约方应当在逾期后1个月内，向原审批机关申请批准解散合营企业或者申请批准另找合营者承担违约方在合营合同

――――――――――

〔1〕　参见［英］丹尼斯·吉南：《公司法》，朱羿锟等译，法律出版社2005年版，第182、185页。

中的权利和义务。"《公司法司法解释三》第17条规定："有限责任公司的股东未履行出资义务或者抽逃全部出资，经公司催告缴纳或者返还，其在合理期间内仍未缴纳或者返还出资，公司以股东会决议解除该股东的股东资格，该股东请求确认该解除行为无效的，人民法院不予支持。在前款规定的情形下，人民法院在判决时应当释明，公司应当及时办理法定减资程序或者由其他股东或者第三人缴纳相应的出资。"公司可以在实践中为避免股东对"在股东抽逃部分出资经催缴而未补缴解除其相应部分股权"的决议效力产生争议，同时督促股东及时足额出资，公司股东可将"在股东抽逃部分出资或未全面出资，经公司催缴在合理期限未补缴的，公司股东会可以决议将该股东欠缴出资对应的股权解除，由公司办理法定减资程序或者由其他股东或者第三人缴纳相应的出资"之类的条款写入公司章程。该条款没有违反法律强制性规定和基本原则，未侵害股东的固有权利，且该解除相应股权的条款是经全体股东同意的，则公司以此类事由为依据作出解除股东相应股权的决议应属合法有效行为。

（二）违反出资义务的行政责任

《公司法》第199条规定，公司的发起人、股东虚假出资，未交付或者未按期交付作为出资的货币或者非货币财产的，由公司登记机关责令改正，处以虚假出资金额5%以上15%以下的罚款。第200条规定，公司的发起人、股东在公司成立后，抽逃其出资的，由公司登记机关责令改正，处以所抽逃出资金额5%以上15%以下的罚款。

（三）违反出资义务的刑事责任

2014年3月1日实施的《公司法》采"一般公司实行公司注册资本认缴制，法律、法规另有规定的公司实行法定最低注资及注册资本实缴制"。随后于2014年4月24日，全国人民代表大会常务委员会对《中华人民共和国刑法》第158条、第159条进行了解释，明确规定虚假注册资本罪，虚假出资、抽逃出资罪的公司适用范围，仅适用于依法实行注册资本实缴登记制的公司。

1. 保留注册资本实缴登记制的公司

这类公司的发起人、股东及相关责任人员，依然受到虚假注册资本罪，虚假出资、抽逃出资罪的相关规制，一旦虚假出资或抽逃出资，就会面临刑事法律制裁。

2. 2014 年 3 月 1 日实施《公司法》及全国人大常委会关于刑法的 158、159 条的解释出台前的相关虚抽逃出资的行为规范

（1）2014 年 3 月 1 日之前的公司，尤其是在 2014 年《公司法》修改后还实行实缴资本制的公司，相关发起人、股东虚假出资、抽逃出资的，符合《刑法》的相关规定，依然可以追究刑事犯罪。

（2）对于《公司法》已经不要求实行实缴资本制的公司类型来说，相关虚假出资或抽逃出资是发生在 2014 年 3 月 1 日前，则如果符合相关出资类刑事犯罪的，依据从旧的原则，应该适用修改前的刑法规定，如果构成犯罪，可以追究刑事责任；但是因为新的刑法条文修改后，不再对实行认缴制的公司适用，依据从轻的原则，在这种情况下，应该不予追究其刑事责任。

五、股东违反出资义务时其他股东的资本充实责任

（一）资本充实责任的内涵

所谓资本充实责任，是指"为贯彻资本充实原则，由公司设立者共同承担相互担保出资义务履行的民事责任，是公司法上的一种法定责任"。[1]按照民法理论，义务人在履行义务后，会伴随着某种权利或利益的获得，而不会再承担责任，这是一种常态。但是在公司法领域，即使股东适当履行了出资义务，在个别股东违反出资义务时，仍要与其他已足额出资的股东一起承担资本充实责任。资本充实责任是法律强制规定的足额出资股东应承担的责任，是公司法领域的一种特殊责任。公司设立者、发起人之间往往存在一种信赖关系，彼此之间比较了解，当个别股东违反出资义务时，一般都会知情，因此法律明确课以设立股东之间相互监督出资适当履行的义务，其目的是在出资者之间建立起一种相互督促、相互约束的出资担保关系，以维护资本的充实，最大限度地保护债权人的利益。

资本充实责任的内涵比较丰富，各国相关立法规定的资本充实责任共有以下几种：[2]

1. 认购担保责任。认购担保责任适用于设立股份有限公司的情形，是指公司设立之际发行的股份在公司成立后仍未认购的，或者虽然认购但又被撤

---

〔1〕　冯果："论公司股东与发起人的出资责任"，载《法学评论》1999 年第 3 期。

〔2〕　冯果：《现代公司资本制度比较研究》，武汉大学出版社 2000 年版，第 92~97 页。

回的，视为由公司发起人共同认购，履行认购担保责任的发起人即可取得认购部分的股权。如《日本商法典》第192条规定，公司成立后，如果有未缴清股款或未全部给付现物出资的股份时，发起人及公司成立时的董事承担连带缴纳股款及支付未缴财产价额的义务。[1]这样做，可以维护公司的资本充实，维护交易安全，也可避免因部分股份无人认购而导致的公司不能成立的尴尬。认购担保责任不以发起人是否有过错为要件。

2. 缴纳担保责任。亦称出资担保责任，即股东虽然认缴出资或认购股份但未缴纳股款或交付非现金出资标的，发起人对此承担连带缴纳出资的责任。公司发起人承担缴纳担保责任后，除非公司对违反出资义务的股东采取了失权程序的救济，否则，不能取得所承担责任部分的股权，而只能在代行出资义务后向未足额缴纳股款的股东追偿。

3. 差额填补责任。指在公司成立时，如果出资的非货币财产价额显著低于章程所定价额时，发起人对不足的差额部分承担连带填补责任，履行差额填补责任的发起人可以向出资不实的股东行使求偿权。如《日本商法典》第192条第2款规定，现物出资的财产过低于章程规定的价格时，发起人和设立时的董事负有支付与实际价格之间的差额的义务。

4. 损害赔偿责任。是指发起人不仅对出资不实承担保证责任，还应对因出资不实给公司造成的损失承担连带赔偿责任。发起人代为履行了违反出资义务股东的出资，并不能保证公司没有任何损失，如果因出资不实受到损失，发起人应承担连带的赔偿责任，承担了赔偿责任的发起人仍有追偿权。因此，损害赔偿责任可能与上述任何一种资本充实责任并存。

（二）我国的公司法规定

《公司法》第30条、94条有关连带责任的规定明确了我国股东的资本充实责任，包括缴纳担保责任和差额填补责任。我国公司法上的资本充实责任有以下特点：

资本充实责任是一种法定责任，与股东对公司出资义务一样，不能以公司章程或者股东之间约定的形式免除。有限责任公司的资本充实责任限于非货币出资情形下的差额填补责任，股份有限公司的资本充实责任包括缴纳担

---

[1] 刘永光："日本公司资本制度改革的立法实践及其对我国的启示"，载《法商研究》2004年第1期。

保责任和非货币出资的差额填补责任。

资本充实责任是公司法基于公司设立者的特殊地位和关系而规定的一种责任，因此承担资本充实责任的主体只限于有限公司设立时的股东和股份有限公司的发起人。公司成立后新加入的股东、继受股东以及股份有限公司发起人之外的股东都不承担资本充实责任。

资本充实责任的原因行为是个别股东违反出资义务的行为，因此缴纳担保、差额填补责任的范围仅限于违反出资义务股东未履行部分或出资不实的部分。

资本充实责任是一种连带责任，有限责任公司设立时的其他股东和股份有限公司的其他发起人中的任何一人均对资本不实承担全部责任。足额出资的股东实际是代替违反出资义务的股东履行出资义务，因此承担了资本充实责任的股东并未取得代位履行缴纳部分的股权，而只能向违反出资义务的股东追偿代缴的股款，或者要求其他发起人分担。

资本充实责任适用严格责任原则，只要存在资本不实的事实，足额出资股东就应当承担充实责任，而不以足额出资股东是否有过错，是否尽了监督、督促义务为必要条件。

【理论拓展单元】 公司资本制度改革后，如何加强对债权人利益的保护？

资本三原则被理论界认为是大陆法系国家公司法的三项经典原则，在资本制度的规范设计中占有重要地位，对保障公司债权人利益发挥了巨大的作用。

但随着知识经济时代的到来和融资技术的更新，资本的理性投资功能增强，担保功能锐减，资本三原则理论的历史局限也日渐显现，已不能作为保护债权人利益的一项有效措施。朱慈蕴认为，法定最低资本额之实质意义应定位于市场准入之标准，即投资者能否准入市场、参与竞争的门槛，不能承载债权人保护的功能，更不能作为保护债权人的一项措施。我国公司资本制度在适应缓和化趋势的同时，应将资本信息披露、阻止公司资产向股东的不当流失、揭开公司面纱等，作为保护公司债权人的有效措施来构建，应当将公司资本充实与股东的有限责任联系起来。[1]邹海林、陈洁主编的《公司资

---

[1] 参见朱慈蕴："法定最低资本额制度与公司资本充实"，载《法商研究》2004 年第 1 期。朱慈蕴："公司资本理念与债权人利益保护"，载《政法论坛》2005 年第 3 期。

本制度的现代化》一书认为，改革后的公司资本制度在保护公司债权人利益方面，似乎已经没有什么作用可以发挥了，但这并不表明我国公司法的现代化进程降低了对公司债权人利益的保护功能，在公司法上保护公司债权人的利益，不能依赖于注册资本制度的已有工具，而应当充分挖掘法定的保护公司债权人利益的特有制度的价值，诸如"公司法人人格否认"等制度。当我们认识到公司的注册资本不能实现保护公司债权人利益的期望时，充分利用公司法上以维护交易安全为目的而构造的强行法制度，以实现对公司债权人利益的保护，将成为一种常规路径。刘凯湘、宋敏所著的《公司债权人保护制度研究》一书围绕公司设立、营运、清算各阶段论述了债权人保护的具体制度，提出了引入董事义务的建议。虞政平在其《股东有限责任：现代公司法律之基石》一书中专门探讨了债权人保护规则，并将债权人保护和股东之间的利益平衡视作股东有限责任发展的动力。在具体的分析中，作者从信息披露、公司资产、重大利益参与决定权以及包括发起人责任和公司人格否认在内的有限责任适用的例外四个方面作了探讨。

我国《公司法》2013 年进行资本认缴制改革后，国内学者从相关制度安排角度分析了债权人利益保护问题，这些研究主要表现为：赵树文在其《公司资本规制制度研究》一书中提出公司契约论及利益相关者理论是公司法保护债权人的理论支撑，除此之外还提出借鉴美国的《统一欺诈转让法》的立法经验，来规制公司的非持续性欺诈行为。李建伟在其《公司资本制度的新发展》第 3 章中提出了可以加速股东出资责任来解决公司没有能力偿还到期债务，而公司章程中约定的股东出资期限又未到期的情形。

第四节　公司设立的效力

公司设立的效力，是指公司设立行为的法律后果。从客观上讲，公司的设立会产生三种后果，发生三种效力公司的合法成立，公司设立失败或公司有瑕疵地成立。[1]第一，公司设立的目的是要创设一个新的法人实体，在法律上成功设立一个满足法定条件并经登记机关核准登记的法人，是设立人当然追求的结果，因此公司设立行为的效力中必然包括公司有效设立的情形；

---

〔1〕 赵旭东主编：《新公司法制度设计》，法律出版社 2006 年版，第 36 页。

第二，积极地设立公司并不代表一定会使公司有效地成立，实践中常常会因各种原因或缺乏各种条件，从而使设立公司的目的无法实现，因此公司设立失败也是公司设立行为效果中的一种常态；第三，公司的设立不满足法定的条件或程序，在理论上应该导致公司设立失败，但实践中还常常出现与立法相悖的情形，即公司仍获得了登记机关的登记，这使瑕疵设立的公司处于一种介于前两者之间的一种非正常的地位和状态，而且这样的公司具有现实性，因此，公司瑕疵设立也是客观上常见的一种设立后果。

公司在取得法人资格以前还存在着一个较为复杂的设立过程，学界称之为设立中的公司。如前所述任何一个具备法律人格的公司，都必然要经历一个按照法定的条件和程序组建设立的过程。在这个过程中设立人（发起人）要实施一系列设立公司的行为，一方面，因这些行为所产生的责任如何承担，由设立人（发起人）自己承担或者由设立中的公司承担还是由成立后的公司承担。另一方面，这些行为可能使公司成立，也可能导致公司设立失败或者公司瑕疵设立，不同的结果与承担的责任之间是何种关系。设立中的公司能否健康运行，决定着未来公司的正常运行和目的的真正实现，对市场交易安全和交易效率产生重要的影响。

一、设立中公司的法律问题

公司的设立与成立是两个不同的概念，处在公司发展过程中的不同阶段。设立是发起人出于设立公司的共同意思表示而着手公司的筹建的法律行为，而成立是已取得国家工商登记机关颁发的营业执照的行政行为。公司的设立需要一个过程。依照我国《公司法》的规定，设立中公司按照工商登记机关的要求和法律规定，向工商登记机关递交材料，提出申请，符合设立条件的，分别登记为有限责任公司或者股份有限公司。当公司获得营业执照之时即表明公司设立成功，同时公司成为一独立法人团体。公司设立是公司成立的必经阶段，在公司设立阶段，发起人需要根据法律、法规的规定为公司的设立进行充分的准备工作。因设立公司的规模不同，在公司的设立过程中也会存在这样或者那样的难题。例如发起人为成立公司需要租赁厂房、购买办公设备，签订租赁合同或者买卖合同之时是以谁的名义与第三人订立合同？是发起人，设立中公司，亦或是成立后的公司？一旦发生合同纠纷，责任分配问题又该如何进行？公司在未取得营业执照之前已经具备了经营能力，能否从事经营行为呢？因为我国《公司法》中并没有关于设立中公司的法律规定，在司法审判实践当中，公司设立的纠纷案件也是民商事审判的一大难点，所以，有必要对设立中公司的相关问题进行研究。

（一）设立中公司的概念

设立中公司是指从发起人制定公司章程，到公司完成工商登记取得法人地位，或者因不能设立而自然终止之时这一阶段的组织。

以发起人制定公司章程之时作为设立中公司的开始时间[1]的原因如下：

首先，公司章程在公司中的重要法律地位。在德国，设立中公司被进行了更加详细的划分，有限责任公司的设立需要经过多个阶段：设立前公司是公司设立的最初阶段，这一阶段开始于发起人订立发起人协议至发起人制定公司章程结束。这一阶段的主要任务是，发起人就公司的经营模式、组织形式、投资数额等在发起人内部之间达成一致协议。第二阶段即为设立中公司阶段，它是指从发起人制定公司章程至公司完成工商登记。[2]德国公司法的规定，为我们提供了一个清晰的思路，即公司的设立在不同的设立阶段存在着不同的分工。在公司设立的实际操作当中，有些公司可能不存在发起人协议这一内容，例如设置简洁、迅速的小微企业，由自然人出资设立的一人公司等。因此，设立前公司并不是公司设立的必经阶段，而设立中公司才是公司成立过程中必然存在的。

其次，发起人协议不能作为设立中公司起点的另一原因是发起人协议的信息公示力和公信力均弱于公司章程。发起人之间签订发起人协议的目的是明确发起人之间在公司设立过程中的权利和义务。由此可知，发起人协议是发起内部的一种合意，在实践当中，只有比较正规的公司在设立之时，才会制定发起人协议，而中小企业、小微企业或者发起人人数较少的情况下，以口头约定的形式订立协议比较常见。在发起人协议中，主要包括下列内容：发起人信息、拟设立公司的名字、拟设立公司的经营范围、公司筹办事项等。

---

〔1〕 虽然在《公司法解释三》中提及了"设立中公司"这一名词，但并没有对其概念进行界定。关于设立中公司的开始时间，在理论界存在纷争，主要表现为：（1）起始于发起人订立发起人协议；（2）起始于发起人订立公司章程；（3）起始于发起人认购一股以上股份时；（4）起始于认购股份发行总数时。参见王林清：《公司纠纷裁判思路与规范释解》，法律出版社2017年版，第10页。

〔2〕 刘爽："德国设立中的有限责任公司及其法律责任研究"，载《中德法学论坛》第2辑，法律出版社2003年版，第220页。

而根据《公司法》第25条和第81条关于发起人协议与公司章程内容的规定可以看出，公司章程更能彰显公司的组织和行为，加之外界能够查询公司章程所记载的内容，使得其公示力强于仅存在于发起人之间的协议。发起人协议是发起人内部达成的合意，是发起人内部的权利义务关系的彰显，不能成为公司成立的基础。设立中公司除没有取得如公司般的独立法人地位之外，已经具备公司组织的特征，可以以"某公司筹建处"的名义参与和公司设立相关的经济活动。尽管我国《公司法》未就设立中的公司作明确规定，但根据有关行政法规的规定来看，我国在实践中是承认设立中的公司的，如《企业法人登记管理条例》第35条规定："经国务院有关部门或者各级计划部门批准的新建企业，其筹建期满1年的，应当按照专项规定办理筹建登记。"再如，中外合资经营企业在公司注册资金未全部到位以前，经工商登记部门核准，可以先行发给企业法人营业执照副本，待注册资金到位经过验资以后，再发给企业法人营业执照正本。而公司章程的制定，使得设立中公司初具需要对外从事设立行为的准则和条件，第三人往往可以通过公司章程所显示的对外信息对公司组织有一定的认识，通过发起人协议往往得不到关于公司的更多更详细信息，并且在大多数情况下，发起人协议作为一种内部协议，第三人也无从查询。发起人协议是发起人内部之间的、关于公司设立事项的一种协议，引用德国公司法的观点，它是设立前公司的行为。

再者，发起人协议存在可变情形。在实践当中，发起人之间虽然就公司设立的有关事项签订了协议，但在履行过程中，基于其他因素的影响，没能按照发起人协议约定的事项从事公司设立行为，甚至改变出资比例，或者由货币出资转变为非货币出资等情况时有发生。[1]在改变原发起人协议内容的情形下，发起人会因设立意见不能统一、达成一致，导致公司不能成立。而公司章程制定之时，出资比例、出资方式已经达成统一，此时的设立中公司已经初具成立后公司模样，在此约束下，发起人或者股东或因人合性或因资合性都会更加专注于公司设立，以及之后的公司营业活动。

最后，《公司法司法解释三》第1条对"公司发起人"做了如下界定："为设立公司而签署公司章程、向公司认购出资或者股份并履行公司设立职责的人，应当认定为公司的发起人，包括有限责任公司设立时的股东。"可以理

---

[1]　参见"邹A等诉C公司等公司设立纠纷案"，（2012）沪一中民四（商）终字第1073号。

解为只有签署了公司章程的公司设立人才是发起人，并因此承担在《公司法》中的发起人责任，如果公司设立人在发起人协议上签字盖章而没有签署公司章程，那么其并非发起人，只需承担《合同法》上或发起人协议约定的责任。

设立中公司的终止时间和公司的设立结果联系密切，因设立结果的不同，设立中公司的终止时间也存在差异。当顺利完成公司设立，设立中公司的终止时间就是在完成工商登记、获取公司营业执照之时，并且此刻公司成为具有独立法律地位的法人团体，当然，设立中公司就不再存在；当公司设立失败，发起人之间的清算程序终止之时，为设立中公司终止的时间。

（二）设立中公司的法律地位

关于设立中公司的法律地位，公司法学界主要有四种不同学说：

1. 无权利能力社团说

这一观点来源于传统大陆法系国家。在民法学理论上，无权利能力社团是指"既非以营利为目的又非以公益为宗旨，而专以会员相互间精神及身心之发达为目的之团体"[1]，其直接渊源于《德国民法典》第22条"以营利为目的的社团，如帝国法律无特别规定时，得因邦（州）的许可而取得权利能力"的规定。《德国股份公司法》第41条规定："在商业登记簿登记注册前以公司名义进行商业活动者，由个人承担责任；如果是几个人进行商业活动，他们则作为总债务人来承担责任。"但是随着市场经济的发展，这一观点也逐渐被传统大陆法系国家包括德国在内所摒弃，赋予设立中公司暂时性权能，是当今德国公司法学界的主流观点。[2]从无权利能力社团的定义中可以看出，设立中公司与无权利能力社团的设立目的完全不同。部分学者也开始意识到将设立中公司作为无权利能力社团，与设立中公司的法律关系不相符合。[3]对设立中公司权利能力的全盘否定，也越来越与现在的市场经济的环境不相适应。

---

〔1〕 刘得宽：《民法诸问题与新展望》，中国政法大学出版社2002年版，第507页。

〔2〕 ［德］托马斯·莱赛尔、吕迪格·法伊尔：《德国资合公司法》，高旭军等译，法律出版社2005年版，第98页。

〔3〕 范健："设立中公司及其法律责任研究"，载《商事法论集（第二卷）》，法律出版社1997年版，第144页。

2. 合伙说

该说认为，公司通过工商登记取得法人资格，在履行设立登记的手续之前，将设立中公司视为合伙组织，在办理完工商登记手续之后，公司正式成立，由合伙组织蜕变为独立的法人团体。合伙说将发起人之间的关系视为一种合伙关系，那么设立中公司自然也就是合伙组织。对于设立中公司的发起人来说，虽然其责任承担方式与合伙组织成员承担责任的方式类似，但是，设立中公司与合伙企业之间存在明显的不同。一方面设立中公司具有过渡性，它的最终目的是公司的成功设立，这与以共同从事某项经营活动为目的的合伙组织有明显的不同；另一方面，合伙组织在人数上有所要求，必须有 2 个以上的合伙人才能组成合伙企业，当设立中公司的发起人是 1 人，或者设立中公司的发起人存在其他法人组织、非法人组织，则无法形成合伙。综上所述，合伙说也不适合于设立中公司的法律地位。

3. 折中说

任何事情都有两面性，应对设立中公司的法律地位根据不同情形进行不同理解，这就是折中说。例如，公司的类型有很多种，对于不同的公司类型，其法律地位也应不同。对于无限公司来说，无限公司相对于其他公司类型来说具有较强的人合性，股东变动相对较为困难，具有合伙组织的一些特征。而股份有限公司的人合性没有无限公司强烈，股东变动的情形时有发生，它的团体色彩相对浓厚，所以也就不能将股份有限公司的设立中阶段视为合伙组织。因此有学者认为，对于处于设立阶段的无限公司，其法律地位应视为合伙，对于处于设立中阶段的股份有限公司来说则应视为无权利能力社团。

4. 非法人团体说

英国在 20 世纪初期确立了"非法人团体，无法律上人格为原则"的民事立法原则，但"其财产受刑法规定之保护""就其财产之限度内，对于其职员与雇佣人，因执行职务之过失行为，致他受损害时，负赔偿责任"。[1] 非法人团体是以团体的名义从事活动但不具有法人资格的组织体。它的财产受到法律的保护，享有相应的权利并要承担一定的职责。非法人团体具有有限的民事权利能力和民事行为能力，不能完全独立地承担民事责任。非法人团体有自己的组织名称、机构以及组织规则，有开展业务活动的场地，一般的非

---

〔1〕 尹田："论非法人团体的法律地位"，载《现代法学》2003 年第 5 期。

法人团体都设有代表人和管理人，是一种相对稳定的组织体。与非法人团体相比，设立中公司有其自身的特殊性，如非法人团体具有稳定性，而设立中公司是公司设立过程中的一个过渡阶段，具有临时性，非法人团体说太过笼统。

5. 不同于民事主体的一种特殊的暂时性权利能力商事主体[1]

虽然未经登记的设立中公司尚不具有法人资格，也不具有独立承担民事责任的能力，但仍具有有限的法律人格。主要表现在：第一，设立中公司可以以自己的名义从事设立公司的活动，在设立公司的过程中是享有权利并在一定范围内承担义务和责任的主体。就其筹备期间所为的法律行为、诉讼（包括起诉、应诉），应当认为有当事人能力，[2]而且从我国司法实践来看，已有判决承认了设立中公司的诉讼主体资格；[3]第二，设立中公司拥有与已成立公司形似或形同的组织机构，如董事、监事；第三，设立中公司具有自己独立的财产，享有投资者所形成的财产所有权；第四，设立中公司具有团体性，有着不同于其成员个人利益的团体利益。当然，与成立后的公司相比，设立中公司的权利能力、行为能力及责任能力都不充分，所以可以将其视为"特殊的暂时性权利能力商事主体"。

将设立中公司的性质界定为"不同于民法主体制度的一种特殊的暂时性权利能力商事主体"观点，更具合理性。我国《民法总则》将民事主体分为自然人、法人、非法人组织，设立中的公司不属于上述三类中的一类，如前所述其与非法人组织有区别。设立中公司在发起人（股东）订立公司章程之时就具备了明显的团体性色彩，初具成立后公司模样。成立筹建处等类似设立机构后，设立中公司具备相应的民事行为能力，具有一定的意思表示能力，发起人以团体的意思从事公司的设立行为。发起人的出资以及认股人缴纳的股款，构成设立中公司相对独立的财产，设立中公司相对独立的财产为其承担民事责任提供物质基础。因此，赋予设立中公司相对独立的法律地位有其合理性。

第一，承认设立中公司的法律地位，是对发起人为设立公司对外签订合

---

〔1〕 江必新、何东宁：《最高人民法院指导性案例裁判规则理解与适用（公司卷）》，中国法制出版社 2012 年版，第 4 页。

〔2〕 范健、王建文：《公司法》，法律出版社 2015 年版，第 119 页。

〔3〕 参见"福州商贸大厦筹备处与福建佳盛投资发展有限公司借款纠纷案"，最高人民法院（2005）民二终字第 147 号民事判决书。

同的效力的一种保障。在公司设立过程中，发起人以自己的名义对外签订合同，也有可能以设立中公司的名义对外签订合同。以设立中公司名义签订合同已经成为常态，并且被社会广泛接受和认可。否定设立中公司相对独立的法律地位，也会否定以设立中公司名义订立的合同的法律效力。设立中公司有自己的独立的法律地位，就可以具有独立诉讼主体资格，享有相应的诉讼权利，以维护自己的合法权益。

第二，设立中公司是公司成立过程中的过渡阶段，除了需要具备发起人、公司章程等要件外，还需要具有一定的财产基础。将设立中公司定位为"特殊的暂时性权利能力商事主体"，赋予其相对独立的法律地位，使得设立中公司能够以自己相对独立的财产基础承担民事责任，发起人则可以以出资额为限对因设立行为产生的债务承担相应责任。

第三，如果法律否认设立中公司的有限的法律地位，那么发起人为设立公司而筹集的财产只能先算作是个人财产，归发起人个人所有，相关财产转移的手续办理也只能等到公司正式成立之后，才能真正过户到公司名下。这一过程看似简单，但在实际生活中这样的财产权归属和变动方式极易引起纠纷。如果在公司设立过程中，作为自然人民事主体的发起人需要因自己的借贷合同履行债务时，债权人或者法院就会将发起人本属于公司的这部分财产计算到其个人财产之中，在发起人个人的其他财产不能偿还债务之时，他作为出资的这部分财产就会被强制执行，这种情况下就会危及公司的注册资本，情形严重的甚至会导致公司无法成立。而将设立中公司的法律地位定位为具有自身特性的非法人社团，能够确保公司的顺利成立，也在一定程度上降低了公司设立的风险。对公司外第三人来说，这也是交易安全的一种保障。

（三）设立中公司行为的责任承担

1. 公司设立行为的分类

设立中公司的权利能力是设立中公司的行为的前提，将设立中公司定位为"特殊的暂时性权利能力商事主体"，使得公司具有一定的行为能力，可以从事与设立公司的相关行为。发起人会以公司的意思表示为准去从事设立行为，以保障公司的成功设立。我们将与设立公司有关的行为归类到设立中公司的行为即设立行为。公司的设立行为包括固有行为和交易行为。

设立中公司的固有行为，对公司成立之后的运营起着至关重要的作用。它发生在发起人与工商登记机关之间、发起人与认股人这一内部关系之间，一般不包括对第三人的行为；设立中公司的交易行为主要是发起人与第三人之间的商事交易行为，主要包括公司设立过程中为完成设立所产生的法律事务，例如聘用律师、会计师，代收股款协议，发放认股书和招股说明书，订立包销代销协议，租赁厂房、购买办公设备、招募雇员等设立附属行为和开业准备行为。设立中公司行为的责任主要针对的是设立中公司的交易行为即发起人与第三人之间的商事交易行为的责任承担问题。

2. 公司设立成功时责任的承担

虽然公司成功设立，设立中公司也不复存在，但是发起人因设立公司产生的责任问题还需要解决。所以在公司成功设立之后，其责任的承担主体主要是发起人和成立后的公司。

（1）发起人以自己的名义为设立中公司实施行为的责任归属。发起人以自己的名义签订合同时，合同责任承担问题与合同内容相关。当订立的合同以设立中公司的固有行为为合同内容时，因固有行为不涉及第三人，例如与认股人签订认股合同，此时在公司正式成立后，其合同责任的承担应当当然地归属于成立后的公司。

当发起人以自己的名义对外签订合同，即涉及第三人的交易合同时，责任应归属于发起人还是公司，我国《公司法》未作规定。依《民法总则》第75条："设立人为设立法人从事的民事活动，其法律后果由法人承受；设立人为设立法人以自己的名义从事民事活动产生的民事责任，第三人有权选择请求法人或者设立人承担。"《公司法司法解释三》第2条也规定："发起人为设立公司以自己名义对外签订合同，合同相对人请求该发起人承担合同责任的，人民法院应予支持。公司成立后对前款规定的合同予以确认，或者已经实际享有合同权利或者履行合同义务，合同相对人请求公司承担合同责任的，人民法院应予支持。"

即在这种情况下，根据合同相对性原则，第三人要求发起人承担合同责任的，人民法院是给予支持的态度。同时，因与第三人签订的交易合同是以公司的成功设立和公司的利益为目的，公司对合同予以确认或者已经实际享有权利或者履行义务的情形下，公司是应该承担合同责任的。而对于合同相对人来说，他可以选择由发起人或是公司承担合同责任。

（2）发起人以设立中公司名义所实施的行为的责任归属。以设立中公司的名义签订合同，在公司设立过程中已成为常态。设立中公司是特殊的暂时性权利能力商事主体，享有相对独立的法律地位。在以其名义与公司外第三人签订合同之时，实践当中，发起人会在预先核准的公司名称后加一"筹"字，以表明公司正在筹建过程中，以向合同相对人明确签订合同的主体。在公司成立之后，设立中公司不复存在，那么此时以设立中公司名义签订的合同责任应由谁承担？因签订的合同内容大多是围绕公司设立，对于成立后公司来说，它是这一合同的受益第三人，与以发起人名义签订的公司设立合同责任承担相似，在公司成立后，合同责任当然地应由公司承担，这是合同相对性原则的例外的表现。《公司法司法解释三》第 3 条第 1 款也对这一情形作出明确规定："发起人以设立中公司名义对外签订合同，公司成立后合同相对人请求公司承担合同责任的，人民法院应予支持。"

发起人在公司设立阶段以设立中公司名义订立合同，由于合同中载明的主体是设立中公司，原则上应当由成立后的公司承担合同责任。司法实践中存在这样的情况，即发起人与合同相对人合谋，利用设立中的公司名义实现发起人个人利益，此时如果公司有证据证明发起人是为自己利益而签订合同并且相对人对此明知的，不应由成立后的公司承担责任。《公司法司法解释三》第 3 条第 2 款明确规定："公司成立后有证据证明发起人利用设立中公司的名义为自己的利益与相对人签订合同，公司以此为由主张不承担合同责任的，人民法院应予支持，但相对人为善意的除外。"即公司有证据证明发起人存在上述情形且相对人非善意时，公司不承担合同责任，这种情况下合同责任仍由发起人承担。在举证责任上，公司应就"发起人用设立中公司的名义"和"发起人为自己的利益与相对人签订合同"两个事项承担举证责任；如果相对人以自己属于善意相对人进行抗辩，要求公司承担责任的，那么应由相对人来承担举证责任。[1] 至于相对人对于自己善意的举证范围，从维护交易安全和保障相对人依赖利益的角度考虑，一般只要合同相对人能够证明其有理由相信发起人是经设立中公司许可或委托而签订的合同，法院就应认定相对人为善意。如果此时公司仍主张不承担合同责任的，则公司就应举证证明相对人的非善意性。

---

〔1〕 也有学者认为相对人是否为善意的举证责任应由相对人举证，参见刘俊海：《现代公司法》，法律出版社 2015 年版，第 123 页。

3. 公司设立失败时责任的承担

公司未能成功设立，包括两种情形：一种是公司设立不能；一种是公司设立无效。公司设立不能是指在公司设立过程中，由于某些原因导致公司不能成立，如认股人在规定的期限内没能认购规定数额的股份、公司创立大会决议不设立公司，包括被公司登记机关驳回设立申请的情形，也就是说公司根本没能获得设立登记。而公司设立无效是指已经注册登记的公司，但是其后发现不符合公司设立的条件而导致公司设立失败。公司设立失败，不同于公司设立无效，下文主要讨论公司设立失败时责任的承担问题，而非公司设立无效的情形。

关于公司设立失败时责任的承担问题，我国法律对其有明确的规定。《公司法》第 94 条第（一）（二）项对股份有限公司发起人在公司设立失败时的民事责任承担作了规定："股份有限公司的发起人应当承担下列责任：（一）公司不能成立时，对设立行为所产生的债务和费用负连带责任；（二）公司不能成立时，对认股人已缴纳的股款，负返还股款并加算银行同期存款利息的连带责任。"《公司法司法解释三》第 4 条对公司未能成立情形下责任的承担也做了规定："公司因故未成立，债权人请求全体或者部分发起人对设立公司行为所产生的费用和债务承担连带清偿责任的，人民法院应予支持。部分发起人依照前款规定承担责任后，请求其他发起人分担的，人民法院应当判令其他发起人按照约定的责任承担比例分担责任；没有约定责任承担比例的，按照约定的出资比例分担责任；没有约定出资比例的，按照均等份额分担责任。因部分发起人的过错导致公司未成立，其他发起人主张其承担设立行为所产生的费用和债务的，人民法院应当根据过错情况，确定过错一方的责任范围。"

就对外关系而言，发起人要对设立中公司的债务和费用承担无限连带清偿责任，法理依据在于发起人之间的准合伙关系；就对内关系而言，在发起人内部可以按照约定比例、出资比例或者均等比例承担责任。在发起人之间，如果因个别发起人存在过错的，没有过错的发起人可以要求由有过错的发起人承担责任，从而免除自己的责任。这符合权利与义务对等、投资风险与投资收益同步的公平理念。

【实务拓展单元】 公司不能设立时，发起人之间的责任应如何确定？

案由：谢守辉与袁金山、刘文辉公司设立纠纷案[1]

【基本案情】

2009 年 3 月 4 日，谢守辉、袁金山、刘文辉签订了 1 份《湖北完伊夫生物科技有限公司股东合作决议书》，约定：谢守辉、袁金山及刘文辉合伙开办公司。总投资 150 万元，三人各占 33.3% 股份（其中由谢守辉研发成果，并以项目前期研发费用折合 500 000 元入股，袁金山、刘文辉各投 500 000 元）。该协议上载明袁金山前期已投入 200 000 元，实际未投入到位。合同订立后，谢守辉、袁金山为公司筹划和运作支出了 40 000 元费用，该款均由袁金山垫付，同时袁金山向谢守辉交纳了 60 000 元股金。刘文辉投资 115 000 元为公司购买机械设备一台（此设备由谢守辉收取，现存放于其家庭开设的酒厂仓库内）。后由于谢守辉未取得专利许可和生产许可、谢守辉及刘文辉资金未到位等多种原因，公司未注册成立。谢守辉、袁金山即协商散伙。2009 年 11 月 1 日，谢守辉向袁金山出具收条一张，承诺退还股金 100 000 元给袁金山，在 8 个月内付清。该款经袁金山多次催讨，谢守辉于 2010 年 8 月 3 日付款 30 000 元，余款 70 000 元拖欠至今未付。袁金山遂提起诉讼。

【一审裁判理由和结果】

一审法院认定：谢守辉和袁金山以及刘文辉决定成立"湖北完伊夫生物科技有限公司"，但未能最终成立公司，主要原因是谢守辉无法取得专利许可和生产许可，故作为发起人谢守辉应对其他发起人的损失承担赔偿。2009 年 11 月 1 日，谢守辉向袁金山出具收条一张，承诺退还股金 100 000 元给袁金山，是双方真实意思表示。谢守辉应按约履行退还股金的义务。关于刘文辉的设备款 115 000 元，因为设备是谢守辉收取，公司不能设立，其应及时与其他股东协商处理，防止损失扩大，但谢守辉在与袁金山协商退股时都不曾提及刘文辉的设备，造成现在设备陈旧，谢守辉应承担相应损失。

综上所述，依照《公司法司法解释三》第 4 条第 3 款之规定，经审判委

---

[1] 湖北省咸宁市中级人民法院（2014）鄂咸宁中民二终字第 145 号民事判决书。

员会讨论决定，判决如下：一、被告谢守辉退还原告袁金山股金 70 000 元，此款应于本判决生效后立即付清；二、谢守辉退还第三人刘文辉设备款 115 000元，此款应于本判决生效后立即付清；设备归谢守辉所有。案件受理费 4 000元，由被告谢守辉负担。

【当事人上诉及答辩意见】

一审判决书送达后，谢守辉不服，向湖北省咸宁市中级人民法院提起上诉称：一、原审法院适用法律错误，判决显失公平，发起人责任纠纷，即公司成立前期，发起人按照协议出资，共同处理公司成立前的事务，如果公司未能成立，其债权债务按合伙事务进行处理，发起人对债务承担连带清偿责任，对公司的成立有过错的，承担相应的责任。而本案中，上诉人在处理公司成立前的事务中并没有过错，公司不能成立是多方原因引起的，原审判决认定上诉人有过错，将第三人的损失全部由上诉人承担，显失公平。二、原审判决认定公司没有成立的主要原因是谢守辉没有取得相关资质证书及出资不到位。但谢守辉实际已取得了相关资质证书，真正导致公司不能成立的原因是被上诉人出资没有到位所致。三、本案在发起人之间没有组织清算的情况下，判决谢守辉一人承担全部责任，显失公平。故请求二审法院依法撤销原审判决，责令发起人进行清算，按合伙事务处理债权、债务。

被上诉人袁金山口头答辩称：一、合作协议签订后，谢守辉没有进行工商登记，没有安排人员工作，没有生产运营，因此公司没有成立是因谢守辉的过错造成。二、因公司没有成立，谢守辉与袁金山进行清算，并出具了收条，经被上诉人多次催讨，谢守辉履行了部分还款义务，该收条应受法律保护。三、关于购买设备的事情，袁金山直到起诉法院后才得知。原审判决认定事实清楚，适用法律正确，请求驳回上诉，维持原判。

被上诉人刘文辉口头答辩称：谢守辉应将其购买设备款予以偿还。

【二审查明事实】

二审经审理查明，2009 年 3 月 4 日，谢守辉、袁金山、刘文辉共同签订《湖北完伊夫生物科技有限公司股东合作决议书》，约定：1. 投资合作人：由谢守辉、袁金山、刘文辉。三人组建湖北完伊夫生物科技有限公司。2. 公司地点拟定在蒲圻桂花树路木村工业园院内。3. 本公司总投资金额为 150 万元人民币。股权分配：谢守辉占 33.3%、袁金山占 33.3%、刘文辉占 33.3%。
4. 投资事项：从事化妆品研发、生产销售。5. 投资分配：该项目由谢守辉研发成果，谢守辉以项目前期研发费用折合人民币 50 万元入股，占 33.3%。袁金山和刘文辉各出资 50 万元人民币入股，各占 33.3%。袁金山前期已投入 20 万元人民币，可抵股资。6. 成立公司以后不再增加新股东，本公司以公司法架构规范运作，三股东共同承担公司所有责任。公司法人在特殊情况下变更。7. 合作期限为长期，途中不得有股东退出或变更他人（除特殊情况以外），若公司出现亏损倒闭由公司统一清算处理相关事宜。8. 行政管理和财务管理由三股东协商处理达到和谐。9. 以上条款由三股东确认签字生效。

同时查明，袁金山为合作成立公司实际出资 100 000 元。袁金山向谢守辉交纳 60 000 元入股现金，由谢守辉保管支配，另 4 万元支付前期费用。2009 年 10 月 31 日，袁金山向谢守辉出具"欠到各项开支发票肆万元整"的欠条一张。2009 年 11 月 1 日，谢守辉向袁金山出具收条一张，收条载明"今收到袁金山入股金陆万元，其经手开支账单肆万元，合计拾万元，如袁金山退出股份，应付拾万元，付款日期捌个月之内完成"。2010 年 8 月 3 日，经袁金山催讨，谢守辉付款 30 000 元给袁金山，但谢守辉在该收条第一行"其经手开支账单肆万元"后写上"自负"、在该收条第三行"付款日期捌个月之内完成"和第四行经手人落款、时间的空隙处写上"2010 年 8 月 3 日付叁万元。2010.8 谢守辉"。对谢守辉与袁金山出具的条据，刘文辉称不知情，亦未提出异议。

另查明，刘文辉为合作成立公司出资购买了一套价值为 115 000 元的吹瓶机 J WD-25 设备，除此以外未参与公司其他任何筹备活动，对谢守辉与袁金山在筹备过程中产生的费用不知情。对刘文辉购买设备一事，袁金山称在诉讼前完全不知情，谢守辉陈述曾经跟袁金山说过。诉讼中，谢守辉自称为合作，投入了研发费用 20 余万元（含袁金山出资的 60 000 元），但未提交证据证实明。一审认定的其他事实属实，二审法院继续予以确认。

【二审裁判理由和结果】

湖北省咸宁市中级人民法院认为，本案争议的焦点问题是：一、本案案件性质如何确定；二、袁金山的投资款是否应由谢守辉承担返还之责。

关于争议焦点一，法院认为，谢守辉、袁金山、刘文辉三人共同签订

《湖北完伊夫生物科技有限公司股东合作决议书》，形成共同组建成立湖北完伊夫生物科技有限公司的合作意向，后公司未能成立。对设立公司行为所产生的费用、债务以及返还投资款所产生的纠纷，符合公司设立纠纷的法律特征，本案应定性为公司设立纠纷。

关于争议焦点二，法院认为，《公司法司法解释三》第4条规定："公司因故未成立，债权人请求全体或者部分发起人对设立公司行为所产生的费用和债务承担连带清偿责任的，人民法院应予支持。部分发起人依照前款规定承担责任后，请求其他发起人分担的，人民法院应当判令其他发起人按照约定的责任承担比例分担责任；没有约定责任承担比例的，按照约定的出资比例分担责任；没有约定出资比例的，按照均等份额分担责任。因部分发起人的过错导致公司未成立，其他发起人主张其承担设立行为所产生的费用和债务的，人民法院应当根据过错情况，确定过错一方的责任范围。"参照上述法律规定，公司未能成立，因设立公司行为所产生的费用、债务以及返还投资款等民事责任，适用的是有约定从约定，无约定按过错责任承担的原则。本案中，谢守辉、袁金山、刘文辉签订的《合作决议书》，对投资款的到位时间、投资人的职能分工、工商登记等事项均没有明确约定，但三人协议设立公司的初衷和目的是基于谢守辉的化妆品研发成果，投入生产和销售。为此，在之后公司筹备过程中，袁金山的60 000元入股金交给了谢守辉保管支配，刘文辉购买的设备交给了谢守辉操作使用，谢守辉实际是公司设立的核心。因此，在新公司是否能够设立这一点上，谢守辉理应承担更多的设立义务。但谢守辉既未履行完全出资义务，其研发的项目也没取得发明专利与生产许可，因此，对公司未能成立具有过错。但谢守辉在公司未能成立后又向袁金山出具收条，包括有向袁金山返还全部投入资金的意思表示，该约定是当事人之间真实意思表示，对谢守辉具有法律约束力。谢守辉虽辩称，"其经手开支账单肆万元"后加上"自负"，是对双方之前约定的权利义务的变更。但袁金山不予认可。且该变更内容与收条中"如袁金山退出股份，应付拾万元，付款日期捌个月之内完成"的未变更内容上下文义不符，致使原约定的权利义务内容不明确且相互矛盾。根据《合同法》第78条"当事人对合同变更的内容约定不明确的，推定为未变更"的规定，该变更应认定为单方行为，对双方没有约束力。谢守辉应按原条据内容全面履行义务。

二审法院经审判委员会讨论决定，依照《民事诉讼法》第170条第1款第（二）项之规定，判决：一、维持赤壁市人民法院（2013）鄂赤壁民重字第00011号民事判决第一项；二、撤销赤壁市人民法院（2013）鄂赤壁民重字第00011号民事判决第二项。

本案一审案件受理费按原审判决确认负担；二审案件受理费1550元，由上诉人谢守辉负担。

【案例思考题】

1. 如何界定"公司发起人"？

2. 公司因部分发起人过错导致公司未成立时，发起人之间的纠纷应如何定性？

3. 公司因故未设立时发起人之间内部责任应怎样分担？

4. 你对本案审理有何看法？

二、公司瑕疵设立的法律效力

（一）公司瑕疵设立的概念

公司的瑕疵设立是指经公司登记机关核准登记并获营业执照而宣告成立的公司，在设立过程中，存在不符合法律规定的实体要件和程序要件而设立公司的情形，并因此使得公司法律人格处于不稳定状态的法律现象。

公司瑕疵设立的法律特征主要有以下几个方面：首先，公司已取得营业执照，即在形式上取得了公司法人人格。经过公司登记机关登记的公司完成了从社会形态向法律形态的转变，未经法定程序，其法人人格不能被随意剥夺。其次，瑕疵产生的时间是在公司设立过程中。因设立人的故意或者过失使公司设立过程产生瑕疵，所以瑕疵存在于设立过程之中。再者，违反法律规定的要件，实体方面诸如公司的资本条件、股东条件、章程条件及经营目的条件等；程序方面如公司章程的签字、公司名称的字样、资本的募集程序以及申请登记程序等。违反上述正面条件的瑕疵设立行为则相应体现为出资瑕疵、股东瑕疵、章程瑕疵、组织机构瑕疵、设立目的瑕疵及程序瑕疵等。最后，公司瑕疵设立会产生一定的法律后果，其主要表现是对公司法人人格的影响，使公司法人人格处于不稳定状态。

公司瑕疵设立不同于公司设立失败。公司瑕疵设立与公司设立失败最根本的区别在于前者已经被核准登记为公司法人，后者没有被核准登记为公司法人。公司设立失败的责任承担本节另有论述。

公司瑕疵设立与公司设立无效也是不同的。公司设立无效指公司设立虽然在形式上已经完成甚至公司已经获得营业执照，但实质上却存有条件或程序上的缺陷，或者说设立有瑕疵，故法律认为该公司应当被撤销，该公司的设立应当被认定为无效。公司瑕疵设立是导致公司设立无效的原因，但公司瑕疵设立并非必然导致公司设立无效。在不同国家的公司法规定下，公司瑕疵设立可能导致多种法律后果，会引起多种处理方式，引起的法律效力具有多样性和或然性，公司设立无效属于公司瑕疵设立而导致的法律后果之一，是对公司的设立存在严重瑕疵情况时，采取的一种处理方法。因此公司瑕疵设立的外延要大于公司设立无效的外延。

（二）公司瑕疵设立的法律后果

1. 域外法

瑕疵设立的公司虽然在外观上取得了公司的设立登记，但是实质上并不具有与其外观相适应的抵御风险的能力。在交易过程中，极有可能将其风险转移给无过错的股东、债权人及其他利益相关者，严重影响交易安全和经济秩序。关于公司瑕疵设立制度，英美法系和大陆法系都具有较为丰富的理论成果，同时也形成了各自比较完善的法律调整机制。

在英美法系国家，对于公司瑕疵设立的效力普遍采用结论性证据规则[1]以承认瑕疵公司的人格，实质上坚持了商事交易外观性原则，以提高交易效率并贯彻企业维持理念。与此同时，在特定情况下仍可否定瑕疵设立公司的法人人格，以维护交易安全和体现公平理念，以避免使设立证书成为促成公司设立过程中的违法行为合法化的工具。

大陆法系各国对公司瑕疵设立的效力在总体上是持否定态度的，即认为公司瑕疵设立无效或可撤销。但是由于瑕疵设立的公司在形式上已经成立，而且很有可能已经开展营业活动，若做出设立无效或者可撤销的处理，将会牵涉到若干利益相关人，引起一系列的不良连锁反应，既不利于经济秩序的稳定，又无法维护交易安全。有鉴于此，大陆法系的大部分国家明确且严格

---

[1] 参见蒋大兴：《公司法的展开与评判》，法律出版社 2001 年版，第 379 页。公司瑕疵设立有效主义，又称为"结论性证据规则"，是指公司注册机关所颁发的设立证书（The Certificate of Incorporation）具有结论性证据（Conclusive Evidence）的功能，一旦公司获得该设立证书，无论公司在设立过程中是否存在瑕疵，原则上均视为公司已依法成立。

地规定了公司瑕疵设立无效或可撤销的原因，并且在此基础上赋予瑕疵设立的公司自行矫正瑕疵的机会，以避免由于公司瑕疵设立无效所带来的灾难性后果。无论采取何种调整方式，多数国家和地区公司法都规定公司设立无效和撤销只能由特定人员在法定期限内以诉讼方式处理，并许可对瑕疵进行补正以使之有效或不被撤销。[1]

两大法系对公司瑕疵设立效力的相关规定，无论是英美法系还是大陆法系，其所构建的公司瑕疵设立制度都是在交易的"动的安全"和"静的安全"之间取舍，要么重在保护交易的"静的安全"，要么重在维护交易的"动的安全"，只是不同国家所采取的维护两种不同安全的具体措施有异而已。所以各国或地区对瑕疵公司人格的承认或否认都不是绝对的，只是在法律的侧重点上有所偏重而已，两大法系之间对于公司瑕疵设立效力的态度并非存在不可逾越的鸿沟。英美法系立法着眼点在于承认公司瑕疵设立有效的同时确定排除"结论性证据规则"适用的例外情形。大陆法系立法的着眼点在于明确严格地界定在何种情况下否定瑕疵公司的人格，并且设立相关法律规则以矫正公司设立瑕疵，使公司法人人格得以维持，以软化公司设立无效制度，尽可能使公司瑕疵设立在合理合法的范围内能有效存续。两大法系对公司瑕疵设立的规制有逐步融合的趋势，可以说公司瑕疵设立的一般有效性原则已经得到普遍的确认。

2. 我国法律

《公司法》第6条规定了公司设立必须经登记，且必须符合法定条件；第23条、第76条则分别从正面规定了有限责任公司与股份公司设立的具体条件，包括成员、资本、章程、组织机构及名称住所条件；股份公司股份发行、筹办的还必须符合相关法律规定。但是，对违反上述条件的反面规定《公司法》却仅限于出资瑕疵，其第28条、30条、83条及93条规定了有限责任公司与股份公司发起股东未按照章程规定出资须承担的民事责任，包括违约责任、出资补缴责任及出资连带责任。《公司法》第198条规定："违反本法规定，虚报注册资本、提交虚假材料或者采取其他欺诈手段隐瞒重要事实取得公司登记的，由公司登记机关责令改正，对虚报注册资本的公司，处以虚报注册资本金额5%以上15%以下的罚款；对提交虚假材料或者采取其他欺诈手

---

[1] 蒋大兴：《公司法的展开与评判》，法律出版社2001年版，第428页。

段隐瞒重要事实的公司，处以 5 万元以上 50 万元以下的罚款；情节严重的，撤销公司登记或者吊销营业执照。"

通过对上述法律进行分析，可以看出我国现行立法对公司瑕疵设立的规定为：第一，公司瑕疵的原因有两种，其一是办理公司登记时虚报注册资本；其二是提交虚假材料或者采取其他欺诈手段隐瞒重要事实取得公司登记。第二，在一定程度上规定了公司瑕疵设立矫正制度，规定在出现公司瑕疵设立时，应由公司登记机关责令瑕疵设立的公司进行瑕疵矫正。《公司登记管理条例》第 63 条规定："虚报注册资本，取得公司登记的，由公司登记机关责令改正，处以虚报注册资本金额 5% 以上 15% 以下的罚款；情节严重的，撤销公司登记或者吊销营业执照。"第 64 条规定："提交虚假材料或者采取其他欺诈手段隐瞒重要事实，取得公司登记的，由公司登记机关责令改正，处以 5 万元以上 50 万元以下的罚款；情节严重的，撤销公司登记或者吊销营业执照。"第 65 条规定："公司的发起人、股东虚假出资，未交付或者未按期交付作为出资的货币或者非货币财产的，由公司登记机关责令改正，处以虚假出资金额 5% 以上 15% 以下的罚款。"第三，公司瑕疵设立人格消亡，采取的是行政模式。

【本章思考题】

1. 试述设立中公司的法律地位。

2. 简述我国公司设立的条件和程序。

3. 发起人的权利、义务和责任是什么？

4. 试述公司资本的意义，并回答资本和资产的关系是什么？

5. 你对我国 2013 年公司资本制改革的评价是什么？

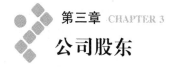

第三章 CHAPTER 3

公司股东

导 论

股东资格的确定,即当事人是否是股东,这对判断当事人是否享有股东权利、履行股东义务和承担股东责任,具有重要意义。认定股东资格的证据,可以分为形式证据和实质证据,前者包括股东名册、公司章程、公司登记机关的登记等,后者主要是指是实际出资的行为或已实际与公司发生股东权利关系。实务中,由于公司设立和股权转让的不规范,常常导致股东资格的实质证据与形式证据相分离,这就要求司法实践根据个案的特点适用不同要件来认定股东资格。一般而言,股东资格认定的形式证据基于外观主义原则,主要适用于有公司外部人介入的公司外部法律关系;而股东资格认定的实质证据,主要是适用于无外部人介入的公司内部法律关系。

股东权利与义务,尤其股东权,是公司法中的核心问题,主要体现为我国 2005 年《公司法》修改的立法成果。从理论上来说,股东权利和义务,具有对应性,是公司与股东法律关系的基本内容,它是保障公司独立性的基础。同时,股东权利的具体设置,也旨在应对公司内部控制问题,矫治和避免大股东滥用对公司的控制权而不当从公司谋取利益、罔顾中小股东利益的投机行为。所以,具体股东权利的公司法规定,是立法为了回应中小股东利益保护,体现出法律规范公司内部治理的明确价值取向。

股东诉讼,即是对股东权利的救济。凡是股东,均充分享有公司法与公司章程规定的分红权、股份自由转让、新股优先认购、表决权、选举权、知情权等自益权与共益权。但实践中,由于信息不对称、财力不对等以及内部人控制等诸多因素,小股东在控股股东、实际控制人和董事、监事与高级管理人员等内部控制人面前容易沦为弱势群体。不乏控股股东和实际控制人滥用控制权,"董监高"滥用代理权,控股股东与公司高管合谋通过侵占、挪用以及不公允的关联交易等多种利益输送手段攫取不法利益，掏空公司资产，这样既损害公司利益，同时也损害小股东利益。因此，应保障小股东利益受侵后，能够获得公平及时有效的司法救济。法律规定，无论是股东直接诉讼、还是股东间接诉讼，大多体现出对于缺乏公司控制权的小股东利益的关切和保护。

第一节　股东概述

一、股东的概念

股东，是指向公司出资而持有公司股份、享有股东权利和股东义务的人。股东包括以下含义：第一，股东是公司法人组织的成员；第二，股东是公司股份或者出资额的持有人；第二，股东是股权的享有者，只要具有股东资格，就必然形成与公司之间的权利义务关系。股东资格是享有股权的前提，股权则是股东的实质内容。

股东可是自然人、可以是法人、也可以是非法人组织，还可以是国家。自然人作为股东，法律对其并无行为能力的要求，所以股东可以是限制能力人或者无行为能力人，但是当限制行为能力人或者无行为能力人作为股东时，需要由其法定代理人代理其行使股东权利；当法人、非法人组织成为股东时，其股东权利需要通过委派自然人来行使，除非法律、法规对被委派的自然人代表的资格作特别限制外，其只要不担任公司的董事、监事和高级管理人员，那么只需要具备完全民事行为能力即可；当国家作为股东时，需要明确代表国家行使股东权的具体组织，例如国有资产监督管理机构。

二、股东资格的取得与丧失

（一）股东与股东资格

我国《公司法》第75条虽出现了"股东资格"一词，但是对股东资格的概念并没有进行界定。理论界对股东资格概念也没有一个统一、完整、准确的标准。对股东资格的理解有"条件说"和"身份说"两种主张。"条件说"认为，股东资格是民事主体是否具有投资公司的法律条件，解决是什么人可以成为股东的问题。"条件说"意义上的股东资格是法律直接规定的，并与法律主体密不可分，不可让与。"身份说"认为，股东资格的定性是身份和地位，解决是怎么样才能够成为股东，也就是说取得股东资格应当具备的要件。"身份说"意义上的股东身份与地位是可以让与的。"条件说"意义上的股东资格是法律直接规定的，在公司实践中一般不会发生什么疑问。因此，这里讨论的是"身份说"意义上的股东资格，即股东资格是投资人取得和行使股东权利并承担股东义务的基础。

股东和股东资格通过公司股份形成密切的关系。股东作为公司法人自治的成员，是权利和义务的承载主体，可以自主地进行各种法律行为，穿梭于交易制度和公司制度之间，其作用是明确财产的归属、股东权利的大小以及股权的行使。股东资格是权利主体作为公司股东的法律地位，股东资格不涉及具体权利和义务的行使。从逻辑上讲，没有取得股东资格，就绝对不是公司的股东。

（二）股东资格的取得

1. 原始取得。即投资人通过出资行为（实际出资或认缴出资）获得有限责任公司股份，从而取得股东资格，其取得途径有两种：一是投资人作为发起人签署公司章程，认缴出资，公司成立后取得股东资格；二是投资人在公司成立后，股东会表决通过增资决议，股东以外的人认缴出资额，取得股东资格。在第二种途径中，由于有限责任公司的人合性因素，仅有投资人向公司的出资行为（实际出资和认缴出资），尚不能取得股东资格，还得满足股东会经法定程序通过的增资决议这一条件。

2. 继受取得。即行为人通过转让、赠与、继承等方式，从出资股东手里受让股份，为股东资格继受取得。股东资格继受取得的情况下，继受者并非直接向公司缴纳出资，而是基于其他合法原因取得。其中股权转让合同、股权赠与合同合法存续是股权变动的先决条件，必须遵循《合同法》的有关规定。

（三）股东资格的丧失

股东资格的丧失，是指股东因法定原因或者依法定程序而丧失其股东身份。依据《公司法》规定，股东会因下列原因丧失股东身份：

1. 自然人股东死亡，法人或非法人组织终止。

2. 失去股份。如股东转让所持有的公司股份、股份被公司回购、股份作为质押标的后被依法处分、股份被人民法院强制执行等。

3. 股东因违反法律或者公司章程而被除名。

4. 公司法人资格消灭。

【实务拓展单元】 股东除名的条件与程序是什么?

案由：辜将等诉北京宜科英泰工程咨询有限公司公司决议效力确认纠纷案[1]

【基本案情】

一审原告诉称：

辜将在一审中起诉称：辜将与赵志伟于 2010 年成立宜科英泰公司。依据公司章程的规定，宜科英泰公司的注册资金为 20 万元，辜将认缴出资 12 万元，首期出资 2.4 万元，赵志伟认缴出资 8 万元，首期出资 1.6 万元，剩余出资应在 2012 年 6 月 3 日缴清。宜科英泰公司成立后，赵志伟将公司全部资金 4 万元转入其控制的莱恩创科（北京）国际商贸有限公司（以下简称莱恩创科公司）。另外，在应缴纳第二期出资时，赵志伟经多次催告拒不出资，迫于工商管理部门的相关规定，辜将一人将第二期应缴出资 16 万元全部缴清。赵志伟的行为已经严重违反了《公司法》的相关规定，损害了辜将的合法权益，辜将决定召开临时股东会并书面通知赵志伟参加，但赵志伟拒绝参会，在此情况下，辜将作为召集人，于 2014 年 5 月 8 日召开宜科英泰公司临时股东会，依据相关法律规定作出决议，决定解除赵志伟的股东资格，并将该股东会决议书面通知赵志伟。辜将认为赵志伟不仅抽逃出资，而且未履行第二期出资的义务，辜将依法可以召开股东会并作出决议解除赵志伟的股东资格。为处理赵志伟股东资格解除后的相关事宜，辜将诉至一审法院，要求确认宜科英泰公司于 2014 年 5 月 8 日作出的股东会决议有效。

宜科英泰公司在一审中答辩称：同意辜将的诉讼请求。

赵志伟在一审中陈述称：不同意辜将的诉讼请求。第一，宜科英泰公司于 2014 年 5 月 8 日作出的股东会决议无论从内容上还是程序上均违反法律规定，该决议应为无效；第二，辜将作为宜科英泰公司的实际控制人及法定代表人，利用对宜科英泰公司的控制权提起虚假诉讼，意图非法剥夺赵志伟的合法股东身份，进而掩盖其损害公司利益的行为。

---

〔1〕 北京市第三中级人民法院（2015）三中民（商）终字第 10163 号民事判决书。

【一审裁判理由和结果】

一审法院认为，根据《公司法》相关司法解释的规定，有限责任公司的股东未履行出资义务或者抽逃全部出资，经公司催告缴纳或者返还，其在合理期间内仍未缴纳或者返还出资，公司可以召开股东会决议解除该股东的股东资格。结合上述规定，通过公司决议解除股东资格的，应当同时满足下列三个条件：一是公司股东未履行出资义务或者抽逃全部出资，二是公司已经催告该股东缴纳或返还，三是该股东未在合理期间内缴纳或者返还出资。

本案中，虽然宜科英泰公司曾经于2010年11月18日向莱恩创科公司转账汇款4万元，但是根据转账凭证记载的摘要以及莱恩创科公司向宜科英泰公司出具2万元的转账支票来看，宜科英泰公司与莱恩创科公司之间存在正常的资金往来，4万元的款项尚无充足的证据可以认定为系赵志伟抽逃的出资。关于赵志伟是否存在未履行出资义务的行为，该院认为，上述规定所指的未履行出资义务应当是指完全未履行出资义务，而根据宜科英泰公司的验资报告，赵志伟在公司设立时实际出资1.6万元，其已经履行了部分出资义务，不应当认定为完全未履行出资义务。因此，宜科英泰公司于2014年5月8日作出股东会决议并未满足公司可以解除赵志伟股东资格的前提条件，辜将要求确认该协议有效的主张，证据不足，该院不予支持。

综上，依照《最高人民法院关于民事诉讼证据的若干规定》第2条之规定，判决：驳回辜将的诉讼请求。

【二审诉辩】

辜将不服一审法院上述民事判决，向本院提起上诉，请求：1.撤销一审法院判决，依法确认宜科英泰公司于2014年5月8日作出的股东会决议有效；2.由宜科英泰公司承担本案全部诉讼费用。其主要上诉理由是：

一、一审法院查明事实不清。

（一）一审法院对于赵志伟抽逃全部出资行为的认定错误，与实际情况不符，查明事实不清。1.关于莱恩创科公司向宜科英泰公司支付2万元的时间，是2011年4月2日，并非为一审法院所查明的2014年4月2日，一审法院对于这一重要的时间点查明错误。2.一审判决中将莱恩创科公司的名称均表述为"莱恩科创公司"，名称表述错误。3.一审法院认为宜科英泰公司与莱恩创科公司之间存在正常的资金往来，与实际情况不符，查明事实严重错误。莱恩创科公司原法定代表人为赵志伟的妻子陈蓉，之后变更为赵志伟，该公司的股东为陈蓉及赵志伟，赵志伟实际控制该公司。宜科英泰公司的注册资本为人民币 20 万元，首期出资为人民币 4 万元。在宜科英泰公司成立之初，赵志伟实际参与公司的经营管理。在宜科英泰公司成立后不足 3 个月的时间，赵志伟便将宜科英泰公司的首期出资全部抽逃。虽然 2011 年 11 月 8 日的转账凭证摘要栏中记载"其他借款"，但实际上该笔款项并非借款。因宜科英泰公司与莱恩创科公司未签署借款协议，未约定借款的期限、用途、利息、逾期还款责任、争议解决方式等核心条款，故不足以认定该款项为借款。赵志伟通过控制宜科英泰公司在未经法定程序的情况下将出资抽回，为了规避抽逃资金的法律责任才在汇款时注明为"其他借款"。宜科英泰公司在经营期间内与莱恩创科公司仅有两次资金往来，分别为 2010 年 11 月 18 日宜科英泰公司向莱恩创科公司转账 4 万元，该次资金往来为赵志伟未经法定程序将出资收回；2011 年 4 月 2 日莱克创科公司向宜科英泰公司转账 2 万元，该次资金往来为赵志伟经辜将催告返还其大部分出资。除此以外，两公司无任何资金往来。如认定双方存在正常的业务资金往来，应从双方所签署的合同等多方面进行综合考量。一审法院仅凭双方有两次资金汇款，便认定双方存在正常资金业务往来，查明事实不清。

（二）一审判决第 4 页第一段提到"但是赵志伟均未签收上述邮件，赵志伟在庭审中否认接到过邮局寄送邮件的通知"，一审法院未查明关于上述邮件送达的事实。1. 关于邮件的送达地址，是赵志伟实际居住地址及赵志伟在之前及此次诉讼中所预留的地址。送达的地址清晰、正确。2. 根据快递公司退回的邮件，未能送达的原因均为收件人拒收。3. 在同一时间段，同样的地址向赵志伟所发送的邮件，有部分邮件赵志伟实际签收，足以证明赵志伟能够接收上述地址送达的邮件，只是其根据邮件内容选择性签收。

（三）公司章程中，对于第二期出资的缴纳期限予以明确规定，赵志伟拒绝在规定的期限内缴纳出资。同时在辜将及宜科英泰公司多次催告赵志伟补缴第二次出资的情况下，赵志伟仍拒绝补缴，一审法院对此并未查明。根据宜科英泰公司章程的规定，赵志伟应于 2012 年 6 月 3 日认缴第二期出资 6.4 万元，但赵志伟经多次催告，仍未按期履行第二期出资的义务，导致工商管理部门多次要求赵志伟尽快缴纳第二期出资，否则将采取处罚措施。在此情况下，辜将不得不单方支付了第二期的全部出资 16 万元。辜将及宜科英泰曾多次发函要求赵志伟补缴出资，在之前的诉讼中亦明确要求赵志伟补缴出资，但赵志伟均拒绝补缴出资。一审法院对上述事实并未查明。

二、一审法院适用法律错误。

（一）《公司法司法解释三》第 17 条第 1 款规定："有限责任公司的股东未履行出资义务或者抽逃全部出资，经公司催告缴纳或者返还，其在合理期间内仍未缴纳或者返还出资，公司以股东会决议解除该股东的股东资格，该股东请求确认该解除行为无效的，人民法院不予支持"。依据上述规定，并非只有在股东未履行全部出资义务的情况下，公司才可以股东会决议解除该股东资格。一审法院认为未履行出资义务，应当是指完全未履行出资义务，适用法律错误。同时赵志伟未履行第二期出资的全部出资义务。

（二）依据《公司法司法解释三》第 12 条的规定，赵志伟抽逃出资的行为明确，应当认定为其抽逃出资。但一审法院认为赵志伟未抽逃出资，适用法律错误。

宜科英泰公司针对辜将的上诉请求和理由答辩称：同意辜将的上诉请求。

赵志伟服从一审法院判决，其针对辜将的上诉理由陈述称：不同意辜将的上诉请求和理由，请求维持原判。具体理由如下：

一、辜将与宜科英泰公司之间就涉案股东会决议并无争议，辜将的起诉不属于人民法院受理民事诉讼的范围，不符合起诉的条件，应裁定驳回起诉。二、诉争股东会决议违反法律规定，应属无效决议，法院应依法确认无效。1. 赵志伟未抽逃首期出资。赵志伟按照公司章程的规定履行了首期出资义务，宜科英泰公司转入莱恩创科公司的 4 万元属于两公司之间的正常业务往来，辜将和宜科英泰公司主张赵志伟抽逃首期出资 4 万元，与事实严重不符。2. 赵志伟不存在未履行第二期出资义务的情形。在应履行第二期出资义务时，辜将以伪造赵志伟签名的《出资转让协议书》将赵志伟的 6.4 万元货币出资非法转让到自己名下，辜将根据该伪造的协议书，履行了出资义务，包含赵志伟的出资份额，并办理了工商变更登记，将赵志伟的出资比例由 40% 降至8%，该《出资转让协议书》已被法院生效判决确认无效。根据上述生效判决，赵志伟在宜科英泰公司的出资比例应恢复为 40%，辜将伪造《出资转让协议书》剥夺了赵志伟的二期出资义务，实质上属于垫付行为，并不表示出资义务主体的变更。因此，赵志伟不存在未履行出资义务或抽逃全部出资的情形。三、辜将作为宜科英泰公司的实际控制人和法定代表人，虚构纠纷，捏造事实，恶意诉讼，意图剥夺赵志伟合法的股东身份，进而掩盖其损害公司利益的行为。

【二审裁判事实、理由和结果】

二审法院经审理查明：宜科英泰公司成立于2010年6月23日，公司类型为有限责任公司，注册资本为20万元。根据宜科英泰公司2010年6月4日的章程记载，辜将认缴出资12万元，设立时实缴出资2.4万元，应于2012年6月3日分期缴付9.6万元；赵志伟认缴出资8万元，设立时实缴出资1.6万元，应于2012年6月3日分期缴付出资6.4万元。

2010年6月4日，北京润鹏冀能会计师事务所出具京润（验）字第（2010）-211569号验资报告书，据该报告书记载，赵志伟于2010年6月4日向宜科英泰公司入资专户交存1.6万元，辜将亦于同日交存2.4万元，宜科英泰公司已全部收到辜将和赵志伟首期缴纳的注册资本。

一审庭审中，辜将提交了一份中国民生银行转账记账凭证，拟证明赵志伟在2010年11月18日通过向其实际控制的莱恩创科公司转账4万元的方式抽逃出资。该转账凭证记载的汇款人为宜科英泰公司，收款人为莱恩创科公司，金额为4万元，摘要为"其他借款"。赵志伟否认该笔汇款为抽逃出资，其认为莱恩创科公司与宜科英泰公司存在多笔经济往来，且该汇款凭证的摘要也显示系企业间正常的资金拆借，不能认定赵志伟存在抽逃资金的行为。为证明莱恩创科公司与宜科英泰公司存在资金往来，赵志伟提交中国民生银行支票存根和中国民生银行单位账户对账单，这两份证据显示宜科英泰公司于2011年4月2日收到莱恩创科公司支付的款项2万元。

另查，宜科英泰公司曾于2014年3月21日和2014年4月10日通过中国邮政特快专递书面要求赵志伟返还抽逃的出资并履行第二期出资义务。另外，在2014年4月22日和2014年4月29日，宜科英泰公司又向赵志伟发送了召开股东会的通知函。上述邮件填写的赵志伟的收件地址为"北京市海淀区四季青镇燕西台16-2-101"和"北京市海淀区学院南路国际人才3"。赵志伟均未签收上述邮件，邮件退回原因为"拒收"或"多次投递无人"，但是赵志伟在庭审中否认接到邮局寄送邮件的通知。

辜将另提交了一份《北京宜科英泰工程咨询有限公司股东会决议》，该决议记载:"根据《公司法》及本公司章程的有关规定,宜科英泰公司临时股东会会议于 2014 年 5 月 8 日,在公司办公室召开。本次会议由辜将先生召集,宜科英泰公司及召集人于会议召开 15 日以前以书面通知的方式通知全体股东,应到会股东 2 人,实际到会股东 1 人,代表 60% 的表决权,会议由执行董事辜将先生主持。因赵志伟先生于宜科英泰公司成立后不久,便将首期出资人民币 1.6 万元及辜将先生的首期出资人民币 2.4 万元共计 4 万元,全部转入了其所实际控制的莱恩创科公司。虽经宜科英泰公司及辜将先生的多次催告,至今仍未返还上述首期出资。另外,依据公司章程赵志伟先生应于 2012 年 6 月 3 日支付第二期出资人民币 6.4 万元、辜将先生应于 2012 年 6 月 3 日支付第二期出资人民币 9.6 万元。但公司章程所规定的第二期出资期限届满后,虽经多次催告,赵志伟先生均未履行第二期出资的义务,并导致工商管理部门多次要求宜科英泰公司尽快缴纳第二期出资,否则将对宜科英泰公司采取处罚措施。在此情况下,辜将先生不得不单方支付了第二期的全部出资人民币 16 万元。之后虽经多次催告,赵志伟先生仍未支付第二期出资人民币 6.4 万元。基于赵志伟先生的上述行为严重违反了公司章程的规定及《公司法》的规定,损害了宜科英泰公司的权益,特形成决议如下:解除赵志伟先生的股东资格。"在该决议落款处,辜将进行了签字确认。宜科英泰公司和赵志伟均认可该决议的真实性,但赵志伟对其内容的合法性不予认可。

上述事实,有《北京宜科英泰工程咨询有限公司章程》、中国民生银行转账记账凭证 1 张、北京市企业信用信息网查询结果打印件 1 份、中国邮政特快专递详情单 6 张、中国民生银行支票存根 1 张、中国民生银行单位账户对账单 1 张、《北京宜科英泰工程咨询有限公司股东会决议》以及当事人一、二审陈述意见等在案佐证。

二审法院院认为:根据辜将的上诉请求、宜科英泰公司的答辩意见和赵志伟的陈述意见,本案二审的争议焦点为:一、本案是否符合起诉的条件;二、赵志伟是否存在抽逃出资的行为;三、涉案股东会决议的效力认定。

一、本案是否符合起诉的条件。

《民事诉讼法》第 119 条规定:"起诉必须符合下列条件:(一)原告是与本案有直接利害关系的公民、法人和其他组织;(二)有明确的被告;(三)有具体的诉讼请求和事实、理由;(四)属于人民法院受理民事诉讼的范围和受诉人民法院管辖。"本案中,辜将请求确认涉案股东会决议有效,宜科英泰公司尽管同意辜将的诉讼请求，但是赵志伟已作为原审第三人陈述意见并对决议效力提出异议，此时已具备法律上的争诉性，且符合起诉的法定条件，故一审法院予以受理审查，并无不当。赵志伟主张本案不存在争议、不符合起诉的条件，缺乏事实和法律依据，本院不予采信。

二、赵志伟是否存在抽逃出资的行为。

股东抽逃出资是指在公司成立后，股东非经法定程序从公司抽回相当于已缴纳出资数额的财产，同时继续持有公司股份。对此，《公司法司法解释三》第 12 条规定："公司成立后，公司、股东或者公司债权人以相关股东的行为符合下列情形之一且损害公司权益为由，请求认定该股东抽逃出资的，人民法院应予支持：（一）制作虚假财务会计报表虚增利润进行分配；（二）通过虚构债权债务关系将其出资转出；（三）利用关联交易将出资转出；（四）其他未经法定程序将出资抽回的行为。"本案中，辜将主张赵志伟于 2010 年 11 月 18 日将宜科英泰公司账户中的 4 万元转入莱恩创科公司构成抽逃出资，并为此提交了转账记账凭证。对此，本院认为，上述 4 万元转账凭证记载的摘要明确写明为"其他借款"，且莱恩创科公司于 2011 年 4 月 2 日向宜科英泰公司支付 2 万元，可以证明宜科英泰公司与莱恩创科公司之间存在资金往来，故辜将提供的证据不足以证明赵志伟抽逃出资 4 万元。

三、涉案股东会决议的效力认定。

《公司法司法解释三》第 17 条第 1 款规定："有限责任公司的股东未履行出资义务或者抽逃全部出资，经公司催告缴纳或者返还，其在合理期间内仍未缴纳或者返还出资，公司以股东会决议解除该股东的股东资格，该股东请求确认该解除行为无效的，人民法院不予支持。"根据上述条款，公司以股东会决议解除未履行出资义务或者抽逃出资股东的股东资格，应当符合下列条件和程序：首先，解除股东资格这种严厉的措施只应用于严重违反出资义务的情形，即未出资和抽逃全部出资，未完全履行出资义务和抽逃部分出资不应包括在内。其次，公司对未履行出资义务或者抽逃全部出资的股东除名前，应给该股东补正的机会，即应当催告该股东在合理期间内缴纳或者返还出资。最后，解除未履行出资义务或者抽逃全部出资股东的股东资格，应当依法召开股东会，作出股东会决议，如果章程没有特别规定，经代表 1/2 以上表决权的股东通过即可。具体到本案而言：第一，根据宜科英泰公司的验资报告及各方当事人陈述，赵志伟在公司设立时实际出资 1.6 万元，其已经履行了部分出资义务，故不应当认定赵志伟完全未履行出资义务；第二，如前所述，辜将的现有证据不足以证明赵志伟抽逃全部出资。因此，宜科英泰公司于2014年5月8日作出股东会决议并未满足公司可以解除赵志伟股东资格的前提条件，辜将主张涉案股东会决议有效，于法无据，本院不予支持。

综上，辜将的上诉理由，依据不足，本院不予支持。一审法院判决认定事实清楚，处理并无不当，应予维持。依照《民事诉讼法》第170条第1款第（一）项之规定，判决如下：驳回上诉，维持原判。

【案例思考题】

股东除名的条件和程序是什么？

三、股东资格的认定

由于股份有限公司股东资格，以是否持有公司发行的股票为认定标准，一般不存在资格认定的困难。所以，股东资格的认定问题，主要针对的是有限责任公司。在正常情况下，作为适格的有限责任公司股东，应当是向公司出资（或认缴出资）并记载于公司章程或股东名册中的主体。但现实情况比较复杂，往往实际出资人、公司章程、股东名册、工商登记、出资证明凭证、股权转让合同中的股东信息并不一致，以哪个标准认定股东资格呢？股东资格认定是我国司法实践中经常遇到的问题，如在股权确认纠纷、股权转让纠纷、其他股东权纠纷、债权人追究股东瑕疵出资责任等诉讼中，当事人都可能因此发生争议，正确解决股东资格认定问题是解决这些纠纷的前提条件。

（一）域外法相关立法例

1. 英美法系国家的相关规定

英美法系各国的立法，一般均规定在没有相反证据的情况下，将股东名册的记载作为确认股东资格的重要依据。依《英国公司法》规定，只有登记到股东名册，才能成为实际股东。即使签署公司章程的人也要在公司注册时登记入册。1985年《英国公司法》第22条规定，在公司章程大纲内签署的股份认购人，须当作已同意成为公司的成员，并须在公司注册时作为成员记入公司的成员登记册。所有同意成为公司成员，而其姓名已记入成员登记册的其他人士，均为公司的成员。同为英美法系国家的美国，也作了类似的规定。《美国示范公司法》第1.40条第22项，在解释什么是股东时规定，那些公司登记簿上记载的股份持有人当然地视为公司的股东。由此可以看出,《美国示范公司法》中规定股东资格由公司登记簿来确认。

2. 大陆法系国家的相关规定

大陆法系各国的立法,确认股东资格一般均涉及实质要件和形式要件两个方面的问题。在德国,出资人要成为股东,必须向公司缴纳基本出资,同时该内容是公司章程的绝对必要记载事项,董事在商业登记时还要提交一份记载股东姓名及其出资额的股东名单。股东让与出资额需要以公证的方式订立合同,对于公司,只有已经向公司申报取得出资额并同时证明出资额移转的人才视为取得人。韩国法规定,社员要缴纳出资或者交付实际出资的标的,由社员共同制定的公司章程要记载各股东姓名和出资额。同时,股东名册记载的股东姓名及其所持股份数,是向公司主张股权的要件,被记载的人没有必要向公司举证自己的实质性权利,仅凭该记载就可以主张自己为股东。在股权转让中,如果不经名义更换不得对抗公司。即使股权已被转让,受让人不进行名义更换,在与公司的关系中转让人仍然是股东。日本法规定,股东名册具有确定的效力,即使有人受让股份而成为实质上的股东,只要未办理过户登记手续的,就不能对抗公司,在与公司的关系中,只能将登记在册的股东作为公司股东对待。另外,凡是在公司股东名册中登记的股东,无须证明其是否为实质上的股东,也可行使权利,此为股东名册的授予效力。

综上,可对大陆法系主要国家股东资格认定问题的处理窥见一斑。一方面,虽然大陆法系国家在认定股东资格时会考虑实质和形式两方面要件,但多数国家都对实际出资与股东资格取得和认定的关系规定较宽松。在德国不用全部缴纳出资亦可取得股东资格,而在韩国、日本等国家也以股东名册上的登记为准。同时,这些国家法律都十分重视具有公示力的形式要件,要么以形式要件为认定标准,要么赋予形式要件以优先效力。另一方面,又将实质要件作为衡平性认定标准。实质要件往往涉及公司和股东之间的内部关系,涉及当事人之间的有关协议,如实际出资人与名义出资人之间的约定等。这些协议只要不违反法律强制性规定,即应当受到法律的保护。

(二)我国股东资格认定的具体标准

1. 向公司出资或认缴出资

股东的资格确认首先是向公司出资或认缴出资,或者继受取得股份或股权,也就是说股东与公司有实际上的投资关系。如果当事人之间就股权归属问题发生了争议，根据《公司法司法解释三》第22条的规定，一方要确认其享有公司股权的，应当向法院证明具有下列事实之一：（1）已经依法向公司出资或者认缴出资，且不违反法律法规强制性规定；（2）已经受让或者以其他形式继受公司股权，且不违反法律法规强制性规定。需要注意的是，上述规定只是表明了司法实践在股东资格认定上采取了出资作为认定依据，但并不是股东资格取得的前提条件，也不是决定性条件。

理论上一般认为，实际出资与股东资格认定没有必然的联系，实际出资人并不必然能够成为公司股东，股东资格的获得还必须以公司依法成立为前提条件。同时，由于有限责任公司的人合性较强，要成为公司股东，还必须和其他出资人达成合意。比如隐名股东存在的情况下，隐名股东实际履行了出资义务，但因其"隐名"，所以并不当然具有股东资格，其要取得股东资格，要经公司其他股东半数以上同意。在股东向公司出资或者认购股份后，虚假出资、出资不实或者抽逃出资的情况下，并不必然会丧失股东资格，但需要承担相应的民事责任和行政责任。当然根据公司自治原则，公司股东会可以限制其股东权利或者取消其股东资格。因此，出资是影响股东资格的重要因素，但并不是认定股东资格的唯一或必备依据。[1]

2. 出资证明书

"出资证明书是指有限责任公司依法成立后，由公司向股东签发的，确认股东与公司之间投资与被投资以及投资额度大小的凭证和法律形式。"[2]关于出资证明书的性质，学界存在两种对立观点：一种观点认为，出资证明书只是投资者取得股份或出资的"物权性"凭证，其功能主要是证明持有人已向公司真实出资。它是投资人出资行为的证据，不能证明投资人与公司之间存在某种成员关系。因此，不能仅依据出资证明书就认定持有人具有股东资格。另一种观点则认为，出资证明书是公司签发给股东的证明凭证，既可以证明持有人已履行了出资义务，又可以证明持有人的股东身份。[3]虽然学术观点不一，但依据我国《公司法》第31条规定，出资证明书应当载明下列事项：公司名称、公司成立日期、公司注册资本、股东的姓名或者名称、缴纳的出

---

〔1〕 王林清：《公司纠纷裁判思路与规范释解》，法律出版社2017年版，第422页。

〔2〕 江平、李国光主编：《最新公司法条文释义》，人民法院出版社2005年版，第139页。

〔3〕 王保树、崔勤之：《中国公司法原理》，社会科学文献出版社2000年版，第86页。

资额和出资日期、出资证明书的编号和核发日期，并要求出资证明书由公司盖章。因此，出资证明书在证明出资人出资行为的同时，也对出资人的股东身份加以认可，公司加盖公章等行为就表明认可了该股东的股东资格。可见，出资证明书具有证明股东资格的效力。

3. 公司章程

公司章程是我国有限责任公司设立的必备材料。《公司法》第 25 条规定，有限责任公司公司章程应当载明股东的姓名或者名称、股东的出资方式、出资额和出资时间，股东应当在公司章程上签名、盖章。公司章程是公司的自治规约，是股东就公司事务的安排与管理形成的统一的以书面形式固定下来的意思表示。公司章程具有对内和对外两种效力。其中，对内效力，即对公司内部股东的效力更高。就股东资格而言，一般情况下，依据公司章程的记载即可对股东资格加以认定，但也存在例外情况。如在隐名投资中，虽然实际上隐名股东未被记录在公司章程中，但在一定条件下，隐名股东也能够被确认具有股东资格。另外，在公司依法成立后，因增资或继承而产生公司新股东时，变更公司章程上的股东是公司应尽的义务。然而，实践中公司往往怠于履行这一义务，因为变更公司章程必须经股东会决议，繁杂的程序易导致公司章程的变更迟延或未变更，从而导致公司章程存在纰漏，不利于股东资格的认定。

4. 股东名册

股东名册是公司依法记载公司股东相关信息的簿册。股东名册在处理股东关系上应具有三方面的效力：（1）确定的效力，即实质上的权利人在尚未完成股东名册登记或者股东名册上的股东名义变更前，不能对抗公司，只有完成股东名册的登记或变更后，才能成为对公司行使股东权利的人；（2）推定的效力，即公司可以仅将股东名册上记载的股东推定为本公司的股东，给予股东待遇；（3）免责的效力，即公司依法对股东名册上记载的股东履行了通告、公告等必须履行的义务后，就可以免责。公司将股东记入股东名册，既是公司的权利，也是公司的义务。一般情况下，股东名册对于认定股东资格具有明显确定的意义，但未被记载于股东名册并不能必然否定其股东资格。如公司迟延或拒绝进行股东登记或错误登记，致使股东名册不全、不实，就属于公司的履行不当，不能因此否认股东资格。

5. 公司登记机关登记

我国《公司法》第 32 条第 3 款规定："公司应当将股东的姓名或者名称向公司登记机关登记；登记事项发生变更的，应当办理变更登记。未经登记或者变更登记的，不得对抗第三人。"该规定表明，公司登记机关的登记行为并没有创设股东资格，而是证权性登记，目的在于向善意第三人宣告股东资格、对抗善意第三人，以保障股东权益和市场秩序。未将实际股东进行登记并不影响其股东资格，其依然是公司股东，只是此种未登记的事实不能对抗善意第三人。此外，依据公示公信原则，为了维持公信力，在公司的对外责任上，即使登记中的股东并非实际出资人，其也应当承担责任。因此，在股东资格认定中，公司登记机关的登记或变更登记具有优先效力。

6. 实际享有股东权利

具备股东资格是认定公司股东权利的前提和基础，而享有股东权利实际上是被认定为公司股东的结果。享有股东权利并不当然意味着具备股东资格。由于在实践中该主体已经实际享有并行使了股东权利，为了维护交易和保持公司稳定，在无违法违规的情况下，应当尽可能认定其股东资格，确认其股东身份，否则必将导致该主体在公司存续期间的行为自始无效，不利于维护公司及第三人的合法权益。在权衡各方利益后，对于实际享有股东权利的当事人，原则上应当认定其股东资格，但应责令其补办手续。[1]

（三）我国有限责任公司股东资格认定规则

一个完整意义上的有限责任公司股东资格应当经历股东资格的事实取得和股东资格的公示两个环节。公司设立环节，取得股东资格需要投资人完成实际出资或认缴出资、签署公司章程、履行公司设立职责等步骤，从逻辑上讲，有限责任公司成立时，投资人就取得了股东资格。增资环节，取得股东资格既要求代表 2/3 以上表决权的股东通过，又要求股东以外的投资人认缴出资。投资人取得股东资格后，基于公司治理和股权保护的需要，对股东资格取得事实用法律化文件的形式予以固定，并赋予其公示公信效力，更多是价值考量，一切以商事交易的安全和效率为价值目标。为了方便交易，一般情况下应优先考虑公司的形式性和外观性，其次才要考虑行为的真实意思表示。从这个意义上讲，用实质要件和形式要件描述股东资格的特征是不科学

---

[1]　范健："论股东资格认定的判断标准"，载《南京大学法律评论》2006 年第 2 期。

的。"要件"是具有创设法律关系的功能的。很显然，经法定程序公示的形式化法律文件，只有证明股东资格的功能。因此，应该用形式证据和实质证据对有限责任公司股东资格认定的依据，进行表述。[1]

从证据体系上看，可将上述有限责任公司股东资格认定的依据分为实质证据和形式证据，经法定程序公示的公司法律文件属于形式证据（工商登记、公司章程记载、股东名册记载），其余为实质证据（即以出资、出资证明书享有股东权利）。对有限责任公司而言，应综合运用实质证据与形式证据来确认股东资格，认定规则为：

1. 形式证据优先适用

形式证据优先适用是现代公司立法的基本要求。公司具有团体法性质，而表示主义是贯彻团体法的立法理念，股东资格的取得不仅要有要式的形式外观，还要求形式外观具有公示性，即形式要件和公示主义相符。在发生股东资格认定纠纷时，应当首先以《公司法》规定的经过法定程序公示的特定法律文件来予以认定。可以分为以下几个层次：其一，公司对外交往中往往涉及潜在交易第三人。第三人是基于对工商登记的信赖与公司进行交易。为了维护交易安全和秩序，提高交易效率，即使工商登记本身存在瑕疵，只要第三人是善意，根据商事主义和外观主义的要求，工商登记具有绝对优先适用的效力。其二，公司内部法律关系中虽然不涉及第三人，公司、股东之间也是依股东名册等法律文件行使权利、履行义务。首先，有限责任公司股东尽管不像股份有限公司那样人数众多，但公司或者其他股东在行为时即探究当事人是否具备成为股东的实质要件以及确切地查知股权变动情况，既不可能也不必要。其次，当公司形式证据与实质证据不一致时，若无视公司章程、出资证明书、股东名册的公示效力，则会导致公司先前的法律行为无效或撤销，破坏公司内部法律关系的稳定性。因此，即使在公司内部也应当优先适用形式证据。

2. 实质证据在特殊情况下例外适用

股东资格认定的一般原则只是说实质证据和形式证据发生冲突的时候，

---

[1] 参见刘俊海：《现代公司法》，法律出版社2015年版，第348~354页。刘俊海教授将证明股东资格的证据分为：源泉证据、效力证据与对抗证据。源泉证据包括出资证明书，股权转让合同等；效力证据指的是股东名册；对抗证据指的是工商登记。以上各种证据相互冲突时，应区分内部法律关系与外部法律关系。在股东与股东、股东与公司之间的股权确认纠纷中，应尊重源泉证据的效力；在涉及善意第三人的外部关系中，则优先考虑对抗证据。

应当优先适用形式证据，但是并不具有绝对优先的效力。如前所述，法律赋予形式化法律文件权利推定效力和对抗效力，以便适应商事交易简便快捷的要求。但在司法实践过程中，有限责任公司设立和运行不会在理想状态下运行，不规范操作大量存在：一是公司存在恶意时，真正权利人未记载于公司章程、股东名册和工商登记中。二是投资者为规避法律而采用冒名出资、隐名出资的形式，导致公司法律文件的记载与真正权利人不一致。此时，只有实质证据推翻形式证据，方可体现公平公正原则。简而言之，持有形式化法律文件的人无需举证，便可以主张其股东资格，而事实上的持有人必须举证形式化法律文件记载错误才能认定其股东资格。

3. 形式证据相冲突时的认定规则

涉及公司以外的第三人的情况下，工商登记在任何情况下都具有优先适用的效力。不涉及公司以外第三人情况下，若股东之间、股东与公司之间发生冲突，优先适用公司章程。公司章程是股东取得股东资格的必要条件，签署章程的行为最能体现公司和股东之间的合意，且在公司内部具有一定公示性。因而，公司章程证明力最高。若发起人股东和非发起人股东之间、名义股东和实际出资人之间发生冲突，优先适用股东名册。因为非发起人成为股东不需要公司章程记载，仅需对股东名册进行变更即可，公司章程修改程序繁琐，不能及时反映股权变动。公司法赋予股东名册权利推定效力，公司和股东均按照股东名册行使权利、履行义务；公司存在过失或恶意的情况下，不能以未记载于股东名册为由对抗当事人。

【实务拓展单元】 股东资格确认之典型案例

案由：王文剑诉上海知音琴行有限公司股东资格确认纠纷案[1]

【基本案情】

原告诉称，其出资购买被告股权后，被告向其出具股权证书。但认购股权后，原告从未享有过任何股东权利和权益，且从未从被告处分到过任何股红和利润。经律师调查，原告并未被确认为被告股东，其认购股权的出资仅

---

[1] 上海市长宁区人民法院（2012）长民二（商）初字第4号民事判决书。

被作为"集资款"计入被告公司某些高管持有的股权名下。原告出资的目的是认购被告股权，但被告的行为严重侵害原告的权利，故请求法院确认原告的股东身份。

被告辩称，原告诉请确认的股权既非原始取得，亦非继受取得；且原告从出资起从未享有股东权利，亦未履行股东义务、承担被告经营风险；其缴纳款项性质非股东出资，应为借贷，故不应获得股东资格。

【一审证据事实】

一审法院经审理查明：被告上海知音琴行有限公司成立于 1997 年 1 月 17 日，成立之初注册资本为人民币 500 万元；被告股东为上海恒通置业公司、上海百士企业发展公司、上海大得经贸有限公司；公司性质为有限责任公司。1998 年 2 月，原告王文剑向被告缴纳 4 万元，被告向原告出具书面凭证一份，载明：公司内部职工股权，人民币肆万圆整，落款日期 1998 年 2 月，编号 9 * * *（系原告的工资单序号）。该书面凭证上盖有被告公章及法定代表人朱文玉的印章。现原告据此诉至法院，要求确认其为被告的股东并享有被告公司 0.80%的股权。

另查明，被告公司股权变更如下：1997 年 12 月 23 日，被告召开第二次股东大会，确认三名原始股东的股权分别转让给中联音像多媒体文化科技有限公司、上海民成实业有限公司、朱文玉、朱成俊、朱晓敏、于峰、毛昭瑜、姜志申等八名新股东。1998 年 1 月，被告的三名原始股东与八名新股东共同签署《公司股权转让协议》一份，明确被告公司的注册资本 500 万元不变，新股东按照各自出资份额享有出资比例。1998 年 1 月 20 日，被告的八名新股东共同制定《公司章程》。

1999 年 1 月 20 日，被告召开第三次股东大会，作出《关于确认本公司股权转让的协议》，确认股东中联音像多媒体文化科技公司的 240 万元投资，按原价将其中的 200 万元转让给股东朱文玉。2002 年 4 月，被告公司注册资本变更为 800 万元。至此，被告的股东为本案第三人朱文玉（出资 635 万元）、朱成俊（出资 100 万元）、毛昭瑜（出资 20 万元）、姜志申（出资 20 万元）、黄路阳（出资 25 万元）。

又查明，1998 年 2 月包括原告及本案第三人朱文玉、朱成俊、毛昭瑜在内的共 31 人向被告缴纳款项并取得"内部职工股权"凭证。2006 年至 2011

年期间，被告以缴纳款项为基数，每年按照一定的比例向上述缴款人（董事会决定不予发放的除外）发放一次性钱款。截至本案诉讼之前，已有部分缴款人员因退休、跳槽等原因离开被告公司，被告均向该部分缴款人退还本金及不等利息，并收回"内部职工股权"凭证予以作废。目前，仍有 15 人持有"内部职工股权"凭证。

【一审法院裁判理由及结果】

一审法院经审理认为：原告依据被告出具的"内部职工股权"请求确认其为被告的股东，而被告认为上述凭证系双方建立债权债务关系的借款凭证，故该案的主要争议焦点在于原告向被告缴款后取得的"内部职工股权"凭证的性质认定，即能否据此认定原告取得被告公司股东资格。

对此法院认为：1. 根据我国《公司法》的相关规定，公司股东资格的取得方式分为原始取得与继受取得两种。原始取得是指因设立公司或增资而成为公司的股东，继受取得是指因转让、继承等受让股份而成为股东。该案中，首先，原告向被告缴款的时间在 1998 年 2 月，而被告于 1997 年 1 月就已成立，故不存在原告出资系为了设立被告公司的事实，即原告不是被告的原始股东。其次，被告在 1997 年成立时已登记有三名原始股东，1998 年 1 月原股东与八名新股东又签订股权转让协议，重新确定被告的股东及各自享有的股份。现原告不能举证证明其与被告的上述三个原始股东或八个新股东之中的任何股东，存在达成转让被告公司股份的意思表示，故原告继受取得被告公司股份的事实亦难以成立。由于原告提供的"内部职工股权"凭证上并未记载其应享有的股权比例和股权来源等内容，故该份证据仅能证明原告向被告缴纳了一定数额的钱款、被告向原告出具过此份材料。审理中，经释明，原告明确其提起该案诉请的依据系基于公司增资扩股成为被告公司股东。法院认为，增资扩股并非一般形式上的投入出资，应属于公司重大事项，必须履行股东会决议、出资验资、工商变更登记等一系列法定程序。该案中，被告自 1997 年成立起截止收取原告款项之后的近五年期间，注册资本始终为 500 万元，并不存在增资扩股的事实，且原告向被告缴付的款项亦未经验资，故不能认定为原告向被告履行了出资义务，原告的上述主张不能成立。

2. 判断原告是否成为被告股东的标准，除了考察原告是否在公司章程、股东名册记载、工商登记机关登记、有无出资协议与出资证明书等要件外，还应考察原告是否实际作为股东行使了股东权利和义务，诸如参加股东会、行使知情权、获取公司收益等。而该案中根据查明的事实，原告自 1998 年 2 月向被告支付款项获取"内部职工股权"凭证之后，从未参加被告的股东大会，也未参与决定被告的投资经营与高管的人事安排等事宜，即原告从未享有过与股东有关的权利或履行过股东的义务。故原告仅凭向被告缴款并获取上述凭证的行为，要求认定其已实际取得被告的股东资格，缺乏事实和法律依据，法院不予支持。

3. 关于涉案"内部职工股权"凭证的性质，原告认为此系认定其股东身份之证明，被告则解释系在当时为避免非法集资之嫌而出具的借款凭证。法院认为，只有在股份制合作企业中才存在内部职工股权，而该案被告自成立至今的性质始终为有限责任公司，也不存在原告诉称中提及的股权改制事实，故原告以此主张其享有被告股东身份的理由不能成立。

综上，一审法院判决：驳回原告的诉讼请求。

一审判决后，双方当事人在法定期限内均未提起上诉。一审判决已生效。

【案例思考题】

1. 实践中，公司股东之外的第三人向公司投资的表现形式多样，对于仅向公司投入资金，而未与原公司股东达成入股公司合意、未实际行使股东权利且所投资金未转化为公司资本的投资人，可否将其认定为公司股东？为什么？

2. 你对法院的判决有何评价？

3. 试述股东资格确认的规则。

（四）我国关于股东资格认定中的特殊形式的规定

1. 隐名股东[1]

隐名股东与名义股东是相对的概念，是指为了一定的目的或出于某种原因，在有限责任公司中实际出资认购公司股权却没有被记载于公司章程、股东名册以及工商登记材料中的自然人或法人，即以他人名义来实施出资或认

---

[1] 实践中出现的隐名股东现象该如何称谓，理论界与实务界提法不一，有称之为"隐名股东"；有的学者使用"隐名出资人"，见周友苏《公司法学理与判例研究》，法律出版社 2008 年版，第 65 页；有称为"隐名投资者"，见沈贵明《股东资格研究》，北京大学出版社 2011 年版，第 197 页。《公司法司法解释三》用了"实际出资人"的概念。

购行为的人。[1]公司实践中，隐名投资行为大量涌现，因隐名投资产生的纠纷也越来越多，涉及隐名出资人与名义出资人之间、隐名出资人与公司之间、隐名出资人与其债权人之间、隐名出资人与名义出资人债权人之间、隐名出资人与公司债权人之间等多重法律关系的处理与责任认定。理清这些法律关系的关键在于隐名出资人股东资格的认定。

《公司法》对隐名股东未作规定，《公司法司法解释三》对此作了补充。从《公司法司法解释三》的第 22、24、25、26 条，可以看出该司法解释亦是从公司内部关系和外部关系两个方面来处理隐名出资人的相关问题。因内外关系的不同，其价值判断标准也不相同。

在公司内部关系上，强调意思自治、意思真实和保护投资安全。如《公司法司法解释三》第 22 条规定，"当事人之间对股权归属发生争议，一方请求人民法院确认其享有股权的，应当证明以下事实之一：①已经依法向公司出资或者认缴出资，且不违反法律法规强制性规定"；第 24 条规定，"有限责任公司的实际出资人与名义出资人订立合同，约定由实际出资人出资并享有投资权益，以名义出资人为名义股东，实际出资人与名义股东对该合同效力发生争议的，如无合同法第 52 条规定的情形，人民法院应当认定该合同有效。前款规定的实际出资人与名义股东因投资权益的归属发生争议，实际出资人以其实际履行了出资义务为由向名义股东主张权利的，人民法院应予支持。名义股东以公司股东名册记载、公司登记机关登记为由否认实际出资人权利的，人民法院不予支持。"该规定首次在法律适用层面上确立了实际出资人（隐名股东）、名义股东与股权受让人之间的利益平衡机制。公司法属于典型的团体法，但也有个人法上的规范，在与公司相关的法律关系中，有些属于个人法上的法律关系，应当优先考虑个人法规则的适用。[2]隐名股东与名义股东之间的协议属于个人法上的法律关系，受影响的只是该协议的双方当事人，他们之间的争议，应当适用个人法规则调整，因此隐名股东的投资权益应当依双方的合同确定，适用《合同法》规则。需要说明的是，《公司法》第 32 条第 2 款规定："记载于股东名册的股东，可以依据股东名册主张权利。"该规定是名义股东用来向公司主张权利或向公司提出抗辩的身份依据，

---

〔1〕　施天涛：《公司法论》，法律出版社 2014 年版，第 244 页。

〔2〕　王林清：《公司纠纷裁判思路与规范释解》，法律出版社 2017 年版，第 412 页。

而不是其向隐名股东抗辩的事由。

在公司外部关系上，则强调商事外观公示主义的原则，保护交易安全和第三人的信赖利益。如《公司法司法解释三》第 25 条规定："名义股东将登记于其名下的股权转让、质押或者以其他方式处分，实际出资人以其对于股权享有实际权利为由，请求认定处分股权行为无效的，人民法院可以参照物权法第 106 条的规定处理。"第 26 条规定："公司债权人以登记于公司登记机关的股东未履行出资义务为由，请求其对公司债务不能清偿的部分在未出资本息范围内承担补充赔偿责任，股东以其仅为名义股东而非实际出资人为由进行抗辩的，人民法院不予支持。"

虽然《公司法司法解释三》也是划分内外关系进行分析，但它不是单纯采纳区别说的观点来认定隐名出资人的股东资格，而是就隐名投资的投资权益归属、隐名出资人与名义出资人以及第三人的权利义务问题进行了规定。对隐名出资人的股东资格认定并没有形成一个系统的规范标准。但从《公司法司法解释三》第 22、24 条的法条精神来看，可以认为认定隐名出资人的股东资格需要具备三个条件：

（1）隐名出资人对公司出资的事实及该出资具有股权性投资的性质。相对于名义出资人，隐名出资人缺乏股东身份认定的形式特征，在工商登记、公司章程、股东名册中没有其作为股东身份的记载。因此，隐名出资人认定股东身份的实质要件必不可少。根据股东资格与股权权益的基本构成原理，待确权的投资者与公司之间形成"股权性出资"合意且有实际出资行为的，是确认其股东身份的基础性依据。在此类确认之诉中，主张股权确认的一方应对其"出资"的性质承担证明责任；公司或其他股东以"借款"等非出资性质抗辩的，应承担排除性举证责任；股东身份的确认与投资者是否在公司章程中签字，是否被记载于股东名册及是否完成了工商登记等外在表现形式，并无必然的制约关系。对出资事实本身的确认及对出资性质的甄别是司法实践的两个难点问题。这也是待确权投资者一方必然要遭遇的抗辩情由。《公司法司法解释三》要求，当事人之间对是否已履行出资义务发生争议，一方提供对股东履行出资义务产生合理怀疑证据的，另一方股东应当就其已履行出资义务承担举证责任。

司法实践中，最有力的证据就是其与名义投资人之间签订的投资协议。投资协议约定由隐名投资人享有股东权利，承担股东义务，可以确认隐名投资人为股东。如果没有类似协议，待确权投资者一方也没有任何直接证据对其与公司之间的经济往来作出"出资"或是"借款"性质确认的，则只能根据其他间接证据、优势证据规则或是当事人的行为来判断其真实意思表示。民商事活动中，投资者出资后不索取任何凭证的情况是极少见的，一般至少都会有"收据"，因此，即使公司没有向出资人签发正式、规范的出资证明书，但收据中的有关内容亦完全可以表明公司是否具有接受该出资的意思表示。如果原告持有的收据明确有该资金性质系股金款、股本款、投资款等之类的记载，则可以确认公司系将该类款项作为"股权性出资"接受的而并非是"借款"。该类"收据"当然可以作为待确权投资者与公司之间关于对出资事实与性质达成合意的直接证据和书面协议。[1]

（2）不违反法律的强制性规定。实务中，公司实际投资人选择隐名的方式投资有很多原因。而原因是否合法，成为判定隐名出资人是否具有股东资格的条件之一。根据我国法律规定，任何民商事法律行为都不得违反法律的强制性规定。纵观各国公司立法一般对股东资格没有过多的限制性规定，因为投资人如何投资是对自己财产的处分，是其意志的体现。这也是公司法尊重股东意思自治的私法本质。但公司作为商事主体，也越来越多地受到国家政策、法律制度的影响和控制。现实生活中，因立法政策、制度目标、公平竞争等特定原因，往往对股东资格有一些强制性法律限制。如为防止国家公务员利用特殊的地位和权力提前掌握政府决策和投资信息，参与市场经济活动，扰乱公平竞争的经济秩序，我国《公务员法》规定，公务员不得从事或参与营利性活动。再如，《公司法》第148条规定："董事、高级管理人员不得有下列行为：……⑤未经股东会或者股东大会同意，利用职务便利为自己或者他人谋取属于公司的商业机会，自营或者为他人经营与所任职公司同类的业务。"该条规定了董事、高级管理人员的竞业禁止义务。若董事和高级管理人员隐名投资于与其所在公司营业性质相同的公司，属于违反法律强制性规定，其隐名投资行为应为无效，股东资格应不予认可。

（3）半数以上的公司其他股东同意隐名出资人的股东身份。《公司法司法解释三》第24条第3款规定，实际出资人未经公司其他股东半数以上同意，请求公司变更股东、签发出资证明书、记载于股东名册、记载于公司章程并

---

〔1〕　王林清、杨心忠：《公司纠纷裁判精要与规则适用》，北京大学出版社2014年版，第4页。

办理公司登记机关登记的，人民法院不予支持。该条款规定了公司对隐名出资人股东身份的认可必须经公司其他股东半数以上同意。对于公司内部而言，股东资格的认定属于团体法上的法律关系，应当考虑团体法即《公司法》规则的适用。人合性是有限责任公司的特征，股东之间的信任是股东间资本合作的前提，对公司的稳定与发展极为重要。如果实际出资人向公司出资而与公司其他股东不存在信赖关系，甚至不能被公司其他股东接受，势必损害公司的人合性，破坏公司的信用基础和发展基础。因此，认定隐名出资人的股东资格，应根据《公司法》的规定，必须经过其他股东的过半数同意。判定其他股东是否同意隐名出资人的股东身份，可以有两种方式：一是明示同意的方式。如果过半数以上的其他股东明确表示认可的，可以认定隐名出资人的股东身份；二是默示同意的方式。即过半数以上的股东明知对公司出资的不是名义出资人而是隐名出资人，并认可隐名出资人行使股东权利，享有股权收益。实务中，如隐名出资人实际参与公司经营管理或为公司实际管理人，亲自行使股东权利如名义出资人在签订"发起人出资协议"时，明确其代理身份，公司其他股东未提出异议；如从公司会议记录等证据中能足够反映出隐名出资人的存在。通过这些情形可以推定其他股东是知晓隐名出资人的身份并认可其股东资格的。

2. 冒名股东

冒名股东，是指冒用他人名义或虚构法律主体名义而持有股权者。此类情形中，不论对外还是对内都不能认定被冒用人具有股东资格。如果被冒用的主体本就不存在，那从根本上就无股东资格一说；如果被冒用的主体存在，由于其本身没有投资公司的意思表示，也没有履行出资义务或实际享有股东权利，则也不能被认定为公司股东。对此《公司法司法解释三》第28条也规定："冒用他人名义出资并将该他人作为股东在公司登记机关登记的，冒名登记行为人应当承担相应责任；公司、其他股东或者公司债权人以未履行出资义务为由，请求被冒名登记为股东的承担补足出资责任或者对公司债务不能清偿部分的赔偿责任的，人民法院不予支持。"

3. 空股股东

空股股东是指虽已认购股权，但在应当交付股款时却未缴纳出资，即已经认缴股份，却未履行出资义务的股东。在上述论述中，实际出资并不是股东资格认定的必然条件。对于空股股东，应当认定其股东资格。对于其未按期履行出资义务的行为，可依据我国《公司法》的相关规定，要求其承担违约责任或行政责任。

第二节　股东权利概述 ,

一、股东权利概念

股东权，也称股权，是指股东基于其股东资格而享有的从公司获取经济利益并参与公司经营管理与监督的权利。公司是由股东出资组成的法人组织，股东将自己的财产交由公司经营管理，就应按其出资份额对公司享有一定的权利，同时按权利与义务相伴随原理，也对公司承担一定的义务。股东从向公司出资时起就自然享有股东权，这是股东对公司出资的一种对价。

二、股东权利的性质

我国法学界对股权性质的认识主要有五种观点：

1. 物权说。以王利明教授为代表的观点认为，股东权体现的是股份公司的双重所有权结构，但围绕股东投入公司的财产，他认为股份公司享有法人所有权并不是对股东所有权的否定，只是股东所有权表现为收益权和部分处分权，而不再是完整的所有权。同时，他还认为这种双重结构不过是"一物一权"的特殊表现形式。[1]

2. 债权说。20 世纪 30 年代，中国学者所著的公司法论著中就已经介绍了股东的债权人身份理论。该说认为，公司因商业而成立，股东享受公司赢利之实惠，则其所外之地位，殆为债权人之地位无异。针对我国国有企业改革进程中的股份化现象，有学者认为，认为现代公司制的一个最大特征在于公司实际控制权由股东向经理层转移。因此，传统的股东权已经消灭，股东所认股份是以请求利益分配为目的的附条件债权。也就是说，股东的收益权已成为一种债务请求权。[2]

3. 社员权说。该说完全抛弃了股东在公司中的财产权，认为股东因投资

---

〔1〕　王利明："论股份制企业所有权的二重结构——与郭锋同志商榷"，载《中国法学》1989 年第 1 期。

〔2〕　郭峰："股份制企业所有权问题的探讨"，载《中国法学》1998 年第 3 期。

于社团法人或加入社团法人而成为其成员，并基于其成员资格在团体内部拥有权利，这种权利包括股东自益权与共益权。股东享有社员权是作为产权交换的代价。[1]

4. 综合权利说。梁慧星教授认为，股东权系综合性权利，既有非财产权性质的表决权，又有财产权性质的获得信息和公司解散时取回剩余财产的权利，是以社员权为基础的综合权利。[2]学者梅慎实也认为，股东权就如公民的权利，它并非是一种单一性质的权利，而是兼有人身和财产性质的综合权利。[3]

5. 独立说。这是目前在公司法学者中被广泛接受的一种理论学说。以江平教授为代表的学者认为，股东权只能是一种自成一体的独立权利类型，是作为股东转让出资财产所有权的对价的民事权利。股东权是通过股东出资这一特定的法律行为创设的，创设行为完成了股东权与公司所有权的独立，成为公司所有权的伴生物。[4]有学者从界定股东权性质意义上来分析，认为从国有企业股份制改组中对国家股的性质认定、对国家与企业的相互关系的争议上来看，股东权是一种独立的民事权利，公司享有法人财产所有权，股东享有股东权。这一认识对于国家股东而言，有利于权利行使方式的转变；对于公司而言，则有利于排除股东尤其是控股股东对公司的非法干预与控制，使公司独立意思的形式获得法律保障，从而使公司法律人格的独立性得以充分实现。[5]

三、股东权利的分类

尽管在不同公司或同一公司的不同股东中，股东权的内容及其表现形式各不相同，但仍可按不同的标准，对股东权进行科学的分类。各国公司法理论对股权的分类主要有以下几种：

1. 自益权与共益权。按照股东行使权利的目的不同，可以将股东权利分

---

〔1〕 储育明："论股权的性质及其对我国企业产权理论的影响"，载《安徽大学学报》1989年第3期。

〔2〕 梁慧星：《民法总论》，法律出版社1998年版，第64页。

〔3〕 梅慎实：《现代公司机关权力构造论》，中国政法大学出版社2000年版，第122页。

〔4〕 江平、孔祥俊："论股权"，载《中国法学》1994年第1期。

〔5〕 范健、王建文：《商法学》，法律出版社2015年版，第159页。

为自益权和共益权，这也是公司法理论对股东权最基本的分类。自益权是指股东以从公司获取经济利益为目的的权利或者股东以自己的利益为目的而行使的权利。自益权包括：股利分配请求权、剩余财产分配请求权、新股认购优先权、股份买取请求权、股份转换请求权、股份转让权、股票交付请求权、股东名义更换请求权和无记名股份向记名股份的转换请求权等。共益权是指，股东以参与公司的经营为目的的权利或者股东为自己利益的同时兼为公司利益而行使的权利，共益权包括：表决权、代表诉讼提起权、股东大会召集请求权和召集权、提案权、质询权、股东大会决议撤销诉权、股东大会决议无效确认诉权、累积投票权、新股发行停止请求权、新股发行无效诉权、公司设立无效诉权、公司合并无效诉权、会计文件查阅权、会计账簿查阅权、检查人选人请求权、董事监事和清算人解任请求权、董事会违法行为制止请求权、公司解散请求和公司重整请求权等。前者主要是财产权，后者主要是参与公司经营管理的权利。

2. 固有权与非固有权。以权利之性质为标准，可分为固有权和非固有权，前者指根据《公司法》规定不得以章程或股东会议予以剥夺的权利，如特别权与共益权，后者指可依公司章程或股东会议加以剥夺的权利，自益权多属此类权利。

3. 普通股东权与特别股东权。这是以权利主体标准进行划分的。前者是指一般股东享有的权利，后者则是专属特别股股东所享有的权利，有关特别股股东权利的范围、行使顺序、数额、优惠待遇限制等一般都在公司章程中加以规定。我国《公司法》对此未作规定。

4. 单独股东权和少数股东权。这是以权利行使方法为标准所作的划分，前者指股东一人可单独行使的权利，如表决权、股息红利分配请求权、股东代表诉讼权等，后者指达不到一定股份数额便不能行使的权利，如股东会临时召集请求权、公司重整申请权等。

四、瑕疵出资股东权利的限制

（一）瑕疵出资的情形

在实践中，瑕疵出资主要包含三种类型，即未履行出资义务、未全面履行出资义务及抽逃出资。所谓未履行出资义务主要是指股东根本不出资的情形，具体又可区分为拒绝出资、客观上不能出资以及虚假出资等类型。所谓未全面履行出资义务主要是指股东虽然已经出资但是没有完全符合法律规定或约定的情形，具体包括未足额履行出资义务与不适当履行出资义务两种情形。前者指的是股东只履行了部分出资，未按照规定数额完全交付的情形；而后者则是指股东出资的时间、形式、手续不符合法律规定的情形。而所谓抽逃出资则是指虽然股东已经按照规定履行了出资义务，但此后又将其出资予以抽回的情形。

（二）股东瑕疵出资与股东资格认定

在2013年《公司法》修订之前，对于瑕疵出资的"股东"是否具有股东资格，存在较大的争议，修订后的《公司法》将注册资本由实缴制改为认缴制以后，出资只是股东的主要义务而不是确认股东资格的必要条件，违反出资义务并不直接导致否认其股东资格，尚未出资的人同样是公司股东，具有股东资格。而且瑕疵出资的股东应当补缴出资，向其他股东承担违约责任，认定瑕疵出资股东具备股东资格正是其履行出资义务的前提。因此，股东瑕疵出资并不能否定其股东资格，而且这种做法在审判实践中被认可，如《山东省高级人民法院关于审理公司纠纷案件若干问题的意见》第32条之规定："当事人仅以股东瑕疵出资为由主张其不具备股东资格的，人民法院不予支持"。

（三）我国法律对瑕疵出资的股东权利限制的规定

根据权利与义务相一致原则，股东未履行或未完全履行出资义务，其股东权利必然受到限制。《公司法》第34条规定："股东按照实缴的出资比例分取红利；公司新增资本时，股东有权优先按照实缴的出资比例认缴出资。但是，全体股东约定不按照出资比例分取红利或者不按照出资比例优先认缴出资的除外。"该条将实缴出资比例作为股东行使分红权、新股优先购买权的基本依据，其实质是剥夺了未缴纳出资股东的分红权及其新股优先购买权。最高人民法院于《公司法司法解释三》对瑕疵出资股东的权利限制问题作了进一步的规范。

《公司法司法解释三》第16条明确规定："股东未履行或者未全面履行出资义务或者抽逃出资，公司根据公司章程或者股东会决议对其利润分配请求权、新股优先认购权、剩余财产分配请求权等股东权利作出相应的合理限制，该股东请求认定该限制无效的，人民法院不予支持。"该条规定并未从正面直接赋予公司对瑕疵出资股东进行权利限制的权力，而是从不支持违反义务股东否认限权行为效力的角度间接认可了公司对瑕疵出资股东权利实施限制的合法性。其所作的概括性规定，为公司合理限制瑕疵出资股东的权利提供了一般性依据。此外，《公司法司法解释三》第 10 条对于以需要办理权属登记的知识产权等财产出资的问题所作的专门规定中也体现了对瑕疵出资股东的权利实施限制的基本理念。根据该条第 2 款的规定，出资人以房屋、土地使用权或者需要办理权属登记的知识产权等财产出资，已经办理权属变更手续但未交付给公司使用，公司或者其他股东主张其向公司交付，并在实际交付之前不享有相应股东权利的，人民法院应予支持。

【理论拓展单元】 瑕疵出资股东权利限制的范围

现行立法虽然对瑕疵出资股东权利的限制有规定，但仍存在着权利限制对象模糊、限制范围不尽明确等问题，导致司法实践中对此也有不同的认识。[1]

学术界对此问题也做了研究。学者李建伟将股东权利分为比例股权和非比例股权，比例股权，是指股权的内容依照股东的持股比例为基础进行确定的权利，如股利分配请求权、剩余财产分配请求权、新股优先认购权及表决权等。非比例股权，是指股权的内容不以股东持股比例为基础即可确定的权利，如知情权。对于瑕疵出资股东，其比例股权的行使应根据其瑕疵出资的实际情况而受到相应限制，原则上应按照其实缴的出资比例行使；而非比例股权则不应受到限制而均可以完整享有并行使。关于瑕疵出资股东权利限制的此种一般性标准得以确立后，具体到个案涉及的各项股权的限制及实现该限制的路径，还需要司法基于公平正义之原则分别处理。[2]郝磊在界定权利限制的范围时认为应将"权利本身不加限制是否会在实质上影响到其他股东的根本利益"作为判断标准；对瑕疵出资所做的权利限制应以章程有规定或者股东会作出决议为前提；章程对于股东权利的限制应有合理的边界；对瑕疵

---

〔1〕 以股东知情权为例：江苏省高级人民法院《关于审理适用公司法案件若干问题的意见（试行）》（2003 年 6 月 3 日江苏省高级人民法院审判委员会第 21 次会议通过）第 70 条规定："未出资股东行使知情权的，不予支持。"北京市高级人民法院《关于审理公司纠纷案件若干问题的指导意见》[2008 年 4 月 21 日京高法发（2008）127 号]第 14 条规定："股东知情权案件中，被告公司以原告股东出资瑕疵为由抗辩的，人民法院不予支持。"

〔2〕 参见李建伟："瑕疵出资股东的股东权利及其限制的分类研究：规范、解释与实证"，载《求是学刊》2012 年第 1 期。

出资股东权利限制的对象应扩展至股份有限公司的股东。[1]

第三节　股东权利的内容

我国《公司法》没有对股东权利作列举式规定，第 4 条有一概括性的表述："公司股东依法享有资产收益、参与重大决策和选择管理者等权利。"从立法上看，《公司法》对股东权利的具体规定散见在有关章节的条文中。主要可归纳为：

一、参与公司管理权

（一）出席股东会议及表决权

现代公司的股东一般不直接经营公司，出席股东会并行使表决权是股东参与公司经营管理的重要手段。股东会会议是为股东提供的参与公司经营管理的一个机会与场所，由全体股东组成。因此，每个股东不论大小都有权出席股东会，并行使表决权。我国《公司法》第 36 条、第 98 条均规定，公司股东会由全体股东组成。股东会是公司的权力机构，依照公司法行使职权。第 37 条、99 条规定了公司几乎所有重大事项都必须由股东会决议，股东出席股东会，并有权通过表决来对有关事项作出是否同意的决定。有限责任公司的股东会会议由股东按照出资比例行使表决权，但是也允许公司章程安排表决权的行使方式；股份有限公司的股东按照所持有的股份数额行使表决权。

为保障股东这一权利的行使，各国设立了表决权代理制度，即股东因故不能或不愿参加股东会时，有权委托他人代为参加并代为行使表决权。我国《公司法》认可了股份有限公司的股东表决权代理制度，第 106 条规定："股东可以委托代理人出席股东大会会议，代理人应当向公司提交股东授权委托书，并在授权范围内行使表决权。"但未对有限责任公司的股东表决权代理制度，作出明文规定。

（二）提议权

持有公司股份一定比例的股东提议召开临时股东会（股东大会）或董事会临时会议的权利。《公司法》第 39 条规定，代表 1/10 以上表决权的股东，

---

〔1〕 参见郝磊："瑕疵出资股东的权利限制"，载《国家检察官学院学报》2013 年第 2 期。

提议召开临时会议的，应当召开临时会议。第 40 条规定，有限责任公司董事会或者执行董事不能履行或者不履行召集股东会会议职责的，由监事会或者不设监事会的公司的监事召集和主持；监事会或者监事不召集和主持的，代表 1/10 以上表决权的股东可以自行召集和主持。对股份有限公司，第 100 条第③项规定："股东大会应当每年召开一次年会。有下列情形之一的，应当在 2 个月内召开临时股东大会：……③单独或者合计持有公司百分之十以上股份的股东请求时。"第 101 条第 2 款："董事会不能履行或者不履行召集股东大会会议职责的，监事会应当及时召集和主持；监事会不召集和主持的，连续 90 日以上单独或者合计持有公司 10% 以上股份的股东可以自行召集和主持。"第 110 条规定，董事会每年度至少召开 2 次会议，代表 1/10 以上表决权的股东可以提议召开董事会临时会议。

（三）股东会提案权

在股份有限公司中，虽然股东在股东会上享有对公司重大事务的表决权，但股东会由董事会召集，股东会召集的事由以及决议事项通常由董事会决定，股东只能通过董事会所控制的股东会，对董事会提案内容表示赞成或反对，股东的地位十分被动。为了保障中小股东的权利，《公司法》规定了股东提案权。第 102 条第 2 款规定："单独或者合计持有公司 3% 以上股份的股东，可以在股东大会召开 10 日前提出临时提案并书面提交董事会；董事会应当在收到提案后 2 日内通知其他股东，并将该临时提案提交股东大会审议。临时提案的内容应当属于股东大会职权范围，并有明确议题和具体决议事项。"

（四）选举权和被选举权

股东有权通过股东会会议选举公司的董事和监事，在股东的条件符合《公司法》规定的董事和监事的任职资格时，可依法定的议事规则被选举为公司的董事和监事。选举权与被选举权是股东通过股东会议参与公司经营管理的一项重要权利。其中选举董事是股东最关键的一项权利。股份有限公司选举董事通常采用股东会普通决议方式，决议数按"一股一票"的资本多数决原则进行。因此，控股股东可独占董事会全体成员的任免权，并通过选举代表自己利益的董事来达到其控制公司的目的。其他小股东对董事的任免权则大为削弱。在"资本多数决"原则下，为保护中小股东的合法权益，使其选举出能代表自己利益的董事进入董事会，许多国家设立了累积投票制度。我国《公司法》也允许公司在董事、监事的选举上实行累积投票制，第 105 条规定："股东大会选举董事、监事，可以依照公司章程的规定或者股东大会的决议，实行累积投票制。本法所称累积投票制，是指股东大会选举董事或者监事时，每一股份拥有与应选董事或者监事人数相同的表决权，股东拥有的表决权可以集中使用。"

（五）质询权

股东享有通过股东会对公司经营提出质询的权利。《公司法》第150条规定："股东会或者股东大会要求董事、监事、高级管理人员列席会议的，董事、监事、高级管理人员应当列席并接受股东的质询。"

二、资产收益权

这是股东直接从公司持有公司股份中获取的财产权利，也就是《公司法》第4条概括的"资产收益权"，具体包括：

（一）利润分配权

也称股息、红利的分配权，是指股东有权按照出资或股份比例请求分配公司利润的权利。该权利是股东权利的核心，公司股息、红利是指向股东分配的公司净利润。因此，只有在公司有股息、红利可分配时，股东才能实际分得股息、红利。而且公司向股东分配股息、红利前须通过股东大会或董事会决议，该决议还不得违反《公司法》中关于股息、红利分配的限制。我国《公司法》禁止公司在弥补亏损和提取公积金前向股东分配利润，第166条第4款规定："公司弥补亏损和提取公积金后所余税后利润，有限责任公司依照本法第34条的规定分配；股份有限公司按照股东持有的股份比例分配，但股份有限公司章程规定不按持股比例分配的除外"，第5款："股东会、股东大会或者董事会违反前款规定，在公司弥补亏损和提取法定公积金之前向股东分配利润的，股东必须将违反规定分配的利润退还公司。"

行使利润分配权（分红权）、取得投资回报是股东投资兴业的主要目的。假定全体股东理性诚信，股东们在公司盈利时可基于对股东近期利益与远期利益的审慎权衡，共同博弈出合理可行的分红政策，因此公司是否分红、分红几何、如何分红，均属公司股东自治和商业判断的范畴，国家一般不予干预。

但近年来，公司大股东违反同股同权原则和股东权利不得滥用原则，排挤、压榨小股东，导致公司不分配利润，损害小股东利润分配权的现象时有发生，比如，公司不分配利润，但董事、高级管理人员领取过高薪酬，或者由控股股东操纵公司购买与经营无关的财物或者服务，用于其自身使用或者消费，或者隐瞒或者转移利润，这些严重损害了中小股东的利益和投资的积极性，同时也破坏了公司自治。为此，2017 年 8 月 25 日由最高人民法院发布了《关于适用〈中华人民共和国公司法〉若干问题的规定（四）》（以下简称《公司法司法解释四》），目的在于加强股东权利的司法救济，依法保护投资者的积极性，妥善处理股东之间、股东与公司之间等利益冲突，尽可能避免公司僵局，为实现公司治理法治化，促进公司持续稳定经营提供司法保障。该解释对股东请求公司分配利润之诉作出了具体规定。

1. 明确了诉讼主体资格。《公司法司法解释四》第 13 条规定："股东请求公司分配利润案件，应当列公司为被告。一审法庭辩论终结前，其他股东基于同一分配方案请求分配利润并申请参加诉讼的，应当列为共同原告。"明确了股东利润分配权纠纷案件应以公司作为被告，其他基于同一分配方案请求分配利润的作为共同原告，这也是以往司法实践的一贯意见。

但是，该条并未明确原告是否必须在起诉时具备股东身份。一般认为，原告在提起诉讼时，应当具有股东资格，但也有例外情形：（1）股东转让股权，对于股权转让前公司已决议分配利润但尚未分配，且该利润在股权转让中并未做出安排，此时原股东仍然可以起诉要求公司分配利润。（2）股东提起诉讼后，在诉讼中丧失股东资格，股东仍然是适格的原告，因为利润分配请求权是财产权益给付请求权，不因诉讼过程中发生股权转让而丧失原告资格，当然，如果原股东将利润分配请求权一并转让的除外。[1]此外，该条虽未明确，但应当注意，作为被告的公司应当在起诉时仍具备法人资格。如果在此期间，被告因合并、分立导致法人资格的丧失，应由其权利义务的承继者承担相应的法律义务。

2. 股东会（股东大会）作出了载明利润分配具体方案的有效决议，股东能否请求法院依照公司具体分配方案分配利润？对此《公司法司法解释四》第 14 条规定："股东提交载明具体分配方案的股东会或者股东大会的有效决议，请求公司分配利润，公司拒绝分配利润且其关于无法执行决议的抗辩理由不成立的，人民法院应当判决公司按照决议载明的具体分配方案向股东分

---

〔1〕　王林清：《公司纠纷裁判思路与规范释解》，法律出版社 2017 年版，第 477 页。

配利润。"公司股东会（股东大会）作出了载明利润分配具体方案的有效决议后，可以理解为公司与股东已就利润分配达成协议，法院有权裁判公司是否要信守承诺，履行义务。这并非司法干预公司利润分配，其本质已是合同法上的合同履行问题。在审理中，公司可以以股东会（股东大会）在作出分配利润的决议后，公司出现财务恶化不存在剩余利润可供分配等无法实施决议的抗辩事由拒绝履行分配方案。人民法院对此应当认真审查其事实、理由是否存在，是否属于公司恶意反悔，一旦发现其抗辩事由不成立，就应当判决公司按照决议载明的具体分配方案向股东分配利润。

3. 股东会（股东大会）未作出载明利润分配具体方案的有效决议，股东能否请求法院分配利润？《公司法司法解释四》第 15 条规定："股东未提交载明具体分配方案的股东会或者股东大会决议，请求公司分配利润的，人民法院应当驳回其诉讼请求，但违反法律规定滥用股东权利导致公司不分配利润，给其他股东造成损失的除外。"对第 15 条的规定可以解读为：

（1）公司具有独立人格，公司赚取的利润是公司财产的一部分。是否分配和如何分配利润，原则上属于商业判断和公司自治的范畴，法院一般不应介入。如果股东会未就利润分配做出决议，原则上股东无权要求公司分配利润。换言之，在没有相关决议的情况下，法院不能强制要求公司将利润分配给股东。

（2）股东分红权案件的裁判要遵循自治为主、强制为辅的股东价值投资理念。法官在适用该条规定时要审慎而为，关键是要严格把握强制分红的适用条件。首先，公司须有可资分配的税后利润，这是强制分红的前提条件。依我国《公司法》第 166 条，股利分配资金来源为当年税后利润弥补亏损、提取法定公积金与任意公积金后的余额。倘若公司亏损或虽无亏损、但在依法提取法定公积金与任意公积金后无红可分，法院就不能判令公司强制分红。只有当公司符合法定股利分配要件、遵守公司与债权人有关限制股利分配的合同条款时，方能分红。其次，"违反法律规定滥用股东权利导致公司不分配利润，给其他股东造成损失"，是一种较为抽象的表达，具体判定标准并不明确，很大程度上有赖于法官的自由裁量。一般认为可以包括下列情形：给在公司任职的股东或者其指派的人发放与公司规模、营业业绩、同行业薪酬水平明显不符的过高薪酬，变相给该股东分配利润的；购买与经营不相关的服务或者财产供股东消费或者使用，变相分配利润的；为了不分配利润隐瞒或者转移公司利润的；滥用股东权利不分配利润的其他行为的。[1]

（二）股份转让权

股东依法转让自己持有的股份并从中获得对价的权利。从理论上来看，股份转让，首先表现为股东对个人财产的处分自由，所以当然是一种意思表示行为。不过关于股权转让的原因，基于不同的法政策考量而又不仅仅只限于转让股东自主意思表示下法律行为这唯一的一种。从具体法律规定来看，《公司法》对有限责任公司股东的股权转让和股份有限公司股东的股份转让的规定有所不同。

1. 有限责任公司的股权转让

有限责任公司股权转让的原因，分为对内转让、对外转让、强制转让、继承和异议股东回购请求。具体而言：

第一，有限责任公司股东之间的对内股权转让，因只对公司内部股东的股权结构产生影响，我国《公司法》第 71 条第 1 款规定："有限责任公司的股东之间可以相互转让其全部或者部分股权。"所以股东之间的转让不受限制，可以自由转让其全部或部分出资，也无需其他股东同意。

第二，就有限责任公司股东股权对外转让而言，因有限责任公司兼具资合公司与人合公司的特点，股东之间的人身信用程度较高，股东内部关系的稳定对公司具有重要意义。因此，有必要对股东向股东以外的人转让股权作出限制。《公司法》第 71 条第 2 款规定："股东向股东以外的人转让股权，应当经其他股东过半数同意。股东应就其股权转让事项书面通知其他股东征求同意，其他股东自接到书面通知之日起满 30 日未答复的，视为同意转让。其他股东半数以上不同意转让的，不同意的股东应当购买该转让的股权；不购买的，视为同意转让。"关于"视为同意转让"的规定，实际上是为了保障股东对外转让股权的自由，对于该股权转让，其他股东要么同意该股东对外转让股权，要么自己购买该转让的股权，但不能绝对否定股东转让股权的意思。所以，优先购买权的设置效果，旨在保障有限责任公司人合性，让股东能自主决定是否允许外部人进入公司。

优先购买权的设置有利于维护有限责任公司的人合性，它对于股东利益

---

[1] 杜万华：《最高人民法院公司法司法解释（四）理解与适用》，人民法院出版社 2017 年版，第 89 页。

保护，意义重大。但现有《公司法》只是概括性地规定，股东向公司股东以外的人转让股权时，其他股东享有在同等条件下优先购买转让股权的权利，但关于股东优先购买权的行使通知、行使方式、行使期限、损害救济等，都没有具体明确。就此，最高人民法院在《公司法司法解释四》中进行了补充。

为了充分平衡股东对外转让股权的自由和其他股东的优先购买权，《公司法司法解释四》规定，有限责任公司的转让股东在其他股东主张优先购买后又不同意转让的，对其他股东优先购买的主张，人民法院不予支持。同时，为了防止转让股东恶意利用该规则，损害股东优先购买权，《公司法司法解释四》明确规定，转让股东未就股权转让事项征求其他股东意见，或者以欺诈、恶意串通等手段，损害其他股东优先购买权的，其他股东有权要求以实际转让的同等条件优先购买该股权。

《公司法司法解释四》还细化了行使股东优先购买权的程序规则：一是，规定转让股东应当以书面或者其他能够确认收悉的合理方式，将转让股权的同等条件通知其他股东。二是，股东优先购买权的行使期限，应当按照章程规定期限、转让股东通知期限和 30 日最低期限的先后顺序确定。三是，判断"同等条件"应当考虑的主要因素，包括转让股权的数量、价格、支付方式及期限。

就损害股东优先购买权的股权转让合同的效力问题，对此类合同的效力，《公司法》并无特别规定，不应仅仅因为损害了股东优先购买权就认定合同无效或撤销合同，而应当严格依照《合同法》规定进行认定。此类合同原则上有效，因此《公司法司法解释四》规定，人民法院支持其他股东行使优先购买权的，股东以外的受让人可以请求转让股东依法承担相应合同责任。

第三，除了以转让股东意志为转移的股权转让行为之外，在有限责任公司股权转让的原因中，还包括非以股东意志为转移的强制转让和因死亡发生的股权继承两种情形。《公司法》第 72 条规定："人民法院依照法律规定的强制执行程序转让股东的股权时，应当通知公司及全体股东，其他股东在同等条件下有优先购买权。其他股东自人民法院通知之日起满 20 日不行使优先购买权的，视为放弃优先购买权。"第 75 条规定："自然人股东死亡后，其合法继承人可以继承股东资格；但是，公司章程另有规定的除外。"

第四，为了有效保护小股东利益，法律还专门规定了异议股东回购请求权制度。《公司法》第 74 条规定："有下列情形之一的，对股东会该项决议投反对票的股东可以请求公司按照合理的价格收购其股权：（1）公司连续 5 年不向股东分配利润，而公司该 5 年连续盈利，并且符合本法规定的分配利润条件的；（2）公司合并、分立、转让主要财产的；（3）公司章程规定的营业期限届满或者章程规定的其他解散事由出现，股东会会议通过决议修改章程使公司存续的。自股东会会议决议通过之日起 60 日内，股东与公司不能达成股权收购协议的，股东可以自股东会会议决议通过之日起 90 日内向人民法院提起诉讼。"

2. 股份有限公司的股份转让

股份有限公司是典型的资合公司。不同于有限责任公司，谁持有公司的股份对股份有限公司和其他股东影响并不大，不会影响公司的存续和公司的经营，因此，股份可以自由转让。《公司法》第 137 条规定，股东持有的股份可以依法转让。

股份自由转让是股份有限公司股权转移的基本原则，但对于某些股东，由于其地位特殊，如发起人、作为股东的董事、监事和其他高级管理人员等，其自由转让股份可能会损害其他股东的利益，因此需要加以限制。另外，股份的转让可能涉及国家金融秩序甚至经济安全，所以，股份转让的场所也有必要加以监管。因此，股份自由转让原则也有例外，具体而言，在我国主要有以下规定：

（1）对股份转让的场所的限制。《公司法》第 138 条规定："股东转让其股份，应当在依法设立的证券交易场所进行或者按照国务院规定的其他方式进行。"

（2）发起人所持有股份的转让限制。由于发起人对公司具有重要的影响，为了保护公司和其他股东、公众的利益，防止发起人利用设立公司进行投机活动，保证公司成立后一段时间内的稳定经营，各国公司法规定发起人的股份在一定时间内不得转让。《公司法》第 141 条第 1 款规定："发起人持有的本公司股份，自公司成立之日起 1 年内不得转让。公司公开发行股份前已发行的股份，自公司股票在证券交易所上市交易之日起 1 年内不得转让。"

（3）公司董事、监事、高级管理人员所持股份转让的限制。《公司法》第 141 条第 2 款规定："公司董事、监事、高级管理人员应当向公司申报所持有的本公司的股份及其变动情况，在任职期间每年转让的股份不得超过其所持有本公司股份总数的 25%；所持本公司股份自公司股票上市交易之日起 1 年内不得转让。上述人员离职后半年内，不得转让其所持有的本公司股份。

公司章程可以对公司董事、监事、高级管理人员转让其所持有的本公司股份作出其他限制性规定。"这一限制，一方面为了防止该类人员利用内幕信息从事股票交易非法牟利，另一方面可以将其利益与公司的经营管理状况进行联系，促使其尽力经营公司事业。

（三）剩余财产分配权

如果公司依法终止清算后，还有剩余的财产，股东可以依《公司法》规定或公司章程的约定取得公司的剩余财产。

三、股东的优先购买权

股东优先购买权，是指股东享有的同等条件下优先购买其他股东拟转让股权的权利。这是有限责任公司股东享有的专有权利。有限责任公司具有较强的人合性，股东之间基于相互信任而共同投资，优先购买权是有限责任公司股东特有的一种法定权利。《公司法》第71条第3款规定："经股东同意转让的股权，在同等条件下，其他股东有优先购买权。2个以上股东主张行使优先购买权的，协商确定各自的购买比例；协商不成的，按照转让时各自的出资比例行使优先购买权。"但第4款规定："公司章程对股权转让另有规定的，从其规定。"这是股东维护其优先购买权的主要法律依据，但关于股东优先购买权的行使通知、行使方式、行使期限、损害救济以及优先购买权的特殊情形，《公司法》没有具体规定。为此，《公司法司法解释四》作出了补充。

（一）排除了因继承发生股权转让时适用优先购买权的情形

股东死亡以后，由继承人继承股东资格在《公司法》第75条中已有规定："自然人股东死亡后，其合法继承人可以继承股东资格；但是，公司章程另有规定的除外。"《公司法司法解释四》第16条规定："有限责任公司的自然人股东因继承发生变化时，其他股东主张依据公司法第71条第3款规定行使优先购买权的，人民法院不予支持，但公司章程另有规定或者全体股东另有约定的除外。"进一步明确了因继承发生的股权转让不适用优先购买权条款。当然，如果其他股东认为继承会损害公司的人合性，则可以在章程中作出排除继承的规定。只要没有这样的约定，其他股东即无权主张优先购买权。

（二）明确规定了股东优先购买权的保护

1. 明确转让股权事项的通知方式及内容要求

（1）通知方式。《公司法司法解释四》第17条规定："有限责任公司的股东向股东以外的人转让股权，应就其股权转让事项以书面或者其他能够确认收悉的合理方式通知其他股东征求同意。其他股东半数以上不同意转让，不同意的股东不购买的，人民法院应当认定视为同意转让。经股东同意转让的股权，其他股东主张转让股东应当向其以书面或者其他能够确认收悉的合理方式通知转让股权的同等条件的，人民法院应当予以支持。经股东同意转让的股权，在同等条件下，转让股东以外的其他股东主张优先购买的，人民法院应当予以支持，但转让股东依据本规定第 20 条放弃转让的除外。"

该条规定明确转让股权的通知方式范围，不再限于书面通知，还可以其他能够确认收悉的合理方式通知其他股东；如果未来对通知与否发生争议，对其他股东而言，以"其他能够确认收悉的合理方式"通知的股东，要对已经通知进行证明；对转让股东以"其他能够确认收悉的合理方式"进行通知时，为了避免未来出现争议时对自己不利，要对通知的证据进行固定。

明确其他股东可以要求转让股东向其通知转让股权的同等条件，并且该要求主张具有可诉性。这有利于其他股东的优先购买权受到侵害后能及时有效地寻求救济，从而，可以有效保障其他股东充分地了解股权转让，防止其他股东的优先购买权受到侵害。

（2）通知的内容。《公司法司法解释四》第 18 条规定："人民法院在判断是否符合公司法第 71 条第 3 款及本规定所称的'同等条件'时，应当考虑转让股权的数量、价格、支付方式及期限等因素。"其他股东有权主张收到股权转让的"同等条件"的相关内容，即应当在通知中将转让数量、价格、支付方式及期限等一并明确，才相当于通知了"同等条件"。另外，因"同等条件"中对股权转让的"数量"进行了明确，实务中若其他股东仅主张优先购买部分股权的，将无法得到支持。

2. 明确了优先购买权的行使期间

《公司法司法解释四》第 19 条规定："有限责任公司的股东主张优先购买转让股权的，应当在收到通知后，在公司章程规定的行使期间内提出购买请求。公司章程没有规定行使期间或者规定不明确的，以通知确定的期间为准，通知确定的期间短于 30 日或者未明确行使期间的，行使期间为 30 日。"股东行使优先购买权支付受让股权对价款需要资金筹集时间，该解释对权利行使的期间作出了规定。章程如对此有明确约定的，优先遵照章程规定执行。如果章程没有规定的，以通知确定的时间为准。但通知确定的时间短于 30 天的或通知未明确行使权利期间的，行使期间确定为 30 天。

（三）明确了股东优先购买权的行使边界

有限责任公司具有较强的人合性，股东优先购买权制度的立法宗旨，在于维护公司股东的人合性利益。《公司法司法解释四》第 20 条规定，有限责任公司的转让股东，在其他股东主张优先购买后又不同意转让的，对其他股东优先购买的主张，人民法院不予支持，亦即其他股东不具有强制缔约的权利。但同时，为了防止转让股东恶意利用该规则，损害股东优先购买权，又进一步补充规定："但公司章程另有规定或者全体股东另有约定的除外。其他股东主张转让股东赔偿其损失合理的，人民法院应当予以支持"。该条明确尊重股东意思自治，一方面股东可以决定是否转让自己的股权，其他股东不能强行要求向其转让股权，即限制了其他股东强制缔约的权利。另一方面又规定公司章程另有规定或全体股东另有约定的，其他股东则可以向转让股东主张优先购买。

（四）对股东行使优先购买权的救济方式作出了明确规定

《公司法司法解释四》第 21 条规定："有限责任公司的股东向股东以外的人转让股权，未就其股权转让事项征求其他股东意见，或者以欺诈、恶意串通等手段，损害其他股东优先购买权，其他股东主张按照同等条件购买该转让股权的，人民法院应当予以支持，但其他股东自知道或者应当知道行使优先购买权的同等条件之日起 30 日内没有主张，或者自股权变更登记之日起超过 1 年的除外。前款规定的其他股东仅提出确认股权转让合同及股权变动效力等请求，未同时主张按照同等条件购买转让股权的，人民法院不予支持，但其他股东非因自身原因导致无法行使优先购买权，请求损害赔偿的除外。股东以外的股权受让人，因股东行使优先购买权而不能实现合同目的的，可以依法请求转让股东承担相应民事责任。"该条可以解读为：

1. 优先购买权在法定期限内主张，可产生形成权的效力

《公司法司法解释四》第 21 明确规定，转让股东未就股权转让事项征求其他股东意见，或者以欺诈、恶意串通等手段，损害其他股东优先购买权的，其他股东有权要求以实际转让的同等条件优先购买该股权。其他股东发现优先购买权被侵害时，可以直接向人民法院主张按同等条件购买该转让股权，主张的时间不得超过发现权利被侵害之日起 30 日或股权变更登记之日起 1 年。

侵害优先购买权的，权利人主张优先购买权后，即使已经完成了过户登

记，主张权利的股东还是可以把已经过户的权利追回，此时不管第三人交易时是善意还是恶意。之所以以其他股东优先购买的单方意思表示，对转让股东与第三人之间的股权交易后果产生直接影响，法律的价值取向在于保护有限责任公司的人合性。

2. 其他股东行使优先购买权，股权受让第三人的股权合同效力不受影响

有限责任公司的股东没有征求其他股东意见，即对外转让了股权，损害其他股东的优先购买权，该损害股东优先购买权的股权转让合同的效力如何？《公司法》并无特别规定，实践中很多法院作出过无效的判决。故此类合同有效、可撤销、效力待定还是无效，一直是有所争论。《公司法司法解释四》第21条第3款，明确解决了关于损害股东优先购买权的股权转让合同效力的实践争议。在这种情况下，关于股权转让合同的效力，法院不应仅因为损害股东优先购买权而认定合同无效或可撤销，而应当严格依照《合同法》规定进行认定。此类合同原则上有效，因此，若人民法院支持其他股东行使优先购买权的，股东以外的受让人可以请求转让股东，依法承担相应合同责任。

（五）明确通过拍卖或者产权交易所转让股权的特殊规定

《公司法司法解释四》第22条规定，通过拍卖向股东以外的人转让有限责任公司股权的，适用《公司法》第71条第2款、第3款或者第72条规定的"书面通知""通知""同等条件"时，根据相关法律、司法解释确定。在依法设立的产权交易场所转让有限责任公司国有股权的，适用公司法第71条第2款、第3款或者第72条规定的"书面通知""通知""同等条件"时，可以参照产权交易场所的交易规则。明确了拍卖股权和挂牌转让国有股权时其他股东可以行使优先购买权。

在具体行使规则上，对于拍卖股权，根据相关法律、司法解释确定，比如《公司法》第72条关于强制执行股权的规定，又如《最高人民法院关于人民法院民事执行中拍卖、变卖财产的规定》第14条："人民法院应当在拍卖5日前以书面或者其他能够确认收悉的适当方式，通知当事人和已知的担保物权人、优先购买权人或者其他优先权人于拍卖日到场。优先购买权人经通知未到场的，视为放弃优先购买权。"第16条："拍卖过程中，有最高应价时，优先购买权人可以表示以该最高价买受，如无更高应价，则拍归优先购买权人；如有更高应价，而优先购买权人不作表示的，则拍归该应价最高的竞买人。顺序相同的多个优先购买权人同时表示买受的，以抽签方式决定买受

人。"对于挂牌转让国有股权，参照产权交易场所的交易规则。

四、公司增资时的优先认购权

有限公司既是资合公司，又是人合公司，股东有最高人数的限制。各国公司法普遍赋予其原股东在公司增资时有优先认缴出资的权利，而且这是一项绝对的权利。我国《公司法》第34条规定："股东按照实缴的出资比例分取红利；公司新增资本时，股东有权优先按照实缴的出资比例认缴出资。但是，全体股东约定不按照出资比例分取红利或者不按照出资比例优先认缴出资的除外。"

五、股东知情权

1. 概念

股东知情权是法律赋予股东通过查阅公司财务报告资料、账簿等有关公司经营、决策、管理的相关资料以及询问与上述有关的问题，实现了解公司运营状况和公司高级管理人员的业务活动的权利，是股东行使资产收益权利、参与公司重大决策以及选择经营管理者的前提和基础。依据《公司法》第33条规定，有限公司股东有权查阅、复制公司章程、股东会会议记录、董事会会议决议、监事会会议决议、财务会计报告和查阅会计账簿。第97条规定，股份有限公司股东有权查阅公司章程、股东名册、公司债券存根、股东大会会议记录、董事会会议决议、监事会会议决议、财务会计报告，对公司的经营提出建议或者质询。该权利主要表现为公司股东对与股东利益存在密切联系的公司信息的知悉权，股东可获知的信息，也就是可查阅的对象包括，公司章程、股东名册、公司债券存根、股东会（股东大会）会议记录、董事会会议决议、监事会会议决议、财务会计报告。

2. 股东知情权的特征

（1）股东知情权，就其地位而言，为股东所享有的各项权利之基础。实践中，股东对公司相关信息的了解和知悉的程度决定着其他股东权利能否有效行使。若股东对公司实际经营状况一无所知或所知情况并不真实准确，则很难做出最符合股东自身利益的决策，例如在公司股票的买卖过程中，如若对该公司的经营管理现状不是十分明晰，投资就会带有极大的盲目性，则必然损害股东的经济利益。或者，如果股东在不明公司实际状况的情况下盲目地参与公司的经营管理，则股东在做出决策时也必然会带有盲目性和片面性，由此造成的损失不仅会波及股东自身，也会伤害到公司的整体利益并祸及其他股东。所以，保障股东的知情权得到顺利有效的行使是股东行使一切股东权的前提，因而股东的知情权在各项股东权利中处于基础性地位。

（2）股东知情权不依附于其他股东权利而存在，具有独立性。无论在理论层面还是司法实务中，股东的知情权与诉权、公司的经营管理权、公司利润分配请求权都是截然不同的。最高人民法院也发布《民事案件案由（规定）》，股东知情权纠纷作为独立的股东权利纠纷案件来处理。

（3）股东知情权的权利主体自然是股东，其义务主体具有多样性，主要包括控股股东、董事、监事、高级管理人员甚至包括公司本身。股东知情权不仅反映股东与股东之间的关系，也体现着股东与公司的经营管理者之间的权利义务关系，是法律赋予股东的用于维护自身合法权利的重要工具。

以股东之间关系为视角，知情权纠纷频发于普通股东和控股股东之间，在资本多数决理论的影响下，股份多数决原则自然而然地成了公司管理过程中的主流思想，使得控股股东与非控股股东之间的冲突越来越明显。控股股东作为公司决策者，发展方向和公司大政方针的主导权无疑是掌握在这些控股股东手里的，经营信息、财务状况、合同资料也都在他们手中，由此，控股股东必然是公司信息状况的提供者，是股东知情权的义务主体之一。

董事、监事、高级管理人员一般由股东大会任命，他们对外代表公司履行职务，对内负责公司的日常经营管理工作，公司的很多具体工作都是由他们来完成的，他们手里往往掌握着公司的详细信息，而且他们也往往最熟悉公司的真实情况，他们实际上受雇于股东，所以为股东有效行使知情权提供方便也是他们应当履行的一项重要义务。股东作为投资者获得经济利益以及参与公司经营管理的前提是对公司状况的准确掌握。依照我国《公司法》，公司有义务将公司真实情况告知股东，故而，公司也成了股东知情权的当然义务主体。

（4）股东知情权的内容，随公司性质不同而有所区别，亦即股东知情权的内容和行使都有一定的限制。由于股东在行使知情权时所知悉的公司信息与公司的商业秘密、内幕消息常常无法分割，甚至会牵涉到其他股东的个人信息乃至个人隐私，为了防止股东借行使知情权之便恶意查询公司信息损害公司利益，有必要对股东知情权的行使进行一定程度上的限制。所以，股东虽然享有被告知公司相关信息的权利，但这并不意味着股东有权查询与公司相关的任何信息。

因此，为了平衡公司和股东的利益，《公司法》对股东行使知情权作出限制性规定。第33条第2款规定，有限责任公司股东可以要求查阅公司会计账簿。股东要求查阅公司会计账簿的，应当向公司提出书面请求，说明目的。公司有合理根据认为股东查阅会计账簿有不正当目的，可能损害公司合法利益的，可以拒绝提供查阅，并应当自股东提出书面请求之日起15日内书面答复股东并说明理由。

【理论拓展单元】 股东知情权的性质

第一，股东知情权是股东的固有权利。

实践中，对于公司可否通过公司章程或股东会决议限制或剥夺股东知情权问题，存在争议：一种观点认为，根据公司自治理论，公司章程、股东会决议是公司意思自治的体现，为公司利益考虑，公司章程或股东会决议可以对股东知情权进行必要限制；相反的观点认为，股东知情权不是基于约定而产生，而是法律直接赋予的权利，具有固有性，所以不能允许公司以公司章程或股东会决议的形式剥夺股东的知情权。第二种观点更具合理性：

首先，从股东知情权产生的理论基础来看，现代公司实行所有权与控制权的分离，股东不直接营运公司事务，负责公司管理的人仅仅是股东的代理人，股东才是真正的财产所有人，股东将财产委托公司代理人经营管理，就必须对经营条件和管理进行监督。因此，知情权产生于"代理理论"，本身是一种监督性权利。保护股东知情权并非立法者的最终目的，其最终目的是以保护股东的知情权为手段，保障其他股东权利的正常行使，实现股东的投资目的。如果知情权被公司章程剥夺或者被股东通过约定予以放弃或者限制，将会导致股东其他权利难以得到保障。因此，必须"为避免产生严重不公平后果或为满足社会要求而对私法自治予以限制的规范"，[1]对法定知情权不能适用民事权利处分的一般规则，而应适用公司法上的特殊规则，即以公司自治为由剥夺股东知情权。

其次，从知情权作为强制性规范的性质看，我国《公司法》规范包含宣

---

[1] ［德］卡尔·拉伦茨：《德国民法通论》（上册），王晓晔等译，法律出版社2003年版，第42页。

示性规范、授权性规范、强制性规范和任意性规范。公司固然需要自治，公司法固然需要提供灵活性的条款，但是，《公司法》并非仅仅规定了合同文本，公司合同理论不能描述公司的现实。[1]知情权实质上属于监督的权利，是中小股东监督经营者的权利，监督性质的权利在公司法上的设定为强制性规范，而非任意性规范，因此，知情权不能被排除。

再次，近年来在我国关于股东知情权的司法实践中，国内一些地方法院在其指导意见中大多明确规定，通过章程排除股东的查阅权利是无效的。例如：江苏省高级人民法院《关于审理适用公司法案件若干问题的意见（试行）》（2003 年 6 月 3 日江苏省高级人民法院审判委员会第 21 次会议通过）规定："公司章程或股东之间关于股东不得查阅公司文件的约定无效。"山东省高级人民法院《关于审理适用公司纠纷案件若干问题的意见（试行）》（2006 年 12 月 26 日山东省高级人民法院审判委员会第 68 次会议讨论通过）规定："公司章程关于股东不得查阅公司文件的规定无效。"最高人民法院2017 年 8 月发布，9 月 1 日施行的《公司法司法解释四》对此也作了明确规定，其第 9 条规定："公司章程、股东之间的协议等实质性剥夺股东依据《公司法》第 33 条、第 97 条规定查阅或者复制公司文件材料的权利，公司以此为由拒绝股东查阅或者复制的，人民法院不予支持。"至于何为"实质性剥夺"，则留给审理个案的法官自由裁量。

第二，股东知情权是共益权。

股东为自身利益可以以个人名义单独主张的权利称为股东"自益权"，股东行使该权利并非单纯为了维护股东个人利益，也为了维护公司的整体利益，则称之为"共益权"。至于股东知情权到底属于自益权的范畴还是存在于共益权的涵盖范围之内，学界观点不一。持自益权观点的学者认为，知情权是股东为保护自己的投资利益而行使的权利，其目的是维护自身权益，与"共益"无关。股东知情权属于共益权，更具合理性。

首先，想要实现股东知情权便需要了解公司的经营信息，从而使得公司行为乃至公司经营者的行为趋向于透明化。由此可知，股东在通过行使知情权保护其投资利益的同时也对公司和公司经营者的行为起到一定程度的监督之效，这就意味着股东在维护自己合法权益的同时也兼顾了其他股东乃至整

---

[1]　胡田野：《公司法任意性与强行性规范研究》，法律出版社 2012 年版，第 203~204 页。

个公司的利益。

其次，股东行使知情权的结果并不是直接获得个人经济利益，其意义多是通过股东知情权的实现将公司的真实信息公布出来为投资者所知晓，防止公司管理者以权谋私。故而，股东知情权的行使在起到保护该股东权利的同时，也起到了使公司和其他股东的利益免受侵害的作用，因此，股东知情权属于共益权。

第三，股东知情权的是单数股东权。

不以股东手中股权份额的多寡为标准，只要持股就可单独行使的股东权利称作单数股东权；相反，如果行使股东权利必须以持有相应份额为特定条件的话，则称其为少数股东权。由此可见，单数股东权较之于少数股东权而言，取消了对股东持股份额的限制。作为股东知情权的享有者，股东行使法律赋予的权利不应受到持股比例的限制，因为股东权是一种身份权，而这种身份来源于投资行为，而股东身份与投资的多与少无必然关系。也就是说，无论持股比例的多少，基于股东身份而获得的权利都应该是平等的，这种平等与持股份额无关，否则会造成股东之间身份、资格上的不平等，有损中小股东的合法权益。

第四节　股东权利的救济

股东权利作为法律意义上的权利，本身就包含了诉权的内容，即股东权利不能实现或受到侵害时可以通过诉讼获得保护或救济的权利。股权诉讼具有广、狭两层含义，广义的股权诉讼是指一切基于股权而发生的诉讼，不仅包括股东由于股东权受到侵害而发生的股东诉讼，还包括股权转让诉讼和股权确认诉讼。狭义的股权诉讼仅指股东诉讼，即股东权利意义上的诉讼，是指股东对损害公司利益和股东利益的行为向法院提起诉讼的权利。《公司法》专门规定了股东维护股东权利的诉权，包括股东直接诉讼和股东代表诉讼。

一、股东直接诉讼

（一）概述

1. 股东直接诉讼的概念

股东直接诉讼，是指股东基于股权，为了自己的利益，以自己的名义向公司、董事、高管人员或者其他侵权人提起的诉讼。刘俊海教授认为，"股东直接诉讼，是指股东纯为维护自身利益基于股份所有人的地位向公司或者他人提起的诉讼。"〔1〕江平等学者认为，股东直接诉讼是指"股东为自己的利益，以自己的名义向公司或者其他权利侵害人提起的诉讼。"〔2〕

2. 股东直接诉讼具有如下特征

（1）股东直接诉讼提起的诉因系股东所持股权受到外力直接侵害。

（2）股东直接诉讼的原告仅限于公司股东。顾名思义，股东直接诉讼制度系为保护股东合法权益而设，该种诉讼的原告必然仅限于公司股东，至于股东直接诉讼的被告，不仅是公司，还包括负有忠实义务和勤勉义务的公司高管，公司控股股东均在一定条件下可以成为股东直接诉讼的被告。

（3）股东直接诉讼系股东以自己名义提起，相应的诉讼效果归属于原告股东。股东直接诉讼制度是为保护股东股权免受不法侵害而设置的，股东为救济自己受到侵害的合法权益向人民法院提起诉讼，所以原告身份非己莫属。另外，无论是胜诉还是败诉，股东诉讼提起的法律后果均直接归属于原告股东自己，即使是为保护股东共益权而进行的股东直接诉讼也不能因该种诉讼关系到公司全体股东共同利益，而由原告股东之外的公司其他股东分担股东直接诉讼引起的利益与不利益。

3. 股东直接诉讼的制度意义

（1）为股权内容的充分实现提供了路径支持和强力保障。《公司法》为股东权利设计了丰富的内涵，作为典型的资本权，股权价值是通过股权行使予以实现的，只有充分行使股权，发挥股权应有之效才能真正彰显股权应有之义。"民法关于权利的保护，端在救济权制度，即赋予当事人救济权，而且确立方便可靠的程序，确保救济权的行使。此种安排，既许可权利人依靠自身力量行使救济权的自力救济程序，又许可权利人通过国家的专门帮助行使救济权的公力救济程序。"〔3〕股权之自力救济路径是股东通过公司权力机关——股东会（股东大会）以实现股权的保护，然而随着当代股东会中心主义的日趋衰落和董事会中心主义的日趋兴盛，特别是在我国公司制度尚不发

---

〔1〕　刘俊海：《股份有限公司股东权的保护》，法律出版社 2004 年版，第 316 页。

〔2〕　江平、李国光主编：《最新公司法条文释义》，人民法院出版社 2005 年版，第 380 页。

〔3〕　张俊浩：《民法学原理》，中国政法大学出版社 2000 年版，第 86 页。

达，控股股东位高权贵的时代背景下，股权的私力救济显得无力。因此，加强股权保护的公力救济，赋予股东诉权，是股权实现的内在要求，对股权保护具有重要意义。

（2）有助于遏制资本多数决的异化，为实现股东民主提供了制度支撑。公司意志产生与表达均需依靠股东会来进行，股东会由公司全体股东组成，其意志的形成则最终由公司成员所决定，根据资本多数决原则，股东表决权的大小与其所持股权多少成正比，持有多数股权的股东意思即为公司意思，持反对意见的股东必须服从公司。而公司实践中，股东利益的冲突是现实的、难免的，因此，掌握更多资本、更多话语权的大股东难免会恶意利用资本多数决原则侵害小股东的合法权益，此即资本多数决的滥用或异化。为防止资本多数决的滥用，各国公司立法均在寻求事前遏制与事后补救之措施，其中，事前防范措施诸如扩大小股东表决权的累积投票制、限制大股东表决权的回避制度，事后救济即为赋予股东诉权，以遏制或弥补资本多数决异化或滥用，真正实现股东平等和股东民主。

（3）股东直接诉讼制度的设置化解司法审判实践的尴尬。"在我国类似于大陆法系严格适用法律，法官不能进行法外救济的司法环境下，股东依据公司法起诉，要求公司或董事赔偿股东损失的案件常常被法院以缺乏法律依据为由拒绝司法救济。为了获得司法救济，股东总是要把公司纠纷化身为合同纠纷才能有把握得到法院的受理。"[1]换言之，即使公司法赋予股东以更多的股权内容，如果不在相应基础上赋予股东以诉权，准许其进行司法救济，在我国现行的司法审判体制下，很难有法官敢越雷池一步，致股权陷于纸上谈兵之尴尬，因此，明确赋予股东以诉权，设置股东直接诉讼机制，使股权具有可诉性，对切实保障股东合法权益的实现更具实践价值。

（二）我国股东直接诉讼的类别

所谓股东直接诉讼的法定分类，是指我国《公司法》等法律明确规定或依据相关法律条文可当然提起诉讼的股东直接诉讼类别。在立法上，其一，就股东直接诉讼的规范模式而言，散见于《公司法》的各章之中；其二，就股东直接诉讼的诉因而言，我国《公司法》也系采取列举模式：（1）股东会（股东大会）、董事会决议无效、撤销之诉、决议不成立之诉；（2）股东知情

---

〔1〕 乔欣：《公司纠纷的司法救济》，法律出版社 2007 年版，第 33 页。

权之诉，即股东查阅、复制请求被公司拒绝时，可以请求人民法院要求公司提供查阅；（3）异议股东股份回购请求之诉，即公司股东请求公司收购股权，不能达成协议时，可以向人民法院提起诉讼；（4）公司股东、高管损害赔偿之诉，即公司的股东、董事、高级管理人员违反法律、行政法规或者公司章程的规定，损害股东利益的，股东可以向人民法院提起诉讼；（5）公司解散之诉；其三，关于诉讼主体，在原告资格方面，除公司解散之诉对原告股东有所限制外（第 182 条规定："公司经营管理发生严重困难，继续存续会使股东利益受到重大损失，通过其他途径不能解决的，持有公司全部股东表决权10%以上的股东，可以请求人民法院解散公司。"），其他股东直接诉讼类型均无限制，即只需具有股东身份即可；其四，关于时效规则，《公司法》对股东直接诉讼类型予以明确规定的主要包括：（1）股东会（股东大会）、董事会决议撤销之诉的时效为决议作出之日起的 60 日；（2）异议股东股份回购请求之诉的时效为股东会会议通过决议之日起 90 日。

1. 公司决议效力瑕疵之诉

公司决议效力瑕疵之诉是指公司决议存在内容或程序上的瑕疵时，公司的股东、利害关系人因对公司决议效力持有异议而向法院提起的诉讼。《公司法》第 22 条第 1、2 款规定："公司股东会或者股东大会、董事会的决议内容违反法律、行政法规的无效。股东会或者股东大会、董事会的会议召集程序、表决方式违反法律、行政法规或者公司章程，或者决议内容违反公司章程的，股东可以自决议作出之日起 60 日内，请求人民法院撤销。"召开股东会或者股东大会、董事会会议，就公司经营事项作出决议，是公司治理的主要方式。因此，关于决议效力的争议也是公司治理纠纷的主要类型。

对决议效力瑕疵的分类，各国立法例大致存在"二分法"与"三分法"的分野，前者包括决议无效和决议可撤销两种决议效力瑕疵，后者则在此基础上还规定了决议不成立或者决议不存在。我国《公司法》第 22 条规定了确认决议无效和撤销决议之诉，都是针对已经成立的决议，未涵盖决议不成立的情形。从体系解释出发，不成立的决议当然不具有法律约束力，应是公司法的默示性规定。因此，《公司法司法解释四》第 5 条规定了决议不成立之诉："股东会或者股东大会、董事会决议存在下列情形之一，当事人主张决议不成立的，人民法院应当予以支持：（1）公司未召开会议的，但依据《公司法》第 37 条第 2 款或者公司章程规定可以不召开股东会或者股东大会而直接作出决定，并由全体股东在决定文件上签名、盖章的除外；（2）会议未对决议事项进行表决的；（3）出席会议的人数或者股东所持表决权不符合《公司法》或者公司章程规定的；（4）会议的表决结果未达到《公司法》或者公司章程规定的通过比例的；（5）导致决议不成立的其他情形"。

2. 股东知情权之诉

（1）知情权范围。关于知情权的范围，《公司法》第33条和第97条作了相关的规定，有限公司股东有权查阅、复制公司章程、股东会会议记录、董事会会议决议、监事会会议决议、财务会计报告和会计账簿；股份有限公司股东有权查阅公司章程、股东名册、公司债券存根、股东大会会议记录、董事会会议决议、监事会会议决议、财务会计报告。《公司法》仅规定了有限责任公司股东可以查阅会计账簿，对股东能否查阅公司财务或合同的原始凭证没有作规定。《公司法司法解释四》虽使用了"特定公司文件资料"的概念，但仍未能明确股东有权查阅的文件资料是否包括原始凭证。

《公司法》第33条提及了股东有权查阅的三类文件材料：第一类是公司章程和规章制度；第二类是股东会会议记录、董事会会议决议、监事会会议决议和财务会计报告；第三类是会计账簿。但在公司财务会计实践中，还有第四类公司文件资料，即原始凭证（包括合同、原始发票及收据等）。在非上市公司，这四类文件的透明度依次降低，保密程度依次增强。在上市公司，公司财务会计报告以及年报、中报、季报及临时报告的透明度与公司章程相当。鉴于会计账簿并非无源之水、无本之木，而是依据原始会计凭证制作；鉴于小股东最急需查阅而控股股东和高管最害怕的查阅对象乃为原始凭证；又鉴于会计账簿造假难度虽高于财务会计报告，但低于原始会计凭证。所以，司法实务中，建议法官运用目的解释方法，对"公司特定文件资料"与"会计账簿"做扩张解释，以囊括原始凭证，支持在查阅会计账簿时对特定科目存疑的股东查阅该科目对应的原始凭证。[1]

（2）行使股东知情权的主体。在股东知情权法律关系中，权利主体是公司股东，义务主体是公司，因此行使股东知情权的主体自然是股东。在股东知情权纠纷的案件中，原告应当在起诉时具备股东资格，这无疑是一个基本

---

〔1〕 刘俊海："公司自治与司法干预的平衡艺术：《公司法解释四》的创新、缺憾与再解释"，载《法学杂志》2017年第12期。

原则。但在坚持尊重知情权人身属性的同时，根据诉的利益原则，也应对前股东所享有的合法权利，依法予以适当保护。为此，《公司法司法解释四》第7条规定："股东依据公司法第33条、第97条或者公司章程的规定，起诉请求查阅或者复制公司特定文件材料的，人民法院应当依法予以受理。公司有证据证明前款规定的原告在起诉时不具有公司股东资格的，人民法院应当驳回起诉，但原告有初步证据证明在持股期间其合法权益受到损害，请求依法查阅或者复制其持股期间的公司特定文件材料的除外。"

司法解释允许前股东查阅公司会计账簿，有助于规范公司治理，帮助前股东对显失公平的股权转让合同行使撤销权。实务中，股权转让的定价，根据资产基础法与资产收益法等评估方法确定股权转让价值时，股权转让价款的确定都与公司净资产状况密切相关。如果老股东无权查账，那作为受让方的控股股东或董事高管，就可压低公司净资产和股权价值，这事实上就助长了受让方以不合理低价取得股权。因此，允许前股东查账，有利于股权出让方获取行使撤销权的充分证据，促使作为受让方的控股股东或董事高管诚信行事。同时，前股东行使知情权，还为其主张持股期间所受损害的赔偿请求权提供了渠道。

（3）"不正当目的"的认定标准和举证责任。《公司法》第33条第2款允许公司在有合理根据认为股东查阅会计账簿有不正当目的、可能损害公司合法利益时，拒绝提供查阅。实务中，如何认定"不正当目的"，成为股东知情权纠纷的核心问题。它既是股东主张公司会计账簿查阅权能否获得实质性保护的关键，也是庭审中各方当事人质证和辩论的焦点。

《公司法》未明确认定"不正当目的"的标准，对此，《公司法司法解释四》第8条规定："有限责任公司有证据证明股东存在下列情形之一的，人民法院应当认定股东有《公司法》第33条第2款规定的'不正当目的'：（1）股东自营或者为他人经营与公司主营业务有实质性竞争关系业务的，但公司章程另有规定或者全体股东另有约定的除外；（2）股东为了向他人通报有关信息查阅公司会计账簿，可能损害公司合法利益的；（3）股东在向公司提出查阅请求之日前的3年内，曾通过查阅公司会计账簿，向他人通报有关信息损害公司合法利益的；（4）股东有不正当目的的其他情形。"据此，公司应承担股东请求查阅公司会计账簿时具有不正当目的的举证责任。

（4）股东行使股东知情权可否委托代理人。对此问题的回答需要衡量多方的利益因素。一方面，由于绝大多数自然人股东不具备会计、审计、法律的专业知识，如概不允许查阅代理，则实质上剥夺了其查阅权，再考虑到法人股东实质上具备专业知识（委托其具备专业知识的工作人员），也会造成自然人股东与法人股东的实质不平等。另一方面，如不加限制地允许查阅代理，则受托人难免鱼龙混杂，甚至发生具有不纯动机的原告股东聘请公司竞争对手的专业人员查阅的情形，对公司利益的威胁与损害极大。有鉴于此，《公司法司法解释四》对该问题作出规定，其第10条第2款规定："股东依据人民法院生效判决查阅公司文件材料的，在该股东在场的情况下，可以由会计师、律师等依法或者依据执业行为规范负有保密义务的中介机构执业人员辅助进行。"显然，这一规定首先支持胜诉原告股东可以委托代理查阅，但又有两个限制，一是股东本人（自然人股东）或其代表人（法人股东）在场，二是受托人仅限于"会计师、律师等依法或者依据执业行为规范负有保密义务的中介机构执业人员"，此举是寄望于依托上述专业人士负有的特定行业职业道德、承担特定执业资格惩罚责任，也即较高的违法成本的威慑力，来降低公司商业秘密被侵害的可能性。

（5）股东行使知情权后泄露商业秘密的赔偿责任。根据司法经验，尽管有"不正当目的"抗辩程序的过滤机制，但怀有各色不纯动机的原告股东通过知情权这一通道获取公司商业秘密后，损害公司利益的现象仍时有发生，还包括查阅专业代理人的侵权行为。为此，《公司法司法解释四》第11条规定，"股东行使知情权后泄露公司商业秘密导致公司合法利益受到损害，公司请求该股东赔偿相关损失的，人民法院应当予以支持。根据本规定第10条辅助股东查阅公司文件材料的会计师、律师等泄露公司商业秘密导致公司合法利益受到损害，公司请求其赔偿相关损失的，人民法院应当予以支持。"据此，为有效保护公司利益，股东以及股东委托的代理人泄露公司商业秘密导致公司利益受损的，应当向公司承担赔偿责任。

（6）股东知情权的判决方式。《公司法司法解释四》第10条第1款规定："人民法院审理股东请求查阅或者复制公司特定文件材料的案件，对原告诉讼请求予以支持的，应当在判决中明确查阅或者复制公司特定文件材料的时间、地点和特定文件材料的名录。"据此，股东可以依据胜诉判决书载明的时间、地点和特定的文件名录的范围，有效行使股东知情权。

（7）董事、高管对无法查询公司文件资料的赔偿责任。为防止公司以特定文件资料未制作、遗失为由，干扰原告股东的知情权行使，导致胜诉判决事实上无法执行，《公司法司法解释四》第 12 条规定："公司董事、高级管理人员等未依法履行职责，导致公司未依法制作或者保存公司法第 33 条、第 97 条规定的公司文件材料，给股东造成损失，股东依法请求负有相应责任的公司董事、高级管理人员承担民事赔偿责任的，人民法院应当予以支持。"根据上述规定，如果公司未依法制作和保存公司法第 33 或者第 97 条规定的公司文件材料，股东可以起诉请求公司董事、高级管理人员承担民事赔偿的个人责任。

3. 异议股东回购请求权之诉

所谓异议股东回购请求权，指的是在特定的情形下，对公司股东会（大会）会议决议持反对意见的股东所享有的、要求公司以合理公平的价格收购自己股份的权利。异议股东回购之诉，是指当公司股东会或股东大会基于资本多数决，就有关公司合并、分立、转让主要财产等涉及股东重大利益的公司事项进行决议时，持有异议的少数股东要求公司以公平价格购买其所持有的股权遭到公司拒绝时，该异议股东请求人民法院强制公司予以收购该股权的诉讼。该种诉讼建构在异议股东股份回购请求权基础之上，系为保障异议股东安全退出公司所设。

《公司法》在第 74 条与第 142 分别规定了有限责任公司与股份有限公司的异议股东回购请求权。针对有限责任公司，第 74 条规定："有下列情形之一的，对股东会该项决议投反对票的股东可以请求公司按照合理的价格收购其股权：（1）公司连续 5 年不向股东分配利润，而公司该 5 年连续盈利，并且符合本法规定的分配利润条件的；（2）公司合并、分立、转让主要财产的；（3）公司章程规定的营业期限届满或者章程规定的其他解散事由出现，股东会会议通过决议修改章程使公司存续的。自股东会会议决议通过之日起 60 日内，股东与公司不能达成股权收购协议的，股东可以自股东会会议决议通过之日起 90 日内向人民法院提起诉讼。"针对股份有限公司，第 142 条规定："公司不得收购本公司股份。但是，有下列情形之一的除外：（1）减少公司注册资本；（2）与持有本公司股份的其他公司合并；（3）将股份用于员工持股计划或者股权激励；（4）股东因对股东大会作出的公司合并、分立决议持异议，要求公司收购其股份；（5）将股份用于转换上市公司发行的可转换为股票的公司债务；（6）上市公司为维护公司价值及股东权益所必需。"在立法的模式上，二者略有不同：对有限责任公司异议股东的股份回购请求权，法律采取的是直接规定的模式，即以明确的法律条文列举了可以要求回购股份的具体情形；而对于股份有限公司的异议股东回购请求权则采取了蕴涵规定的模式，即在列举公司可以收购自己股份的几种情形中涉及了异议股东可能提起回购请求的情形。

（1）异议股东回购请求权的行使条件

①主体条件。从法律的制度设计看，无论是有限责任公司的股东，还是股份有限公司的股东；无论是上市公司的股东，还是非上市公司的股东均可以成为请求权主体，法律并未作特别限定。

②严格法定事由。根据大陆法系各国的普遍做法，考虑到允许股东随意行使股份回购请求权可能会对公司的资本确定构成威胁，并最终影响债权人利益的保护，所以对于股份回购请求权的事由均有严格限定。我国《公司法》对有限责任公司与股份有限公司作了区别处理。根据第74条，只有在涉及不分红决议、修改公司章程使公司继续存续的决议以及公司合并决议、分立决议和转让主要财产的决议这五种决议时，有限责任公司对该决议投反对票的异议股东，才有权请求公司按照合理的价格收购其股权。而对于股份有限公司的股东而言，因为股权转让自由可大大保护股东的退出自由，所以第142则仅仅规定了股东只有对股东大会作出的公司合并、分立决议持异议的，才可以要求公司收购其股份。

③行使请求权的股东必须已经对股东会（大会）会议决议表示明确的反对。如果股东对决议并无异议，便不能行使回购股份的请求权。

在行使回购请求权的法定事由上，法律对于有限责任公司股东的规定，十分宽泛；而对于股份有限公司股东，则要求较为苛刻。之所以如此规定，主要是考虑到两种不同组织形式的公司特性上的差异。有限责任公司具有较强的封闭性与人合性，这些特性决定了其股东无法通过公开市场自由转让其股权，常常是很难找到合适的买主，被迫低价转让其持有的股份。而股份有限公司所具有的高度资合性以及其发行股票本身的高度可流转性，决定了股份有限公司的股份转让较为自由，也更为容易通过公开的市场找到合适的买家；尤其是公开上市公司的异议股东更是可以随时通过证券市场卖出股份，用"脚"投票。两相比较，有限责任公司的股东更需要借助法律赋予股份回购请求权来维护其合法权益，而股份有限公司的股东只是在极其个别的情况下（公司合并、分立时）才需要行使股份回购的请求权。

（2）行使请求权受阻时的救济措施。仅仅赋予权利，并不一定能够实现法律所追求的保护股东退出自由的效果。异议股东向公司提出请求时，如果公司百般刁难，难以达成协议，则异议股东回购请求权制度的立法目的，势必无法顺利实现。对此，我国《公司法》的第 74 条规定："自股东会会议决议通过之日起 60 日内，股东与公司不能达成股权收购协议的，股东可以自股东会会议决议通过之日起 90 日内向人民法院提起诉讼。"

（3）行使请求权后公司收购股份后对股份的处理。根据公司法原理，法律一般不允许公司持有自己的股份。因而在收购股份后，应当及时地处理所收购的股份。《公司法》第 142 条规定，股份有限公司应在 6 个月内注销或者转让所收购的股份。

4. 损害赔偿之诉

（1）公司股东滥用股东权的损害赔偿之诉。是指股东违反《公司法》和公司章程之规定而对公司其他股东造成损害，受害股东提起的侵权损害赔偿之诉。我国《公司法》第 20 条第 2 款明确规定："公司股东滥用股东权利给公司或者其他股东造成损失的，应当依法承担赔偿责任。"股东损害赔偿之诉的构成要件包括：其一，加害股东从事了违反《公司法》和公司章程规定义务的行为，即包括非控股股东对一般意义上的法律义务的违反，也包括控股股东对《公司法》和公司章程为其特别设定的法律义务的违反；其二，加害股东的行为造成了公司其他股东的损害，并且具有直接因果关系；其三，加害股东主观上具有过错，即故意或过失。

（2）公司董事、高级管理人员滥用职权的损害赔偿之诉。《公司法》第 152 条规定："董事、高级管理人员违反法律、行政法规或者公司章程的规定，损害股东利益的，股东可以向人民法院提起诉讼。"此类诉讼中，侵权责任之构成应符合以下条件：第一，董事、高级管理人员有滥用职权的行为。这主要表现为违反勤勉义务和忠实义务。勤勉义务又称为善良管理义务或者注意义务。第 148 条规定董事、高级管理人员不得有下列行为：挪用公司资金；将公司资金以其个人名义或者以其他个人名义开立账户存储；违反公司章程的规定，未经股东会、股东大会或者董事会同意，将公司资金借贷给他人或者以公司财产为他人提供担保；违反公司章程的规定或者未经股东会、股东大会同意，与本公司订立合同或者进行交易；未经股东会或者股东大会同意，利用职务便利为自己或者他人谋取属于公司的商业机会，自营或者为他人经营与所任职公司同类的业务；接受他人与公司交易的佣金归为己有；擅自披露公司秘密；违反对公司忠实义务的其他行为。可见公司董事、高级管理人员忠实义务之违反主要表现为：（1）董事、高级管理人员及其利害关系人与公司交易之限制的违反；（2）利用或者篡夺公司机会；（3）董事竞业禁止义务的违反；（4）保守公司商业秘密的违反；（5）其他忠实义务的违反。第二，该滥用职权的行为违反法律、行政法规或者公司章程的规定。第三，该滥用职权的行为损害了股东的利益。第四，滥用职权行为与股东损害之间有因果关系。

这类诉讼的诉讼请求权基础是损害赔偿请求权，属于民事诉讼法学上的给付之诉。此类诉讼的原告为被侵权之股东；被告为侵权之股东。在诉讼中，应当遵循证明责任的一般规则即"谁主张谁举证"。但是，由于此类诉讼的被告处于非常强势的地位，法院应当依法根据具体案情积极利用职权为原告调取证据或者在法律无明确规定之时，酌情合理地分配原被告之间的证明责任。

5. 解散公司之诉

公司解散之诉，是指"当公司出现股东无力解决的不得已事由或者公司董事的行为危及公司存亡，或者当公司经营遇到显著困难，公司财产和股东的权利可能遭受严重损失时，持有一定比例股份的股东有权请求法院强制解散公司"的诉讼。作为解决公司僵局的重要机制之一，各国公司法大都赋予了股东在符合法律规定的情形下请求法院强制解散公司之权，如美国（《美国示范公司法》第14.30条）、日本（《日本公司法》第833条）、德国（《德国有限责任公司法》第61条）、韩国（《韩国商法典》第520条），并且为股东提起强制解散公司之诉设置了严格的限制条件。我国《公司法》在第182条规定："公司经营管理发生严重困难，继续存续会使股东利益受到重大损失，通过其他途径不能解决的，持有公司全部股东表决权10%以上的股东，可以请求人民法院解散公司。"

【理论拓展单元】 股东权利救济的司法平衡

在救济股东权利时，司法实践中，法官既需精准把握《公司法》及其司法解释背后的核心价值观及裁判理念，也要审慎把握好公司自治与司法干预的边界。公司内部法律关系原则上由公司自治机制（包括民主决议机制、谈判协商机制、权力制衡机制、对外代表制度、契约自由机制）调整。因此，对公司内部法律关系的司法救济原则上以公司自治失灵为前提。公司自治失灵或公司治理失灵的主要原因是控股股东、实际控制人和内部控制人滥用形式意义上的公司治理架构，窒息功能意义上的公司治理机制。

如果原告尚无证据证明公司自治机制已经失灵，则法院原则上应告其启动公司自治机制，竭尽公司内部治理程序；除非依据法律之规定或公司自治失灵之性质，此种竭尽公司内部治理程序显属不必要、不可能。一旦公司自治和股东自治机制被滥用或被窒息，法院就应依法启动司法纠偏程序，而不应将控股股东滥用控制权认定为"公司自治及股东在公司治理中自由行使股东权利"的合法行为。其实，无论是公司决议效力瑕疵之诉，还是知情权诉讼、股东分红权诉讼、股东优先购买权诉讼抑或股东代表诉讼，本质上都是对公司自治与股东自治的呵护与守望。[1]

【实务拓展单元】　异议股东回购请求权诉讼司法适用中需要注意的几个问题

由于公司法对异议股东股份回购请求权规定得比较简略，所以对适用中的一些问题还需结合立法目的、宗旨以及公司法一般原理进行探讨和分析。以下着重围绕其中的几个问题进行讨论：

第一，对于行使请求权受阻时的救济措施。法律仅在第74条针对有限责任公司作了规定，没有规定股份有限公司的股东是否同样适用，应如何理解？第142条是在公司回购的几种情形中涉及了异议股东股份回购请求权问题，出于立法技术上的考虑，没有专门规定此种情形下是否应当赋予异议股东诉权。但是从其所要解决的问题及制度的运行机理来看，与有限责任公司异议股东行使股份回购请求权并无本质的区别，因而应该允许股份有限公司异议股东在行使请求权受阻时享有同样的诉讼权利。这样理解契合立法本意。

第二，第142条中规定了股份有限公司中异议股东请求股份回购后公司应当在6个月内将所收购的股份进行注销或者转让，但在有限责任公司的立法中则不置可否，应如何理解？对此问题，应结合公司法理给予分析。应当说，尽管第74条并未专门规定有限责任公司回购自身股份后是否应当及时处

---

[1]　刘俊海："公司自治与司法干预的平衡艺术：《公司法解释四》的创新、缺憾与再解释"，载《法学杂志》2017年第12期。

理，但是如果公司长期持有自己的股份不仅与公司基本法理相冲突，而且可能侵害债权人的合法权益、导致公司与股东之间的不当利益竞争。故而，有限责任公司异议股东行使其请求权后，公司所收购的股份也应及时处理。此时应可准用第 142 条的相应规定。

第三，第 142 条规定"股东因对股东大会作出的公司合并、分立决议持有异议"，而不像第 74 条那样表述为请求权股东应为"对该项决议投反对票的股东"，二者认定上有无不同？对此问题的解释，不能仅从字面出发，而应结合异议股东股份回购请求权制度设置的目的来分析。依据公司法的基本原理，该制度的设立主要是为了切实维护在表决过程中受到"资本多数决"不当影响的中小股东的合法权益。换言之，是考虑到其在决策过程中所处的弱势地位而给予的一项辅助性措施。虽然第 142 条未提及是否应当在股东大会决议过程中投反对票，但是基于法理也应当作肯定的理解。因此，需要指出的是，在法院认定是否属异议股东时，应当要求股东提供书面的证明材料。

第四，在行使股份回购请求权的过程中，公平价格的确定是一项重心工作。究竟如何确定交易的价格呢？正常状况下应当由公司与异议股东之间进行自由协商。而如果双方无法达成一致，则有权请求人民法院对价格进行裁量。法院应结合决议时公司经营发展的情况以及股东持股的具体情况进行综合考察，在尽可能地与双方沟通意见的基础上形成一个可接受的价格。需要注意的是：我国立法明确肯定了股东在不能达成协议时，有权在法定的期限内向法院起诉，但没有说明公司是否也可在协议无法达成时向法院请求确定合理的价格，那么应如何看待和处理这一问题呢？可以认为，公司作为协商的一方当事人亦应有请求法院确定价格的权利，因为赋予公司请求法院确定公平价格并不损害异议股东的利益，而且也有利于促进价格争议的尽快解决。

【异议股东股份回购请求权系列案例阅读】[1]

1. 山东省高级人民法院：孙允道与山东信诚建筑规划设计有限公司收购股权纠纷案，（2014）鲁商终字第 52 号。

---

[1] 参见唐青林、李舒："公司有盈利却被大股东把持拒不分红，小股东可以要求公司回购股权吗（附八个典型案例）"，载微信公众号"公司法权威解读"，2018 年 5 月 2 日发布，最后访问时间：2018 年 12 月 24 日。

2. 武汉市中级人民法院：上诉人刘代伟与被上诉人武汉中星锻造有限公司与公司有关的纠纷一案，（2015）鄂武汉中民商终字第 00910 号。

3. 辽宁省营口市中级人民法院：营口洪桥磁选机械有限公司与赵义龙等公司收购股份纠纷上诉案，（2014）营民三终字第 00624 号。

4. 江苏省常州市中级人民法院：李鸿骏与常州市创联生活用品有限公司等公司收购股份纠纷上诉案，（2017）苏 04 民终 910 号。

5. 辽源市中级人民法院：闫辉与辽源市市政建设集团有限公司、刁爱华股东知情权、请求公司收购股份纠纷案，（2016）吉 04 民终 273 号。

6. 济南市中级人民法院：济南东方管道设备有限公司与李家滨请求公司收购股份纠纷案，（2014）济商终字第 57 号。

7. 贵州省黔东南苗族侗族自治州中级人民法院：贵州森泰实业有限公司与周尚标、周长华确认合同效力纠纷案，（2016）黔 26 民终 946 号。

8. 山东省青岛市中级人民法院：王文杰与青岛市四方铸钢厂等纠纷上诉案，（2017）鲁 02 民终 1469 号。

【案例思考题】

阅读上述案例裁判文书，分析其中异议股东回购请求权行使的条件和程序。

二、股东代表诉讼

（一）股东代表诉讼的概念与特征

股东代表诉讼制度源于 19 世纪中叶英国判例法，学界通说认为 1843 年福斯诉哈波特尔（Foss v. Harbottle）一案正式开启了股东代表诉讼的先河，自此，股东代表诉讼制度正式予以确立。股东代表诉讼，又称股东派生诉讼、股东代位诉讼，是指公司合法权益受到非法侵害，公司怠于或拒绝提起诉讼追究相关责任人之法律责任时，公司股东依法以自己名义代公司之位提起相应诉讼，所得诉讼利益归属于公司的一种特殊诉讼形态。股东代表诉讼具有如下特征：

1. 股东代表诉讼诉因具有特殊性

股东代表诉讼的诉因，是公司合法权益受到非法侵害，而公司又怠于或拒绝对相关责任人提起诉讼，进而造成股东利益受损。在公司实践中，公司合法权益受到侵害在所难免，公司所受侵害既有来自公司外部的公司债权人或公司侵权人的违约损害或侵权损害，也有来自公司内部控股股东、董事、经理等公司高级管理人员的侵权损害。在遭受不法侵害之时，在多数情况下，公司会为保护自身合法权益寻求司法救济。但在有些情形下，公司却对自身合法权益受到侵害之事实无动于衷，既不积极寻求私力救济的解决路径，也不对侵权主体提起相应诉讼。表面上，私法主体是否行使诉权乃是意思自治的表征，他人无权干涉，但公司这种法律拟制的人毕竟与自然人不同，公司利益的背后是众多股东利益，公司恶意放弃诉权，将会将公司股东置于极为不利之地。正是基于此，各国立法纷纷将穿越公司人格的股东代表诉讼制度引入公司法。

2. 股东代表诉讼的诉讼主体结构具有特殊性

根据传统民事诉讼法理论，作为原告的诉讼当事人必须与案件争议具有直接利害关系，即对诉讼标的具有诉之利益，否则，该主体无权提起相应诉讼。在股东代表诉讼中，股东提起诉讼的直接目的在于保护公司合法权益免受非法侵害，根据民事诉讼法中的诉之利益理论，公司作为诉讼的原告似乎更具正当性，然而，正是由于公司怠于或拒绝行使诉权之事实引发的股东代位之诉，所以，公司作为股东代表诉讼的原告实无可行的理论支撑，正是由于此种原因，当今各国公司立法及理论对公司在股东代表诉讼中的诉讼地位确定存在较大分歧，如美国立法例多将公司作为名义上被告，而日本公司法则规定公司在股东代表诉讼中，既可以参加诉讼，也可以不予参加，如果参加的话，公司则应作为诉讼参加人参加诉讼，而既非原告，也非被告。毫无疑问，受到损害的公司股东在股东代表诉讼中处于原告地位，并且以自己名义代公司提起诉讼，具有原告资格自不待言，而其他并未提起诉讼的股东在股东直接诉讼中的诉讼地位如何，有的学者对此进行了准确的概括，即"美国和日本的法律采取了基本相似的观点，一方面允许其他股东自主决定自愿参加诉讼，另一方面又对其他股东参加诉讼施加了一定的限制，以促进诉讼效率，避免诉讼拖延或者过分增加法院的负担。"[1]

3. 股东代表诉讼的诉讼效果具有复杂性

股东代表诉讼与股东直接诉讼的诉讼效果不同，在股东直接诉讼中，如

---

〔1〕 刘金华:《股东代位诉讼制度研究》，中国人民公安大学出版社 2008 年版，第 136 页。

果原告胜诉，该种诉讼胜诉的法律效果，亦即胜诉利益归属于原告，而败诉的诉讼效果也应当由原告承担，究其原因在于诉权与其基础权利均为同一主体享有。而股东代表诉讼则不同，在该种诉讼中，由于原告股东系为公司利益而代公司之位提起的诉讼，其取得的仅为股东代表诉讼的诉权，而非诉权所予保护的基础权利，其胜诉的诉讼利益自然归属于公司所有，当然，诸如案件受理费等诉讼费用则应当由公司予以承担。而如果败诉，作为原告股东，自应承担败诉所带来的诉权受阻的不利后果，即诸如案件受理费等诉讼费用应由败诉股东承担。

4. 股东代表诉讼的法院裁判的既判力具有特殊性

与股东直接诉讼不同，在股东代表诉讼中，无论原告股东胜诉还是败诉，法院的裁判均对原告股东和被告发生效力，并且公司以及未参加股东代表诉讼的其他股东也应接受法院裁判的约束。基于"一事不再理"原则，公司以及公司股东不得再就同一事由提起股东代表诉讼，此也即股东代表诉讼与股东直接诉讼的重要区别之一。

（二）股东代表诉讼的当事人

1. 股东代表诉讼的原告

股东代表诉讼的原告主体必然是享有股东间接诉权的公司股东，各国公司立法对此均予以明确肯定，所不同的是，不同国家的立法者对股东的原告资质的限制标准不一。英美法系相对较为宽松，如美国各州公司立法多采"股份拥有规则"。较英美法系而言，大陆法系对原告股东的资格限制较严，如日本采"股份持有期间规则"，我国台湾地区采"持股比例、持股期间双重限制规则"。

（1）股份拥有规则，指只要自不当行为发生之日起直至诉讼终结持有公司股权，具有股东身份的股东即可提起股东代表诉讼。美国公司法系采取此种规则，如《美国示范公司法》第 7.41 节规定："股东不能启动或者继续一项派生程序，除非该股东：①在被控诉的作为或者不作为发生时为该公司股东或者通过合法的转让从一名当时股东手中受让股票而成为公司的股东；且②在行使公司权利时公正、充分地代表了公司的利益。"[1]

（2）股份持有期间规则，是指若要成为股东代表诉讼的适格原告，除需

---

〔1〕 沈四宝译：《最新美国标准公司法》，法律出版社 2006 年版，第 84 页。

具有股东资格外，股东持有股份还需经过一定期间，否则，该股东不能提起股东代表诉讼。日本公司法采此种规则，日本《公司法》第847条规定："自6个月（章程规定更短期间的，为该期间）前持续持有股份的股东（依第189条第2款的章程规定，不得行使权利的单元未满股东除外），可以书面及其他法务省令规定的方法，请求股份有限公司提起追究发起人、设立时董事、设立时监事、高级管理人员等……自依第1款规定的请求之日起的60日内，股份有限公司未提起责任追究等之诉的，提出该请求的股东，可为股份有限公司提起责任追究等之诉……"[1]

（3）持股比例、持股期间双重限制规则，是指股东代表诉讼的适格原告，不仅需要满足持股达到一定期限的限制，还要接受股东持股比例的束缚，只有同时满足这两种条件，方可提起股东代表诉讼。我国台湾地区"公司法"系采取此种模式，我国台湾地区"公司法"第214条规定："继续1年以上，持有已发行股份总数3%以上之股东，得以书面请求监察人为公司对董事提起诉讼……"。

我国《公司法》第151条对有限责任公司和股份有限公司作了区分规定，对有限责任公司的股东既无持股比例也无持股时间要求；而对股份有限公司的股东采用的是持股比例、持股期间双重限制规则，要求股东持股时间应为连续180日以上，持股比例为单独或者合计持有公司1%以上股份。持股时间要求的作用在于，为了确保原告股东利益具有真实的一致性，减少那些仅以诉讼为目的而购买公司股票的行为，从而抑制无价值的诉讼。实践中应如何计算持股期间和持股比例，《最高人民法院关于适用〈中华人民共和国公司法〉若干问题的规定（一）》（以下简称《公司法司法解释一》）第4条规定："公司法第151条规定的180日以上连续持股期间，应为股东向人民法院提起诉讼时，已期满的持股时间；规定的合计持有公司1%以上股份，是指两个以上股东持股份额的合计。"该条规定可以理解为：某一股东单独持股的情况下，要求其必须持有1%以上的股份且持股时间应为连续180日以上；如果是2个以上股东合计持股，则要求合计持股数量超过公司总股份数的1%，且每一位股东持股时间均应为连续180日以上。

---

〔1〕 吴建斌、刘惠明、李涛译：《日本公司法典》，中国法制出版社2006年版，第443～444页。

2. 股东代表诉讼的被告

当代各国公司立法，关于股东代表诉讼的被告资格的立法模式存在三种，即概括模式、列举模式、折中模式。概括模式是指凡是对公司实施不正当行为侵害公司利益的人均可成为股东代表诉讼的被告。列举模式是指将股东代表诉讼的被告范围通过列举方式予以限制，除此之外的法律主体均不在股东代表诉讼被告范畴之内。折中模式是指首先通过列举方式对一定范围内的主体资格予以确认，然后对其他主体通过概括方式进行界定。概括模式多为英美法系国家所采纳，列举模式多为大陆法系国家所采纳，我国《公司法》系采折中模式，该法第 151 条第 1 款、第 3 款规定："董事、高级管理人员有本法第 149 条规定的情形的，有限责任公司的股东、股份有限公司连续 180 日以上单独或者合计持有公司 1% 以上股份的股东，可以书面请求监事会或者不设监事会的有限责任公司的监事向人民法院提起诉讼；监事有本法第 149 条规定的情形的，前述股东可以书面请求董事会或者不设董事会的有限责任公司的执行董事向人民法院提起诉讼。""他人侵犯公司合法权益，给公司造成损失的，本条第 1 款规定的股东可以依照前两款的规定向人民法院提起诉讼。"由此可知，我国公司法对股东代表诉讼的被告未作限制，凡是侵害了公司权益的人，既包括公司内部人，董事、监事、高级管理人员，公司控股股东、实际控制人、其他股东，还可以包括外部人员。

3. 公司、公司其他股东的诉讼地位

关于公司在股东代表诉讼中的诉讼地位，一直为学界所争议。有的学者认为在股东代表诉讼中，由于公司是股东代表诉讼的直接利害关系人，因此，公司应以原告身份参加该种诉讼。有的学者认为"唯一较为可行的选择是参酌英美国家的立法例，出于方便性与技术性的考虑，将公司列为名义上的被告"。[1] 还有的学者认为公司在股东代表诉讼中，既非原告，也非被告，而是无独立请求权的第三人。还有的学者认为，公司在股东代表诉讼中应作为一个独特的诉讼参加人参加诉讼。[2]《公司法司法解释四》第 24 条第 1 款将公司的诉讼地位界定为"第三人"："符合《公司法》第 151 条第 1 款规定条

〔1〕　刘俊海：《股份有限公司股东权的保护》，法律出版社 2004 年版，第 321 页。

〔2〕　参见刘金华：《股东代位诉讼制度研究》，中国人民公安大学出版社 2008 年版，第 133～134 页。

件的股东，依据公司法第 151 条第 2 款、第 3 款规定，直接对董事、监事、高级管理人员或者他人提起诉讼的，应当列公司为第三人参加诉讼。"

关于公司其他股东的诉讼地位问题，《公司法司法解释四》第 24 条第 2 款规定："一审法庭辩论终结前，符合公司法第 151 条第 1 款规定条件的其他股东，以相同的诉讼请求申请参加诉讼的，应当列为共同原告。"之所以规定其他适格股东可以参加诉讼是为了帮助被告取得一事不再理的效果，避免对公司及股东的利益造成损害。同时，对于参与诉讼的其他股东的条件予以限制，要求其他股东必须符合《公司法》第 151 条关于持股比例和期限的要求，这意味着即便其他股东以相同的诉讼请求参与诉讼，法院在受理其他股东申请作为共同原告参加诉讼时仍需要审查股东的持股条件和期限。且其他股东拟提起不同的诉讼请求，则无法申请作为共同原告。

（三）股东代表诉讼的前置程序

股东代表诉讼是股东"代位"行使公司的诉权，如果公司自己愿意行使诉权或采取相关措施制止侵害行为，则股东应当尊重公司的决定。因此，各个国家和地区的公司立法都要求股东先向公司提起采取特定行动，如果公司采取了措施保障了合法权益，那么股东就不得提起诉讼。根据我国《公司法》第 151 条的规定，股东必须以书面形式向公司提出请求，并表明请求诉讼的目的、被告的姓名和诉讼的原因等内容，在公司收到请求后拒绝提起诉讼或 30 日内未提起诉讼，或者情况紧急、不立即提起诉讼会使公司利益受到难以弥补的损害的情况下，股东可以以自己的名义直接向人民法院提起诉讼。需要注意的是，只要公司在股东请求后拒绝起诉或 30 日内不予答复，不管其基于什么原因拒绝，股东均可以提起派生诉讼。

鉴于公司直接诉讼相较于股东代表诉讼更能减轻中小股东维权成本，为督促公司直接对侵权人提起诉讼，激活公司自身免疫机制，《公司法司法解释四》第 23 条规定："监事会或者不设监事会的有限责任公司的监事依据公司法第 151 条第 1 款规定对董事、高级管理人员提起诉讼的，应当列公司为原告，依法由监事会主席或者不设监事会的有限责任公司的监事代表公司进行诉讼。董事会或者不设董事会的有限责任公司的执行董事依据公司法第 151 条第 1 款规定对监事提起诉讼的，或者依据公司法第 151 条第 3 款规定对他人提起诉讼的，应当列公司为原告，依法由董事长或者执行董事代表公司进行诉讼。"这一规定重申了《公司法》第 151 条的"竭尽公司内部救济"原则，

· 186 ·

明确了第 151 条涉及两类不同诉讼。在公司的治理结构中，董事会系公司经营决策机构，监事会系公司的监督机构，在公司董事会未丧失其职能属性的情况下，应当由董事会代表公司行使权利，维护公司利益。该规定对于监事会和监事代表公司起诉的范围予以限制，将他人侵犯公司合法权益的行为的直接诉讼的决定权交由董事会或执行董事，更加符合公司治理结构的规范要求。

《公司法》原则上要求股东必须先请求监事会、董事会等机关采取特定行动，但"情况紧急、不立即提起诉讼将会使公司利益受到难以弥补损害的"，股东可以不经过前置程序的要求而直接向人民法院提起诉讼。该款中的"情况紧急"属于概括性概念，一般说来，如果董事、监事、高级管理人员等人员多数为加害人，或受加害人的实际控制，或实际参与侵权行为，或者明示或默示批准过侵权行为，则"前置程序"可以豁免。

各国公司立法之所以强制要求"前置程序"的存在，是因为公司作为独立的法人，必须充分尊重公司的自主决定权利。在强调"企业社会责任"的背景下，公司利益和股东利益可能会存在不一致的状况，股东利益的最大化并不意味着公司利益的最大化，因此在一定情形下股东和法院都应当尊重公司做出的不起诉的决定，特别是公司已经就其决定给予了充分说明、提供了足够证据的情形。这种利益衡量的考虑充分体现于美国各州的公司立法中，以特拉华州为例，该州法院认为除非股东能够提出合理的怀疑证明董事会不够独立或有利益瓜葛，否则"前置程序"不能豁免。美国法律协会的建议甚至主张只有股东能够证明先请求董事起诉会造成对公司无法弥补的损害，否则不仅"前置程序"不能豁免，而且公司的不起诉决定也必须得到充分尊重。[1]

（四）诉讼费用的负担

股东代表诉讼制度中，股东是为了公司的利益进行起诉，胜诉利益归属于公司，这一规定对股东提起代表诉讼的积极性将一定产生负面影响。为激励股东启动代表诉讼以督促董监高人员履行受信义务，股东代表诉讼的胜诉利益归于公司，同时诉讼所产生的费用也应由公司负担。《公司法司法解释

---

〔1〕 参见王惠光："公司法中代表诉讼制度的缺失与改进之道"，载《商法专论——赖英照教授五十岁生日祝贺论文集》，元照出版社 1995 年版。

四》第 26 条对此也作出了规定："股东依据公司法第 151 条第 2 款、第 3 款规定直接提起诉讼的案件，其诉讼请求部分或者全部得到人民法院支持的，公司应当承担股东因参加诉讼支付的合理费用。"根据该条规定，为了防止滥诉的发生，公司承担费用是有前提的。股东代位诉讼提出的诉讼请求部分或全部获得人民法院支持，才能由公司承担因诉讼支出的合理费用。

对股东代表诉讼，原告股东完全败诉的情况下诉讼费用如何承担，《公司法》及其司法解释均未规定。对此，《美国示范公司法》规定，败诉的原告提起诉讼缺乏合理的理由或者出于不正当目的时，法院可以命令原告支付被告因诉讼而发生的合理费用，包括律师费用。我国有学者认为，即使原告股东全部败诉，倘若公司无法举证证明原告股东是滥用诉权，公司仍应承担补偿原告支出的合理诉讼费用。[1]

（五）股东代表诉讼情形下胜诉利益的归属

股东代表诉讼制度作为维护公司股东正当权益的司法救济手段，在公司权益受到侵害时，由于公司拒绝或怠于行使诉权，为维护公司的利益，由股东代表公司提起诉讼。其诉权来源于公司，诉讼的目的是为了维护公司的利益，这直接决定了在股东代表诉讼中，诉讼结果应当归于公司。《公司法司法解释四》第 25 条对此作出了明确规定："股东依据《公司法》第 151 条第 2 款、第 3 款规定直接提起诉讼的案件，胜诉利益归属于公司。股东请求被告直接向其承担民事责任的，人民法院不予支持。"

第五节　股东义务

股东义务，是基于股东身份产生的、股东对于公司所应承担的作为和不作为的义务。股东和公司之间的关系则是股东义务产生的依据。根据我国《公司法》规定，公司股东有如下义务：

一、遵守公司章程的义务

公司章程是公司内部各项规章制度的统称，是公司对于其内部人员、活

---

〔1〕 刘俊海："公司自治与司法干预的平衡艺术：《公司法解释四》的创新、缺憾与再解释"，载《法学杂志》2017 年第 12 期。

动予以规定、制度化的规则。我国《公司法》明确规定，公司章程对公司、股东、董事、监事、经理具有约束力。由此可以看出，遵守公司的章程是股东的一项基本义务，所有股东，不论其所占公司股份份额有多少，也不论其为原始股东还是继受股东，都应当遵守公司的章程。

二、向公司出资的义务

所谓向公司出资就是指股东必须依照其认缴的出资额或认购的股份金额，按照约定的期限和条件向公司缴纳资本金或股款的义务。向公司出资是股东最基本和重要的义务，是股东的其他一切权利、责任、义务产生和存在的基础。股东不履行向公司的出资义务的行为，属于违法行为。

如果这种行为发生在公司成立前，就是属于违反了合同法的违法行为，其他已经履行出资义务的股东有权向其索赔经济损失；如果这种行为发生在公司成立之后，就属于违反公司法的违法行为，是侵害公司利益的行为，这时公司有权要求该股东履行出资义务，补齐缺少金额，并承担因此造成的经济损失。《公司法司法解释三》对此作了详细规定，为维护公司利益，该解释第13条第1款规定："股东未履行或者未全面履行出资义务，公司或者其他股东请求其向公司依法全面履行出资义务的，人民法院应予支持。"

三、对公司所负债务承担有限责任

股东享有公司剩余索取权的同时决定了他也对公司的债务负有相应的责任。但是和剩余索取权不同的是，股东对公司债务的责任会因公司的组织形式不同而有所不同。对于无限公司，股东对公司的债务负有无限责任，也就是股东对负债的责任并不是以其出资额为限；而对于有限责任公司和股份有限公司，股东则仅以出资额为限对公司的负债负责。我国《公司法》第3条规定，对于公司的债务，有限责任公司的股东以其出资额为限承担责任；股份有限公司的股东以其所持股份为限承担责任。

四、不得抽回出资的义务

抽逃出资是指在出资完成后又抽回出资，公司法规定股东不得抽回资本的义务，是为了维持公司的正常运营并保护债权人利益，同时在公司正式登记之后股东不得抽回出资的规定也是资本维持原则的要求。我国《公司法》

第 200 条规定，公司的发起人、股东在公司成立后抽逃出资的，责令改正，并处以所抽逃出资金额 5% 以上 10% 以下的罚款；构成犯罪的，依法追究刑事责任。此条规定明确了股东不得抽回出资的义务。《公司法司法解释三》又对此作了详细规定，为维护公司利益，第 14 条第 1 款规定："股东抽逃出资，公司或者其他股东请求其向公司返还出资本息、协助抽逃出资的其他股东、董事、高级管理人员或者实际控制人对此承担连带责任的，人民法院应予支持。"为保护债权人利益，该条第 2 款规定："公司债权人请求抽逃出资的股东在抽逃出资本息范围内对公司债务不能清偿的部分承担补充赔偿责任、协助抽逃出资的其他股东、董事、高级管理人员或者实际控制人对此承担连带责任的，人民法院应予支持；抽逃出资的股东已经承担上述责任，其他债权人提出相同请求的，人民法院不予支持。"所以股东若急需资金或欲转移投资风险，只能依法采取转让出资或股份的方式。

五、避免财产混同的义务

股东有责任和义务使其自由财产和公司财产相分离，避免二者合二为一。二者之间的这种财产混同主要表现为股东利益和公司利益的统一化，也就是公司财产和股东财产边界模糊，两者在资源、设施、业务方面的混同。之所以要规定避免财产混同为股东的基本义务之一，是因为这种混同极易滋生欺诈行为，不利于投资者和公司相关者的利益保护。

六、不得滥用股东权利损害公司或者其他股东的利益的义务

公司股东应当遵守法律、行政法规和公司章程，依法行使股东权利，不得滥用股东权利损害公司或者其他股东的利益。根据《公司法》第 20 条、第 21 条的规定，公司股东滥用股东权利给公司或者其他股东造成损失的，应当依法承担赔偿责任。主要有两种情形：（一）不按照《公司法》的规定、公司章程的约定行使股东权利，直接损害其他股东利益。（二）股东与公司之间的关联交易等形式，损害公司利益，从而间接损害其他股东利益。该条款规定一般被认为是股东诚信义务的请求权基础。

【理论拓展单元】 控股股东的诚信义务

我国有学者将控股股东定义为，"持有被控制公司发行在外的股份超过半

数，或者虽然其持股比例不足被控制公司股份总数的一半但可以通过选举或任命的方式安排半数以上公司董事从而能够对公司的财务政策、经营方针战略等重大事项施加支配性或决定性影响的股东。"[1]《公司法》第216条规定，控股股东是指其持有的股份占股份有限公司股本总额50%以上的股东；或者持有股份的比例虽然不足50%，但依其持有的股份所享有的表决权已足以对股东会、股东大会的决议产生重大影响的股东。

公司运行过程中，公司作为独立人格的法人必须独立做出意思表示，资本多数决原则成为公司的议事规则和意思确定方式。然而，此规则的制度前提是控股股东利益与公司利益和中小股东利益相一致，而实际操作中，受自身利益的驱使，控股股东通过行使表决权和对公司业务的影响力等方式滥用权利，甚至通过关联交易等不正当的交易方式，在公司与其之间的交易过程中谋取自身过高的利益，损害公司和中小股东的合法利益。无论在股份有限公司还是有限责任公司，这都已经成为屡见不鲜的现象。而产生以上这些现象的重要原因即是对控股股东在行使控制权方面缺乏制度层面的制约。传统公司法中对董事和高级管理人员的权利和义务规范较多，而随着公司制度的发展，社会经济环境的变迁，股权集中现象日益普遍。为了控制和救济控股股东滥用控制权可能损害公司和中小股东利益的行为的现象，对其明确地课以义务对公司法和公司自身发展来说都具有重要的意义。

对于控股股东的诚信义务，学者高尔教授认为"尽管公司股东不需要像公司董事一样为了其他人的利益而善意行为，但是他们也应当是为了正当的公司目的而行使权利。"控股股东诚信义务是对控股股东课以的义务，为避免控股股东滥用自身的控制权伤害到中小股东的利益，控股股东必须遵守诚信义务（包括注意义务、忠实义务和信息披露义务），并应该承担因为违反该义务造成的损失或者责任。[2]

大陆法系和英美法系国家对控制股东义务的法律问题已具有比较成熟的理论研究和司法实践，比较合理地解决了因控制股东滥用权利而引起的公司内部问题。在英国法律制度上有影子董事的规定，其做法是将形式上不是董

---

〔1〕　甘培忠：《公司控制权的正当行使》，法律出版社2006年版，第142页。

〔2〕　Paul L. Davies, L. C. B. Gower, *Principles of Modern Company Law*, Sweet and Maxwell, 1979, p. 629.

事而可以通过各种手段掌控公司经营决策的人视为董事，要求其承担和公司董事一样的义务，进而规制其滥用权利损害公司和其他股东利益的行为。美国法律给控制股东确立了信托义务，并且为司法的运用提供了判断标准，即商业判断规则和实质公平判断，有力地保障了信托义务在法律实践中的落实。德国制定《德国股份公司法》对控制股东控制权进行规制，范围包括关联企业的控制股东和其他存在控制关系企业的控制股东。德国学者魏德曼指出股东对公司和其他股东承担诚信义务，是对多数治理的最重要的实体限制，是对多数股东权利监督的一个合适的出发点。[1]

国内学者们一般都从中小股东利益应当受到保护的理论基础、进一步完善中小股东利益保护的措施、限制大股东或控制股东的权利等方面来论述，认为控制股东应承担包括注意义务和忠实义务在内的诚信义务。朱慈蕴教授认为对控制股东违反诚信义务的规制应体现在对处于弱势地位的少数股东做出相应弥补，实现股东间的制衡。范世乾博士指出移植更适合我国现状的诚实信用原则，来对控制股东滥用控制权行为进行规制，通过在实践中直接诉讼和间接诉讼的融合现象来适当扩大控制股东对其他股东直接承担义务的范围，以扩展对受侵害股东的救济。[2]

【本章思考题】

1. 试述股东资格的认定标准。

2. 试述股东权利的具体内容。

3. 比较股东直接诉讼与股东代表诉讼的区别。

---

〔1〕 参见：〔英〕A. J. 博伊尔：《少数派股东救济措施》，段威、李扬、叶林译，北京大学出版社 2006 年版。〔德〕托马斯·莱赛尔、吕迪格·法伊尔：《德国资合公司法》，高旭军等译，法律出版社 2005 年版。王彦明："德国法上多数股东的忠实义务"，载《当代法学》2004 年第 6 期。

〔2〕 参见：王保树、杨继："论股份公司控制股东的义务与责任"，载《法学》2002 年第 2 期。朱慈蕴："资本多数决原则与控制股东的诚信义务"，载《法学研究》2004 年第 4 期。范世乾："信义义务的概念"，载《湖北大学学报》2012 年第 1 期。徐晓松、徐东："我国《公司法》中信义义务的制度缺陷"，载《天津师范大学学报（社会科学版）》2015 年第 1 期。

第四章 CHAPTER 4

公司治理

导 论

两权分离是公司治理的事实起点：从外观上看，公司高级管理人员作为一个单独的群体，迥异于股东，因为在股东众多的、经济规模大的公司中，投资和管理功能必须由相互独立的人员来完成。若将投资和管理功能合一，即依赖众多的股东来作出管理决策，一方面，从决策会议的召集、表决，可想而知决策的繁琐程度；另一方面，决策又必须适应市场瞬息万变的需要。这样，二者之间的矛盾调和，只能依赖于在公司中设置专门的管理人员。另外，如果筹集公司需要的资本可以通过公开发行股份来完成，事实上也没有必要假定那些购买股份的投资人都有必要的专业知识和责任心来运营公司。因此，在公司中，投资和管理，分属于不同人员。管理者，无须对股东言听计从，而是自行负责制定并实施公司战略，当然地，无论是基于立法还是公司章程，都被赋予了广泛的权力来经营公司事务并行使公司权力。

所以，公司治理的核心问题就是如何控制管理权力不被滥用，以使公司运作最大限度地符合投资人股东的利益。为此，狭义和传统的公司治理概念，仅侧重于公司的内部治理结构即公司内部组织机构设置；广义和现代的公司治理，既包括公司各组织机构之间权力分配和制衡的公司内部治理结构，还包括证券市场、经理市场、产品市场等公司外部治理机制。

公司治理的特征，表现为公司不同机关的设置、运行的基本规则是分权—制衡机制、突出董事会及经理的权力并对其权力加以控制。大陆法系与英美法系公司治理存在根本不同的两大模式，各自有其特点。

具体来说，我国《公司法》明确规定了公司的三大法定机关：股东会、董事会和监事会。三大法定机关在公司治理中承担不同的作用，法律对三大机关的具体地位职权以及会议决议均有明确规定，使其相互形成分权—制衡的关系。

作为公司内部人的高级管理人员，掌握公司日常经营运行，《公司法》对其重点规范，包括董事、监事、高级管理人员的任职资格和法定义务两大类规则。两类监管规则都要求高级管理人员具备忠实于公司利益的操守和专业管理能力。法定的标准和要求预设了高级管理人员会在公司治理中会发挥重要作用。在法定义务方面，公司董事、监事、高级管理人员基于受托人地位对公司负有法定的忠实义务和勤勉义务，一旦公司董事、监事、高级管理人员违反法定的忠实义务和勤勉义务而造成公司损失，应对公司承担损害赔偿等民事责任。

第一节　公司治理概述

一、公司治理的概念和特征

（一）公司治理的概念

公司治理本为一个经济学概念，现广泛为公司法学所借用。公司治理概念有狭义与广义、传统与现代之分。狭义和传统的公司治理，是指关于公司各组织机构之间的相互关系和地位以及权力分配和制衡的公司制度。由于狭义和传统的公司治理概念仅侧重于公司的内部治理结构即公司内部组织机构，因此，狭义和传统的公司治理与公司组织机构是基本等同的概念，可以互换使用。狭义和传统的公司治理解决的主要问题是所有权和经营管理权两权分离背景和条件下的委托代理问题，其功能是降低代理成本和代理风险，防止和控制经营管理者的滥权和偷懒行为，保护作为所有者的股东的利益。可见，狭义和传统的公司治理以股东主权和股东至上为指针，仅以股东和股东利益保护为中心，股东是公司治理制度的主要甚至唯一保护对象，股东是有权参与公司治理的主要甚至唯一的公司利益相关者。此即所谓的股东单独或单边治理模式。

广义和现代的公司治理，既包括公司各组织机构之间权力分配和制衡的公司内部治理结构，还包括证券市场、经理市场、产品市场等公司外部治理机制。后者是指公司外部的证券市场、经理市场、产品市场等会对公司经营管理者产生巨大和无形的市场压力，从而通过市场机制的自发作用防止和控制公司经营管理者滥权或偷懒。因此，广义和现代的公司治理概念与公司组织机构不是等同的概念，公司组织机构只不过是公司治理中的一项重要和传统的内容。公司治理，既涉及公司内部治理结构和机制，也涉及公司外部治理手段和机制。

广义和现代的公司治理概念更具广泛性和包容性，揭示了公司治理方式和机制的多元性和复杂性。广义和现代的公司治理不仅致力于解决所有权和经营管理权两权分离背景和条件下的委托代理问题，保护作为公司所有者的股东的利益；并且还致力于实现公司决策的高效、民主与科学，保护包括股东、债权人、职工等公司所有重要利益相关者的利益。可见，广义和现代的公司治理突破了股东主权和股东至上的传统公司法理念，以保护包括股东、债权人、职工等公司所有重要利益相关者利益为中心，股东和其他公司重要利益相关者同为公司治理制度的保护对象，股东以及债权人、职工等其他公司重要利益相关者均有权参与公司治理。此即所谓的公司利益相关者共同或多边治理模式。

必须指出的是，虽然广义和现代的公司治理概念和理论已经在学界滥觞和发展，但狭义和传统的公司治理概念和理论仍占据着学界的主流地位。尤其是在各国公司实践和公司立法中，广义和现代的公司治理概念和理论尤其是利益相关者共同治理理念仍未实质性和普遍性得到体现和应用。因此，现有公司立法仍然重点探讨狭义和传统的公司治理概念和理论。[1]

（二）公司治理的特征

公司治理具有以下特征：

1. 直观地表现为公司不同机关的设置。公司机关是公司治理的直观表现，通常包括公司的意思形成机关、业务执行机关和内部监督机关。

2. 运行的基本规则是分权—制衡机制，即在公司中分别设置不同的机关，各个机关彼此独立，分别行使不同的职权，且各个机关彼此之间相互制衡。

3. 以突出董事会及经理的权力并对其权力加以控制为重点。现代公司已由股东会中心主义转向董事会中心主义甚至经理中心主义，董事会及经理阶层成为公司组织机构的中枢，董事会及经理阶层拥有对公司经营管理的最广

---

〔1〕 以下文中若未特别注明，公司治理均是就狭义和传统的公司治理概念而言。广义和现代的公司治理概念和理论，放在本章结尾处的理论拓展部分予以简略介绍。

泛的权力,而股东会的权力仅限于公司法和公司章程明确规定的特定重大事项的决策权。

4. 以股东主权和股东至上为制度理念,以保护股东利益为制度目的,实行股东单独或单边治理。

5. 公司组织机构即公司各种治理机关的设置、组成和权力分配必须依照公司法的规定进行。公司法关于各公司治理机关的设置及组成和职权的规定大多为强制性规范,公司当事人不得变更或排除这些规范的适用,不得违反这些规定依意思自治任意设计公司的组织机构。

二、公司治理的主要模式

由于历史传统、文化哲学、政治制度、经济制度、法律制度及其他条件的不同,各国的公司组织机构的具体模式表现出不同的特点。根据是否设置专门的监督机关及劳方(职工)等股东之外的其他公司利益相关者对公司经营管理的参与程度,各个国家和地区的公司组织机构可分为大陆法系模式和英美法系模式。

(一)大陆法系模式

大陆法系模式又称为双层委员会制(双层制),其特征在于:

1. 在董事会之外设有专门行使监督职权的监事会或监事,由监事会或监事代表股东会行使对董事会及经理的监督权。

2. 吸收劳方(职工)参与公司经营管理,职工选举或工会任命职工监事和职工董事进入公司监事会和董事会,参与公司的经营管理,实现了资方和劳方对公司的共同治理,有利于公司利益共同体的形成,减少劳资双方的摩擦与对立,维护职工的合法权益。[1]

根据监事会与董事会之间的关系的不同,大陆法系模式又分为两种模式。一是德国模式(上下级制),如德国、奥地利。股东会下设监事会,由股东会选举监事组成监事会,监事会向股东会负责并报告工作;监事会下设董事会,由监事会选举董事组成董事会,董事会向监事会负责并报告工作。因此监事会与董事会之间的关系是上下级关系,监事会的地位居于董事会之上,监事会是董事会的上位机关,监事会拥有制约董事会的极大权力,其不仅行使对

---

〔1〕 范健主编:《商法》,高等教育出版社、北京大学出版社 2002 版,第 167 页。

董事会及经理的监督权，还有任免董事并决定其报酬的决策权及重大业务批准权。[1]二是日本模式（并列制），如日本、我国台湾地区。[2]股东会下设监事会，由股东会选举监事组成监事会，监事会向股东会负责并报告工作；股东会下设董事会，由股东会选举董事组成董事会，董事会向股东会负责并报告工作。因此监事会与董事会之间的关系是同级关系，监事会居于与董事会并列的地位。监事会除享有对董事会及经理的监督权外，对董事会无其他方面的制约权。

（二）英美法系模式

英美法系模式又称为单层委员会制（单层制），其特征在于：

1. 在董事会之外不设专门行使监督职权的监事会或监事，而是在董事会内部设立各种专门委员会，如审计委员会、提名委员会、薪酬委员会等，各专门委员会在董事会的授权下行使某些职权，其成员或主要成员为独立董事，由独立董事代表董事会行使对执行董事及经理的监督权。

2. 公司的权力集中于资方，劳方（职工）无权参与公司经营管理，实行资方对公司的单边治理。

3. 强调外部审计监督和外部市场监督，公司股东会可聘请外部专业审计人员对公司经营和财务进行外部审计监督，发达的证券市场和经理人力市场的竞争机制对执行董事及经理形成有效的外部市场监督。

我国现行公司法确立的公司组织机构大体属于大陆法系模式中的日本模式。[3]对于有限责任公司和股份有限公司均规定，在股东（大）会下设董事会或执行董事，行使公司的日常经营决策权和对外代表权；在股东（大）会下设监事会或监事，专门行使对董事会或执行董事及经理的监督权。董事会或执行董事、监事会或监事均向股东（大）会负责并报告工作，董事会或执

---

〔1〕 范健、王建文：《公司法》，法律出版社年 2006 年版，第 319 页。

〔2〕 经过 2001 年及 2002 年修订《日本商法典》，日本公司治理结构已发生了重大变化，由法律设置两套方案供企业自主选择。其一，沿用监事会制度，但规定监事会中 1 人须为外部独立董事。其二，选择美国式董事会下设专门委员会制度，允许公司以章程规定不设监事会，而在董事会下分设由 3 人以上董事组成的审计委员会、提名委员会及薪酬委员会，其中外部独立董事须占各委员会人数的半数以上，原监事会职能由审计委员会承担。2005 年《日本公司法典》仍维持了修改后的公司治理模式。

〔3〕 这种模式虽为日本首创，但修改后的日本《公司法》已舍弃该模式。对董事权力的监督和制衡，从薪酬、提名以及审计三个关键点入手，能达到更好效果。

行董事与监事会或监事之间的关系是同级并列关系。但我国现行《公司法》又对上市公司的组织机构有特别规定，要求上市公司的董事会中设立独立董事。由此，我国上市公司的组织机构又具有部分英美法系模式的色彩。

第二节　股东会

一、股东会的概念和特征

股东会，在股份有限公司中又称股东大会，是指由公司全体股东组成的公司最高权力机关，是股东行使对公司重大事务决策权从而间接控制公司经营管理的法定组织。其特征如下：

1. 股东会由公司全体股东组成。公司股东不论其所持股份的数额和性质，均为股东会的当然成员，都有权依法出席股东会会议。

2. 股东会是公司的最高权力机关，在公司组织机构中居于最高法律地位，是公司其他机关的权力来源。具体表现为，董事会成员和监事会成员原则上由股东会选举和更换；股东会对涉及公司经营管理和股东利益的重大事务拥有最高决策权；董事会应当执行股东会的决议，董事会的决议不能与股东会的决议相冲突。

3. 股东会原则上是公司的法定必设机关。我国现行《公司法》明确规定，股东会及股东大会是有限责任公司和股份有限公司的必设机关；但一人有限责任公司不设股东会；国有独资公司不设股东会，由国有资产监督管理机构行使股东会职权。我国有关外商投资方面的法律法规规定，外商投资的有限责任公司可以不设股东会，而由董事会作为公司的最高权力机关。

4. 股东会是公司的非常设机关。股东会的职权仅限于公司特定重大事务的决策权，无权执行公司业务和对外代表公司；且其职权的行使须以召集全体股东会会议的方式进行，股东会会议只能按照法律或公司章程规定的时间定期召开，或者在法定情形下不定期临时召开，因而股东会是公司的非常设机关。

二、股东会的职权

股东会作为公司的最高权力机关，从理论上讲，有权决定公司经营管理中的一切事务。但一方面由于股东会的召集程序和表决程序复杂，另一方面随着现代公司经营管理的专门化和技术化，股东及股东会已无力科学高效地对公司经营管理中的一切事务进行决策。因此，各国公司法均缩小和削弱了股东会的职权，将股东会的决策权仅限于公司法和公司章程明确规定的事务，其他事务的决策权均由董事会行使。

我国《公司法》第 37 条和第 99 条集中列举了有限责任公司股东会和股份有限公司股东大会的职权，具体包括：（1）决定公司的经营方针和投资计划；（2）选举和更换非由职工代表担任的董事、监事，决定有关董事、监事的报酬事项；（3）审议批准董事会的报告；（4）审议批准监事会或监事的报告；（5）审议批准公司的年度财务预算方案、决算方案；（6）审议批准公司的利润分配方案和弥补亏损方案；（7）对公司增加或减少注册资本作出决议；（8）对发行公司债券作出决议；（9）对公司合并、分立、解散、清算或者变更公司形式作出决议；（10）修改公司章程；（11）公司章程规定的其他职权。

三、股东会会议

股东会会议是股东为行使股东会的职权，就股东会职权范围内的公司重大事务作出决议，而依照法律或公司章程召开的会议。[1]

（一）股东会会议的种类

依股东会会议召集时间的不同，股东会会议可分为定期股东会议和临时股东会议。定期股东会议又称股东常会、普通股东会，是指公司按照法律或公司章程规定的时间必须定期、按时召开的股东会议。定期股东会议主要决定股东会职权范围内的例行重大事务。实践中，定期股东会议通常是一年一次，一般是在公司每个会计年度终了后 6 个月召开。临时股东会议，又称股东临时会、非常股东会，是指在法律或公司章程规定的时间之外，根据公司需要不定期、临时召开的股东会议。临时股东会议一般是为决定公司突发重大事务而召开。根据我国《公司法》第 39 条规定，有限责任公司股东会会议分为定期会议和临时会议。定期会议应当依照公司章程的规定按时召开。代表 1/10 以上表决权的股东，1/3 以上的董事，监事会或者不设监事会的公司的监事提议召开临时会议的，应当召开临时会议。根据我国《公司法》第

---

〔1〕 范健、王建文：《公司法》，法律出版社年 2006 年版，第 322 页。

100 条规定，股份有限公司股东大会应当每年召开一次年会。有下列情形之一的，应当在 2 个月内召开临时股东大会：（1）董事人数不足本法规定人数或者公司章程所定人数的 2/3 时；（2）公司未弥补的亏损达实收股本总额 1/3 时；（3）单独或者合计持有公司 10% 以上股份的股东请求时；（4）董事会认为必要时；（5）监事会提议召开时；（6）公司章程规定的其他情形。

（二）股东会会议的召集

各国及地区的公司法大多规定，定期股东会议原则上由董事会召集，董事会不能履行或怠于履行召集职责的，还可由监事会召集或股东自行召集；临时股东会议不仅可由董事会主动召集，还可因股东、董事、监事会请求而被动召集。

根据我国《公司法》第 38 条和第 40 条的规定，有限责任公司首次股东会会议由出资最多的股东召集和主持。除首次股东会会议之外，有限责任公司的股东会会议由董事会召集，董事长主持；董事长不能履行职务或者不履行职务的，由副董事长主持；副董事长不能履行职务或者不履行职务的，由半数以上董事共同推举 1 名董事主持。有限责任公司不设董事会的，股东会会议由执行董事召集和主持。董事会或者执行董事不能履行或者不履行召集股东会会议职责的，由监事会或者不设监事会的公司的监事召集和主持；监事会或者监事不召集和主持的，代表 1/10 以上表决权的股东可以自行召集和主持。

根据我国《公司法》第 101 条的规定，股份有限公司股东大会会议由董事会召集，董事长主持；董事长不能履行职务或者不履行职务的，由副董事长主持；副董事长不能履行职务或者不履行职务的，由半数以上董事共同推举 1 名董事主持。董事会不能履行或者不履行召集股东大会会议职责的，监事会应当及时召集和主持；监事会不召集和主持的，连续 90 日以上单独或者合计持有公司 10% 以上股份的股东可以自行召集和主持。由此可见，董事会及执行董事、监事会及监事和股东的召集和主持权是一种递进和替补的关系，只有前一顺位的召集人客观上不能履行或者主观上不愿意履行的时候，后一顺位的召集人的召集权才产生。这样规定，有利于从程序上保证股东会会议能够及时、有效地召开，从而有利于保护股东的合法权益。

（三）股东会会议的召开通知

各国及地区的公司法均规定，召开股东会会议应于会议召开的一定期限之前，通知全体股东或对外作出公告，通知和公告中应载明会议召开的时间、地点和审议事项。对于通知或公告中未载明的事项，股东会会议不得作出决议。由于有限责任公司股东人数较少且相对稳定，法律规定的股东会会议通知期限较短，一般为会前 10～15 天，并且允许以公司章程或全体股东约定缩短通知期限。而股份有限公司股东人数众多且变动较大，法律规定的股东会会议通知期限较长，一般为会前 20 天；对于持有无记名股票的股东，还应在会前 30 日予以公告。

根据我国《公司法》第 41 条第 1 款的规定，有限责任公司召开股东会会议，应当于会议召开 15 日前通知全体股东；但是，公司章程另有规定或者全体股东另有约定的除外。根据我国《公司法》第 102 条第 1 款和第 3 款的规定，股份有限公司召开股东大会会议，应当将会议召开的时间、地点和审议的事项于会议召开 20 日前通知各股东；临时股东大会应当于会议召开 15 日前通知各股东；发行无记名股票的，应当于会议召开 30 日前公告会议召开的时间、地点和审议事项。股东大会不得对通知中未列明的事项作出决议。

公司法规定股东会会议召开通知程序，一方面是为了便于股东按时参加会议并事先了解会议议题，从而提高股东会会议的出席率和表决效率；另一方面也是为了防止董事会或大股东以突袭手段召集股东会会议并提出议案，在其他中小股东毫无准备的情况下，通过对其不利的决议而损害其利益。

（四）股东会会议的提案

我国《公司法》一方面于第 53 条和第 118 条明确规定了有限责任公司和股份有限公司监事会或监事的提案权，另一方面于第 102 条第 2 款还明确规定了股份有限公司股东的临时提案权，即单独或者合计持有公司 3% 以上股份的股东，可以在股东大会召开 10 日前提出临时提案并书面提交董事会；董事会应当在收到提案后 2 日内通知其他股东，并将该临时提案提交股东大会审议。临时提案的内容应当属于股东大会职权范围，并有明确议题和具体决议事项。

规定股东提案权的必要性在于：由于股东会会议原则上由董事会召集，因此实践中股东会会议的提案主要由董事会向股东会提出，而董事会通常受大股东控制，与大股东之间存在着特殊的利益关系，因此股东会会议的提案多由大股东把持和操纵，不利于中小股东利益的保护。由此，各国及地区的公司法均规定了股东提案权制度。所谓股东提案权，是指股东向股东会会议提出议题或议案的权利。该制度使中小股东得以将其关心的问题提交股东会讨论，实现其对公司经营决策的参与。[1]

四、股东会决议

股东会决议是指股东参加股东会会议就提请会议审议事项依法律或公司章程规定的程序进行投票表决而作出的决定。

（一）股东会决议的性质

关于股东会决议的性质问题，理论界具有较大的争议，一般认为，股东会决议是一种多方法律行为；而股东会决议具体属于何种多方法律行为，主要有契约行为说、共同行为说和决议行为说等观点。

按照大陆法系传统民法学理论，所谓法律行为是指私法主体将设立、变更或终止私法关系的内心意思以一定方式表达于外部从而发生私法主体意欲的法律效果的意思表示行为。根据法律行为成立所必需的意思表示的数量，法律行为分为单方法律行为和多方法律行为。单方法律行为又称单独行为，是指依一方当事人之意思表示即可成立和发生效力的法律行为，主要包括单方权利处分行为、单方义务设定行为和形成权人行使形成权的行为；多方法律行为，是指依双方或双方以上当事人之意思表示才可成立和发生效力的法律行为，多方法律行为又可分为契约法律行为、共同法律行为和决议法律行为。契约行为即合同行为，是指依双方当事人之相互对立的意思表示全体一致而成立和发生效力的法律行为，以买卖、借贷等交易行为为代表；共同行为又称协同行为、协定行为，是指依双方或双方以上当事人之相互平行的意思表示全体一致而成立和发生效力的法律行为，以合伙协议、社团法人设立协议等组织体设立行为为典型。[2]决议行为，是指依双方或双方以上当事人之相互平行的意思表示多数一致而成立和发生效力的法律行为，如公司股东大会决议等社团法人决议行为。

传统民法学通说认为，决议行为与契约行为及共同行为具有本质上的差异，决议行为的特点是实行人数多数决或资本多数决原则，只需半数以上的多数当事人意思表示一致或持有半数以上多数资本的当事人意思表示一致即

---

〔1〕 史际春：《企业和公司法》，中国人民大学出版社 2008 年版，第 255 页。

〔2〕 王泽鉴：《民法总则》（增订版），中国政法大学出版社 2001 年版，第 260~261 页。

可成立和生效，因此，决议一旦作出，不仅对参加决议且投赞成票的当事人具有约束力，而且对未参加决议的当事人以及虽参加决议但投弃权票或反对票的当事人也具有约束力；而契约行为及共同行为的特点是实行全体一致决原则，须全体当事人意思表示一致才可成立和生效，即契约行为和共同行为须全体当事人共同参与且一致赞成才可成立和生效。

本书对以上传统民法学见解有两点不同看法，其一，本书认为，不管是契约行为还是共同行为，其实质均为受契约约束的双方或双方以上的全体当事人意思表示一致而成立和发生效力的法律行为，两者并无本质区别，对两者采取不同称谓并加以区分实无必要。其二，本书以为，决议行为表面看来仅多数当事人或持有多数资本的当事人真正和实质地参与了决议，而其他未参加表决投票或参加表决投票但投弃权票或反对票的当事人并未真正和实质地参与决议；但实际上，由于受决议约束的全体当事人事前已知悉并一致同意遵循人数多数决或资本多数决原则作出决议，受决议约束的全体当事人事实上已预先自愿接受决议对其的管辖和约束，决议对全体当事人的约束力仍来源于全体当事人的意思自治和自主决定，决议仍可视为受决议约束的全体当事人意思表示达成一致的结果和产物。可见，决议行为与契约行为和共同行为也并无本质上的不同，将决议行为单列出来与后两者加以明确区分并不符合逻辑。综上所述，鉴于契约行为、共同行为和决议行为三者并无本质差异，三者同为受契约约束的全体当事人意思表示一致而成立和生效的多方法律行为。因此，本书认为，可将三者合称为契约行为，构造一个涵盖面更广、容纳力更强的契约行为概念，由此契约行为与多方法律行为成为可以互换的等同概念。

在以上较为宽泛的整合性契约行为概念之下，再将契约行为进一步划分为典型契约行为和非典型契约行为。典型契约行为是契约行为中的一般和典型形态，是指双方或双方以上的当事人意思表示全体一致而成立和发生效力的契约行为，如买卖合同、合伙合同等。而非典型契约行为是契约行为中的特殊和非典型形态，是指双方或双方以上的当事人意思表示多数一致而成立和发生效力的契约行为，如公司股东大会决议等社团法人决议行为。

由于典型契约通常只有人数极少的双方或几方当事人且变动性不强，人数有限的当事人完全可以采取全体当事人人数一致决的通过方式来订立契约，不仅方便易行，而且成本低廉。可见，典型契约订立的自治性和自愿性程度极高，是对私法自治原则和理念的完美体现。而非典型契约的当事人人数众多且具有开放性，人数如此众多的当事人若采取全体当事人人数一致决的通过方式来订立契约，并不具有可行性。此种做法不仅费时费力，造成缔约成本和交易费用高昂，不利于促成和鼓励交易；而且由于每个当事人均有一票否决权，还可能出现以敲诈为目的的策略性行为，阻碍和抑制交易的达成，最终损害交易效率和交易公平。因此，当事人众多的非典型契约通常允许采用人数多数决或资本多数决的通过方式来订立契约，以降低和控制缔约成本和交易费用，促成和鼓励交易的达成，提高和增进交易效率。可见，非典型契约订立的自治性和自愿性程度有所下降和减弱，不能完全契合私法自治原则和理念。[1]

综上，股东会决议的性质为多方法律行为中的非典型契约行为。

（二）股东会决议的表决原则

一股一票和资本多数决是股东会决议的表决原则，一股一票即一股一表决权，是指每一股东所持有的每一股份拥有一个表决权，每一股东所持有的股份总数即为其拥有的表决权总数。资本多数决即股份多数决，是指股东会作出决议应经股东所持股份所代表的表决权的多数通过。表决权的多数分为简单多数和绝对多数，简单多数是指代表 1/2 以上的表决权；绝对多数是指代表 2/3 或 3/4 以上的表决权。

据此，有限责任公司的股东原则上应按出资比例享有并行使表决权，但由于有限责任公司虽为资合公司但具有一定的人合性，因此公司章程可另行规定实行一人一票和股东人数多数决原则，即每一股东无论出资比例大小均享有一个表决权，股东会作出决议应经多数股东通过。而股份有限公司是典型的资合公司，必须实行一股一票和资本多数决原则，公司章程不能作出不同规定，否则无效。为了保证股东会决议能够真正代表拥有多数表决权股东的意志，大多数国家和地区的公司法不仅要求股东会决议作出须经出席会议的股东所持表决权的多数通过，还要求出席会议的全体股东所持表决权总数达到法定最低比例，即实行所谓的双重多数原则。

根据我国《公司法》第42条的规定，有限责任公司股东会会议由股东按照出资比例行使表决权；但是，公司章程另有规定的除外。根据我国《公司

---

[1] 唐英：《公司章程司法适用研究》，法律出版社 2016 年版，第 30~34 页。

法》第 103 条第 1 款的规定，股份有限公司股东出席股东大会会议，所持每一股份有一表决权。

（三）股东会决议的种类

根据股东会决议事项的重要程度和通过决议所需表决权多数的标准的不同，股东会决议可分为普通决议和特别决议。普通决议是指股东会会议在议决公司普通事务时，只需经代表 1/2 以上多数（即简单多数）表决权的股东通过即可作出的股东会决议。特别决议是指股东会会议在议决公司特定重大事务时，须经代表 2/3 或 3/4 以上多数（即绝对多数）表决权的股东通过才可作出的股东会决议。对于特别决议适用的公司事务范围，各国及地区的公司法均以强行性规范予以明确列举，只限于公司法或公司章程规定的特定重大事务；公司法或公司章程规定的特定重大事务之外的其他事务，均属于普通决议的适用范围。

根据我国《公司法》第 43 条第 2 款的规定，有限责任公司股东会会议作出修改公司章程、增加或者减少注册资本的决议，以及公司合并、分立、解散或者变更公司形式的决议，必须经代表 2/3 以上表决权的股东通过。根据我国《公司法》第 103 条第 2 款的规定，股份有限公司股东大会作出决议，必须经出席会议的股东所持表决权过半数通过。但是，股东大会作出修改公司章程、增加或者减少注册资本的决议，以及公司合并、分立、解散或者变更公司形式的决议，必须经出席会议的股东所持表决权的 2/3 以上通过。根据我国《公司法》第 121 条的规定，上市公司在 1 年内购买、出售重大资产或者担保金额超过公司资产总额 30% 的，应当由股东大会作出决议，并经出席会议的股东所持表决权的 2/3 以上通过。

（四）股东会决议无效、撤销和不成立

一般情况下，股东会决议一经作出即发生法律效力，公司董事会、监事会及股东均须遵守股东会决议。但如果股东会决议内容或决议程序违反法律的强行性规定或公司章程的规定，则股东会决议可因内容或程序的瑕疵被宣告无效或被撤销，此即大多数国家和地区公司法规定的股东会决议无效、撤销等股东会决议效力瑕疵制度。我国《公司法》第 22 条也确立了此制度，即公司股东会或者股东大会的决议内容违反法律、行政法规的无效。股东会或者股东大会的会议召集程序、表决方式违反法律、行政法规或者公司章程，或者决议内容违反公司章程的，股东可以自决议作出之日起 60 日内，请求人民法院撤销。股东依照前款规定提起诉讼的，人民法院可以应公司的请求，要求股东提供相应担保。公司根据股东会或者股东大会决议已办理变更登记的，人民法院宣告该决议无效或者撤销该决议后，公司应当向公司登记机关申请撤销变更登记。

对于股东会决议无效和撤销的规定，由于我国《公司法》相关内容较为原则和笼统，《公司法司法解释四》对于该制度予以了进一步的具体化和细致化，其主要内容为：（1）公司股东、董事、监事等利害关系人有权向法院请求确认股东会决议无效，公司股东还有权向法院请求撤销股东会决议。（2）明确规定请求撤销股东会决议的原告在起诉时应具有公司股东资格。（3）为避免股东滥用股东会决议撤销制度和维护股东会决议的效力稳定，明确规定若股东会决议仅存在召集程序或者表决方式方面的轻微程序瑕疵，且对决议未产生实质影响的，对于股东的撤销股东会决议请求法院不予以支持。（4）为保护善意相对人的信赖利益和交易安全，明确规定当股东会决议被法院判决确认无效或撤销后，公司以该决议与善意相对人形成的民事法律关系不受影响。

对于公司股东会决议的执行而言，除了检讨效力是否存在无效或撤销情形之外，还存在不成立的情形。股东会决议的性质是多方法律行为中的非典型契约行为，按照民法基本原理，法律行为的成立与法律行为的有效是两个不同的概念。因此，应区分股东会决议的不成立和股东会决议的效力瑕疵。股东会决议的不成立又称股东会决议的不存在，是指股东会决议欠缺成立要件而不存在；而股东会决议的效力瑕疵是指股东会决议成立后因欠缺有效要件而导致可撤销、无效等效力瑕疵情形。某种意义上而言，股东会决议是否成立主要属于事实问题和事实判断，而股东会决议是否存在效力瑕疵属于价值问题和价值判断。

我国现行《公司法》并未明确规定股东会决议不成立制度，但这并不意味着我国不承认和不存在该制度。因为股东会决议作为一种多方法律行为中的非典型契约法律行为，应适用我国《民法通则》和《民法总则》以及《合同法》中关于法律行为和契约行为成立和有效的一般规定，严格区分股东会决议不成立和股东会决议存在无效、可撤销等效力瑕疵状态。故而，根据我国民法的相关规定和原理，《公司法司法解释四》补充确认了我国的股东会决议不成立制度。

对于股东会决议不成立，司法解释明确规定了：第一，有权向法院提起股东会决议不成立之诉的主体是公司股东、董事、监事等利害关系人。第二，股东会决议不成立的具体情形包括：（1）公司未召开会议的；（2）会议未对决议事项进行表决的；（3）出席会议的人数或者股东所持表决权不符合《公司法》或者公司章程规定；（4）会议的表决结果未达到《公司法》或者公司章程规定的通过比例的；（5）导致决议不成立的其他情形。

同时，《公司法司法解释四》第 3 条还对股东会决议无效、撤销与不成立之诉的诉讼当事人进行了明确规定：在这类诉讼中，应当列公司为被告；对决议涉及的其他利害关系人，可以依法列为第三人；一审法庭辩论终结前，其他有原告资格的人以相同的诉讼请求申请参加诉讼的，可以列为共同原告。

第三节　董事会

一、董事会的概念和特征

董事会，是指由董事组成的公司经营决策机关和业务执行机关及对外代表机关。其特征如下：

1. 董事会成员即董事原则上由股东会选举和更换，因此董事会对股东会负责并报告工作，负责执行股东会的决议。

2. 董事会是公司的经营决策机关。在现代公司中，董事会不仅仅是股东会下设的执行机关，而且是公司的日常经营最高决策机关，董事会对法律和公司章程明确规定的股东会职权之外的一切事务均享有决策权。

3. 董事会是公司的集体业务执行机关和对外代表机关。原则上只能由董事会集体作为公司的业务执行机关和对外代表机关，以公司的名义执行业务并对外与第三人进行交易。但经法律或公司章程授权，也可由 1 名或数名董事会成员单独或共同执行公司业务并对外代表公司。我国对董事会的对外代表权采法定单独代表制，根据我国《公司法》第 13 条的规定，公司的法定代表人只能依照公司章程的规定，由董事长、执行董事或者经理担任，并依法登记。其他董事、高级管理人员不得作为法定代表人对外代表公司。

4. 董事会原则上是公司的法定必设机关。根据我国《公司法》第 50 条的规定，只有股东人数较少或者规模较小的有限责任公司，可以设 1 名执行董事，不设董事会。这样有利于小规模的有限责任公司降低管理成本、及时决策、灵活经营。

5. 董事会是公司的常设机关。董事会作为公司的日常经营最高决策机关和对外代表机关，其性质已决定了它必须为常设机关。

二、董事会中心主义和董事会的职权

（一）股东会中心主义向董事会中心主义的转变

早期公司由于规模较小、股东人数较少，业务较为简单，公司股东有能力和意愿亲自参与公司经营管理，由公司全体股东所组成的股东会作为公司的最高权力机关，股东会在公司组织机构中处于核心地位，这就是所谓的股东会中心主义。但随着现代公司规模的扩大、股东人数的增多，公司的经营管理日益复杂化和专业化，公司股东已无能力和意愿亲自参与公司经营管理。股东会作为非常设的会议体机关，无法对公司日常经营管理中的繁杂事务及时、有效地作出决策。因此现代公司均扩大了董事会的权力，将公司日常经营最高决策权赋予董事会，而股东会仅保留涉及公司经营管理和股东根本利益的特定重大事务的决策权。由此董事会享有公司经营管理中的最广泛的权力，在公司组织机构中处于核心地位，这就是所谓的董事会中心主义。

（二）董事会的职权

根据我国《公司法》第46条和108条第4款的规定，有限责任公司和股份有限公司对股东会负责，行使下列职权：（1）召集股东会会议，并向股东会报告工作；（2）执行股东会的决议；（3）决定公司的经营计划和投资方案；（4）制订公司的年度财务预算方案、决算方案；（5）制订公司的利润分配方案和弥补亏损方案；（6）制订公司增加或者减少注册资本以及发行公司债券的方案；（7）制订公司合并、分立、解散或者变更公司形式的方案；（8）决定公司内部管理机构的设置；（9）决定聘任或者解聘公司经理及其报酬事项，并根据经理的提名决定聘任或者解聘公司副经理、财务负责人及其报酬事项；（10）制定公司的基本管理制度；（11）公司章程规定的其他职权。

根据我国《公司法》第66条的规定，国有独资公司董事会的职权具有特殊之处，即国有独资公司不设股东会，由国有资产监督管理机构行使股东会职权。国有资产监督管理机构可以授权公司董事会行使股东会的部分职权，决定公司的重大事项。因此，国有独资公司董事会除有权行使董事会的一般职权，还有权行使国有资产监督管理机构授权的股东会的部分职权。根据我国有关外商投资的法律法规的规定，外商投资有限责任公司不设股东会，而由董事会作为公司的最高权力机关，有权按照公司章程的规定，讨论决定公司的一切重大问题。

三、董事会成员

（一）董事会成员的选任和退任

董事是董事会的成员，董事会是由董事组成的集体机关。大多数国家和地区的公司法规定董事原则上由股东会选任和更换。但股份有限公司的首届董事，由全体发起人选任；募集设立的股份有限公司的首届董事，由创立大会选任；一人公司的董事则由股东选任。股东会选任董事的方式，除可采传统的直接投票制，还可采累积投票制。累积投票制，是指股东会选任 2 个以上席位的董事或监事时，股东有表决权的每一股份具有与应选董事或监事人数相同的表决权，股东拥有的表决权可以集中选任 1 位董事或监事，也可分散选任数位董事或监事。该制度加大了中小股东选任代表自己利益的董事和监事的机率，增强了中小股东对公司的影响和控制力，有利于保护中小股东的利益，加强公司的民主管理。根据我国《公司法》第 105 条的规定，股份有限公司股东大会选举董事、监事，可以依照公司章程的规定或者股东大会的决议，实行累积投票制。

董事的任期原则上由公司章程规定，大多数国家和地区的公司法只规定董事的每届最长任期。根据我国《公司法》第 45 条第 1 款和第 108 条第 3 款的规定，有限责任公司和股份有限公司的董事任期由公司章程规定，但每届任期不得超过 3 年。董事任期届满，连选可以连任，因而在实践中有可能出现终身董事的现象。

董事可基于以下原因退任：（1）任期届满。（2）股东会决议解任。原则上公司可以随时通过股东会决议解任由股东会选任的董事，但董事在其任职期间不应被无故解除职务，在不存在董事违反法律法规或公司章程、执行职务时有不当行为或明显缺乏能力等正当理由的情形下，公司应赔偿被解任董事因解任而造成的损失，赔偿数额应相当于其在所余任期内应得的报酬。（3）董事自行辞职。原则上董事在任期内可以单方提出辞职而无须公司同意，但其辞职若无正当理由，应赔偿公司因其辞职而造成的损失。（4）董事死亡或被宣告死亡或丧失民事行为能力。（5）公司章程规定的其他原因。为了保证董事会正常持续行使职能，大多数国家和地区的公司法规定，董事因任期届满或辞职而解任导致董事会成员人数低于法定人数的，在改选出的董事就任前，该董事仍应继续履行董事职务。我国《公司法》第45条第2款和第108条第3款也作了同样的规定。

（二）董事会成员的人数和结构

为了便于董事会决议的顺利通过，各国和地区的公司法大多规定董事会成员人数应为奇数。在采用大陆法系公司组织机构模式的公司董事会中，通常设董事长1名，副董事长1名或多名，董事长对内为股东会和董事会的主席，负责主持股东会会议及召集和主持董事会会议，对外则一般为公司的法定代表人。副董事长协助董事长工作，在董事长不能履行或不履行相应职权时，由副董事长代为履行相应职权。由于实行职工参与制，董事会中必须或可以设立职工董事，职工董事由公司职工民主选举产生。根据我国《公司法》第44条的规定，有限责任公司董事会成员为3人至13人；两个以上的国有企业或者两个以上的其他国有投资主体投资设立的有限责任公司，其董事会成员中应当有公司职工代表；其他有限责任公司董事会成员中可以有公司职工代表。董事会中的职工代表由公司职工通过职工代表大会、职工大会或者其他形式民主选举产生。董事会设董事长1人，可以设副董事长。董事长、副董事长的产生办法由公司章程规定。根据我国《公司法》第108条和第109条的规定，股份有限公司董事会成员为5人至19人。董事会成员中可以有公司职工代表。董事会中的职工代表由公司职工通过职工代表大会、职工大会或者其他形式民主选举产生。董事会设董事长1人，可以设副董事长。董事长和副董事长由董事会以全体董事的过半数选举产生。

在采用英美法系公司组织机构模式的公司董事会中，根据董事会成员的作用不同，董事会成员可分为执行董事和非执行董事。执行董事又称经营董事，是指与公司之间存在雇佣关系、兼任公司经理等高级管理职务、负责公司日常经营管理工作的董事。非执行董事又称非经营董事，是指与公司之间不存在雇佣关系、未兼任公司经理等高级管理职务、不负责公司日常经营管理工作的董事。根据董事会成员是否属于公司内部人员，董事会成员可分为内部董事和外部董事，内部董事是指具有公司股东身份或雇员身份，属于公司内部人员的董事。外部董事是指不具有公司股东身份或雇员身份，不属于公司内部人员的董事。根据董事会成员是否具有独立性，董事会成员可分为独立董事和非独立董事，独立董事是指不在公司中担任除董事外的其他职务，并与公司及其主要股东或实际控制人、董事经理等高级管理人员之间不存在可能影响其进行独立客观判断的重要关系的董事，独立董事应为非执行董事和外部董事，而执行董事和内部董事均为非独立董事。独立董事的设置，可以对执行董事和经理等高级管理人员形成有效的监督和制约，防止大股东滥权和内部人控制，从而有利于保护中小股东的利益。根据我国《公司法》第122条的规定，我国上市公司董事会中应设立独立董事。

四、董事会会议

（一）董事会会议的种类和召集

根据召开时间的不同，董事会会议也可分为定期会议和临时会议。定期会议是指按照法律或公司章程规定的时间必须定期按时召开的董事会会议。临时会议是指基于公司经营管理的需要，在法律或公司章程规定的时间之外，不定期临时召开的董事会会议。针对股份有限公司，我国《公司法》第110条规定："董事会每年度至少召开2次会议，每次会议应当于会议召开10日前通知全体董事和监事。代表1/10以上表决权的股东、1/3以上董事或者监事会，可以提议召开董事会临时会议。董事长应当自接到提议后10日内，召集和主持董事会会议。董事会召开临时会议，可以另定召集董事会的通知方式和通知时限。"而对有限责任公司董事会会议的召开时间及召开通知未作规定，实际上是授权公司以公司章程自行决定。根据我国《公司法》第47条和第109条第2款的规定，有限责任公司和股份有限公司董事会会议由董事长召集和主持；董事长不能履行职务或者不履行职务的，由副董事长召集和主持；副董事长不能履行职务或者不履行职务的，由半数以上董事共同推举1名董事召集和主持。

（二）董事会决议

各国和地区的公司法大多规定董事会决议的表决原则为一人一票和董事人数多数决，即每一名董事对提请董事会审议事项均有一票表决权，董事会决议的作出须经多数董事同意才能通过。为了保证董事会决议代表大多数董事的意志，大多数国家和地区的公司法还规定了双重多数原则，不仅要求董事会决议的作出须经出席会议的多数董事同意才能通过，而且要求出席董事会的董事符合法定最低人数。考虑到公司经营决策的非公开性，董事原则上应亲自出席董事会会议并进行投票表决，但有正当理由不能亲自出席的，也可委托其他董事代理出席并进行投票表决。此外，大多数国家和地区的公司法还规定了董事表决回避制度，即董事与董事会会议审议事项存在特别的利害关系从而与公司形成利益冲突，有可能损害公司利益的，该董事不能参与对该事项的表决，其他董事也不能代理其参加表决，该董事也不能代理其他董事参加表决。根据我国《公司法》第48条的规定，有限责任公司董事会的议事方式和表决程序，除公司法有规定的外，由公司章程规定。董事会决议的表决，实行一人一票。根据我国《公司法》第111条和第112条第1款的规定，股份有限公司董事会会议应有过半数的董事出席方可举行。董事会作出决议，必须经全体董事的过半数通过。董事会决议的表决，实行一人一票。董事会会议，应由董事本人出席；董事因故不能出席，可以书面委托其他董事代为出席，委托书中应载明授权范围。根据我国《公司法》第124条的规定，我国仅在上市公司中规定了关联董事表决回避制度，即上市公司董事与董事会会议决议事项所涉及的企业有关联关系的，不得对该项决议行使表决权，也不得代理其他董事行使表决权。该董事会会议由过半数的无关联关系董事出席即可举行，董事会会议所作决议须经无关联关系董事过半数通过。出席董事会的无关联关系董事人数不足3人的，应将该事项提交上市公司股东大会审议。

为了加强董事对公司经营管理工作的责任心，各国和地区的公司法大多规定了董事对董事会决议承担民事责任制度，即董事会决议违反法律、行政法规或公司章程及股东会决议，致使公司遭受严重损失的，参与决议并对决议未明确表示异议的董事应对公司承担损害赔偿责任。根据我国《公司法》第112条第2款和第3款的规定，股份有限公司董事会应当对会议所议事项的决定作成会议记录，出席会议的董事应当在会议记录上签名。董事应当对董事会的决议承担责任。董事会的决议违反法律、行政法规或者公司章程、股东大会决议，致使公司遭受严重损失的，参与决议的董事对公司负赔偿责任。但经证明在表决时曾表明异议并记载于会议记录的，该董事可以免除责任。但对有限责任公司，我国公司法未规定董事对董事会决议承担民事责任制度，这无疑是我国公司立法上的一个缺陷。

董事会决议也存在无效、撤销和不成立制度。我国《公司法》第22条以及《公司法司法解释四》进行了规定，确立了其主要内容为：（1）当董事会决议内容违反法律、行政法规，公司股东、董事、监事等利害关系人有权向法院请求确认董事会决议无效；（2）当董事会决议的程序违反法律、行政法规或者公司章程或者内容违反公司章程，公司股东还有权向法院请求撤销董事会决议，股东在起诉时应当具有公司股东资格；（3）当董事会决议因公司未召开会议、会议未对决议事项进行表决、出席会议的人数不符合《公司法》或者章程规定、会议的表决未达到《公司法》或者公司章程规定的通过比例等情形导致不成立的，公司股东、董事、监事等利害关系人有权向法院请求确认董事会决议不成立。

另外，因为董事会中心主义下董事会决议涉及有效的公司行为效力，所以出于对公司相关各方利益平衡的考虑，《公司法司法解释四》又进行了一系列补充规定。第一，为避免股东滥用董事会决议撤销制度和维护董事会决议的效力稳定，明确规定若董事会决议仅存在召集程序或者表决方式方面的轻微程序瑕疵，且对决议未产生实质影响的，对于股东的撤销董事会决议请求法院不予以支持。第二，为保护善意相对人的信赖利益和交易安全，明确规定当董事会决议被法院判决确认无效或撤销后，公司以该决议与善意相对人形成的民事法律关系不受影响。

同时，《公司法司法解释四》对董事会决议无效、撤销和不成立之诉中的诉讼当事人进行明确规定：应当列公司为被告；对决议涉及的其他利害关系人，可以依法列为第三人；一审法庭辩论终结前，其他有原告资格的人以相同的诉讼请求申请参加诉讼的，可以列为共同原告。

第四节　监事会

一、监事会的概念和特征

监事会是指由监事组成的负责对公司的经营和财务、董事和经理等高级管理人员的职务行为进行监督的专门监督机关。在董事会的外部设置专司监督职能的监事会，是大陆法系组织机构模式的特点。监事会具有如下特征：

1. 监事会成员即监事原则上由股东会选举和更换，因此监事会对股东会负责并报告工作。

2. 监事会是公司内部设置的专司监督职能的专门监督机关，负责检查和监督公司的经营和财务状况、董事和经理等高级管理人员的职务行为。

3. 监事会原则上是公司的法定必设机关，但有限责任公司可以公司章程，根据公司的经营规模自行决定是否设置，即监事会仅为有限责任公司的选设机关。根据我国《公司法》第51条第1款的规定，股东人数较少或者规模较小的有限责任公司，可以设1至2名监事，不设监事会。根据我国《公司法》第70条和第117条第1款的规定，监事会为国有独资公司和股份有限公司的必设机关。

4. 监事会是公司的常设机关。监事会作为负责对公司的经营和财务、董事和经理等高级管理人员的职务行为进行监督的专门监督机关，其性质决定了其必须为常设机关。

二、监事会的职权

根据我国《公司法》第53条和第54条及第118条的规定，有限责任公司和股份有限公司监事会的主要职权为：（1）检查公司财务；（2）对董事、高级管理人员执行公司职务的行为进行监督，对违反法律、行政法规、公司章程或者股东会决议的董事、高级管理人员提出罢免的建议；（3）当董事、高级管理人员的行为损害公司的利益时，要求董事、高级管理人员予以纠正；（4）提议召开临时股东会会议，在董事会不履行本法规定的召集和主持股东会会议职责时召集和主持股东会会议；（5）向股东会会议提出提案；（6）依照本法第151条的规定，对董事、高级管理人员提起诉讼；（7）列席董事会会议，并对董事会决议事项提出质询或者建议；（8）监事会、不设监事会的公司的监事发现公司经营情况异常，可以进行调查；必要时，可以聘请会计师事务所等协助其工作，费用由公司承担；（9）公司章程规定的其他职权。根据我国《公司法》第150条第2款的规定，有限责任公司和股份有限公司监事会有权要求董事、高级管理人员提供有关情况和资料，以便于监事会获得充足的有关公司经营和财务的信息，有效地行使监督职能。根据我国《公司法》第70条第3款的规定，国有独资公司的监事会职权具有特殊之处，除可以行使《公司法》第53条第1项至第3项规定的职权之外，还可行使国务院规定的其他职权。根据我国《公司法》第56条和第118条第2款的规定，有限责任公司和股份有限公司监事会及不设监事会的公司的监事行使职权所必需的费用，由公司承担。

三、监事会成员

（一）监事会成员的选任和退任

监事是监事会的成员，大陆法系国家和地区的公司法大多规定监事原则上由股东会选任和更换。但股份有限公司的首届监事，由全体发起人选任；募集设立的股份有限公司的首届监事，由创立大会选任；一人公司的监事则由股东选任。股东会选任监事的方式，除可采传统的直接投票制，还可采累积投票制。关于监事的任期，大陆法系国家和地区的公司法的规定不一致。总的来说，要求监事的任期短于董事的任期，以避免监事与董事的任期一致，导致监事与董事利益协调、相互勾结、营私舞弊。而根据我国《公司法》第52条第1款和第117条第5款的规定，有限责任公司和股份有限公司监事的任期每届为3年，与董事的每届法定最长任期一致。这种规定显然不利于监事会对董事监督职能的发挥。监事的退任原因与前述董事的退任原因相同。

（二）监事会成员的人数和结构

大陆法系国家和地区的公司法一般不对监事的最高人数作强制性规定，而仅限定监事的最低人数。而且为了便于监事会决议的顺利通过，各国和地区的公司法大多规定监事会成员人数应为奇数。根据我国《公司法》第51条第1款和第117条第1款的规定，有限责任公司和股份有限公司监事会成员不得少于3人。根据我国《公司法》第70条第1款的规定，国有独资公司监事会成员不得少于5人。

大陆法系国家和地区的公司法一般规定，监事会中设主席1人，副主席若干人，监事会主席和副主席由全体监事过半数选举产生。监事会主席负责召集和主持监事会会议，监事会副主席在监事会主席不能履行职务或者不履行职务时，负责召集和主持监事会会议。我国《公司法》第51条第3款和第117条第3款也作了同样的规定。由于实行职工参与制，大陆法系国家和地区的公司法大多规定监事会中应当设置一定比例的职工监事。根据我国《公司法》第51条第2款和第70条第1款及第117条第2款的规定，有限责任公司、国有独资公司和股份有限公司监事会应当包括适当比例的公司职工代表，其中职工代表的比例不得低于1/3，具体比例由公司章程规定。监事会中的职工代表由公司职工通过职工代表大会、职工大会或者其他形式民主选举产生。

四、监事会会议

（一）监事会会议的种类和召集

根据召开时间的不同，监事会会议也可分为定期会议和临时会议。定期会议是指按照法律或公司章程规定的时间必须定期按时召开的监事会会议。临时会议是指在法律或公司章程规定的时间之外，不定期临时召开的监事会会议。根据我国《公司法》第 55 条第 1 款的规定，有限责任公司监事会每年度至少召开 1 次会议，监事可以提议召开临时监事会会议。根据我国《公司法》第 119 条第 1 款的规定，股份有限公司监事会每 6 个月至少召开 1 次会议。监事可以提议召开临时监事会会议。监事会会议原则上由监事会主席召集和主持，在特殊情况下，也可由监事会副主席或监事召集和主持。我国《公司法》第 51 条第 3 款和第 117 条第 3 款也作了同样的规定。

（二）监事会决议

大陆法系国家和地区的公司法大多规定，监事会决议的表决实行一人一票和监事多数决定原则，即每一名监事对提请监事会审议事项均有一票表决权，监事会决议的作出须经多数监事同意才能通过。监事会应当对所议事项的决定作成会议记录，出席会议的监事应当在会议记录上签名。我国《公司法》第 55 条和第 119 条的第 2、3、4 款也作了同样的规定。

第五节　高级管理人员

一、高级管理人员的概念和特征

高级管理人员是指受雇于公司，负责公司日常经营和财务管理工作的公司高级雇员的总称。其特征如下：

1. 高级管理人员属于公司的雇员，与公司之间存在雇佣合同关系。

2. 高级管理人员不是公司的普通雇员，而是负责公司日常经营和财务管理工作的公司高级别的雇员，在公司日常经营和财务管理工作中处于重要地位。

3. 高级管理人员的设置、范围和职权一般由公司以公司章程自行决定，也有极少数国家在公司立法中予以强制性规定。如我国《公司法》第 216 条明确规定："高级管理人员，是指公司的经理、副经理、财务负责人，上市公司董事会秘书和公司章程规定的其他人员。"我国《公司法》第 49 条和第 123 条还分别规定了经理和董事会秘书的设置和职权问题。

二、经理

（一）经理的概念和法律地位

经理又称经理人，是指由董事会聘任，对董事会负责，辅助董事会执行公司日常经营管理工作的公司高级管理人员。

经理的法律地位问题也即经理与公司之间的关系问题，是公司法理论与实践中一个争议较大的问题。大陆法系国家一般认为经理作为个人是公司的商事使用人，即受雇于特定的公司，并受该公司的委托，以该公司名义辅助公司对外进行商事业务的自然人。因此，经理与公司之间是委托合同关系。经理作为一个职务，应定位为董事会的辅助业务执行机关，经理由董事会聘任和解聘，从属于董事会，本身不是独立的业务执行机关，而是辅助董事会执行公司日常经营业务的非独立常设机关。英美法系国家通常认为经理仅是公司的高级雇员，因此，经理与公司之间仅为雇佣合同关系，经理本质上与公司的其他雇员并无区别。

根据我国《公司法》第 49 条和第 68 条及第 113 条的规定，我国《公司法》中"经理"的含义与实践中"经理"的含义并不完全相同。我国《公司法》中"经理"仅指对公司日常经营管理工作负总责的公司高级管理人员，即公司总经理。而实践中"经理"的范围很广，不仅包括总经理，还包括在总经理的领导下、负责公司某一部门具体管理工作的部门经理等中级管理人员。[1]有限责任公司可以自行决定是否设置经理，国有独资公司和股份有限公司必须设置经理。经理由董事会聘任和解聘，经理应对董事会负责。

（二）经理的职权

大多数国家和地区的公司法未明确规定经理的职权，而是授权公司以公司章程或董事会决议及雇佣或委托合同规定及限制经理的职权范围。但为了保护善意第三人的信赖利益以维护交易安全和便捷，大多数国家和地区的公司法均规定公司内部对经理职权的限制，不得对抗善意第三人。根据我国

---

[1] 史际春：《企业和公司法》，中国人民大学出版社 2008 年版，第 221 页。

《公司法》第 49 条第 1 款和第 68 条第 1 款及第 113 条第 2 款的规定，有限责任公司、国有独资公司和股份有限公司经理可以行使下列职权：（1）主持公司的生产经营管理工作，组织实施董事会决议；（2）组织实施公司年度经营计划和投资方案；（3）拟订公司内部管理机构设置方案；（4）拟订公司的基本管理制度；（5）制定公司的具体规章；（6）提请聘任或者解聘公司副经理、财务负责人；（7）决定聘任或者解聘除应由董事会决定聘任或者解聘以外的负责管理人员；（8）列席董事会会议；（9）董事会授予的其他职权。公司章程对经理职权另有规定的，从其规定。由此可见，我国《公司法》虽明确列举了经理的法定职权，但《公司法》关于经理职权的规定并非法律的强行性规定，可由公司以公司章程予以排除和变更。根据我国《公司法》第 13 条的规定，依照公司章程的规定，经理还可担任公司法定代表人，成为公司的对外代表机关。

三、董事会秘书

董事会秘书是中国特色的一个概念或做法，源自英美公司法上的公司秘书，其地位与公司依法聘请的注册会计师相仿，与公司之间是委托合同关系，是依合同为公司提供秘书服务的公司外部的独立第三人，并不是公司的内部雇员。公司秘书的职责主要是在政府和公司间上传下达，参加董事会和股东会并进行记录，对某些文件进行认证，对股票的转让进行纪录，保存公司的账簿及登记簿并制作必要的年报。公司秘书既对公司承担合同义务，同时也直接对政府和法律负责，对公司遵纪守法施加一种有效的外部制衡和约束的功能。

而根据我国《公司法》第 123 条和第 216 条的规定及相关法规的规定，我国的董事会秘书是指上市公司董事会中设置的负责公司股东大会和董事会会议的筹备、文件保管以及公司股东资料的管理，办理信息披露事务等事宜的公司高级管理人员。董事会秘书由董事长提名，经董事会聘任和解聘。公司董事和其他高级管理人员可以兼任董事会秘书，但公司聘请的会计师事务所的注册会计师和律师事务所的律师不得兼任董事会秘书。因此，董事会秘书的性质为公司内部的高级雇员，是公司的高级管理人员，属于公司的内部人，不具有英美公司法上的公司秘书的独立第三人的地位。[1]

---

〔1〕 史际春：《企业和公司法》，中国人民大学出版社 2008 年版，第 265~266 页。

第六节　公司董事、监事、高级管理人员的资格和义务

一、公司董事、监事、高级管理人员的任职资格

公司董事、监事、高级管理人员的任职资格是指公司董事、监事、高级管理人员的任职条件。学理上通常将其分为积极资格和消极资格，前者规定了具备哪些条件才能任职；后者规定了在哪些情形下不能任职。大多数国家和地区的公司法对公司董事、监事、高级管理人员的积极任职资格原则上不加以限制，而对公司董事、监事、高级管理人员的消极任职资格有明确的强行性规定。我国《公司法》也是如此，仅以第146条规定了公司董事、监事、高级管理人员不得任职的情形，即：（1）无民事行为能力或者限制民事行为能力；（2）因贪污、贿赂、侵占财产、挪用财产或者破坏社会主义市场经济秩序，被判处刑罚，执行期满未逾5年，或者因犯罪被剥夺政治权利，执行期满未逾5年；（3）担任破产清算的公司、企业的董事或者厂长、经理，对该公司、企业的破产负有个人责任的，自该公司、企业破产清算完结之日起未逾3年；（4）担任因违法被吊销营业执照、责令关闭的公司、企业的法定代表人，并负有个人责任的，自该公司、企业被吊销营业执照之日起未逾3年；（5）个人所负数额较大的债务到期未清偿。公司违反前款规定选举、委派董事、监事或者聘任高级管理人员的，该选举、委派或者聘任无效。董事、监事、高级管理人员在任职期间出现以上情形的，公司应当解除其职务。

二、公司董事、监事、高级管理人员的法律地位

公司董事、监事、高级管理人员的法律地位，即公司董事、监事、高级管理人员与公司之间关系的性质问题。该问题的解决是明确公司董事、监事、高级管理人员对公司应承担的法定义务和责任的前提。

大陆法系国家一般认为公司董事、监事、高级管理人员与公司之间为委托合同关系，公司是委托人，公司董事、监事、高级管理人员是受托人。基于双方的相互信任关系，公司委托董事、监事、高级管理人员以公司名义处理公司事务，除公司法另有规定外，两者之间的关系适用民法有关委托合同的规定。公司董事、监事、高级管理人员根据委托合同，享有处理公司事务

的权利，同时也负有处理公司的义务。公司董事、监事、高级管理人员在处理公司事务时，对公司负有法定的附随义务，该附随义务包括善管义务和忠实义务。[1]英美法系国家则通常认为公司董事、监事、高级管理人员与公司之间为信托合同关系，公司是信托人，公司董事、监事、高级管理人员是受信人。基于双方的相互信任关系，公司信托董事、监事、高级管理人员为公司的利益管理和处分公司财产。公司董事、监事、高级管理人员作为受信人，应对公司承担法定的受信义务，受信义务按其内容不同可分为忠实义务和注意义务。我国《公司法》未规定公司董事、监事、高级管理人员与公司之间关系的性质，学界通说也认为公司董事、监事、高级管理人员与公司之间为委托合同关系。

三、公司董事、监事、高级管理人员的法定义务

为了规范公司董事、监事、高级管理人员的行为，防止公司董事、监事、高级管理人员怠于行使或滥用职权，保护公司股东尤其是中小股东的利益和公司整体利益，各国和地区的公司法大多明确规定公司董事、监事、高级管理人员对公司应承担的法定义务，即忠实义务和勤勉义务。我国《公司法》第 147 条第 1 款也明确规定："董事、监事、高级管理人员应当遵守法律、行政法规和公司章程，对公司负有忠实义务和勤勉义务。"

（一）公司董事、监事、高级管理人员的忠实义务

公司董事、监事、高级管理人员的忠实义务又称忠诚义务、诚信义务，是指公司董事、监事、高级管理人员应当忠实地为公司利益履行其职责，当自身利益与公司利益发生冲突时，应维护公司利益，不得将自身利益置于公司利益之上、牺牲公司利益为自己或第三人牟利。根据我国《公司法》第 147 条和第 148 条的规定，公司董事、监事、高级管理人员的忠实义务的具体内容主要包括：（1）不得利用职权收受贿赂或者其他非法收入，不得侵占公司的财产；（2）不得挪用公司资金；（3）不得将公司资金以其个人名义或者以其他个人名义开立账户存储；（4）不得违反公司章程的规定，未经股东会、股东大会或者董事会同意，将公司资金借贷给他人或者以公司财产为他人提供担保；（5）不得违反公司章程的规定或者未经股东会、股东大会同意，与

---

〔1〕 王新、秦芳华：《公司法》，人民法院出版社 2000 年版，第 248 页。

本公司订立合同或者进行交易；（6）不得未经股东会或者股东大会同意，利用职务便利为自己或者他人谋取属于公司的商业机会，自营或者为他人经营与所任职公司同类的业务；（7）不得接受他人与公司交易的佣金归为己有；（8）不得擅自披露公司秘密；（9）违反对公司忠实义务的其他行为。董事、高级管理人员违反以上义务所得的收入应当归公司所有。

（二）公司董事、监事、高级管理人员的勤勉义务

公司董事、监事、高级管理人员的勤勉义务又称注意义务、谨慎义务、善管义务，是指公司董事、监事、高级管理人员在履行其职责时，应善意、谨慎、勤勉地处理事务，尽到一个合理谨慎之人在相似情形下所应具有的注意。

各国和地区的公司法对公司董事、监事、高级管理人员的勤勉义务的规定比较抽象和原则，其具体标准应在司法实践中逐步确立和完善。实践中，通常采客观标准为主和主观标准为辅的综合性标准。客观标准是指以抽象的善良管理人在同等情形下所应具有的合理注意程度作为判断标准，不考虑公司董事、监事、高级管理人员的个人特点和具体情况。主观标准是指以具体的各个董事、监事、高级管理人员是否尽到依个人的专业知识、能力和经验所应尽到的注意程度作为判断标准。将客观标准和主观标准相结合，一般情况下，公司董事、监事、高级管理人员只需尽到善良管理人合理的注意义务，但在公司董事、监事、高级管理人员具有特殊识别能力的场合，则应尽到与其识别能力相应的更高的注意义务。这样既可保证公司董事、监事、高级管理人员的整体素质，又有助于督促有特殊专业知识和能力经验的公司董事、监事、高级管理人员充分发挥主观能动性。

四、公司董事、监事、高级管理人员的民事责任

各国和地区的公司法均规定，公司董事、监事、高级管理人员违反忠实义务和勤勉义务，给公司造成损失的，应对公司承担民事赔偿责任。公司董事、监事、高级管理人员对公司负有相应责任而拒不承担时，公司可对其提起追究责任的诉讼。

对公司董事、高级管理人员提起的诉讼，应由监事会代表公司提起；对公司监事提起的诉讼，应由董事会代表公司提起；公司监事会或董事会怠于提起诉讼的，股东还有权为了公司的利益以自己的名义提起股东代表诉讼。

我国《公司法》第 149 条规定："董事、监事、高级管理人员执行公司职务时违反法律、行政法规或者公司章程的规定，给公司造成损失的，应当承担赔偿责任。"第 151 条第 1、2 款规定："董事、高级管理人员有本法第 149 条规定的情形的，有限责任公司的股东、股份有限公司连续 180 日以上单独或者合计持有公司 1%以上股份的股东，可以书面请求监事会或者不设监事会的有限责任公司的监事向人民法院提起诉讼；监事有本法第 149 条规定的情形的，前述股东可以书面请求董事会或者不设董事会的有限责任公司的执行董事向人民法院提起诉讼。监事会、不设监事会的有限责任公司的监事，或者董事会、执行董事收到前款规定的股东书面请求后拒绝提起诉讼，或者自收到请求之日起 30 日内未提起诉讼，或者情况紧急、不立即提起诉讼将会使公司利益受到难以弥补的损害的，前款规定的股东有权为了公司的利益以自己的名义直接向人民法院提起诉讼。"

总之，董事会中心主义并不仅仅意味着董事会控制公司，还意味着对董事会的相关控制，以免董事会违反诚实信用原则，滥用董事会权利。在此意义上，应进一步细化规定董事的提名、任命、罢免程序，强化董事的信义义务与违信责任的追究机制，完善股东诉权。[1]

【实务拓展单元】 董事会解聘经理无需理由

案由：李建军诉上海佳动力环保科技有限公司公司决议撤销纠纷案[2]

【基本案情】

原告李建军诉称：被告上海佳动力环保科技有限公司（简称佳动力公司）免除其总经理职务的决议所依据的事实和理由不成立，且董事会的召集程序、表决方式及决议内容均违反了《公司法》的规定，请求法院依法撤销该董事会决议。

被告佳动力公司辩称：董事会的召集程序、表决方式及决议内容均符合

---

〔1〕 朱慈蕴、林凯："公司制度趋同理论检视下的中国公司治理评析"，载《法学研究》2013 年第 5 期。

〔2〕 上海市第二中级人民法院（2010）沪二中民四（商）终字第 436 号民事判决书。

法律和章程的规定，故董事会决议有效。

【一审证据事实】

法院经审理查明：原告李建军系被告佳动力公司的股东，并担任总经理。佳动力公司股权结构为：葛永乐持股 40%，李建军持股 46%，王泰胜持股 14%。三位股东共同组成董事会，由葛永乐担任董事长，另两人为董事。公司章程规定：董事会行使包括聘任或者解聘公司经理等职权；董事会须由 2/3 以上的董事出席方才有效；董事会对所议事项作出的决定应由占全体股东 2/3 以上的董事表决通过方才有效。2009 年 7 月 18 日，佳动力公司董事长葛永乐召集并主持董事会，三位董事均出席，会议形成了"鉴于总经理李建军不经董事会同意私自动用公司资金在二级市场炒股，造成巨大损失，现免去其总经理职务，即日生效"等内容的决议。该决议由葛永乐、王泰胜及监事签名，李建军未在该决议上签名。

【一审裁判结果】

一审法院判决：撤销被告佳动力公司于 2009 年 7 月 18 日形成的董事会决议。

宣判后，佳动力公司提出上诉。

【二审裁判结果及理由】

二审法院判决：一、撤销上海市黄浦区人民法院（2009）黄民二（商）初字第 4569 号民事判决；二、驳回李建军的诉讼请求。

法院生效裁判认为：根据《公司法》第 22 条第 2 款的规定，董事会决议可撤销的事由包括：一、召集程序违反法律、行政法规或公司章程；二、表决方式违反法律、行政法规或公司章程；三、决议内容违反公司章程。从召集程序看，佳动力公司于 2009 年 7 月 18 日召开的董事会由董事长葛永乐召集，三位董事均出席董事会，该次董事会的召集程序未违反法律、行政法规或公司章程的规定。从表决方式看，根据佳动力公司章程规定，对所议事项作出的决定应由占全体股东 2/3 以上的董事表决通过方才有效，上述董事会决议由三位股东（兼董事）中的 2 名表决通过，故在表决方式上未违反法律、行政法规或公司章程的规定。从决议内容看，佳动力公司章程规定董事会有权解聘公司经理，董事会决议内容中"总经理李建军不经董事会同意私自动用公司资金在二级市场炒股，造成巨大损失"的陈述，仅是董事会解聘李建军总经理职务的原因，而解聘李建军总经理职务的决议内容本身并不违反公司章程。

董事会决议解聘李建军总经理职务的原因如果不存在，并不导致董事会决议撤销。首先，公司法尊重公司自治，公司内部法律关系原则上由公司自治机制调整，司法机关原则上不介入公司内部事务；其次，佳动力公司的章程中未对董事会解聘公司经理的职权作出限制，并未规定董事会解聘公司经理必须要有一定原因，该章程内容未违反《公司法》的强制性规定，应认定有效，因此佳动力公司董事会可以行使公司章程赋予的权力作出解聘公司经理的决定。故法院应当尊重公司自治，无需审查佳动力公司董事会解聘公司经理的原因是否存在，即无需审查决议所依据的事实是否属实，理由是否成立。综上，原告李建军请求撤销董事会决议的诉讼请求不成立，依法予以驳回。

【案例思考题】

1. 董事会的职权范围。
2. 公司经理在公司中的法律地位。
3. 公司经理是否属于劳动者而适用劳动法。
4. 人民法院在公司决议撤销案件中的审查范围。
5. 公司自治的含义以及公司自治的边界问题。
6. 公司自治与经理合法利益维护之间如何协调。

【相似或相关案例拓展】

任务：收集和整理有关董事会解聘经理方面的其他相似或相关的国内外典型案例。

要求：探讨和研究公司自治与经理利益保护之间协调这一难题。

【理论拓展单元】 广义和现代的公司治理：利益相关者共同治理理论

20 世纪 60 年代以前是传统公司治理理论主导时期，表现为股东主权主义或股东至上主义，即认为股东是公司的唯一所有者和成员，是公司最重要或唯一的利益主体，公司的存在目的和经营目标就是追求股东利益最大化，公司经营管理者只须考虑股东利益并只向股东负责，因此股东成为公司治理的唯一主体，股东之外的其他公司利益相关者如公司债权人、公司职工等无权参与公司治理，本书将此种公司治理模式称为股东单独治理模式。

20世纪60年代开始，随着公司社会责任、公司民主等新思潮的影响，股东主权主义或股东至上主义受到了质疑，利益相关者理论开始崭露头角，股东之外的其他公司利益相关者也被看作公司的所有者和成员；股东单独治理模式的狭隘视角和内在缺陷开始受到理论与实务界的批驳，一种新型的公司治理理论和模式——利益相关者共同治理理论应运而生。该理论认为，股东、债权人、职工等公司所有的利益相关者都是平等、独立的公司利益主体，公司的存在目的和经营目标是公司全体利益相关者利益最大化，公司经营管理者必须考虑公司全体利益相关者的利益并对他们负责，因此股东不是公司治理的唯一主体，公司治理的主体是包括股东、债权人在内的公司全体利益相关者。

一、利益相关者概念的界定

利益相关者（stakeholder）一词据考证，最早可溯源于1708年的《牛津词典》，意指人们在某一项活动或某企业中“下注”（have a stake），在活动进行或企业运营的过程中抽头或赔本。[1]通过查询《外研社建宏英汉多功能词典》和《简明英汉法律词典》中的“stake”和“stakeholder”词条，前者原意是赌博的赌金、赌注，引申为利害关系；后者原意指赌金保管者。可见“stakeholder”若依“stake”的引申义“利害关系”可译为“拥有利害关系者”，即现在的通常译法“利益相关者”。利益相关者（stakeholder）这一与股东（shareholder）相对应的新词是美国斯坦福大学研究院的一些学者受1963年美国上演的一出名为《股东》的戏剧的启发而创造出来的，用来表示与公司有密切关系或利益关系的主体。

自1963年美国斯坦福大学研究院创造利益相关者一词以来，国外各界学者先后对该词给出了近30多种狭义和广义的定义。为了把握利益相关者概念的实质含义，以下根据不同的分类标准对各种定义进行了归纳和整理。

---

〔1〕　贾生华、陈宏辉：“利益相关者的界定方法述评”，载《外国经济与管理》2002年第5期。

第一，以利益相关者与公司之间利害关系的方向为标准，狭义的定义仅包括单向的利害关系，即仅指能够影响公司的个人或组织。如梅默（Memo，1963）认为利益相关者是指这样一种团体，没有其支持，组织便无法生存。广义的定义包括双向的利害关系，即能够影响公司或受公司影响的个人或组织。如弗里曼（Freeman，1984）认为利益相关者是指那些能够影响企业目标实现，或者能够被企业实现目标的过程影响的任何个人和群体。[1]

第二，以利益相关者与公司之间利害关系的重要性程度为标准，狭义的定义要求利益相关者与公司之间的利害关系具有重大性，即对公司的生存和发展至关重要、不可或缺。如布伦纳（Brenner，1993）认为利益相关者是指那些与某个组织有着一些合法和重大联系的人。而广义的定义不要求利益相关者与公司之间的利害关系具有重大性。

第三，以利益相关者与公司之间利害关系的性质为标准，狭义的定义强调利益相关者与公司之间利害关系的性质是一种权益，该权益可分为法定权益和约定权益。如埃文和弗里曼（Evan and Freeman，1988）认为利益相关者是指那些在企业中有权益或对企业有要求权的人；[2] 又如卡罗尔（Carroll，1989）认为利益相关者是指以所有权或法律的名义对公司资产或财产行使的一种收益或一种权利；再如布莱尔（Blare）认为利益相关者是所有那些向企业贡献了专用性资产以及作为既成结果已经处于风险投资状况的人或集体。[3] 广义的定义只要求利益相关者与公司之间利害关系的性质属于相互影响或作用。如萨维奇（Savage，1991）认为利益相关者的利益受组织活动的影响并且他们也有能力影响组织的活动；又如威克斯等（Wicks et al.，1994）认为利益相关者与公司之间相互作用。

通过以上的归类整理，本书认为对公司治理中的利益相关者的界定其范围不宜过于宽泛，过于宽泛将造成利益相关者概念缺乏操作性而无实际应用价值（如影响、作用这类性质的利害关系是很难定性和定量的），且有可能使所有的个人和组织都成为公司的利益相关者，这样一方面公司将应接不暇、

---

〔1〕 Freeman, *Strategic management*：*A stakeholder approach*，Pitman Press，1984，p. 20.

〔2〕 Jones，"Corporate social responsibility revisited，redefined"，*California Management Review*，1980，59（Spr.），p. 3.

〔3〕 王辉："公司治理与利益相关者治理机制"，载《公司治理理论与实务前沿》，中国经济出版社 2002 年版，第 124 页。

无以适从，每时每刻处于与利益相关者的冲突和纠纷之中而无法从事正常的经营活动；另一方面还会产生承认建立在以违反法律或道德的利害关系基础上的利益相关者这样的悖论。因此，本书认为，公司利益相关者与公司之间的利害关系应限于重要的、合法的权益；同时应坚持公司利益相关者与公司之间利害关系的双向性，以免公司利益相关者的范围失于狭隘。综上所述，公司利益相关者可界定为：对公司享有重大的合法权益从而对公司产生重大影响或公司对其重大合法权益存在重大影响的自然人或组织体。

二、利益相关者共同治理理论的思想渊源

20 世纪 60 年代利益相关者共同治理理论和实践的产生并非毫无关联的偶然事件，而是受公司契约理念、公司民主理念、公司自体理念直接影响的产物。

（一）公司契约理念

契约是一个广泛应用于社会学、经济学、法学的重要概念。法学意义上的契约是指两个或两个以上当事人之间设立、变更、终止权利义务关系而达成的具有法律效力的协议；经济学意义上的契约是指两个或两个以上当事人基于双方期待和行为的制度安排。[1] 英美法系国家传统公司法认为公司的本质是公司成员之间缔结的契约，其表现形式就是公司章程；公司章程行为是公司成员经合意共同决定是否设立公司、设立何种性质和规模的公司，共同安排拟设立公司的组织机构和运行规则等公司内部重要事务的法律行为。由于英美法系国家传统公司法理论一般认为唯有股东才是公司的成员，公司作为组织体，是股东实现个人营利目的的工具和手段，股东是公司的最终所有者；公司的各种内部事务属于股东自涉性事务范畴，可由其以契约（即公司章程）的形式自主安排，[2] 因此公司的本质仅是股东之间缔结的契约。传统的英美法系国家公司契约理念是狭隘的股东至上主义的表现，未考虑股东之外的其他公司利益相关者在公司中的地位和作用。然而现代公司契约理念认为，公司的成员不仅仅包括提供股权资本的股东，还包括提供债权资本的债

---

〔1〕 汤欣："论公司法与合同自由"，载梁慧星主编：《民商法论丛》（第 16 卷），金桥文化出版（香港）有限公司 2000 年版，第 281~282 页。

〔2〕 唐英："公司章程性质探析"，载《吉林省经济管理干部学院学报》2003 年第 2 期。

权人、提供人力资本的职工等其他利益相关者，即公司全体利益相关者均为公司的成员，因此公司的本质是公司全体利益相关者在自利基础上的一种平等、自治关系。公司各利益相关者作为公司利益主体，相互之间的关系具有利己性、平等性、自治性，股东和非股东利益相关者地位对等、权利平等，均为公司契约的缔结主体，其缔结公司契约的目的都是为了追求自身利益最大化，其利益都具有本质价值，应受到同等的承认和保护，因此公司应是包括股东、债权人等在内的全部公司利益相关者为追求各自的目标和利益缔结的一系列契约的结合体，即公司是众多利益相关者复杂利益关系的聚集焦点和联结桥梁。不仅股东可以通过公司契约（表现为发起人协议和公司章程）的约定参与公司的治理，而且股东之外的其他公司利益相关者也可通过公司契约（表现为债权债务契约）的约定参与公司的治理，债权人等其他利益相关者应该具有与股东平等的参与公司治理的权利，这是公司契约性的内在要求。

（二）公司民主理念

民主（democracy）一词来自于希腊文 demoktatia，由两个词根 demos 和 kratos 构成，demos 意指"人民"和"选区"；kratos 意指"权力"、"统治"和"治理"。[1]可见，民主这一概念最初是指人民的统治，即人民有权直接或按照选区选举产生的代表间接统治、治理国家。在现代，民主一词具有极其广泛而复杂的含义，人们对之有多种不同的理解。有人强调民主就是自由、自治或自决，即每个主体有管理、决定自己事务的自由；有人认为民主就是机会平等，即每个主体对自身事务和公共事务具有平等的参与机会和权利；还有人重视民主的普遍性、全体性或多数人特征，认为民主就是全部主体或多数主体共同参与公共事务。本书以为从以上这些不同的理解中可推导出民主的基本要素：（1）民主是主体对一定范围的自身事务和公共事务的参与；（2）每个主体对事务的参与在形式上或机会上是平等的，不因其身份、地位、财产等的不同而受到歧视；（3）对事务的参与是全部或大多数主体共同进行的，以一致同意或多数人同意为特征；（4）主体对事务的参与方式可以是亲自、直接参与，也可以通过选举代表、间接参与；（5）主体对事务的参与可以呈现出从知悉、建议、质询到监督、管理、决策等各种不同程度。这样可

---

[1] 李龙主编：《法理学》，武汉大学出版社 1996 年版，第 205 页。

对民主作如下定义：民主就是保证社会全体成员或大多数成员直接或间接参与自身事务和公共事务的一种理念和一种制度。

所谓公司民主就是保证公司全体成员或大多数成员直接或间接参与公司事务的一种公司理念和公司制度。传统的公司法理论认为股东是公司的唯一成员和所有者，因此赋予公司全体股东参与公司事务的民主权利，股东成为公司的唯一治理主体，全体股东民主参与公司事务的形式是作为公司最高权力机关——股东大会的成员，按照"一股一票"和"股份多数决"原则行使表决权以决定公司特定重大事务（如选举更换董事、监事，通过公司重大经营决策等）。其他公司利益相关者被排斥于公司民主之外，无权参与公司事务，不能成为公司治理的主体。显然，传统公司法理念下的公司民主是极为狭隘的，只限于股东民主或股权民主。而现代公司民主理念认为，股东之外的公司其他利益相关者也是公司重要的成员，应保证非股东利益相关者平等参与公司事务的权利，赋予他们对一定范围公司事务的知悉权、建议权、质询权、监督权、管理权、决策权。现代的公司民主是广义的民主，是公司所有利益相关者共同的民主，这是社会、经济、文化进步，公司民主制度发展成熟的表现。在现代公司民主理念下，公司治理主体必然呈多元化趋势，债权人、职工〔1〕等非股东利益相关者也是公司治理的主体，有权平等参与公司治理。

（三）公司自体理念

公司自体理念是由德国学者 Walther Rathenau 于 1918 年提出，其后在德国和日本学者中引起热烈反响。Walther 认为现代大规模的股份有限公司在国民经济中占有举足轻重的地位而具有显著的公共性，公司的经营者应立于公司公共性利益受托人的地位进行经营活动，着重保护与公司有关的公共性利益，股东的私人利益应受到一定限制；另一德国学者认为公司自体理念可理解为强调公司的整体利益；德国学者 Potthoff 明确提出，公司已仅非私人意思自治

---

〔1〕 大陆法系国家的公司治理模式更多体现了公司民主的理念，公司通常被强制要求吸收劳方（职工）参与公司经营管理，职工选举或工会任命职工监事和职工董事进入公司监事会和董事会，参与公司的经营管理，实现了资方和劳方对公司的共同治理。此种做法不仅有利于维护职工的合法权益，而且有利于公司利益共同体的形成，减少劳资双方的摩擦与对立。如我国公司法要求两个以上国有投资主体设立的国有有限责任公司和国有独资公司的董事会中必须有公司职工代表，国有公司之外的其他公司的董事会中可以有公司职工代表；并要求所有公司的监事会中必须有公司职工代表。

的产物，而是负有经济性及社会性任务之独立性的有机组织。[1]日本学者大多对公司自体理念持肯定态度，认为公司自体理念应包括两层含义：（1）公司的独立性，即公司是平衡、协调、整合公司内各种不同利益而形成的统一体，公司具有独立于股东之外的固有自体利益。（2）公司的社会性和公共性，即公司已成为国民经济的中枢，公司具有一定的公共性和社会性，绝非仅为股东追求私利的手段和工具。为了维护国民经济的有序、高效运行，公司本身具有的独立法益应得到特别保护以保障公司长期、稳定的存续和发展。类似于德国、日本学者创造和发展的公司自体理念，美国学者布莱尔（Blare）提出了一种公司特许权理论，她认为现代公司不再是股东私人契约的产物，而是基于其社会性必须由政府批准或特许才能设立和运营的组织，获得批准和授权的条件是公司须保证服务于一定的社会利益。[2]这样公司的成立乃至权利基础是政府的特别许可和批准，并非仅是股东私人意思的产物。

本书认为，现代公司可看作是具有独立人格、独立目标和独立利益的组织体，公司具有法律赋予的独立法人人格，其权利、义务、责任独立于公司的成员，公司的首要目标是保证自身长期的存续和发展，公司成员利益最大化目标只是第二位的。公司利益实质是一种团体利益或集体利益，但这种团体利益又并非公司团体各种成员（即公司所有利益相关者）利益的简单相加，公司利益与公司所有成员利益之间不能划等号，但公司利益又与公司各种成员利益紧密联系。公司利益是公司各成员（即公司所有利益相关者）利益平衡、妥协的产物，公司利益相对公司各成员利益而言具有相对的独立性。换言之，公司各成员（即公司所有利益相关者）必须借助公司利益的实现而追求各自不同的利益，因此首先要保障公司利益，其次才能考虑公司各成员的利益，公司利益相对于任一成员利益具有首要性和优位性。现代公司是各种生产要素持有者（即公司各利益相关者）共同投资、共负盈亏、共担风险的紧密的利益共同体组织，公司的存续和发展离不开任何一种生产要素的支持，因此公司必须尊重、考虑、保护、协调不同利益相关者的利益，努力在公司中营造和维系各种利益相关者相互信任、合作的良好关系，以保证公司持久

〔1〕 王志诚："论公司员工参与经营机关之法理基础"，载王保树主编：《商事法论集》（第3卷），法律出版社1999年版，第156页。

〔2〕 ［美］玛格丽特·M. 布莱尔：《所有权与控制：面向21世纪的公司治理探索》，张荣刚译，中国社会科学出版社1999年版，第185页。

的竞争实力和优势。反映在公司治理方面，就是应赋予公司所有利益相关者影响或介入公司治理的权利，使利益相关者之间形成相互依赖、相互制衡的均势状态，引导和激励所有利益相关者为公司长期、稳定存续和发展作出最大的贡献。

三、利益相关者共同治理理论的立法实践

利益相关者共同治理理论认为，股东、债权人、职工等公司所有的利益相关者都是平等与独立的公司利益主体，公司的存在目的和设立目标是公司全体利益相关者利益最大化，公司经营管理者必须考虑公司全体利益相关者的利益并对他们负责，因此，股东不是公司治理的唯一主体，公司治理的主体是包括股东、债权人在内的公司全体利益相关者。

该理论的相关实践体现为各国公司立法的修改以及各种公司治理原则〔1〕的制定，在各国公司法修订和各种公司治理原则中大都有关于公司社会责任承担、公司利益相关者保护或参与公司治理的规定。立法方面最典型的是美国 20 世纪 80 年代以来 29 个州公司法的修订，此次修订最引人注目的是增设了公司利益相关者保护条款，允许或要求公司董事行使职权时考虑利益相关者的利益；2002 年 1 月 7 日我国证监会、国家经贸委联合发布的《上市公司治理准则》中首次引入利益相关者概念并规定了利益相关者保护条款，该行政规章规定："上市公司应尊重银行及其他债权人、职工、消费者、供应商、社区等利益相关者的合法权利；上市公司在保持持续发展、实现股东利益最大化的同时，应关注所在社区的福利、环境保护、公益事业等问题，重视公司的社会责任"。我国 2005 年修订的《公司法》也在总则中明确规定"公司从事经营活动必须承担社会责任"，从而对公司承担社会责任提出了倡导性的要求。并且，我国公司法还明确规定了职工董事制度和职工监事制度，〔2〕为职工这一公司重要利益相关者参与公司治理提供了有力的手段和途径。

从世界上第一个公司治理原则——1992 年英国的《Cadbury 报告》产生

---

〔1〕 公司治理原则是由国际组织或各国政府等官方机构、中介组织或行业组织、机构投资者或跨国公司等非官方机构制定的，指导各国公司治理行为的非强制性、倡导性的关于公司治理的框架性和原则性规定。

〔2〕 根据我国《公司法》相关条款规定，国有公司董事会中必须有公司职工代表，非国有公司董事会中可以有公司职工代表；公司监事会中必须要有不低于 1/3 比例的公司职工代表。

以来，众多国家和组织制定的公司治理原则纷纷出台，在这些公司治理原则中不约而同地涉及了公司相关者利益保护或参与公司治理的指导性规定。如1998年制定的《日本公司治理原则》认为，公司尤其是股份公司是由股东、经营者、雇员、消费者、供应商、债权人等利益相关者构成的协作组织；公司董事会是代表股东利益的代理人，同时又负有调整各利益相关者利益的重大社会使命和责任，应积极地提供各利益相关者关心的信息。1999年通过的《韩国公司治理最佳实务准则》中规定，根据法律和合同，公司利益相关者的权利和地位应当得到保护；根据权利保护系统与各方利益的水平，各利益相关者对公司治理的参与被自动决定。荷兰的公司治理原则认为，公司必须在风险资本的提供者（即投资者）的利益和其他利益相关者的利益之间寻求一种有效的平衡，公司应以多种形式对其各种利益相关者负有责任，公司治理的概念应理解为与公司相关的各方的一种行为准则，这种行为准则应对于平衡所有利益相关者的影响能产生令人满意的结果。1999年由29个发达国家组成的经济合作与发展组织（OECD）出台的《OECD公司治理原则》也认为，提高经济效益的一个关键因素就是公司治理，它包括公司的管理层、董事会、股东和其他利益相关者的一整套关系；一个良好的公司治理框架应当具有足够的灵活性来保证市场有效运行，并能对股东和其他利益相关者的期望予以回应；公司治理构架应当确认利益相关者的法定权利，应当允许其参与提高经营绩效机制的建立；公司董事会应当与适当的法律保持一致，并考虑到利益相关者的利益；公司治理构架应认识到公司的利益须服务于利益相关者的利益及其对公司长期的贡献。[1]

我国学者李维安教授领导的"中国公司治理原则"研究课题组于2000年提出了我国首个公司治理原则——《中国公司治理原则（草案）》，该草案认为，中国公司必须构筑以股东、职工、债权人、供应商、客户、社区等利益相关者为主体的共同治理机制，保证各利益相关者作为平等的权利主体享受平等待遇；公司治理制度的设计应尊重债权人、职工等其他利益相关者的意志，并有利于维护其正当权益；公司应在经营中充分考虑社区的利益，可以在董事会中设立社会责任委员会，协调公司与社区的关系；当利益相关者

---

〔1〕 参见李维安主编：《中国公司治理原则与国际比较》，中国财政经济出版社2001年版，第232~380页。

的合法权益受到侵害时，公司治理机制应有充分的机制保证其享有求偿权；公司治理制度的设计应能充分激励利益相关者为公司长期绩效的提高而努力；公司治理制度应为所有利益相关者提供有效沟通的机会和途径。[1]

【理论拓展思考题】

1. 如何界定公司利益相关者的内涵和外延。
2. 利益相关者多边治理模式较之股东单边治理模式的优缺点。
3. 利益相关者参与公司治理的方式和途径。

【本章思考题】

1. 公司两权分离下，如何理解公司治理的法制意义？
2. 不同的公司治理模式，有何优缺点？
3. 试析公司决议的类型及类型划分的意义。
4. 试分析董事会中心主义下控制管理权力的法制设计有哪些？

---

〔1〕 李维安主编:《中国公司治理原则与国际比较》，中国财政经济出版社 2001 年版，第 10~11 页。

第五章 CHAPTER 5
公司资本及其变化的法律规制

导　论

　　在公司成立时，由公司章程所确定的公司资本，是一个静止、预设的数值。根据公司法资本规则，成立时确定的公司资本，会成为约束公司向股东可分配利润的基础。所以，随着公司经营变化，股东会要求调整公司资本数值从而为将来向其分配铺平道路。无论是公司注册资本增加还是减少，都会引起公司资本在量上的变化，所回应的基本问题都是公司经营需要的公司资本，反映出在公司持续经营过程中公司资本的动态变化。

　　不过，值得注意的是，即使符合公司经营的资本是一个不断变化的值，也并不当然意味着需要相关的公司法规则规范，毕竟公司经营在理论上属于公司自主处理的内部事务，可由公司章程自治。所以，要理解公司法规范，就有必要思考对其予以法律规范的目的，其中，公司利益、股东利益和债权人利益，都是公司法调整时不可或缺的视角。具体来说：

　　一方面，对公司资本予以规范，有利于平衡公司内部关系，兼顾股东利益保护和公司利益保护。通过规范股东投资价值，保证公司资本账户的稳定，从而有效调整公司和股东之间的关系，可以使公司在资产分配、交易和股票发行的情形中，免受拥有公司控制权的董事或股东的不当干预，避免内部人的滥权行为。法律规范具体通过设计一定程序和法律责任规制，来畅通利益相关者的表达机制和维权机制。

　　另一方面，法律规范还有利于平衡公司外部关系，保护公司债权人。公司资本是公司债权人保护的基础，一旦变化势必影响公司债权人的偿债基础，从而触发法律规定的强制程序，以引入债权人的利益平衡和救济机制。

　　应该说，公司资本规则的基本目的，是保护债权人群体。这源于有限责任制度构造的事实：第一，在适用有限责任时，公司债权人的请求权仅限于公司资产，公司经营风险不会连累到股东的个人财产；第二，就公司资产分配而言，债权人的请求权优先于股东的权利。因为有限责任制度的存在，所以只要将股东出资所形成的资产保持在良好的水平，就能既降低公司因无法清偿到期债务而破产的几率，又增加公司确实破产时债权人获得偿付的可能。因此，为了实现保护债权人的目标，公司法通过精细的规则而非一般的标准来落实，这种法律规定的保护机制就是资本筹集和维持规则。

资本筹集规则，又称资本缴纳制度，旨在规制公司成立之初资本从股东向公司的流入；资本维持规则，旨在规范公司运营过程中资本从公司向股东的流出。这样，为了使债权人的利益得到切实保障，一方面，在商业登记簿上展现的基本资本应当被缴纳，另一方面，这些资本不得任意向出资人流返，而是应当为了偿还公司的债务而存在。这两个原则在法律传统上由于出资人个人责任的缺位因而是不可放弃的。[1]一般而言，资本维持制度由以下三方面构成：分配禁止制度；对公司回购股权的限制；对公司减资的限制。

总之，公司法作为组织法的主要功能，是平衡有限责任价值，实现公司资产与股东资产之间的隔离。[2]防止公司资本乃至资产向股东进行不当流动，从而，有利于公司进一步均衡健康发展，有力维护债权人利益以及股东之间权利的平等，维护中小股东利益。

第一节　公司收益分配制度

公司资本，是指那些认购公司股本的人向公司缴付的资产价值。对于股东投资而言，之所以不讨论资产形式而只讨论资产价值，是因为资产在公司经营过程中势必改变资产形态，即使是现金投资，董事都应该将其转变为其他形式的资产以便展开经营。

---

〔1〕　参见王萍："公司抽逃出资法律问题研究——以德国法为主要参考系"，载《德国研究》2016年第4期。

〔2〕　组织法的基本功能在于在组成组织体的人与组织体本身之间提供一种形式的资产隔离。所谓资产隔离理论，指的是在任何经济体中，法律均会提供多种形式的组织体以供经济活动所需。汉斯曼和克拉克曼认为："法定组织体的核心特征是成员或者管理人的财产与组织体财产之间的分离。而此种分离的确立是组织法的主要功能。" Henry Hansmann, Reinier Kraakman, "The Essential Role of Organizational Law", *The Yale Law Journal*（2010）, p. 393.

一、经营过程中的公司资本规则

在公司经营过程中，公司总资产＝公司资本＋（公司向银行贷款所形成的）现金资产。其中的借贷资产，因为贷款人供给的现金会被公司资产负债表的负债一边所增加的数额所抵销，所以对债权人保护没有任何意义。

变化是：一旦公司开始交易并有盈利，它将拥有体现为利润的资产（在未分配给股东之前）。观察利润的资产性质，利润也不进入公司资本，因为并非股东缴付的，而是公司运用缴付的出资所赚取的所得，是股东投资的增值。在商业术语中，资产超过负债的盈余通常被称为"股东权益"，即利润在偿付贷款后的剩余。

相反的变化是：如果公司经营失败，它可能会花光在以前年份中所累积的利润（未分配利润而进入公积金的部分），并且开始消耗长期贷款人和股东所缴付的资产。在这种情况下，公司净资产＝公司总资产-负债，其在价值上可能会低于公司资本。

总的来看，在公司成立运营的过程中，首先出现的是公司资本，然后才有各种经营性资产，以及利润所得。而在公司亏损消耗时，首先是消耗往年所累积的利润，最后才是公司资本。可见，根据法律的规定，公司资本筹集的顺序和维持的顺序，呈反向运动。

所以，可以得出结论：公司资本，即股东缴付的资产价值，是有一个可以赖以制定公司法规则的数字。它并不反映公司的净资产（动态），后者可能高于或低于公司法定资本，而且在极少且偶然的情况下，公司净资产的价值才可能等同于公司法定资本的价值。

二、股利分配中的公司资本规则

根据法人人格独立制度，一旦投资后，投资的价值成为公司资本，其处分与股东意志无关。在公司追求其目标的过程中，只有公司才能合法处置其资产；根据公司法，公司股东只能通过股利的方式，或者合乎法定条件下通过减资，或者在清算时将资产从公司取出。特别是，股东不可以通过自愿分配的方式将资产从公司中取出，否则该行为会根本违反公司法。

不允许股东违法取得公司资产，是为了保护与公司资本金额相当的公司资产。这是因为股东一旦完成出资义务，其缴纳的公司资本即成为一个资产金额，存在于公司商业登记簿上，并列入公司资产负债表的借方。因此所谓的出资不得返还（或者自愿分配）专门针对股东从公司取得财产的行为，具体是指公司资产负债表上的净资产在小于原始资本时，不得有任何形式的支付或者分配。进而言之，当公司的净资产低于公司资本金额时，也就是出现账面亏损时，基于公司关系而向股东给付是违法的。[1]资产负债表指向同样适用于股份公司。在股份公司中，只有资产负债表上列明的公司利润，才可以分配；除此之外，不得分配。

当存在可分配利润时，可以进行合法的股利分配行为。根据利润分配规则，可分配利润，必须是弥补往年亏损后还有剩余。亏损是经营失败造成的，亏损发生既花光在以前年份中所累积的利润（未分配利润进入公积金的部分），并且开始消耗长期贷款人和股东所缴付的资产，甚至使公司净资产低于股东投资价值构成的法定资本。所以，这意味着，当期利润有必要维持公司资本规模，在公司资本的价值内不得分配，只有超过部分才可以根据分配规则分配，股东所能得到的可分配数额是可以确定的。

【实务拓展单元】　示例：股利可分配数额的确定

若某公司以 1 元的价格发行了面值为 1 元的实缴股份 200 股，则公司拥有的股本是 200 元。经过经营，如果该公司要进行每股 1 角的股利分配，并非只需要 20 元的公司净资产就可以使公司在支付股利后仍然保持资产与负债的平衡。要实现股利分配，公司必须在分配股利之前拥有 220 元的净资产。

法定的利润分配规则是：第一，当年税后利润应该首先提取法定公积金。《公司法》第 166 条第 1 款规定，公司分配当年税后利润时，应当提取利润的 10% 列入公司法定公积金。公司法定公积金累计额为公司注册资本的 50% 以上的，可以不再提取。第二，当年利润应优先弥补往年亏损。《公司法》第 166 条第 2 款规定，公司的法定公积金不足以弥补以前年度亏损的，在依照前款规定提取法定公积金之前，应当先用当年利润弥补亏损。第三，剩余的当年利润，按公司规定提取任意公积金。《公司法》第 166 条第 3 款规定，公司

---

[1]　[德]格茨·怀克、克里斯蒂娜·温德比西勒：《德国公司法》，法律出版社 2010 年版，第 367 页。

从税后利润中提取法定公积金后，经股东会或者股东大会决议，可以提取任意公积金。第四，剩余的当年利润，经生效的股东会分红决议分配。《公司法》第166条第4款规定："公司弥补亏损和提取公积金后所余税后利润，有限责任公司依照本法第34条的规定分配；股份有限公司按照股东持有的股份比例分配，但股份有限公司章程规定不按持股比例分配的除外。"

此外，公司法还规定了利润分配的补充规则。一是，违规分配无效规则。《公司法》第166条第5款规定："股东会、股东大会或者董事会违反前款规定，在公司弥补亏损和提取法定公积金之前向股东分配利润的，股东必须将违反规定分配的利润退还公司。"二是，不得向公司分配规则。《公司法》第166条第6款规定："公司持有的本公司股份不得分配利润。"

【实务拓展单元】 习题：公司利润分配[1]

紫霞股份有限公司是一家从事游戏开发的非上市公司，注册资本5 000万元，已发行股份总额为1 000万股。公司成立后经营状况一直不佳，至2015年底公司账面亏损3 000万元。2016年初，公司开发出一款游戏，备受玩家追捧，市场异常火爆，年底即扭亏为盈，税后利润达7 000万元。

92. 2016年底，为回馈股东多年的付出，紫霞公司决定分配利润。此时公司的法定公积金余额仅为5万元。就此次利润分配行为，下列选项正确的是：

A. 公司应提取的法定公积金数额为400万元

B. 公司可提取法定公积金的上限为税后利润的一半，即3 500万元

C. 经股东会决议，公司可提取任意公积金1 000万元

D. 公司向股东可分配利润的上限为3 605万元

【答案】 ACD

【解析】可分配利润的上限，需要保持资产与负债的平衡，所以《公司法》规定了在法定公积金不足以弥补往年亏损的情况下，当年利润应该首先弥补亏损，然后再按照法定10%的比例提取法定公积金。该公司2016年的7 000万税后利润，就应该：首先弥补往年亏损3 000万用法定公积金账户余额5万补损后还剩的2 995万，这样，弥补亏损后的税后利润，就还剩4 005万；然后，再提取其中的10%作为法定公积金，即提取400万公积金，最终确定的股利分配数额为3 605万。

---

〔1〕 2017年司法考试卷三真题。

三、公积金制度与公司资本规则

公司在动态经营过程中，面对变动不居的市场，结果既可能盈利也可能亏损。因此，为了公司长远发展，公司法设置了公积金制度，通过确定公司的积累基金，以应付动态经营过程对资金的需求。在类型上，公积金可分为法定公积金、任意公积金和资本公积金。

不同类型的公积金，主要是用途有所不同。在会计上，资本公积金是指公司由投入资本本身所引起的各种增值，这种增值一般不是由于公司的生产经营活动产生的，与公司的生产经营活动没有直接关系，具体包括资本（或股本）溢价、接受现金捐赠、股权投资准备、拨款转入等。《公司法》第167条规定："股份有限公司以超过股票票面金额的发行价格发行股份所得的溢价款以及国务院财政部门规定列入资本公积金的其他收入，应当列为公司资本公积金。"所以，资本公积金不是计提产生的，不能用于弥补亏损。与资本公积金不同，法定公积金是需要按法律规定进行计提的，其直接源于公司生产经营活动，可以用于弥补亏损。任意公积金也源于公司生产经营活动，计提的依据是股东会决议，用途上同法定公积金。

对此，《公司法》第168条第1款规定："公司的公积金用于弥补公司的亏损、扩大公司生产经营或者转为增加公司资本。但是，资本公积金不得用于弥补公司的亏损。"同时，该条第2款规定："法定公积金转为资本时，所留存的该项公积金不得少于转增前公司注册资本的25%。"

因此，当公司经营在当年发生亏损时，首先消耗的是以往年度的累积利润。根据法律规定，只有直接源于以往经营所得、积累而成的公积金，即法定公积金或任意公积金，才可以用于弥补亏损。弥补亏损的用途，无疑体现出公积金制度属于公司资本维持规则。

另外，所有的公积金都可以用于增加公司资本。法律规定的原因在于，增资会涉及更多的利益平衡，特别是对既有股权结构的影响，打破股东对公司的控制平衡。所以，为了降低增资行为对股权结构的影响，保持公司稳定，优选方案是用公司的公积金分配给原股东使其可以"同比例增持"。将公积金转增公司资本，一方面解决了资本筹集的资金来源问题，另一方面又有效解决了引入新股东方式增资所可能造成的股权结构变化及由此而来的公司控制权争夺问题。可见，公积金制度也可以归属于资本筹集规则。

【实务拓展单元】 习题：公积金的使用[1]

93. 如紫霞公司在 2016 年底的分配利润中，最后所提取的各项公积金数额总计为 2 800 万元，关于该公积金的用途，下列选项正确的是：

A. 可用于弥补公司 2016 年度的实际亏损

B. 可将其中的 1 500 万元用于新款游戏软件的研发

C. 可将其中 1 000 万元的任意公积金全部用于公司资本的增加

D. 可将其中 1 000 万元的法定公积金用于公司资本的增加

【答案】 BC

四、公司回购制度与公司资本规则

公司回购，即公司购买股东所持有的公司资本份额。具体适用情形，如公司减资、合并等公司资本变化的需要等。无论是有限责任公司，还是股份有限责任公司，均可适用。而公司股份回购，专指上市公司在证券流通二级市场上购买公司已发行的股份。对公司回购，我国公司法立法，体现出从保守到开放的发展历程。

所谓立法保守，是指公司法立法对公司回购，采取原则上禁止。究其原因，是因为从理论上来看，公司用自有资金回购股份，总的来说是会导致公司的净资产减少。因为当公司用自有资金回购股份，会导致公式（每股净资产＝净资产/总股本）中的分子减少，从而造成每股净资产减少。所以，一旦公司以支付对价取得自己已发行的股份，并将取得股份注销，势必导致公司资产的减少；而若将所取得的股份予以转让，则会有资金以转让款所得的方式注入公司，实际上并未导致公司资产的变化。

立法中，我国 1993 年公司法规定了两种进行公司回购的例外情形，包括公司为减少资本而注销股份或者与持有本公司股票的其他公司合并。2005 年，公司法修改时，增加了将股份奖励本公司职工，以及股东因对股东大会作出的公司合并、分立决议持异议要求公司收购其股份两种例外情形，并对股份回购的决策程序、数额限制等做了规定。

---

[1] 2017 年司法考试卷三真题。

2005 年《公司法》，具体的公司回购制度规定是：

第一，关于公司回购的适用情形，《公司法》第 142 条第 1 款规定："公司不得收购本公司股份。但是，有下列情形之一的除外：（一）减少公司注册资本；（二）与持有本公司股份的其他公司合并；（三）将股份奖励给本公司职工；（四）股东因对股东大会作出的公司合并、分立决议持异议，要求公司收购其股份的。"

第二，作为公司资本变化手段而适用公司回购时，必须与公司资本变化一致。当涉及公司资本缩减时，回购的股份应该注销，表现为回购消耗了公司资本而未取得相应对价。而当不涉及公司资本缩减时，回购的股份必须转让，表现为回国欧所花费的公司资本通过取得相应对价的方式得以充分。对此，《公司法》第 142 条第 2 款规定："公司因前款第（一）项至第（三）项的原因收购本公司股份的，应当经股份大会决议。公司依照前款规定收购本公司股份后，属于第（一）项情形的，应当自收购之日起 10 日内注销；属于第（二）项、第（四）项情形的，应当在 6 个月内转让或者注销。"

第三，作为股权激励手段拟派发股份而适用公司回购时，不能影响公司资本稳定，包括公司资本数额的稳定、股本结构和流通价值的稳定。对此，《公司法》第 142 条第 3 款规定："公司依照第 1 款第（三）项规定收购的本公司股份，不得超过本公司已发行股份总额的 5%；用于收购的资金应当从公司的税后利润中支出；所收购的股份应当在一年内转让给职工。"

但从实践来看，股份回购制度，特别是上市公司股份回购已成为资本市场的基础性制度安排，在优化资本结构、稳定公司控制权、提升公司投资价值、建立健全投资者回报机制等方面具有重要作用。特别是当资本市场中公司股价出现短期非理性下跌，股价普遍被市场低估时，公司通过实施回购计划提升每股价值，促进增量资金入市，有利于为股价稳定提供强力支撑，向市场释放正面信号，减少市场恐慌情绪，维护资本市场稳定健康发展。如 1987 年美国股灾发生后，约有 650 家公司宣布回购本公司股票，加上此前已宣布回购的 350 家公司的持续回购行为，提振了市场信心，对稳定股市起到了重要作用。1997 年亚洲金融危机期间，我国台湾地区为维护证券市场稳定，以紧急修改"证券交易法"的方式，规定受市场影响导致股价非正常下跌的上市公司可以回购股份。

因此，境外立法，对股份回购采用了更为市场化的立法思路，不少国家和地区采用了"原则允许、例外禁止"立法模式，法律限制较少。在实施程序方面，有的国家或地区为便于上市公司根据市场情况及时回购，设置了较为简单的公司决策程序。我国台湾地区"证券交易法"规定，经董事会 2/3 以上董事出席及过半数董事同意，上市公司可以在公司已发行股份总数 10% 的范围内回购股份。在回购后股份的处理方面，不少国家和地区建立了库存股制度，如美国各州公司法、英国公司法都允许公司将股份以库存方式持有；我国台湾地区"证券交易法"规定，因转让股份给员工等原因购回的股份，公司可以持有 3 年，以便于由足够的时间空间实施员工持股或股权激励计划。

从理论上来看，公司股份回购并不必然导致公司资产减少、影响公司利益以及公司持股人利益，这涉及到公司资本规则中的库存股的建立。公司股份回购并不一定必然导致每股账面价值减少，原因在于计算可能忽视了回购股份后也会导致回购所得的上市公司自身的股票会变成会计上所说的库存股票，而在计算每股净资产时，这些库存股票，也是会被在总股本之中扣除后才会进行计算的。这样，每股净资产价值公式中的分子和分母发生了同样的变动，使得分数值不变。公司股份回购，实质并未减少每股账面价值。同时，这些库存股票，依公司法规定是不能参与公司分红和股东大会投票的，当然也就不会影响公司持股人的利益。

因此，为适应我国资本市场的发展需要，公司法立法也采取了更为开放的态度，对公司股份回购的制度规定走向"原则允许、例外禁止"的立法模式。2018 年通过的《公司法》第 142 条规定，"将第 142 条第 1 款修改为：公司有下列情形之一的，可以收购本公司股份：（一）减少公司注册资本；（二）与持有本公司股份的其他公司合并；（三）用于员工持股计划或者股权激励；（四）股东因对股东大会作出的公司并合、分立决议持异议，要求公司收购其股份的；（五）上司公司为配合可转换公司债券、认股权证的发行，用于股权转换的；（六）上市公司为维护公司信用及股东权益所必需的。

公司因前款第（一）项、第（二）项规定的情形收购本公司股份的，应当经股东大会决议。公司因前款第（三）项、第（五）项、第（六）项规定的情形收购本公司股份的，可以依照公司章程的规定或者股东大会的授权，经董事会 2/3 以上董事出席，并经全体董事过半数同意，收购不超过本公司已发行股份总额 10% 的股份。

公司依照第 1 款规定收购本公司股份后，属于第（一）项情形的，应当自收购之日起 10 日内注销；属于第（二）项、第（四）项情形的，应当在六个月内转让或者注销；属于第（三）项、第（五）项、第（六）项情形的，可以转让、注销或者将股份以库存方式持有，以库存方式持有的，持有期限不得超过三年。

上市公司收购本公司股份应对依照证券法的规定履行信息披露义务，除国家另有规定外，上市公司收购本公司股份应当通过公开的集中交易方式进行。

公司不得接受本公司的股票作为质押权的标的。"

2018 年《公司法》大大降低了公司股份回购的程序限制，简化了公司股份回购的决策程序，使公司股份回购更为灵活，可以及时回应市场需要。之前的公司法立法，采取统一化的公司回购程序要求，过于繁复。一般情况下，我国公司回购股份必须召开股东大会，涉及各种事先通知、公告等事项和期限要求，程序规定较为复杂。过于严格的程序要求使得上市公司难以及时把握市场机会、合理安排回购计划，影响上市公司主动实施回购的积极性，不利于资本市场的长期稳定繁荣。2018 年《公司法》的规定，完善了实施股份回购的决策程序。明确公司实施员工持股计划或者股权激励，上市公司配合可转债、认股权证发行用于股权转换，以及为维护公司信用及股东权益等情形实施股份回购的，可以依照公司章程的规定或者股东大会的授权，经董事会 2/3 以上董事出席，并经全体董事过半数同意，收购不超过已发行股份总额 10% 的股份。从而，现有立法赋予了公司根据经营发展需要更为自住的公司股份回购制度安排。

总之，2018 年《公司法》，顺应了资本市场实践发展的需要，修改主要围绕公司股份回购。一方面，公司在特定情形下，有回购已发行股份的必要，回购时实现公司动态经营管理的必要手段。对此，补充完善了允许上市公司股份回购的情形，将原有"将股份奖励给本公司职工"一种情形修改为"将股份拥有员工持股计划或股权激励"，增加"股份拥有转换商事公司发行的可转换为股票的公司债券"以及"上市公司为避免公司遭受重大损害、维护公司价值和股东权益所必需的"两种情形。另一方面，股份回购因为使用到公司自有资金，可能影响公司资本股本结构。这样的情况下，具体制度设计，就需要在董事会控制股份发行与股东利益之间取得平衡，为此，规定董事会股份回购的决策权，需要经过"依照公司章程的规定或者股东大会的授权"程序；同时，具体制度设计，还要兼顾证券市场投资人利益保护，为防止上市公司滥用股份回购制度，引发操纵市场、内幕交易等利益输送行为，增加了"上市公司收购本公司股份应对依照证券法的规定履行信息披露义务，除国家另有规定外，上市公司收购本公司股份应当通过公开的集中交易方式进行"。

【实务拓展单元】 习题：公司回购[1]

94. 进入 2017 年，紫霞公司保持良好的发展势头。为进一步激励员工，公司于 8 月决定收购本公司的部分股份，用于职工奖励。关于此问题，下列选项正确的是：

A. 公司此次可收购的本公司股份的上限为 100 万股

B. 公司可动用任意公积金作为此次股份收购的资金

C. 收购本公司股份后，公司可在两年内完成实施对职工的股份奖励

D. 如在 2017 年底公司仍持有所收购的股份，则在利润分配时不得对该股份进行利润分配

【答案】 D

【知识点识记】

公司资本是股东投资所形成的固定数值。公司净资产是动态公司经营过程中形成的变化数值，在一个经营年度，若资产超过负债则构成盈余，与盈余相反的是亏损。

本节需要识记的三个公式：

公司总资产=公司资本+（公司向银行贷款所形成的）现金资产

公司净资产=公司总资产-负债

每股净资产=净资产/总股本

---

〔1〕 2017 年司法考试卷三真题。

第二节　公司增资

公司增资，即增加资本，旨在为公司长远发展，是指公司在成立后基于筹集资金、扩大经营规模等目的，[1]依照法定的条件和程序增加公司的资本总额。本质上是股权融资。从公司增资的途径上看，主要有两种：一是引入新资本，包括增加新股东和老股东追加投资；二是分配性增资，即用公积金扩充资本或将为可分配利润转为股本。无论采取哪一种途径，对老股东的持股比例、影响控制公司的能力，以及股权价值，都会产生实质影响。

所以，与公司增资直接相关的公司法政策是：处理好公司管理层与公司股东，对公司发展的控制权分配问题。同时，因为增资对股东权利的巨大影响，还有必要特别赋予股东个人针对增资的优先认缴权，以抗衡公司管理层对公司的控制权。[2]另外，公司增资，因为实质效果是增加公司资本信用，故不存在外部债权人的保护问题。

一、增资决定的权限主体和增资方式

公司增资包括三个重要的步骤。第一步，公司必须作出增资决定。第二步，必须有人或特定的资本承受人认领新的出资。第三步，承受新出资取得股东资格或老股东按照新增出资额加计股东权益。

增资立法所面对的首要问题就是：增资的决定，究竟由董事会单独作出，还是必须获得股东同意。董事会是经营决策机构，经营的目的是实现公司的营利目标，股东完全可以出于公司发展的顾虑，担心筹集的资金没有被董事用在合适的地方。所以，究竟《公司法》是否应该强制要求公司增资要获得股东批准，还是把这个问题完全留给公司章程自行规定，其重要性不言而喻。

---

〔1〕　参见谢鹏："两大巨头联手决斗阿里：京东的矛，腾讯的盾"，载《南方周末》2014年3月13日。"在互联网时代的赛跑，腾讯和京东都急需联盟，共同面对强大对手——阿里巴巴。2014年3月，腾讯将旗下全部电商资产转让给京东，京东未来有权全资控股易迅网。作为回报，京东增资扩股，发行15%的新股给腾讯，腾讯还支付京东2.15亿美元。"

〔2〕　现实中，一旦立法赋予股东增资扩股时的优先认缴权，那基于增资时股东享有优先认缴权这一原则，对于那些表现令人失望的公司管理者而言，就无法轻易地和另一群新投资者达成融资协议——管理者和这些投资者私下协商，同意他们以更便宜的价格入股公司（牺牲现有股东的利益），从而，换取新股东对管理层的支持，脱离老股东的谴责。

（一）有限责任公司增资的法定限制和操作方式

各国对有限责任公司增资的条件，通常不作强制性规定，而交由公司自行决定。这主要是因为考虑到作为封闭公司，有限责任公司的观点和董事的意见往往是同一批人作出的，要求这类公司的股东对增资表示同意，大多只是一个无关紧要的形式要件。当然一旦封闭公司出现多类别股票，那么所谓的股东与董事的身份重叠就不一定会出现，此时就有必要也只能通过章程来恢复应由股东批准的增资决策权。

我国《公司法》规定，有限责任公司增资，应由董事会制订增加注册资本的方案，然后提交股东会决议，并经代表 2/3 以上表决权的股东通过。国有独资公司由国家授权投资的机构或者国家授权的部门决定是否增加资本。

具体的增资方式，主要有三种：（1）外部增资，即引入新股东，增加的资本会使得老股东的持股比例被"摊薄"，因为股东个人出资比例中的分母项公司资本会因为增资而变大，在分子不变的情况下势必削弱老股东的控制权。所以，一方面增资在程序上需要经得股东会的事前批准，另一方面在后果上又可能影响老股东既成的公司控制结构。这种增资方式极易诱发公司发展和老股东控制权之间的矛盾。（2）内部增资，即不增加新的股东，但增加现有股东认缴的出资数额。常用的方式有两种：一是增资发行，现有股东可同比增资也可不同比增资，视各现有股东的增资比例是否与原有实际出资比例相同。二是分配性增资，即将公司的法定公积金转增为公司资本，相应地增加每股金额，或将应分配的股息、红利价值按比例分摊到原有股权之中。这种增资方式，能够保持具有人合性的有限责任公司的内部稳定。（3）混合增资。根据公司发展需要，综合采取前两种方式。

（二）股份有限公司增资发行的法定限制与操作方式

因股份有限公司公众性的特点，专业经营的董事和投资的股东是不同的主体，故各国法律对其增资均予以特别限制，股东批准是必要条件。我国《公司法》规定，股份有限公司的增资也应由董事会制订增加注册资本的方案，提交股东大会决议，并经出席会议的股东所持表决权的 2/3 以上通过。新股发行若采取公开发行方式，还要符合《证券法》的相关规定。而且增资发行还要符合前提条件，必须已完成设立发行。新股发行，与公司设立发行不同。在授权资本制或认许资本制下，如系分期发行股份，法律通常规定在章程所定股份总数发行完毕之前，一般不能增加资本。

股份有限公司增加注册资本可以采用三种方式：（1）增加公司的股份数额，每股代表的资本额并不变化。新股认股人可以是现有股东（基于优先认缴权），也可以向社会公开募集，还可以将公司发行的可转换债券转变为公司的股份，当然这需要债券持有人同意。（2）增加单位股份所代表的资本额，采取资本公积金转增资本[1]或股息、红利转增的方式，而不引入新的认股人。（3）混合式。既增加股份数额，又增加单位股份所代表的资本额。

二、增资发行时股东的优先认缴权

不同于股东会特别决议这种公司法规定的公司增资股东批准的集体决策机制，股东优先认缴权是法律赋予股东的个体权利。在法政策层面，公司法设计优先认缴权规则的基本原则是：一个股东应当有机会按照其当前的持股比例，认购新发行股本或股票性质的有价证券，从而巩固自己在公司中的持股比例。[2]之所以允许股东通过持股巩固自己在公司的地位，原因在于股东的持股比例与对公司的控制权之间呈正相关。

无论在有限责任公司，还是股份有限责任公司，股东运用优先认缴权来增加持股比例，可以形成对公司控制权特别是相对于董事控制权的有效制衡。第一，如果发行的新股带有表决权，而股东没有得到数量和他们持股比例对应的新股，那么这位股东在公司中的影响力就可能会下降，因为他控制的表决权比例"缩水"了。所以，优先认缴权就成立一种潜在的约束手段，让董事会不能随心所欲地向新投资者发行带有表决权的新股，而打破公司内部控制的平衡。第二，公司可能会以低于当前市场价的价格大规模发行新股，低价的目的是刺激公众的认购。但完成新股分配后，无论新股和旧股都会按照同一个价格在市场上交易。新的市场价格将介于发行价和过去市场价之间，它取决于折价幅度与新股发行规模。这样，势必会引发老股东股票市值的损

---

〔1〕　我国《公司法》规定，转增后所留存的法定公积金不得低于转增前公司注册资本的25%。

〔2〕　无论有限责任公司，还是股份有限公司，持有每一股份的股东，其所持股份的股东权利中都包含有新股认购请求权，即所谓"同股同权"。当然，在优先股这样的类别股中，则可能会为了优先获得股利分配而放弃控制权，包括放弃新股优先认缴权。所以，任何公司在新股发行时现有股东的新股认购权，与有限责任公司股东对外转让股份时老股东的优先认缴权（主要出于保障有限责任公司人合性的目的）应严格区分开来。

失，如果老股东不能取得相应比例的新股，则他们遭到的股票市值损失就无法得到弥补。如此一来，公司实际上是允许新股东以非常低廉的成本"入驻"公司，而老股东会"自掏腰包"为这一决策"买单"。[1]

【实务拓展单元】

专题一：法定代表人超越权限所签订的增资协议效力认定

案由：乙与甲公司、丙公司、丁公司等股权确认纠纷案[2]

【基本案情】

2007年4月，甲公司召开股东会，形成股东会会议纪要，主要内容为：同意引进新的战略投资者，进行增资扩股。但此次股东会会议，没有对新的战略投资者作出具体的规定。后甲公司法定代表人戊以甲公司名义与乙签订增资协议，由乙出资增加甲公司注册资本。后乙以其已经履行增资协议约定的全部义务，但甲公司一直未到工商部门进行变更登记，也没有对其分红为由，诉至法院主张股东权利。

【再审】

再审申请人称：申请再审人余盛依据《民事诉讼法》第200条第1、2、6项的规定向本院申请再审称，（一）余盛在原审中提交的主要证据未予质证、认证，该证据足以推翻原判决，应视为再审新证据。新证据能够证明2007年5月29日所签《增资协议》不仅为黔峰公司各股东所明知，更是在其"多数股股东"的"促使"之下才得以签订的；对于余盛"私人战略投资者"的身份，泰邦公司、贵阳大林公司一直都是明确知悉且无异议的；泰邦公司、贵阳大林公司拒绝为余盛办理股东登记的真正原因是其实际控制人中国生物制

---

[1] 这涉及股份以不适当的对价发行时，公司损失与股东损失之间的区别。

[2] "余盛等与贵州泰邦生物制品有限公司等盈余分配纠纷申请案"，最高人民法院（2013）民申字第2141号民事裁定书。在本案原审诉讼过程中，涉案部分当事人名称发生变化。2010年12月30日贵阳黔峰生物制品有限责任公司（以下简称黔峰公司）经批准更名为泰邦公司。2010年1月22日，重庆大林生物技术有限公司（以下简称重庆大林公司）经批准迁址贵阳，设立为贵阳大林生物技术有限公司（以下简称贵阳大林公司）。

品有限公司的恶意操纵。（二）二审判决认定的主要事实缺乏证据证明。第一，本案《增资协议》的签订未超越 2007 年 5 月 28 日黔峰公司召开的股东会决议范畴。《增资协议》签订后，黔峰公司曾通过两次股东会决议的形式明确了余盛作为战略投资者身份和享有领受黔峰公司红利分配的股东资格。并且黔峰公司的大股东贵阳大林公司、益康公司也一再确认《增资协议》系依据 2007 年 5 月 28 日的 006 号股东会决议所签订，余盛具有黔峰公司的战略投资者身份和股东资格。第二，余盛及余某某的行为将来可能违反证券法的禁止性规定，构成违法行为的认定没有证据证明。（三）二审判决适用法律错误。第一，二审判决认定《增资协议》是以合法形式掩盖非法目的的无效合同，而二审判决同时认定《增资协议》的内容超越了黔峰公司股东会决议的范围，那么《增资协议》在形式上就应该是不合法的。第二，以合法形式掩盖非法目的的认定，应当是以规避法律强制性规定为目的，仅凭《增资协议》是不能认定余盛增资入股的行为构成了内幕交易和证券从业人员买卖股票的。第三，黔峰公司的增资扩股并非股份公司发行股票，不应当适用证券法。《增资协议》的签订不能适用证券法进行规范，该行为也不符合证券法关于"内幕交易""从业人员买卖股票"构成要件的认定。

被申请人泰邦公司、贵阳大林公司提交书面意见材料称，（一）在德邦证券为黔峰公司改制上市提供财务顾问服务的过程中，余盛作为时任德邦证券总经理余某某的弟弟，被德邦证券作为战略投资者推荐给黔峰公司。余盛与黔峰公司签订的《增资协议》是在合同合法的表面下掩盖了利益输送、损害他人利益等非法目的。二审判决查明了这一事实，认定余盛与黔峰公司签订的《增资协议》属于以合法形式掩盖非法目的的无效合同，适用法律正确。（二）涉案《增资协议》的签订违背了黔峰公司 006 号股东会决议的目的，余盛不符合 006 号股东会决议的要求。2009 年黔峰公司的两次股东会上对于余盛等三人作为股东身份参加股东会是有争议的。（三）余盛申请再审书附件所列证据均不是"新证据"，余盛在二审庭审中表明本案事实除了 2009 年黔峰公司的两份股东会决议外，对一审发回重审中查明的事实无异议。并且法庭向余盛的代理人询问有无新证据，其明确表示没有新证据。上述证据在原审中已经存在，且经过原审质证、认证。

【再审裁判理由】

最高人民法院经再审审查认为，公司增资扩股是一个包含一系列民事行为的过程。一个完整的增资扩股行为，从投资人与目标公司磋商，股东会进行决议开始，一直到公司变更注册资本登记，投资人取得股东资格结束。公司增资扩股行为不仅包括增资额度和作价，也包括公司各股东（或者公司的外部投资人）认缴及认购事宜。根据黔峰公司 006 号股东会决议记载，各股东是一致同意黔峰公司启动增资扩股行为，其中有 9% 的表决权不同意引进战略投资者。但本次股东会并没有确定引进的战略投资者具体人选，认购的股份数额等事宜。公司法规定股东会有权对公司增加注册资本作出决议，该决议的内容应当包括确定公司外部认购股份人选、认购股份数额、缴纳认购款程序等增资扩股行为的部分或者全部内容。公司可以通过多次股东会决议完成增加注册资本事宜。涉案《增资协议》是在黔峰公司决议增资扩股的大背景下形成的，但该协议中余盛作为认购人，出资购买占黔峰公司增资后注册资本的 14.35% 的股份等还应当经由黔峰公司再次召开股东会进行确认。

公司法规定股东会作出增加注册资本的决议可以不召开股东会的前提条件是公司股东以书面形式对该事项表示同意，全体股东在决议文件上签名、盖章。而二审中樊某某、高某所作证人证言，2010 年 10 月 19 日黔峰公司的股东益康公司出具的《证明》等不能证明黔峰公司以不召开股东会的方式决议确定了具体战略投资者人选，认购的股权数额，缴纳认购款的程序等事宜。余盛所称黔峰公司 2009 年 1 月 13 日股东会，虽然余某某代表余盛等 3 人参加了该次会议，但重庆大林公司法定代表人林东签名备注"本次股东大会的代表应为现公司在工商注册的各方股东为合法股东"，捷安公司、亿工盛达公司代表段刚签名备注"……否决龙某某、胡某某股东身份，不符合有关法律和相关事实和依据。"余盛所称黔峰公司 2009 年 9 月 5 日股东会，该次股东会决议中提及战略投资者分红待完善法律手续后，再行分配。但该次股东会决议内容是黔峰公司 2009 年公司盈利的预分配方案，而不是讨论确定具体的战略投资者等增资扩股事宜。在该预分配方案列表中股东名称及持股比例仍是黔峰公司工商登记的股东和各自的持股比例，并没有体现余盛等 3 人的股份数和持股比例。进一步而言，泰邦公司于 2013 年 1 月 21 日召开临时股东会征集各股东是否确认余盛等 3 人成为泰邦公司股东的意见，反对余盛成为公司股东占全部股权比例 81%。公司法并未明确认股人缴纳认股款之后，办理验资、登记等手续的时限要求，余盛仅以黔峰公司控制权发生变化从而拒绝为余盛办理股东登记的理由不能否认泰邦公司该次股东会决议的有效性。至于余盛在申请再审时提交的中国生物制品有限公司的年报，中国生物制品有限公司是泰邦公司的控制股东贵州大林公司的关联企业，年报中关于黔峰公司引进私人战略投资者以及相关诉讼情况的说明并不能代表泰邦公司的全体股东的意思表示，不能作为人民法院认定黔峰公司的各股东认可余盛等 3 人股东资格的事实依据。

余盛所称有新证据能够推翻二审判决认定的主要事实的理由不能成立，余盛所主张的证人证言以及黔峰公司于 2009 年 1 月 13 日、9 月 5 日召开的股东会等证据足以认定二审判决认定案件主要事实缺乏证据证明的理由不能成立。

本案是由于公司进行增资扩股产生的纠纷。公司法规定股东会作出增加注册资本决议应由代表 2/3 以上表决权的股东通过。此处公司增加注册资本事项应当理解为完整的公司增资扩股行为，公司法 2/3 以上表决权的规定应当适用于完整的增资扩股全部过程。余盛不能提交黔峰公司曾经有代表 2/3 以上表决权的股东通过确认其为黔峰公司股东的股东会决议，黔峰公司内部也未对公司股东名册等进行重新登记。并且泰邦公司于 2013 年作出股东会决议进一步明确否认了余盛作为认购人的资格。余盛认为二审判决认定增资协议无效属于适用法律错误，其目的在于通过确认增资协议的效力进而确认其股东身份。本案查明的事实能够认定余盛没有能够以增资扩股的方式成为黔峰公司股东，余盛所称二审判决适用法律错误的再审申请事由不能成立。

【再审裁判结果】

余盛的申请再审不符合《民事诉讼法》第 200 条规定的应当再审的情形。依据《民事诉讼法》第 204 条第 1 款之规定，裁定如下：

驳回余盛的再审申请。

【案例简析】

案例基础事实是，公司增资事项，并未得到公司内部决议认可；而法定代表人在未经股东会表决通过或股东一致同意的情况下，超越权限签订增资协议。从最高人民法院再审认定的事实来看，外部投资人以增资扩股的方式成为公司股东，并未得到公司股东会的认可。最终，法院认定该增资行为无效。

案例法理分析，根据《公司法》的有关规定，只要是涉及公司自身的存在基础或者涉及公司内部法律关系，这些不属于公司营业的事项，公司的法定代表人就没有权利自行决定，公司法定代表人超越权限的行为也不当然适用《合同法》表见代表而发生公司受约束的效力。涉及公司自身存在基础的行为，主要有两种情形：第一种情形是与公司的资本结构相关联的行为。第二种情形是与公司的存续，或者其存在形式相关联的行为。涉及公司成员或股东相关关系的行为，主要是指公司修改章程的行为。在公司各个机构的职权，都是由法律赋予或限定其范围的情形下，上面所说的事项，不是公司的法定代表人能够自行决定代表的事项。如果其自行决定上述行为，则为超越权限的行为。[1]

对案例法律适用的认识，增加公司资本，系公司的重大事项。所以，增资事项应该要经过股东会议通过，并且决议内容包括增资的明确事项。公司的法定代表人，系公司的执行机构，其只能根据股东会作出的决定去执行，而不能在未经股东会决议的情况下擅自决定。公司的重大事项不同于一般事项，公司的一般事项，在法定代表人越权实施的情况下，只要协议相对人，善意且无过失，即构成表见代表的情况下，该代表行为有效。但增资是公司的重大事项，必须要经过股东会表决通过或者股东一致同意，才能实施。公司的重大事项，必须要由公司的决策机构，即股东会通过表决作出决议。法律规定重大事项要由公司股东进行考量与抉择，是《公司法》强制性规定，体现出法律对公司内部控制权由股东行使的尊重。

专题二：股东优先认缴权行使下公司与第三人签订的增资协议效力认定

案由：股东乙公司、股东丙诉甲公司增资纠纷案[2]

【基本案情】

甲公司作出股东会决议同意公司外部人丁增资入股。股东会后，甲公司

---

[1] 参见朱广新："法定代表人的越权代表行为"，载《中外法学》2012年第3期。
[2] "红日实业有限公司、蒋洋诉科创实业有限公司公司增资纠纷案"，最高人民法院（2010）民提字第48号民事判决书。

股东丙和乙向甲公司表示愿意在同等条件下行使新股发行优先认缴权，但甲公司未予理睬。股东丙和乙，直至股权变动发生 2 年之后才向法院起诉，主张自己对甲公司此次新发行的股份享有比外部人员丁优先认缴的权利，诉请法院认定增资扩股协议无效。

【最高人民法院公报案例裁判摘要】[1]

一、在民商事法律关系中，公司作为行为主体实施法律行为的过程可以划分为两个层次：一是公司内部的意思形成阶段，通常表现为股东会或董事会决议；二是公司对外作出意思表示的阶段，通常表现为公司对外签订的合同。出于保护善意第三人和维护交易安全的考虑，在公司内部意思形成过程存在瑕疵的情况下，只要对外的表示行为不存在无效的情形，公司就应受其表示行为的制约。

二、根据《公司法》第 35 条的规定，公司新增资本时，股东有权优先按照实缴的出资比例认缴出资。从权利性质上来看，股东对于新增资本的优先认缴权应属形成权。现行法律并未明确规定该项权利的行使期限，但从维护交易安全和稳定经济秩序的角度出发，结合商事行为的规则和特点，人民法院在处理相关案件时应限定该项权利行使的合理期间，对于超出合理期间行使优先认缴权的主张不予支持。

【案件审理】[2]

1. 一审程序

四川省绵阳市中级人民法院一审查明：绵阳高新区科创实业有限公司（以下简称科创公司）于 2001 年 7 月成立。在 2003 年 12 月科创公司增资扩股前，公司的注册资金 475.37 万元。其中蒋洋出资额 67.6 万元，出资比例 14.22%，为公司最大股东；绵阳市红日实业有限公司（以下简称红日公司）出资额 27.6 万元，出资比例 5.81%。科创公司第一届董事长由蒋洋担任。

---

〔1〕　载《中华人民共和国最高人民法院公报》2011 年第 3 期（总第 173 期）。

〔2〕　申请再审人绵阳高新区科创实业有限公司、福建省固生投资有限公司、陈木高为与被申请人绵阳市红日实业有限公司股东会决议效力及公司增资纠纷一案，不服四川省高级人民法院（2006）川民终字第 515 号民事判决，向最高人民法院申请再审。该院于 2009 年 11 月 16 日以（2008）民申字第 1457 号民事裁定，提审本案。

2003 年 3 月 31 日，科创公司作为甲方，林大业、陈木高作为乙方，绵阳高新技术产业开发区管理委员会（以下简称高新区管委会）作为丙方，签订了合作开发建设绵阳锦江城市花园的合作协议书（石桥铺项目）。2003 年 7 月 2 日，全体股东大会通过选举李红为公司董事长，任期 2 年的决议。此后蒋洋在科创公司的身份为董事。2003 年 12 月 5 日，科创公司发出召开股东代表大会的通知，该通知主要记载了开会时间、开会地点、参会人员、列席人员及议题。开会时间定于 2003 年 12 月 16 日下午 4：00，议题是：（1）关于吸纳陈木高为新股东的问题；（2）关于公司内部股权转让问题；（3）新科创公司的新股东代表、监事、会计提名等。2003 年 12 月 16 日下午，蒋洋、红日公司的委托代表常毅出席了股东会。该次股东代表会表决票反映，蒋洋对上述三项议题的第 2 项投了赞成票，对第 1 项和第 3 项投了反对票；红日公司的委托代表常毅对第 2 项和新会计的提名投了赞成票，其余内容投了反对票，并在意见栏中注明："应当按照公司法第 39 条第 2 款规定先就增加资本拿出具体框架方案，按公司原股东所占比重、所增资本所占增资扩股后所占比重先进行讨论通过，再决定将来出资，要考虑原股东享有公司法规定的投资（出资）权利"。该次股东会担任记录的梁周平整理了会议纪要，除蒋洋、红日公司和投弃权票的 4 名股东未在会议纪要上签名外，其余股东在会议纪要上签名。该纪要中记载：应到股东代表 23 人，实到 22 人，以记名方式投票表决形成决议；讨论了陈木高的入股协议，同意吸纳陈木高为新股东（经表决75.49%同意，20.03%反对，4.48%弃权）；同意科创公司内部股份转让（经表决 100%同意）。纪要还记载了与陈木高合作方式的六点建议和关于新科创公司的新股东代表、监事、会计提名的表决情况及有股东代表建议应由大股东作为公司董事的意见等。此后蒋洋在科创公司的身份为监事。

2003 年 12 月 18 日，科创公司为甲方，陈木高为乙方签订了《入股协议书》，该协议主要记载：乙方同意甲方股东大会讨论通过的增资扩股方案，即同意甲方在原股本 475.37 万股的基础上，将总本扩大至 1 090.75 万股，由此，甲方原股东所持股本 475.37 万股占总股本 1 090.75 万股的 43.6%；乙方出资 800 万元人民币以每股 1.3 元认购 615.38 万股，占总股本 1 090.75 万股的 56.4%；科创公司的注册资金相应变更为 1 090.75 万元，超出注册资本的184.62 万元列为资本公积金；该项资本公积金不用于弥补上一年的经营亏损，今后如用于向股东转增股本时，乙方所拥有的股份不享有该权利；本协议签字 7 天内，乙方应将 800 万元人民币汇入甲方指定账号，款到 7 个工作日之内，甲方负责开始办理股东、董事及法定代表人和公司章程等变更的工商登记手续，税务等其他有关部门的变更登记手续于 1 个月办妥；双方同意乙方投资的 800 万元人民币专项用于支付甲方通过政府挂牌出让程序已购得的绵阳高新区石桥铺 376. 65 亩住宅用地的部分地价款；乙方入股后预计先期投入 3 000 万元人民币开发绵阳高新区石桥铺 376. 65 亩住宅用地项目；甲乙双方与高新区管委会于 2003 年 3 月 31 日签订的合作协议书继续有效，与本协议具有同等法律效力；本协议一式四份，甲乙双方各执两份，经双方签字且 800 万元人民币到账后生效，该协议还就董事会组成、抵押担保、财务管理、利润分配和盈亏分担等内容作了约定。2003 年 12 月 22 日，陈木高将 800 万元股金汇入科创公司的指定账户。

2003 年 12 月 22 日，红日公司向科创公司递交了《关于要求作为科创公司增资扩股增资认缴人的报告》，该报告的主要内容为：主张蒋洋和红日公司享有优先认缴出资的权利，愿意在增资扩股方案的同等条件下，由红日公司与蒋洋共同或由其中一家向科创公司认缴新增资本 800 万元人民币的出资。2003 年 12 月 25 日，工商部门签发的科创公司的企业法人营业执照上记载：法定代表人陈木高、注册资本壹仟零玖拾万柒仟伍佰元、营业期限自 2003 年 12 月 25 日至 2007 年 12 月 24 日。2003 年 12 月 25 日科创公司变更后的章程记载：陈木高出资额 615. 38 万元，出资比例 56. 42%，蒋洋出资额 67. 6 万元，出资比例 6. 20%，红日公司出资额 27. 6 万元，出资比例 2. 53%。2003 年 12 月 26 日，红日公司向绵阳高新区工商局递交了《请就绵阳高新区科创实业有限公司新增资本、增加新股东作不予变更登记的报告》。此后，陈木高以科创公司董事长的身份对公司进行经营管理。2005 年 3 月 30 日，科创公司向工商部门申请办理公司变更登记，提交了关于章程修正案登记备案的报告、公司章程修正案、股份转让协议书、陈木高出具的将 614. 38 万股股份转让给福建省固生投资有限公司（以下简称固生公司）的股份增减变更证明、收据等材料。章程修正案中记载的股东名称、出资额、出资比例是：固生公司出资额 615. 38 万元、出资比例 56. 42%；陈木高出资额 116. 24 万元，出资比例 10. 66%；蒋洋出资额 67. 6 万元，出资比例 6. 20%；红日公司出资额 27. 6 万元，出资比例 2. 53%。

2005 年 12 月 12 日，蒋洋和红日公司向一审法院提起诉讼，请求确认科创公司 2003 年 12 月 16 日股东会通过的吸纳陈木高为新股东的决议无效，确认科创公司和陈木高 2003 年 12 月 18 日签订的《入股协议书》无效，确认其对 800 万元新增资本优先认缴，科创公司承担其相应损失。

四川省绵阳市中级人民法院一审认为：关于科创公司 2003 年 12 月 16 日股东会通过的吸纳陈木高为新股东的决议的效力问题，红日公司和蒋洋主张无效的理由是，科创公司只提前 11 日通知各股东召开股东会，违反了 1999 年《公司法》第 44 条第 1 款"召开股东会议，应当于会议召开 15 日以前通知全体股东"的规定，且在增资扩股的问题上通知书也不明确。从本案查明的事实反映，蒋洋在本案中具有多重身份，既是原告红日公司的法定代表人，又在 2003 年 7 月 2 日以前是科创公司的最大股东和董事长，此后至 12 月 16 日期间，是科创公司的最大股东和董事。蒋洋在任科创公司董事长期间，科创公司签订了与陈木高等就石桥铺项目进行合作的合作协议，而且参加了 2003 年 12 月 16 日的股东会并对会议议题行使了表决权，对其中"吸纳陈木高先生为新股东"的议题投了反对票。根据 1999 年《公司法》第 39 条第 2 款关于"股东会对公司增加或者减少注册资本、分立、合并、解散或者变更公司形式作出决议，必须经代表 2/3 以上表决权的股东通过"的规定，股东会决议的效力不取决于股东会议通知的时间及内容，而决定于股东认可并是否达到公司法的要求。查明的事实反映，2003 年 12 月 16 日"吸纳陈木高先生为新股东"的决议中涉及科创公司增资扩股 800 万元和该 800 万元增资由陈木高认缴的内容已在股东会上经科创公司 75.49% 表决权的股东通过。因此"吸纳陈木高先生为新股东"的决议符合上述规定，该决议有效。红日公司和蒋洋以通知的时间不符合法律规定，内容讨论不符合议事程序主张"吸纳陈木高先生为新股东"决议无效的理由不成立。

关于科创公司与陈木高于 2003 年 12 月 18 日签订的《入股协议书》的效力问题。红日公司和蒋洋主张该协议是科创公司与陈木高恶意串通损害其股东利益而签订的，但根据一审法院查明的事实，其并未提供证据证明该事实存在。庭审中红日公司和蒋洋提出科创公司于 2005 年 12 月 25 日在工商局办理的科创公司变更登记不真实的主张，这涉及工商部门的具体行政行为是否合法的问题，是另一层法律关系，不属本案审理范围。经审查，该《入股协议书》的主体适格，意思表示真实，不违反法律或者社会公共利益，应为有效协议。故红日公司和蒋洋关于《入股协议书》无效的主张不成立。

关于红日公司和蒋洋能否优先认缴科创公司 2003 年 12 月 16 日股东会通过新增的 800 万元资本，并由科创公司承担相应损失的问题。按照 1999 年《公司法》第 33 条关于"股东按照出资比例分红。公司新增资本时，股东可以优先认缴出资"的规定，蒋洋、红日公司作为科创公司的股东，对公司新增资本享有优先认缴权利。但 1999 年《公司法》对股东优先认缴权的期间未作规定。2006 年 5 月 9 日起施行的《公司法司法解释一》第 2 条规定："因公司法实施前有关民事行为或者事件发生纠纷起诉到人民法院的，如当时的法律法规和司法解释没有明确规定时，可以参照适用公司法的有关规定"。2005 年《公司法》也未对股东优先认缴权行使期间作规定，但 2005 年《公司法》第 75 条第 1 款规定"有下列情形之一的，对股东会该项决议投反对票的股东可以请求公司按照合理的价格收购其股权"，第 2 款规定"自股东会会议决议通过之日起 60 日内，股东与公司不能达成收购协议的，股东可以自股东会会议决议通过之日起 90 日内向人民法院提起诉讼"。该条虽然针对的是异议股东的股权回购请求权，但按照民法精神从对等的关系即公司向股东回购股份与股东向公司优先认缴出资看，后者也应当有一个合理的行使期间，以保障交易的安全和公平。从本案查明的事实看，红日公司和蒋洋在 2003 年 12 月 22 日就向科创公司主张优先认缴新增资本 800 万元，于 2005 年 12 月 12 日才提起诉讼，这期间，陈木高又将占出资比例 56.42%股份转让给固生公司，其个人又陆续与其他股东签订了股权转让协议，全部办理了变更登记，从 2003 年 12 月 25 日起至今担任了科创公司董事长，科创公司的石桥铺项目前景也已明朗。因此红日公司和蒋洋在 2005 年 12 月 12 日才提起诉讼不合理。2003 年 12 月 16 日的股东会决议、《入股协议书》合法有效，红日公司和蒋洋主张优先认缴权的合理期间已过，故其请求对 800 万元资本优先认缴权并赔偿其损失的请求不予支持。

综上所述，2003 年 12 月 16 日股东会决议和《入股协议书》合法有效。红日公司和蒋洋在 2003 年 12 月 22 日向科创公司主张优先权时，上述两协议已经生效并已在履行过程中，但红日公司和蒋洋没有及时采取进一步的法律措施实现其优先权。本案起诉前，围绕科创公司和公司股权又发生了一系列新的民事、行政关系，形成了一系列新的交易关系，为保障交易安全，红日公司和蒋洋在本案中的主张不能成立。

四川省绵阳市中级人民法院以（2006）绵民初字第 2 号民事判决书作出一审判决：驳回红日公司、蒋洋的诉讼请求。第一审案件受理费 50 010 元，其他诉讼费 25 005 元，合计 75 015 元，由红日公司和蒋洋共同负担。

2. 二审程序

红日公司和蒋洋不服一审判决，向四川省高级人民法院提起上诉称：科创公司只提前 11 天通知召开股东会违反了公司法规定提前 15 天通知的强制性法定义务，且通知内容没有公司增资扩股的具体方案和《入股协议书》草案，股东会中突袭表决，议事程序违法。股东会上红日公司和蒋洋投了反对票，提出同意增资 800 万元，但不放弃优先认缴出资权。股东会决议中公司增资 800 万元有效，但吸纳陈木高为新股东的决议和《入股协议书》因侵犯其优先认缴出资权而无效。公司法对股东行使优先认缴出资权的诉讼时效没有规定，应适用民法通则规定的 2 年诉讼时效。红日公司和蒋洋知道权利被侵害的时间是 2003 年 12 月 22 日，诉讼时效从此时起算直至 2005 年 12 月 22 日才届满，本案于 2005 年 12 月 12 日提起诉讼，未超过诉讼时效期间。一审判决参照适用公司法对公司回购股东股份所规定的 90 日，是适用法律错误。陈木高是固生公司法定代表人，固生公司取得股份并非善意，其股东身份也不合法，因此不存在保护交易安全的问题。请求二审法院撤销原判，依法改判。

被上诉人科创公司、固生公司和陈木高答辩称：虽然科创公司召开股东会通知程序不符合公司法关于要提前 15 天通知的规定，但该条款是任意性规范，且公司股东均准时参加，不影响决议效力。科创公司所提"吸纳陈木高先生为新股东"的含义是定向增资扩股，该议题已经 2/3 表决权的股东表决通过，陈木高尽到了合理的注意义务，根据 1999 年《公司法》第 39 条的规定，该议题的决议合法有效。公司增资扩股，由公司与新股东签订入股协议，法律并无禁止性规定，并且代表了公司绝大多数股东的意志，未违反 1999 年《公司法》第 33 条的规定。红日公司和蒋洋提出优先认缴时，《入股协议书》已经成立并在履行过程中，应为有效。科创公司是因公司面临土地价款无法缴纳，土地将被政府收回的困境而吸收陈木高入股，陈木高出资 800 万元，以 1.3 元溢价购股，且承诺成为新股东后不得再以股东身份分享科创公司在合作协议项目中应分得的 35% 的盈利，该决议使公司利益最大化，保证了原股东利益。以后陈木高将股份以赠与和转让方式转给固生公司，陈木高和固生公司均是善意第三人。而红日公司和蒋洋在长达两年时间内多次参加陈木高主持的董事会和股东会，没有就优先出资权进一步采取法律措施，却在公司稍有起色的情况下提起诉讼，缺乏合理性和正当性。请求驳回上诉，维持原判。

原二审法院四川省高级人民法院对一审法院认定的事实予以确认，并补充认定以下事实：2001 年 7 月，科创公司成立，注册资本 156 万元，股东 20 人，均为自然人，蒋洋出资 52 万元，出资比例为 33.33%，担任董事长。2003 年 1 月 20 日，科创公司通过挂牌出让方式取得绵阳高新区石桥铺国际招商区 325 亩住宅项目用地，但没有支付土地出让金，没有取得土地使用权证。2003 年 3 月 31 日，科创公司与林大业、陈木高、高新区管委会签订石桥铺项目合作协议书，约定由科创公司负责支付地价款，由陈木高负责项目开发资金及建设。同年 9 月，科创公司董事长变更为李红，新增注册资本 319.37 万元，注册资本变更为 475.37 万元，变更后股东为 23 位，增加了自然人股东 2 人和法人股东红日公司。蒋洋出资从 52 万元变更为 67.6 万元，出资比例变为 14.22%，红日公司新出资 27.6 万元，出资比例为 5.81%。科创公司的章程规定：公司新增资本时，股东有优先认缴出资的权利；公司召开股东大会，于会议召开 15 日以前通知全体股东，通知以书面形式发送，并载明会议时间、地点、内容；股东大会对公司增加减少注册资本作出决议。同年 12 月 16 日，科创公司召开股东会，讨论了陈木高入股的《入股协议书》，通过了吸纳陈木高为新股东的提案，蒋洋和红日公司投反对票。同月 18 日，科创公司和陈木高签订《入股协议书》，约定由陈木高出资 800 万元，以每股 1.3 元认购 615.38 万股。同月 22 日，陈木高以付地款名义向科创公司账户汇入购股款 800 万元，红日公司要求优先认缴新增资本。同月 25 日，科创公司变更法定代表人为陈木高，注册资本变为 1 090.75 万元，陈木高占 56.4%。2003 年 12 月 26 日，科创公司缴纳土地款 800 万元。2004 年 3 月 5 日，科创公司交清全部土地款 13 020 175 元，取得土地使用证。2005 年 2 月 1 日，科创公司召开股东会形成决议，通过陈木高将 1 万股赠与固生公司的提案，红日公司和蒋洋参加会议，投弃权票。同年 3 月 1 日，陈木高将 614.38 万股转让给固生公司，固生公司持有科创公司股份共计 615.38 万股。2005 年 2 月至 2006 年 11 月，陈木高以每股 1.2 元的价格收购了其他自然人股东 315.71 万股。科创公司股东变更为：固生公司 615.38 万股，占 56.42%；陈木高 315.71 万股，占

28.94%；蒋洋 67.60 万股，占 6.20%；红日公司 27.60 万股，占 2.53%；其他自然人股东 11 人，共 64.46 万股，占 5.91%。目前，科创公司拟开发的石桥铺项目仅修了一条从城区公路通往项目所在地的 200 米左右的水泥路，整个项目因拆迁和规划等问题尚未破土动工。

四川省高级人民法院二审认为：科创公司于 2003 年 12 月 16 日召开的股东会议所通过的关于"吸纳陈木高先生为新股东"的决议，结合股东会讨论的《入股协议书》，其内容包括了科创公司增资 800 万元和由陈木高通过认缴该 800 万元新增出资成为科创公司新股东两个方面的内容。根据 1999 年《公司法》第 38 条第 1 款第 8 项关于"股东会行使对公司增加或者减少注册资本作出决议的职权"，第 39 条第 2 款关于"股东会对公司增加或者减少注册资本、分立、合并、解散或者变更公司形式作出决议，必须经代表 2/3 以上表决权的股东通过"的规定，科创公司增资 800 万元的决议获代表科创公司 75.49% 表决权的股东通过，应属合法有效。根据 1999 年《公司法》第 33 条关于"公司新增资本时，股东可以优先认缴出资"的规定以及科创公司章程中的相同约定，科创公司原股东蒋洋和红日公司享有该次增资的优先认缴出资权。在股东会议上，蒋洋和红日公司对由陈木高认缴 800 万元增资股份并成为新股东的议题投反对票并签注"要考虑原股东享有公司法规定的投资（出资）权利"的意见，是其反对陈木高认缴新增资本成为股东，并认为公司应当考虑其作为原股东所享有的优先认缴出资权，明确其不放弃优先认缴出资权的意思表示。紧接着在同月 22 日和 26 日，蒋洋和红日公司又分别向科创公司递交了《关于要求作为科创公司增资扩股增资认缴人的报告》，向绵阳市高新区工商局递交了《请就绵阳高新区科创实业有限公司新增资本、增加新股东作不予变更登记的报告》，进一步明确主张优先认缴出资权。上述事实均表明红日公司和蒋洋从未放弃优先认缴出资权。但是，科创公司在没有以恰当的方式征询蒋洋和红日公司的意见以明确其是否放弃优先认缴出资权，也没有给予蒋洋和红日公司合理期限以行使优先认缴出资权的情况下，即于同月 18 日与陈木高签订《入股协议书》，并于同月 25 日变更工商登记，将法定代表人变更成陈木高，将公司注册资本变更为 1 090.75 万元，其中新增资本 615.38 万元登记于陈木高名下。该系列行为侵犯了法律规定的蒋洋和红日公司在科创公司所享有的公司新增资本时的优先认缴出资权，根据《民法通则》第 58 条第 1 款第（五）项关于"违反法律或者社会公共利益的民事行为无效"的规定，股东会决议中关于由陈木高认缴新增资本800万元并由此成为科创公司股东的内容无效，科创公司和陈木高签订的《入股协议书》也相应无效。

虽然本案所涉股东会决议经代表2/3以上表决权的股东投票通过，但公司原股东优先认缴新增出资的权利是原股东个体的法定权利，不能以股东会多数决的方式予以剥夺。故蒋洋和红日公司所提股东会议决议中关于吸收陈木高为股东的内容、《入股协议书》无效，其享有优先认缴科创公司800万元新增资本的上诉理由依法成立，二审法院予以支持。

按照《民法通则》第61条的规定，民事行为被确认为无效或者被撤销后，当事人因该行为取得的财产，应当返还给受损失的一方，因此陈木高依据该部分无效决议和《入股协议书》所取得的股权应当返还。虽然后来陈木高将其名下的股份赠与和转让给了固生公司，但陈木高系固生公司的法定代表人，固生公司知道或者应当知道陈木高认缴出资侵犯了他人的优先认缴出资权，故该司并非善意取得，其间的赠与和转让行为也无效。固生公司应当将其所持有的科创公司615.38万股股份返还给科创公司，由红日公司和蒋洋优先认缴；科创公司应当将800万元认股款及其资金占用利息返还给陈木高。

关于有限责任公司股东请求人民法院保护其认缴新增资本优先权的诉讼时效问题，现行法律无特别规定，应当适用《民法通则》规定的2年普通诉讼时效。蒋洋和红日公司在2003年12月22日书面要求优先认缴新增资本800万元，至2005年12月19日提起诉讼，符合该法关于2年诉讼时效的规定，其所提应当优先认缴800万元新增资本的请求依法成立，二审法院予以支持。蒋洋和红日公司所提应由科创公司承担其相应损失的请求因无相应证据证明，二审法院不予支持。原判认定事实不清，适用法律有误，应当予以纠正。

原二审法院依照《民事诉讼法》第153条第1款第（三）项、《公司法》（1999年修订）第33条、第38条第1款第（八）项、第39条第2款、《民法通则》第58条第1款第（四）项、第（五）项、第61条、第135条的规定，经审判委员会讨论决定，判决：

（1）撤销四川省绵阳市中级人民法院（2006）绵民初字第2号民事判决；

（2）绵阳高新区科创实业有限公司于2003年12月16日作出的股东会决

议中关于吸收陈木高为股东的内容无效；

（3）绵阳高新区科创实业有限公司于2003年12月18日与陈木高签订的《入股协议书》无效；

（4）蒋洋和绵阳市红日实业有限公司享有以800万元购买绵阳高新区科创实业有限公司2003年12月16日股东会决定新增的615.38万股股份的优先权；

（5）蒋洋和绵阳市红日实业有限公司于本判决生效之日起15日内将800万元购股款支付给绵阳高新区科创实业有限公司；

（6）在蒋洋和绵阳市红日实业有限公司履行上述第（5）项判决后15日内，由福建省固生投资有限公司向绵阳高新区科创实业有限公司返还其所持有的该司615.38万股股权，并同时由绵阳高新区科创实业有限公司根据蒋洋和绵阳市红日实业有限公司的认购意愿和支付款项情况将该部分股权登记于蒋洋和绵阳市红日实业有限公司名下；

（7）在福建省固生投资有限公司履行上述第（6）项判决后3日内，由绵阳高新区科创实业有限公司向陈木高返还800万元及利息（从2003年12月23日至付清之日止按中国人民银行流动资金同期贷款利率计算）；

（8）驳回蒋洋和绵阳市红日实业有限公司的其他诉讼请求。第一审案件受理费75 015元，第二审案件受理费75 015元，保全费5 000元，均由绵阳高新区科创实业有限公司负担。

3. 再审（提审）程序

科创公司、固生公司、陈木高不服四川省高级人民法院上述二审民事判决，向最高人民法院申请再审称：（1）二审判决认定的事实缺乏证据支持，2003年12月16日科创公司作出的"关于吸纳陈木高为新股东"的股东会决议、2003年12月18日陈木高与科创公司签订的《入股协议书》均合法有效。①二审法院将科创公司2003年12月16日股东会关于吸纳陈木高为新股东的决议内容拆分为"科创公司增资800万元"和"由陈木高通过认缴800万元新增出资成为科创公司新股东"两部分，与事实严重不符，这两项内容是不可分的，增资800万元是以吸纳陈木高为新股东为前提的。②红日公司在股东会反对票上的签注不能作为其不放弃优先认缴出资权的意思表示，红日公司的签注援引了1999年《公司法》第39条第2款的规定，即股东会对公司增资或减资等决议的表决程序，与第33条股东优先认缴权无关。且红日公司

2003 年 12 月 22 日提交的报告上没有蒋洋的签名，不能认为蒋洋主张了优先认缴权。③优先认缴权是形成权，其行使应有合理期限。科创公司是在急于支付石桥铺项目土地出让金的现实情况下吸收陈木高出资的，蒋洋和红日公司行使优先认缴权的期限应不超过科创公司支付土地出让金的最后期限，即 2003 年 12 月 31 日。④固生公司和陈木高取得科创公司的股权没有恶意，签订《入股协议书》时不存在恶意串通的情形。（2）二审判决适用法律错误。二审判决依据《民法通则》第 58 条第 1 款第（四）项、第（五）项，在没有证据证明陈木高与科创公司恶意串通、《入股协议书》违反法律或社会公共利益的情况下引用上述条文判决股东会决议及《入股协议书》无效，显属适用法律错误，据此另引用的《民法通则》第 61 条及《合同法》第 58 条也与事实不符。即使蒋洋和红日公司关于行使优先认缴权的主张能够得到支持，按照《公司法司法解释一》第 2 条和《公司法》第 35 条之规定，也只能按照其实缴的出资比例认缴出资，而不能全部认缴 800 万元新增出资。且二审法院适用《民法通则》规定的 2 年普通诉讼时效也存在错误，股东优先认缴权属形成权，应适用除斥期间的规定，不超过 1 年。（3）陈木高入股科创公司后投入了大量的资金和智慧，促使公司的经营管理和石桥铺项目都取得了巨大进展，科创公司的股权价值大幅增值，早已超过当年的购买价格，二审判决在未对股权价值进行重新评估的基础上支持红日公司和蒋洋以 2003 年的价格购买该股权，有违公平原则。综上，请求撤销四川省高级人民法院作出的（2006）川民终字第 515 号民事判决，维持四川省绵阳市中级人民法院作出的（2006）绵民初字第 2 号民事判决，中止对四川省高级人民法院作出的（2006）川民终字第 515 号民事判决的执行，由被申请人红日公司、蒋洋承担本案一、二审全部诉讼费用。

被申请人红日公司、蒋洋答辩称：（1）二审判决认定事实清楚、证据确凿。"吸纳陈木高为新股东"这一决议并不是在公司面临无力交款，土地将被收回的严峻形势下作出的。红日公司和蒋洋当时完全有能力进行增资扩股交清土地出让金，未交清的原因是科创公司与高新区管委会之间还有多笔账务没有结算。"吸纳陈木高为新股东"这一决议可以拆分为"科创公司增资 800 万元"和"由陈木高通过认缴 800 万元新增出资成为科创公司新股东"来理解。红日公司、蒋洋投反对票并签注的意思表明其同意"科创公司增资 800 万元"而反对"由陈木高认缴 800 万元新增出资成为科创公司新股东"。即使红日公司、蒋洋对这两项内容均表示反对，也不会影响"科创公司增资 800 万元"的法律效力，增资扩股的表决通过是符合《公司法》规定的，并没有侵犯原股东的优先认缴出资权，只是"由陈木高通过认缴 800 万元新增出资成为科创公司新股东"这一部分侵犯了原股东的优先认缴出资权。红日公司在表决票上的签注明确表明增资需按《公司法》第 39 条第 2 款的规定进行，并且应按第 33 条的规定考虑原股东的优先认缴出资权，已表明其没有放弃优先认缴出资权。红日公司和蒋洋在股东会召开当天才知道科创公司即将增资扩股 800 万元，因此其行使优先认股权的期限应为从 2003 年 12 月 16 日起算的一个合理期间，而不是当天必须行使权利。红日公司在 2003 年 12 月 22 日就向科创公司递交了《关于要求作为科创公司增资扩股增资认缴人的报告》，作出了行使优先认缴权的意思表示，且该时间早于陈木高与科创公司签订的《入股协议书》约定的生效时间。陈木高在科创公司原股东有能力认缴新增出资且主张了优先认缴权的前提下仍然与科创公司订立《入股协议书》，显然侵犯了红日公司和蒋洋的优先认缴权。《入股协议书》中关于公司新一届董事会的组成及陈木高任董事长、总经理的约定，关于 800 万元新增资本的投资问题、财务人员的安排问题、利润分配问题等，均违反了 1999 年《公司法》第 37 条、第 38 条、第 46 条及科创公司章程第 24 条的规定，越权行使了属于股东会和董事会的法定职权，依法也应被认定为无效。固生公司是陈木高及其家人出资设立，陈木高是固生公司的法定代表人，因此该公司可以认定为陈木高自己的公司。陈木高取得的科创公司股份是不合法的，其转让行为属于无权处分，而固生公司作为陈木高个人的公司受让股权显然恶意。（2）二审判决适用法律正确。对《民法通则》第 58 条第（四）项应当理解为，只要行为人意识到了该行为有可能侵犯到第三人利益而故意为之，就构成恶意。科创公司在召开 2003 年 12 月 16 日股东会以前，已经与陈木高达成《入股协议书》和承包经营协议草案，且陈木高在签订《入股协议书》时也清楚红日公司和蒋洋反对其成为科创公司的新股东，因此陈木高与科创公司签订的《入股协议书》应属恶意串通之行为。如果认为优先认缴权是形成权，红日公司和蒋洋在 2003 年 12 月 22 日已经行使了优先认缴权，在这一权利受到侵犯时就应当适用 2 年普通诉讼时效的规定。（3）本案中陈木高进入科创公司以来，对公司基本没有投入，公司资产基本无增长，公司的石桥铺项目至今基本未进行开发，陈木高的行为引起了当地百姓的不满和一系列社会问题。总之，二审判决事实认定清楚，法律适用正确，再审申请人的申请理由不能成立，应依法予以驳回。

再审中，被申请人红日公司和蒋洋提交了催告公证书、绵阳中院强制执行文书、提存公证书、2008 年科创公司临时股东大会的公证书等证据材料，用以证明本案二审判决后的履行情况及科创公司现在的股权结构等基本情况；另提交了科创公司 2004 年至 2008 年经营状况材料、石桥铺项目所涉及的村民拆迁补偿材料和村民的联名信等证据材料，用以证明陈木高进入科创公司后对公司没有进行投入，红日公司和蒋洋取得科创公司新增股份后科创公司对石桥铺项目有了新的投入。

申请再审人科创公司、固生公司和陈木高质证认为，上述证据材料中催告公证书、绵阳中院强制执行文书、提存公证书、2008 年科创公司临时股东大会的公证书都发生在二审判决后，和本案的争议无关。工商登记资料不属于新证据。对石桥铺项目所涉及的村民拆迁补偿材料和村民的联名信真实性、与本案的关联性及证明的内容均有异议。

最高人民法院裁定提审后，经再审审理，对原审法院查明的事实予以确认。

最高人民法院认为：根据本案的事实和双方当事人的诉辩主张，本案再审程序中有以下两个争议焦点：（1）2003 年 12 月 16 日科创公司作出的股东会决议和 2003 年 12 月 18 日科创公司与陈木高签订的《入股协议书》是否有效；（2）红日公司和蒋洋是否能够行使对科创公司 2003 年新增的 615.38 万股股份的优先认缴权。

关于第一个争议焦点。2003 年 12 月 16 日科创公司作出股东会决议时，现行公司法尚未实施，根据最高人民法院《公司法司法解释一》第 2 条的规定，当时的法律和司法解释没有明确规定的，可参照适用现行公司法的规定。1999 年《公司法》第 33 条规定："公司新增资本时，股东可以优先认缴出资。"根据现行公司法第 35 条的规定，公司新增资本时，股东的优先认缴权应限于其实缴的出资比例。2003 年 12 月 16 日科创公司作出的股东会决议，在其股东红日公司、蒋洋明确表示反对的情况下，未给予红日公司和蒋洋优先认缴出资的选择权，径行以股权多数决的方式通过了由股东以外的第三人陈木高出资 800 万元认购科创公司全部新增股份 615.38 万股的决议内容，侵犯了红日公司和蒋洋按照各自的出资比例优先认缴新增资本的权利，违反了上述法律规定。现行公司法第 22 条第 1 款规定："公司股东会或者股东大会、董事会的决议内容违反法律、行政法规的无效。"根据上述规定，科创公司2003 年 12 月 16 日股东会议通过的由陈木高出资 800 万元认购科创公司新增615.38 万股股份的决议内容中，涉及新增股份中 14.22% 和 5.81% 的部分因分别侵犯了蒋洋和红日公司的优先认缴权而归于无效，涉及新增股份中 79.97%的部分因其他股东以同意或弃权的方式放弃行使优先认缴权而发生法律效力。四川省绵阳市中级人民法院（2006）绵民初字第 2 号民事判决认定决议全部有效不妥，应予纠正。该股东会将吸纳陈木高为新股东列为一项议题，但该议题中实际包含增资 800 万元和由陈木高认缴新增出资两方面的内容，其中由陈木高认缴新增出资的决议内容部分无效不影响增资决议的效力，科创公司认为上述两方面的内容不可分割缺乏依据，本院不予支持。

2003 年 12 月 18 日科创公司与陈木高签订的《入股协议书》系科创公司与该公司以外的第三人签订的合同，应适用合同法的一般原则及相关法律规定认定其效力。虽然科创公司 2003 年 12 月 16 日作出的股东会决议部分无效，导致科创公司达成上述协议的意思存在瑕疵，但作为合同相对方的陈木高并无审查科创公司意思形成过程的义务，科创公司对外达成协议应受其表示行为的制约。上述《入股协议书》是科创公司与陈木高作出的一致意思表示，不违反国家禁止性法律规范，且陈木高按照协议约定支付了相应对价，没有证据证明双方恶意串通损害他人利益，因此该协议不存在《合同法》第 52 条所规定的合同无效的情形，应属有效。《入股协议书》对科创公司新一届董事会的组成及董事长、总经理人选等公司内部事务作出了约定，但上述约定并未排除科创公司内部按照法律和章程规定的表决程序作出决定，不导致合同无效。二审法院根据《民法通则》第 58 条第 1 款第（五）项的规定认定该《入股协议书》无效属适用法律错误，本院予以纠正。

关于第二个争议焦点问题，虽然科创公司 2003 年 12 月 16 日股东会决议因侵犯了红日公司和蒋洋按照各自的出资比例优先认缴新增资本的权利而部分无效，但红日公司和蒋洋是否能够行使上述新增资本的优先认缴权还需要考虑其是否恰当地主张了权利。股东优先认缴公司新增资本的权利属形成权，虽然现行法律没有明确规定该项权利的行使期限，但为维护交易安全和稳定经济秩序，该权利应当在一定合理期间内行使，并且由于这一权利的行使属于典型的商事行为，对于合理期间的认定应当比通常的民事行为更加严格。

本案红日公司和蒋洋在科创公司 2003 年 12 月 16 日召开股东会时已经知道其优先认缴权受到侵害，且作出了要求行使优先认缴权的意思表示，但并未及时采取诉讼等方式积极主张权利。在此后科创公司召开股东会、决议通过陈木高将部分股权赠与固生公司提案时，红日公司和蒋洋参加了会议，且未表示反对。红日公司和蒋洋在股权变动近两年后又提起诉讼，争议的股权价值已经发生了较大变化，此时允许其行使优先认缴出资的权利将导致已趋稳定的法律关系遭到破坏，并极易产生显失公平的后果，故四川省绵阳市中级人民法院（2006）绵民初字第 2 号民事判决认定红日公司和蒋洋主张优先认缴权的合理期间已过并无不妥。故本院对红日公司和蒋洋行使对科创公司新增资本优先认缴权的请求不予支持。

红日公司和蒋洋在一审诉讼请求中要求科创公司承担其相应损失，但未明确请求赔偿的损失数额，也未提交证据予以证明，本院对此不予审理。本案再审期间，红日公司一方主张基于新增股权对科创公司进行了投入，该主张不属于本案审理范围，其对此可以另行提起诉讼。

综上，红日公司、蒋洋的诉讼请求部分成立，但四川省高级人民法院（2006）川民终字第 515 号民事判决认定红日公司和蒋洋可以行使优先认缴科创公司 2003 年新增 615.38 万股股份的权利，事实根据不足，适用法律不当，应予撤销。

最高人民法院依照《民事诉讼法》第 186 条、第 153 条第 1 款第（二）项的规定，判决如下：

（1）撤销四川省高级人民法院（2006）川民终字第 515 号民事判决，撤销四川省绵阳市中级人民法院（2006）绵民初字第 2 号民事判决；

（2）绵阳高新区科创实业有限公司 2003 年 12 月 16 日作出的股东会决议中由陈木高出资 800 万元认购绵阳高新区科创实业有限公司新增 615.38 万股股份的决议内容中，涉及新增股份 20.03% 的部分无效，涉及新增股份 79.97% 的部分及决议的其他内容有效；

（3）驳回四川省绵阳市红日实业有限公司、蒋洋的其他诉讼请求。

一审案件受理费 75 015 元、保全费 5 000 元，共 80 015 元，由绵阳高新区科创实业有限公司负担 37 507.5 元，四川省绵阳市红日实业有限公司、蒋洋负担 42 507.5 元；二审案件受理费 75 015 元，由绵阳高新区科创实业有限公司负担 37 507.5 元，四川省绵阳市红日实业有限公司、蒋洋负担 37

507.5 元。

【案例简析】

一、案例事实

（一）公司控制权变化

蒋洋任公司董事长时期，自公司成立时；陈木高任公司董事长时期，为缴纳 800 万增资扩股股金后；固生公司控制时期，从陈木高处受让股权之后。三个时期，提起行使股东优先认缴权之诉的公司老股东蒋洋和红日公司的持股比例的变化是：第一，公司 2001 年 7 月成立时注册资金 475.37 万元，其中蒋洋出资额 67.6 万元，出资比例 14.22%，为公司最大股东；绵阳市红日实业有限公司（以下简称红日公司）出资额 27.6 万元，出资比例 5.81%。第二，经股东会生效决议后，2003 年 12 月 18 日，科创公司为甲方，陈木高为乙方签订了《入股协议书》，甲方在原股本 475.37 万股的基础上，将总股本扩大至 1 090.75 万股，由此，甲方原股东所持股本 475.37 万股占总股本 1 090.75 万股的 43.6%；乙方出资 800 万元人民币以每股 1.3 元认购 615.38 万股，占总股本 1 090.75 万股的 56.4%；科创公司的注册资金相应变更为 1 090.75 万元。2003 年 12 月 22 日，陈木高将 800 万元股金汇入科创公司的指定账户。同月 25 日，科创公司变更法定代表人为陈木高，注册资本变为 1 090.75 万元，陈木高占 56.4%。第三，陈木高将股权转让给固生公司，2005 年 3 月 30 日，科创公司向工商部门申请办理公司变更登记，章程修正案中记载的股东名称、出资额、出资比例是：固生公司出资额 615.38 万元、出资比例 56.42%；陈木高出资额 116.24 万元，出资比例 10.66%；蒋洋出资额 67.6 万元，出资比例 6.20%；红日公司出资额 27.6 万元，出资比例 2.53%。

（二）增资扩股的原因

一审查明，蒋洋在任科创公司董事长期间，科创公司签订了与陈木高等就石桥铺项目进行合作的合作协议。

二审补充认定的事实是：2003 年 1 月 20 日，科创公司通过挂牌出让方式取得绵阳高新区石桥铺国际招商区 325 亩住宅项目用地，但没有支付土地出让金，没有取得土地使用权证。2003 年 3 月 31 日，科创公司与林大业、陈木高、高新区管委会签订石桥铺项目合作协议书，约定由科创公司负责支付地价款，由陈木高负责项目开发资金及建设。2003 年 12 月 26 日，科创公司缴纳土地款 800 万元。2004 年 3 月 5 日，科创公司交清全部土地款 13 020 175 元，取得土地使用证。二审时，科创公司拟开发的石桥铺项目仅修了一条从城区公路通往项目所在地的 200 米左右的水泥路，整个项目因拆迁和规划等问题尚未破土动工。

二、案例的法律适用

（一）增资原因导致的股东诉求非正当性的推论

一审认为：从本案查明的事实看，红日公司和蒋洋在 2003 年 12 月 22 日就向科创公司主张优先认缴新增资本 800 万元，于 2005 年 12 月 12 日才提起诉讼，这期间，陈木高又将占出资比例 56.42% 股份转让给固生公司，其个人又陆续与其他股东签订了股权转让协议，全部办理了变更登记，从 2003 年 12 月 25 日起至今担任了科创公司董事长，科创公司的石桥铺项目前景也已明朗。因此红日公司和蒋洋在 2005 年 12 月 12 日才提起诉讼不合理。2003 年 12 月 16 日股东会决议和《入股协议书》合法有效。红日公司和蒋洋在 2003 年 12 月 22 日向科创公司主张优先权时，上述两协议已经生效并已在履行过程中，但红日公司和蒋洋没有及时采取进一步的法律措施实现其优先权。本案起诉前，围绕科创公司和公司股权又发生了一系列新的民事、行政关系，形成了一系列新的交易关系，为保障交易安全，红日公司和蒋洋在本案中的主张不能成立。最终，一审法院认定，原告股东所主张的优先认缴权行使不当，优先认缴公司 800 万增资款项的诉求不应得到支持。

二审未提到增资原因石桥铺项目开发对二审认定的实质影响。但一方面，二审补充查明的事实完全围绕项目开发合作事宜的履行情况。另一方面，二审最终认定的法律事实是未保护股东优先认缴权的增资行为无效。

再审答辩理由中，被申请人股东一方提出"吸纳陈木高为新股东"这一决议并不是在公司面临无力交款，土地将被收回的严峻形势下作出的。红日公司和蒋洋当时完全有能力进行增资扩股交清土地出让金，未交清的原因是科创公司与高新区管委会之间还有多笔账务没有结算。陈木高进入科创公司以来，对公司基本没有投入，公司资产基本无增长，公司的石桥铺项目至今基本未进行开发，陈木高的行为引起了当地百姓的不满和一系列社会问题。

为此，再审被申请人红日公司和蒋洋提交了科创公司 2004 年至 2008 年经营状况材料、石桥铺项目所涉及的村民拆迁补偿材料和村民的联名信等证据材料，用以证明陈木高进入科创公司后对公司没有进行投入，红日公司和蒋洋取得科创公司新增股份后科创公司对石桥铺项目有了新的投入。

申请再审人科创公司、固生公司和陈木高质证认为，对石桥铺项目所涉及的村民拆迁补偿材料和村民的联名信真实性、与本案的关联性及证明的内容均有异议。

再审法院并未对增资原因及履行情况对判决的实质影响进行明确表态，只是认为因时过境迁股权价值已发生重大变化（即增资所持有的股权已转让给第三方），此时若支持股权优先认缴权，则会显失公平。具体的裁判说理是"红日公司和蒋洋在股权变动近 2 年后又提起诉讼，争议的股权价值已经发生了较大变化，此时允许其行使优先认缴出资的权利将导致已趋稳定的法律关系遭到破坏，并极易产生显失公平的后果。"遂结论：一方面，以形成权的性质认为权利的合理期限应有明确限制，具体论述是"股东优先认缴公司新增资本的权利属形成权，虽然现行法律没有明确规定该项权利的行使期限，但为维护交易安全和稳定经济秩序，该权利应当在一定合理期间内行使，并且由于这一权利的行使属于典型的商事行为，对于合理期间的认定应当比通常的民事行为更加严格。"另一方面，亦在价值判断上认为股东本应采取更积极的方式主张权利，具体论述是"本案红日公司和蒋洋在科创公司 2003 年 12月 16 日召开股东会时已经知道其优先认缴权受到侵害，且作出了要求行使优先认缴权的意思表示，但并未及时采取诉讼等方式积极主张权利。在此后科创公司召开股东会、决议通过陈木高将部分股权赠与固生公司提案时，红日公司和蒋洋参加了会议，且未表示反对。"

（二）优先认缴权的行使期限

一审法院认为 1999 年《公司法》对股东优先认缴权的期间未作规定。2006 年 5 月 9 日起施行的最高人民法院《公司法司法解释一》第 2 条规定："因公司法实施前有关民事行为或者事件发生纠纷起诉到人民法院的，如当时的法律法规和司法解释没有明确规定时，可以参照适用公司法的有关规定"。2005 年《公司法》也未对股东优先认缴权行使期间作规定，但 2005 年《公司法》第 75 条第 1 款规定"有下列情形之一的，对股东会该项决议投反对票的股东可以请求公司按照合理的价格收购其股权"、第 2 款规定"自股东会会议决议通过之日起 60 日内，股东与公司不能达成收购协议的，股东可以自股东会会议决议通过之日起 90 日内向人民法院提起诉讼"。该条虽然针对的是异议股东的股权回购请求权，但按照民法精神从对等的关系即公司向股东回购股份与股东向公司优先认缴出资看，后者也应当有一个合理的行使期间，以保障交易的安全和公平。

一审败诉后原股东二审上诉称：公司法对股东行使优先认缴出资权的诉讼时效没有规定，应适用《民法通则》规定的 2 年诉讼时效。红日公司和蒋洋知道权利被侵害的时间是 2003 年 12 月 22 日，诉讼时效从此时起算直至 2005 年 12 月 22 日才届满，本案于 2005 年 12 月 12 日提起诉讼，未超过诉讼时效期间。一审判决参照适用公司法对公司回购股东股份所规定的 90 日，是适用法律错误。

二审法院认为：关于有限责任公司股东请求人民法院保护其认缴新增资本优先权的诉讼时效问题，现行法律无特别规定，应当适用《民法通则》规定的 2 年普通诉讼时效。蒋洋和红日公司在 2003 年 12 月 22 日书面要求优先认缴新增资本 800 万元，至 2005 年 12 月 19 日提起诉讼，符合该法关于 2 年诉讼时效的规定，其所提应当优先认缴 800 万元新增资本的请求依法成立，二审法院予以支持。

再审法院认为：红日公司和蒋洋是否能够行使上述新增资本的优先认缴权还需要考虑其是否恰当地主张了权利。红日公司和蒋洋在科创公司 2003 年 12 月 16 日召开股东会时已经知道其优先认缴权受到侵害，且作出了要求行使优先认缴权的意思表示，但并未及时采取诉讼等方式积极主张权利。在此后科创公司召开股东会、决议通过陈木高将部分股权赠与固生公司提案时，红日公司和蒋洋参加了会议，且未表示反对。红日公司和蒋洋在股权变动近 2 年后又提起诉讼，争议的股权价值已经发生了较大变化，此时允许其行使优先认缴出资的权利将导致已趋稳定的法律关系遭到破坏，并极易产生显失公平的后果。

三、再审裁判结论

（一）股东优先认缴权

2003 年 12 月 16 日科创公司作出的股东会决议，在其股东红日公司、蒋洋明确表示反对的情况下，未给予红日公司和蒋洋优先认缴出资的选择权，径行以股权多数决的方式通过了由股东以外的第三人陈木高出资 800 万元认购科创公司全部新增股份615.38万股的决议内容，侵犯了红日公司和蒋洋按照各自的出资比例优先认缴新增资本的权利，违反了上述法律规定。现行公司法第22条第1款规定："公司股东会或者股东大会、董事会的决议内容违反法律、行政法规的无效。"根据上述规定，科创公司2003年12月16日股东会议通过的由陈木高出资800万元认购科创公司新增615.38万股股份的决议内容中，涉及新增股份中14.22%和5.81%的部分因分别侵犯了蒋洋和红日公司的优先认缴权而归于无效，涉及新增股份中79.97%的部分因其他股东以同意或弃权的方式放弃行使优先认缴权而发生法律效力。四川省绵阳市中级人民法院（2006）绵民初字第2号民事判决认定决议全部有效不妥，应予纠正。

（二）增资协议效力

2003年12月18日科创公司与陈木高签订的《入股协议书》系科创公司与该公司以外的第三人签订的合同，应适用合同法的一般原则及相关法律规定认定其效力。虽然科创公司2003年12月16日作出的股东会决议部分无效，导致科创公司达成上述协议的意思存在瑕疵，但作为合同相对方的陈木高并无审查科创公司意思形成过程的义务，科创公司对外达成协议应受其表示行为的制约。上述《入股协议书》是科创公司与陈木高作出的一致意思表示，不违反国家禁止性法律规范，且陈木高按照协议约定支付了相应对价，没有证据证明双方恶意串通损害他人利益，因此该协议不存在《合同法》第52条所规定的合同无效的情形，应属有效。

（三）优先认缴权的损害赔偿和行使效力

红日公司和蒋洋在一审诉讼请求中要求科创公司承担其相应损失，但未明确请求赔偿的损失数额，也未提交证据予以证明，再审法院对此不予审理。本案再审期间，红日公司一方主张基于新增股权对科创公司进行了投入，该主张不属于本案审理范围，其对此可以另行提起诉讼。

四、案例评论

一方面，公司增资事宜是公司重大事项，须经股东会决议，因股东会决议采取资本多数决的方式，故即使少数股东反对亦不影响增资决议效力。另一方面，对于增资中的股东优先认缴权，是法律赋予股东的个人权利，使股东在公司的地位不因为外部投资人的进入而受影响。所以，本案再审判决：

第一，主张优先认缴权的股东可以以出资比例同比例认缴增资，即股东持股份额不会因为增资而被"稀释"；第二，引进外部投资人的增资协议有效。

比较再审裁判与二审裁判的区别，可以明显看出再审法院在针对公司控制权这一敏感问题上，所表现出的国家权力对公司自治的谦抑。（因为）再审裁判并未涉入增资原因和股东间对公司控制权争夺的是非实质判断，而是从商事法治的目的出发论述了限定股东优先认缴权形成权效力合理期限的必要性，从而固守于形式理性的法律论证，体现出法律推理的体系自足性。对此，再审裁判指出：现行法律并未明确规定该项权利（即股东对增资的优先认缴权）的行使期限，但从维护交易安全和稳定经济秩序的角度出发，结合商事行为的规则和特点，人民法院在处理相关案件时应限定该项权利行使的合理期间，对于超出合理期间行使优先认缴权的主张不予支持。进而，最高法院的认定结论是：增资协议，并未因为股东主张行使优先认缴权的形成权效力，而归于无效。

本案被作为最高人民法院公报案例，其裁判摘要指出增资协议效力的判决是"出于保护善意第三人和维护交易安全的考虑"，进一步明确了本案裁判对股东优先认缴权行使予以合理性限定的考量依据。不过，遗憾的是，囿于司法案例指导的个案情景性，对于一般的法政策选择而言，在公司增资所蕴含的公司发展主题下，控制权究竟应该如何分配，仍然缺乏明确指向，亟需立法完善。

【理论拓展单元】　增资协议与公司内部增资决议、股东个人优先认购权之间的效力平衡

一、实务应对的理论思考

司法实务中，因为发行新股而引发的公司增资纠纷，往往核心争议点都是股东对新增资本优先认缴的个体权利，一般纠纷会涉及三方当事人，即增资协议双方当事人，以及对新增资本主张优先认缴权的公司老股东。法律行为会涉及三个，包括：第一个法律行为是增资决议，这是公司内部决策行为，事关公司意思的形成；第二个法律行为是增资协议，这是新股认购人与公司之间签订的合同，需要双方意思表示一致；第三个法律行为是股东个人行使优先认缴权而作出的对新股优先认缴的意思表示。

实务中的疑难问题，主要是因为法律行为之间的关系而引发的行为效力认定。具体来看：

第一，是涉及公司股东个人与公司管理层对公司控制权分配问题，即对于公司已经和外部认股人签订的增资协议而言，如何赋予和判断股东个人优先认缴权的影响力问题。实务中，一旦公司原有股东对公司新增资本主张优先认缴即对新股发行作出优先认缴的意思表示时，这种股东个人的优先认缴意思表示，会对公司与第三人之间已经达成的增资协议效力产生何种影响，始终存在争议。对此，在我国的公司法立法中，2005 年《公司法》只将股东对公司新增资本的优先认缴权列为股东权利，但对优先认缴权的性质、效力均未明确规定。而在最高人民法院相关的公报案例和司法案例的裁判说理中，则体现出一定的裁判标准。

第二，涉及对公司增资事项的控制权分配问题，即究竟公司增资应该由公司法定代表人所代表的公司管理层决定，还是由作为公司权力机关的股东会决定。这是内部增资决议与外部增资协议之间关系的判断问题，即在没有股东会关于公司增资的决议或者说决议被认定为无效或部分无效的情况下，公司法定代表人与外部认股人签订的增资协议效力应该如何认定。实质上对此，公司立法并未明确规定，裁判中多援引《合同法》中的表见代理认定增资协议有效，但归根到底，裁判必然涉及对公司法原理、公司法政策的理解和判断。

总之，在法政策层面，对于股东增资优先认缴权的保护，需要平衡两方面的利益，一方面是外部投资人因为增资协议有效而取得公司股东资格，这涉及商事流转安全秩序的维护；另一方面是公司老股东持股所拥有的公司地位和控制权不会因增资而被不当"稀释"，这涉及公司内部自治的维护。对于外部增资协议效力的认定，无论是基于股东会的增资决议行为，还是基于股东个人优先认缴权的行使，实务裁判无不体现出在公司发展主题与公司自治主题之间所做的公司法政策取舍。

二、公司立法的发展趋势

有限公司增资扩股的机制较为复杂，并且公司发展的商机转瞬即逝。当公司急需资本的时候，有权作出增资扩股决议的股东会并不一定来得及反应，而负责公司经营事务的董事会又无权作出决议。公司的负责人可能会抱有

"事急从权"的想法，为及时融资而擅自增资扩股。对于这一问题，多数国家的公司立法在权衡利弊之后，选择了务实而灵活的作法，一方面实行授权资本制，由股东会将发行股份的权利授予公司董事会；另一方面可能弱化原股东的优先权，立法中允许公司章程加入适当的条款取消优先权，甚至有的国家公司法规定只有在公司章程明示的情况下，原股东才享有优先权。立法出于公司融资的紧迫性，将公司增资的控制权分配给了公司管理层。

但弱化原股东的优先权，只是公司及时抓住发展机会的权宜之计。立法需要不断适应投资市场的变化，对于众多的机构投资人而言，优先认缴权是其投资持股的重要考量因素，所以确保管理层的控制权并不一定是立法唯一的选择。2006 年《英国公司法》对公司违反优先认缴权进行民事处罚。对于违反优先认购权的行为——不管是公司完全没有给予股东优先认股权，还是没有按照《公司法》要求的方式给予优先认股权，公司以及任何明知而授权或许可违反行为的高级管理人员将承担连带责任，对原本有权受到认股要约的股东所承受的损失、损害、成本或费用支出进行赔偿。同时，对于违反优先认购权规定而已经发生的股份分配行为，《公司法》并不否定其有效性，毫无疑问，这是为了保护第三人的合法利益。[1]

【本节思考题】

1、增资方式若采取新股发行，会涉及哪些主体的利益平衡问题？

2、如何理解赋予股东个人优先认缴权的必要性？

3、你认为法律应该如何解决股东的优先认缴权行使效力与外部投资人与公司签订的增资协议效力冲突问题？

第三节　公司减资

公司减资，是指在公司存续过程中，根据公司需要，依照法定条件和程序所进行的减少公司资本的行为。公司减资的结果是，减少公司登记事项中公司资本的数额。对此，值得思考的法政策问题是，公司法既然创建以公司

---

〔1〕〔英〕保罗·戴维斯、莎拉·沃辛顿：《现代公司法原理》，罗培新等译，法律出版社 2016 年版，第 871 页。

债权人保护为目标的分配规则，为什么又要允许公司根据自身的需要来决定减少公司资本；毕竟公司资本不变和维持规则，根本目的是保护公司外部债权人的利益。所以，可以理解只有在特定情况下，公司利益保护才能取得更大的正当性。一般来说，对于经营中的公司而言，经营亏损和资本过剩，都是公司减资的当然理由。但某些情况下，减资可以作为公司豁免特定股东出资认缴义务的手段。总之，法律认可公司在某些情形下减资是合法的，但需要满足保护债权人的要求并且处理好股东的内部冲突。

一、公司减资的适用情形和减资方式

第一，当公司经营亏损时，减资有利于促使公司获得发展资金。经营失败导致公司的净资产价值（资产减去负债的余额）低于其公司资本。此时，减资是平衡新投资人和老股东利益的一种策略性选择。假定公司已经找到了一名新的投资者，后者打算向公司注入资金，以使公司可以尝试新的营运计划。但作为回报，新的投资者需要确保未来的利润能够获得及时的支付，因为毕竟经营过程中的公司资本维持限制了股利的可分配数额；而且更重要的是，新的投资者希望自己能够获得那些利润的公允份额（即不会因为现有股东份额而使自己的分红比例被"摊薄"）。为此，新投资者要求在发行新股前降低公司法定资本。总之，新的投资者既不希望他的投资被用来为公司的历史亏损买单，同时也不希望现有股东参与未来的利润分配，除非现有股东的投资在经历公司先前的经营失败后仍然留有剩余部分。此时，如果减资，通过将公司资本降至反映当前净资产价值的水平，那新投资者的这两个目标都能实现。

当公司亏损时，具体的减资方式就是通过注销已经亏损或无法反映为可用资产的已缴股本的方式来实际上降低公司资本。

【实务拓展单元】 经营失败时的公司减资操作

例如，如果所有股份均是平价发行，而且公司的净资产跌至了公司资本的一半，则将现有股东投资的价值（即公司资本）减少为原来的一半，就能达到与现有公司净资产的平衡。与减资前相比，只要按照同样的股份面值发行，一旦新投资者进行投资后，其将获得两倍数量的股份，从而有助于实现战略投资人的意图，最终有助于使公司成功融资，增加扭亏的可能。

而且对于这样的安排，债权人也没有任何特别反对的理由：因为新的投资者对公司资产任何出资都改善了现有债权人的状况，而债权人对公司资产的请求权优先于股东（无论是老股东还是新股东）。可见，经营亏损时的公司减资，只是一种形式上的减资，针对同样的投资价值，老股东的股份金额减少的同时，新投资人增加了股份数额。

第二，与第一种减资适用情形正好相反，减资的必要性是因为公司拥有的股权资本超过了实际需求，即公司资本过剩。通过公司减资，减少闲置的多余资本，对公司而言，有利于提升资本使用效率；对股东而言，公司资本的减少意味着可分配利润增加。所以，适当减资可以使公司和股东均受益。具体的减资方式是，通过清偿超过公司所需的任何已缴股本的方式来降低公司资本。

因为一旦开始减资行动，势必伴随公司财产减少，要对资产负债表作出相应调整，所以，构成实质性减资。减资当然引起债权人受偿水平降低，所以有必要引入债权人保护程序。

第三，适用于在授权资本制下，旨在免除出资义务的减资。只适用于公司发行了未全额缴付的股本时才会发生，一旦减资，那些未足额缴付股款的股东不再对公司负有缴付股款的义务。具体的减资方式是，对于尚未按其认缴出资额缴足出资的股东，通过降低或者取消其未缴纳股份数额的方式来实现公司资本的减少。

这种减资，构成公司资本的实质性减少，不但影响债权人利益还会影响到那些股款已经全额缴足的股东利益。

二、公司减资的程序

公司法规定了公司减资的一套程序，据此公司可以完成减资，而程序的设计对于那些利益受到不利影响的股东债权人则提供保护。公司减资程序的总体原则是，经过股东会特别决议和债权人保护，公司可以减资。

依据我国《公司法》和《公司登记管理条例》相关规定，公司减资应遵循以下程序：

1. 由董事会通过决议，制订公司减少注册资本的方案。

2. 编制资产负债表和财产清单。用于清理资产，明确公司的资产、负债和股东权益的现状，为减资方案的制订提供依据。

3. 召开股东会，对减资方案进行审议表决。有限责任公司减少资本的决议，须由代表公司 2/3 以上表决权的股东通过；股份有限公司减少公司资本的决议，必须经出席股东大会的股东所持表决权的 2/3 以上通过。

4. 通知和公告债权人。公司应当自作出减少注册资本决议之日起 10 日内通知债权人，并于 30 日内在报纸上公告。

5. 债权人实体权利保障。债权人自接到通知书之日起 30 日内，未接到通知书的自第一次公告之日起 45 日内，有权要求公司清偿债务或提供相应的担保。如果对于债权人在法定期限内提出的要求，公司不予满足，则不得进行减资。

6. 办理变更登记并公告。公司减少注册资本的，应该提交依法设立的验资机构的验资证明。公司减少注册资本的，应对自减少注册资本决议或者决定作出之日起 45 日内申请变更登记，并应提交公司在报纸上登载公司减少注册资本公告的有关证明和公司债务清偿或者债务担保情况的说明。公司全体股东和发起人足额缴纳出资或股款后，公司申请减少实收资本的，应当同时办理减少实收资本登记。提交依法设立的验资机构出具的验资证明；公司应当自足额缴纳出资或股款之日起 30 日内申请变更登记。未按规定办理变更登记的，由公司登记机关责令限期登记；逾期不登记的，处以 1 万元以上 10 万元以下的罚款。可以想象，公司减资可能会引起其不符合法律、行政法规规定的公司注册资本的最低限额。所以，减资还必须符合法律、行政法规对公司资本的最低限额要求。

【实务拓展单元】 未履行债权人保护程序违法减资的法律后果

案由：香通国际贸易公司与昊跃投资管理公司、徐某、毛某、接某、林某股权转让纠纷案（认缴制下上海法院审理的第一起公司债权人诉公司减资免除股东出资义务案）[1]

【基本案情】

2013 年 11 月上海昊跃投资公司注册成立，发起人为徐某、毛某，注册资本为 2 000 万元，实际出资仅 400 万元，出资期限为 2 年。后毛某将股权转让

---

[1] 上海市普陀区人民法院（2014）普民二（商）初字第 5182 号民事判决书。

给林某，林某受让股权成为新股东后与徐某一起将公司增资到 10 亿元，约定在 2024 年底前出资完毕，而实缴出资保持不变。2014 年 5 月，该投资公司购买上海香通国贸公司所持股权，股权转让价款为 7 960 万元。合同签订后，该投资公司突然减资到 400 万元，并在提交给工商登记机关的材料中隐瞒债务，完成变更登记。此时，原股东徐某将其股份转让给接某。该投资公司到期未能履行债务，债权人香通国贸公司起诉到法院，要求该投资公司以及四位新、老股东承担债务补充赔偿的连带责任。

【裁判结果】

一、被告上海昊跃投资管理有限公司应于本判决生效之日起 10 日内支付原告上海香通国际贸易有限公司股权转让款人民币 2 000 万元；

二、被告徐青松、被告林东雪对于被告上海昊跃投资管理有限公司不能清偿的股权转让款，在各自未出资的本息范围内履行出资义务，承担补充赔偿责任。

【裁判理由】

审理法院认为，一方面要尊重公司股东在《公司法》修订后采取的认缴出资方式，另一方面，对于资本认缴制下股东的出资义务，也必须结合案件的具体情况考量，以维护债权人的合法利益。对于本案而言，本院认为，被告昊跃公司的股东徐青松、林东雪应该履行其出资义务，以便能够对本案原告承担财产责任。这主要是基于以下几点理由：

首先，认缴制下公司股东的出资义务只是暂缓缴纳，而不是永久免除，在公司经营发生了重大变化时，公司包括债权人可以要求公司股东缴纳出资，以用于清偿公司债务。在注册资本认缴制下，公司股东在登记时承诺会在一定时间内缴纳注册资本（例如，在本案中被告昊跃公司的股东承诺在 10 年内缴纳），该承诺规定在公司章程中，备案在工商登记资料中，对外具有公示效力，公司股东这样的承诺，可以认为是其对社会公众包括债权人所作的一种承诺。股东作出的承诺，对股东会产生一定的约束作用，同时对于相对人（例如债权人）来说，也会产生一定的预期。但是，任何承诺、预期都是在一定条件下作出的，这样的条件有可能会产生重大变化。在条件发生重大变化、足以改变相对人（债权人）预期的时候，如果再僵化地坚持股东一直到认缴期限届满时才负有出资义务，只会让资本认缴制成为个别股东逃避法律责任的借口。就本案来说，被告昊跃公司在经营中发生了重大变化，公司对外出现了巨额的债务，仅仅就本案来说，被告昊跃公司对原告承担的债务总额就达到了 7 960 万元，这样一笔债务是依法已经到期的债务；该笔债务（7 960 万元）已经远远超过公司的实缴出资，实缴出资已经无法让公司承担债务。就本案而言，该笔债务已经是被告股东徐青松、林东雪实际缴纳资本（400 万元）的近 20 倍。

其次，让昊跃公司的股东缴纳出资以承担本案中的责任，符合平衡保护债权人和公司股东利益这样的立法目的。《公司法》中的有限责任制度，原则上要求公司股东只以出资额为限，对公司债务承担有限责任，这样的原则是为了更好地保护公司股东的利益，让股东可以安全地投入到生产经营中去。但是，公司有限责任制度，不应该成为股东逃避责任的保护伞。经过长期的司法实践和立法，法律规定在一定情形下可以"刺破法人的面纱"，否定公司法人人格，让公司股东个人承担责任。如果完全固守认缴制的股东一直要等到承诺的期限届满才负有缴纳出资的义务，则可能会让负债累累的股东悠然自得地待在公司有限责任这一保护伞之下，看着债权人急切而又无可奈何的样子暗自窃喜。当然，作为债权人来说，可以在法院判决公司承担债务之后，以公司无力清偿债务为由，要求公司进行破产清算。可是，问题是，在公司破产清算的过程中同样会面临着股东缴纳出资的期限问题。在 1 年、2 年甚至更长的认缴时间内（本案中的认缴期限为 10 年），公司股东有充分的时间来转移公司财产，制造各种难题来对抗债权人、规避债务。这种只让股东享受认缴制的利益（主要是延期缴纳出资的期限利益），而不承担相应风险和责任的结局，不符合《公司法》修订时设立资本认缴制的初衷。在公司负有巨额到期债务的情况下，公司股东采取认缴制的期限利益就失去了基础。两相比较，在审理中直接判令股东缴纳出资以清偿债务，要比事后判决股东在破产程序中缴纳出资，更加能够保护债权人的合法利益，维护市场正常经济秩序。

再次，责任财产制度也要求资本认缴制的公司股东在公司出现重大债务时缴纳出资，以用于对外承担责任。责任财产制度是民事责任中的一项重要制度，它是指任何民事主体应该以其全部财产对外承担债务。对于自然人来说，是以其个人全部财产承担全部债务，对于法人来说，是以法人的全部财产承担全部债务。责任财产制度是维持交易安全的重要保障，正因为有了责任财产制度，民事主体才可以比较放心地进行商事交易，因为他可以有合理的期待，一旦对方不履行合同或者侵犯自己权益，对方将会以其全部财产承担法律责任。我国《公司法》有关公司责任财产制度的规定在第3条的第1款，"公司以其全部财产对公司的债务承担责任"。这一条款在《公司法》修订前后是完全一样的，并没有任何改变。需要我们思考的是，在公司法进行修订、采取资本认缴制之后，应该如何来看待《公司法》的第3条第1款？在公司成立采取实缴制的情况下，对这一条款的理解，应该没有分歧。通俗地说，公司当下拥有多少财产（这样的财产包括公司股东的投入财产及公司经营增值的财产），就以多少财产承担责任。在公司成立采取认缴制的情况下，这一条款可能会有两种理解。一种理解是，以公司当下拥有的资产承担责任——也就是说以公司股东实际已经投入的资本及公司经营增值的财产承担责任。按照这一种理解，在当下就不能追究被告昊跃公司股东的个人责任。另外一种理解是，债权人不仅仅可以要求公司以现在实际拥有的全部财产承担责任，而且在公司现有财产不足以清偿债务、而公司股东承诺在将来认缴出资的情况下，还可以要求公司股东提前出资，以清偿公司债务。两相比较，后面一种理解更加符合市场中商事主体的合理期待，也更加符合保护债权人合法利益的需要。

对"公司财产"的理解，也不能仅仅限于公司现有的财产。一般情况下，公司对外享有的债权也是公司的财产或者财产利益。在公司破产过程中，公司债权同样是作为公司财产的组成部分，在执行过程中，被执行人对他人享有的债权，也可以成为执行标的。对于实行认缴制的公司来说，股东个人尚未缴纳的注册资本，与一般的债务并无根本区别，同样可以看作是公司股东对公司所负的债务。从最高人民法院有关《公司法》的司法解释来看，也可以得出公司债权人可以要求公司股东履行出资义务的结论。

【案例简析】

从本案的法律适用来看：

（类推补缺）现行《公司法》及司法解释，对于公司违背法定程序和条件减资未通知已知债权人的，具体应该如何承担责任，没有作出明确规定。但是，这并不妨碍我们根据案件的具体情形参照适用相关的法律及司法解释。我国现行法律已经对参照适用法律作出了规定。具体到本案而言，公司减资未通知已知债权人的行为，与《公司法》司法解释所规定的抽逃出资行为最为类似。最高人民法院关于《公司法》司法解释中界定的抽逃出资行为包括了"其他未经法定程序将出资抽回的行为"。公司没有按照公司法规定的条件和程序，从某种意义上说就是"未经法定程序将出资抽回的行为"，因为两者都是影响了公司对外偿债的能力，对债权人的债权带来了不能清偿的风险，同时，都是让公司及股东从各自行为中获取了利益。

最终，法院认定，昊跃公司及其股东在明知公司对外负有债务的情况下，没有按照法定的条件和程序进行减资，该减资行为无效，昊跃公司的注册资本应该恢复到减资以前的状态，即，公司注册资本仍然为 10 亿元，公司股东为徐青松和林东雪。在昊跃公司负有到期债务、公司财产不能清偿债务的情况下，昊跃公司的股东徐青松和林东雪应该承担昊跃公司尚欠的债务即如果昊跃公司不能完全清偿债务，则徐青松和林东雪应该缴纳与昊跃公司债务相当的注册资本，以清偿原告债务。同时，被告昊跃公司未履行法定程序和条件减少公司注册资本，类似于抽逃出资行为，原告作为公司债权人也可以要求徐青松和林东雪对于昊跃公司不能清偿的部分承担补充赔偿责任。被告毛晓露在本案系争股权转让协议签订之前已经退出昊跃公司，不应该对其退出之后昊跃公司的行为承担责任。由于减资行为被认定无效之后，应该恢复到减资行为以前的状态，因此被告接长建不应认定为昊跃公司的股东，接长建可以不承担昊跃公司对原告所承担的责任。

对于案例法律适用的理解：

2005 年的《公司法》立法未明确规定未按照法定程序减资的法律责任后果，认缴制的改革又进一步叠加了外部债权人保护的实务难题。从本案一审法院司法适用的裁判说理来看，既包括目的解释也有类推解释，但判决结果的合理性值得思考。在查明事实的基础上，可能的判决方式有两种，第一种是：直接认定公司减资行为无效，以此为基础判决由公司股东对公司债务承担连带责任。第二种判决方式是：在认定减资侵害特定债权人的基础上，减资受益的股东，在免除出资义务范围内对公司债权人未能受清偿部分承担减资范围内的补充赔偿责任。

比较两种判决的区别，对公司行为效力的认定，存在对世性和对人性不同。第一种判决方式的受体是公司，故可以约束公司，以及参与公司的所有股东以及所有公司债权人；第二种判决方式的受体是股东，只针对特定未受到减资程序保护的公司债权人和通过减资不当受益的特定股东。前者威慑力较强，可以解决公司减资时罔顾债权人利益保护的机会主义问题，为债权人提供更全面的保护，而且因为判决的拘束力强，也较为节省司法资源；后者是典型的司法保护一事一议的方式，公司因为判决而承担的偿债压力会较小，从而有利于公司利益。债权人利益保护和公司利益保护，二者之间需要平衡。

【理论拓展单元】　域外法：2006 年《英国公司法》 减资程序中的法院确认

根据《英国公司法》第 645（1）条，法院对经过股东会特别决议通过的减资议案的确认机制，是对债权人的唯一保护。在过去，减资程序所带来的实际压力是使公司在向法院提交确认减资的申请之前，必须偿付在减资之时未偿付的所有债权人的债权，或者为其提供担保。如果债权得到了清偿，则债权人显然没有理由反对减资；而一旦获得担保，也为其提供了有效的救济。在提交确认申请时，为了确认变动不居的债权人群体中每一位债权人具体状况的困难，公司必须安排足够数量的财产，将其存入银行或保险公司，或者由其提供保证，以此来满足所有无担保债权人的请求权。这无疑增大了减资的公司压力。

2006 年，根据欧盟《公司法第二指令》修订相关减资规定以降低对债权人的保护，英国的行政条例修订了公司法相关减资规定。重大的变化是，债权人如果想获得针对减资的反对权，必须承担举证责任，除了要证明公司存在减资情形以及债权合法之外，还要证明"减资导致公司无法履行或清偿到期债务或请求权的可能性真实存在"，这样，可以反对减资的债权人只能是其请求权面临真正的无法偿付风险的人。修订后的规定，即使没有根本消除公司偿付所有债权人请求权的压力，也可以说此种压力已大为减轻。

法院的确认程序，首先是债权申报由法院制作异议债权人名单，为此，法院需要确定申报期限。可能出现的问题是，有权反对减资的债权人并没有注意到减资诉讼而未被列入异议债权人名单，对此可以适用特别保护。如果减资后，该债权人的确未获偿付，则根据《英国公司法》第 653 条的规定，法院可以根据债权人申请命令那些未催缴的责任已经降低的公司成员，必须像该责任没有降低时那样，以足以偿付该债权人为限向公司缴付出资。

一旦异议债权人名单确定，法院所遵循的原则就是，除非所有业已确定的异议债权人都表示同意公司减资，或者其请求权已经获得了偿付或担保，否则法院不得确认该减资行为。而且，即使所有异议股东都没有异议（因为公司可以在确认庭审之前努力妥善解决相关问题），法院在是否确认减资的问题上，也仍然有自由裁量权，必须考虑到"按照其认为适合的条款和条件"来顾及债权人利益。

　　即使法院作出确认减资的命令，还可以以特别命令的方式，要求公司履行法院认为合适的债权人保护措施。如规定特别公告要求，包括要求公司在特定期间内在其名称中标注（减资）字样。另外，公司还必须向注册官提交法院命令的副本以及减资后的资本声明，注册官必须登记并予以验证。根据《英国公司法》第649（6）条的规定，该验证构成"决定性的证据"，以证明公司遵守了法定的减资要求，且其股本为资本声明中所载明的数额。

　　此外，《英国公司法》还规定无须法院确认的减资程序，但仅仅适用于封闭公司。立法目的是消除法院确认减资所带来的延误和成本。具体程序设计，通过董事作出的公司偿债能力声明来替代法院确认。当然，封闭公司仍然有权选择运用以法院为基础的程序，因为这可以使董事得以避免因偿债能力声明所引发的潜在责任。根据《英国公司法》第643（4）条的规定，如果董事在偿债能力声明中的观点缺乏合理根据，将构成犯罪行为，除非该偿债能力声明未递交注册官即减资行为还未发生效力。

【本节思考题】

1、公司减资行为涉及哪些相关主体的利益保护问题？为什么？

2、试区别认缴制下公司资本信用与公司资产信用之间的不同。

3、英国公司法规定的减资中法院确认程序，在债权人保护上起到了积极作用，如果要完成减资，公司最重要的是需要获得法院确认减资的命令，以此为据方可申请变更公司资本的登记。那么，试回答：

（1）围绕法院命令的作出，哪些主体涉入其中？又是如何涉入的？

（2）法院命令有哪些不同的方式？不同的法院命令，债权人保护的意义何在？

第六章 CHAPTER 6

公司组织形式变化的法律规制

导 论

经过一定经营期限之后所形成的公司资产，较之刚设立时由各股东投资所形成的公司资产，无论是资产形式还是营利能力，显然更成熟。于是，针对公司资产价值的投资行为，就应运而生。公司合并和公司分立都是如此，制度供给的目的在于，尊重公司自主决定选择下的资源优化配置。同时，因为从法律后果上，二者均会引发公司法人资格的变化，当然会影响参与公司的各方主体的利益。因此，法律在认可公司自主决策行为的同时，有必要引入兼顾债权人利益保护和股东利益保护的公司法规范。相应地，公司合并和分立中的公司法规范，可以分为三部分：一是公司决策类型和效力规范；二是债权人保护规范；三是中小股东保护规范。具体而言：

就公司合并而言，涉及公司债权人的公司外部法律关系和涉及中小股东的公司内部法律关系，都有着不同的公司法调整需要。一方面，公司外部法律关系中，合并前的公司财产作为偿债的基础被引入了更多的分配比例，因为此时合并前的转让方（即被合并公司）债权人因为合并的发生将与那些按比例享有更多债权的受让方（即合并公司）债权人展开竞争。所以，债权人保护是必需的。为此，各国公司法普遍规定了严格的债权人保护程序。另一方面，公司内部法律关系中，公司合并涉及合并公司和被合并公司的股权重新计算，势必会引发公司控制权的变化，影响到股东权利，所以引入中小股东利益保护，也是公司法规范公司合并行为的法政策考量。总之，在公司合并中，公司立法明确规定了：针对债权人保护的债权人知情权和实体权利，以及针对股东保护的异议股东回购请求权。

值得注意的是，公司合并中存在着独立于债权人和股东利益的公司发展利益，需要法律予以特别关注。从经济效果上看，公司合并是公司制企业自主以优化资源配置为导向的选择。因此，相应的立法选择是尊重公司发展利益，确认公司合并决议的效力，并使其不受债权人和异议股东个人意思的影响。这也成为各国公司立法的发展趋势。

就公司分立而言，通过对公司自有资产剥离而分立出两个具备独立法人资格的公司。资产的变化，势必引发对债权人的强力保护，所以各国公司法一般采取债务法定概括承继的方式进行统一事后保护。同时，由于公司分立势必引发分立前公司持股状态到分立后公司持股状态的变化，所以有必要对小股东进行保护而使其免受大股东控制，各国法律都规定了必要的退出机制。

最后，就公司组织形式变更的法律制度供给而言，第一，不同的公司组织形式可能切合公司在不同时期的发展需要。因为封闭型公司和公开型公司，从资本筹集、公司治理到外部监管，都有着根本的不同。因此，公司立法允许已经成立运营的公司直接采取变更转换的方式，而非注销后再重新设立，实际上为商事经营提供了便利。第二，从法律后果上看，对比变更前的公司和变更后的公司，资本未发生变化，也就意味着偿债基础未发生变化，从而无需引入债权人保护。与此同时，虽然不同组织形式下公司的控制权分配方式根本不同，股东利益会受到影响，但因为实质影响的是大股东的利益诉求，这在公司决议所奉行的资本多数决表决机制下已经得到了充分保护，自然就不存在单独的公司法规范供给的必要性。所以，关于公司组织形式变更的公司法规范，不存在债权人保护规范和中小股东保护规范，立法只需关注公司合并决策规范。

第一节 公司合并

公司合并，作为公司经营中经常发生的行为，有其经济合理性。一般而言，处于经营过程中的公司，会基于不同的动因或目的，主动或被动地作出合并抉择。对于被合并方而言，参与合并的动因主要有：（1）公司营业不景气，濒临破产的边缘；（2）公司设备陈旧，又无力更换，致使公司营业衰退；（3）希望找一个实力大的公司作为靠山，以减少自己的投资风险。可见合并对于被合并方常常是无奈的选择。而对于合并公司而言，其合并的动因主要有：（1）希望减少竞争对手或对抗竞争对手；（2）希望产生互相协作、取长补短的效果；（3）希望迅速发展公司的业务，扩大公司的实力。[1]

公司合并的意义，可以从市场优化资源配置的角度进行理解。公司合并，具有促进生产要素的合理流动，实现社会资源优化配置，促进产业结构、企业组织结构和产品结构调整等积极作用。不过，从市场竞争结构的角度，合并直接导致了竞争者的减少，故在影响市场竞争结构时，往往还需要接受反垄断审查。值得注意的是，无论是经营获利的短期目的，还是市场优化资源配置和市场竞争结构的长期效果，这都不是公司法政策规范公司合并时的关注要点。作为法律规范，公司法着眼于公司外部法律关系和内部法律关系的调整。

一、公司合并的形式

公司合并，是指两个或两个以上的公司依法达成合意，归并为一个公司或创设一个新的公司的法律行为。根据合并后公司主体的不同，可以分为两种形式：即吸收合并和新设合并。

吸收合并，是指两个或两个以上的公司合并后，其中有一个公司（吸收方）存续，而其他公司（被吸收方）解散，被吸收方股东成为吸收方的股东。合并后的公司仍沿用吸收公司的名称，被吸收公司的财产及债权债务都归属于吸收公司，其股东亦成为吸收公司的股东。

新设合并，又称创设合并，是指两个或两个以上的公司合并后，在合并各方均归于消灭的同时，另外创设出一个新的公司。

无论吸收合并，还是新设合并，均具有共同特征：（1）除在吸收合并中吸收公司存续外，其他公司的法人资格均归于消灭；（2）因合并而被消灭了的公司的财产及债权债务，均为存续公司或新设公司所概括承受；（3）因合并而被消灭了的公司的股东，均被存续公司或新设公司所接收。欠缺上述任一特征，都不是公司法意义上的公司合并。

在法律后果上，公司合并因为属于涉及法人资格的法律行为，故会引发相应的商事登记变化。在吸收合并时，存在被吸收方的注销登记和吸收方的

---

〔1〕　相较于被合并方而言，合并方在合并中也需要做足功课，才能实现合并的目的。如并购合同的起草、并购方的安排、并购前的尽职调查、并购后的股权结构设计等，会涉及合并公司与外部债权人以及合并公司与内部股东之间的一系列协议安排。

变更登记；在新设合并时，存在被吸收方和吸收方的注销登记，以及新设公司的设立登记。

二、公司合并的程序

为确保合并行为顺利、有效，切实保护各有关方面的合法利益，公司合并必须按照法律规定的程序进行。否则，不仅会导致合并的无效，还会产生相应的法律责任。各国公司法对公司合并程序的规定大同小异。根据我公司法规定，公司合并依以下程序进行：

1. 提出合并方案。公司合并方案由参与合并公司的董事会或执行董事提出。

2. 签订合并协议。参加合并的各方应当在平等协商的基础上，就合并的有关事项达成合并协议。合并协议的具体内容因公司类型及合并形式的差异而有所区别。对涉及股份有限公司的合并，法律不仅规定必须订立合并协议，还规定了合并协议必须记载的事项。根据我国公司合并的实践，合并协议应包括以下内容：（1）合并各方的名称、住所；合并后存续公司或新设公司的名称、住所；（2）合并各方的资产状况及处理办法；（3）合并各方的债权债务的处理办法；（4）存续公司或新设公司因合并而增资所发行的股份总数、种类和数量；（5）合并各方认为需要载明的其他事项。

3. 作出合并决议。公司合并须由股东会作出决议。在公司代表人与合并方达成协议后，要将合并协议提交股东会表决。公司合并的决议属特别决议，必须经出席股东会议的股东所持表决权的 2/3 以上通过。合并决议是合并协议生效的必备前提条件。股东中不同意合并的，有权根据异议股东股权收购请求权，请求公司按合并时的公正价格收买其持有的股份。

4. 编制资产负债表及财产清单。合并各方应编制资产负债表和财产清单，以供债权人查询。资产负债表应明确公司资产的借贷情况，财产清单应将公司所有的动产、不动产、债权、债务及其他资产分别注明。

5. 通知和公告债权人。为保护公司的债权人利益，各国公司法都在公司合并程序中规定了对债权人的保护措施，即要求在作出公司合并决议后，应及时通知和公告债权人，并明确规定在法定期限内，债权人有权对公司的合并提出异议。公司对在法定期限内提出异议的债权人，必须清偿债务或提供担保。逾期未提出异议者，则视为默认该公司合并。我国《公司法》明确规定，公司应自作出合并决议之日起 10 日内通知债权人，并于 30 日内在报纸上公告。债权人自接到通知书之日起 30 日内，未接到通知书的自公告之日起 45 日内，有权要求公司清偿债务或者提供相应的担保。

6. 进行资本的合并和财产的移转。完成了催告债权的程序后，合并的公司即可进行资本的合并及财产的移转。如果合并后的公司是股份有限公司，参加合并的非股份有限公司就要将其资本分解为股份；如果合并后的公司不是股份有限公司，参加合并的公司也要进行资产评估，确定其在合并后公司中所占的资本比例。在完成资本的融合程序后，合并后存续的公司或合并后新设的公司应召集股东会议，报告合并事宜，变更或订立公司章程。

7. 办理合并登记。在完成上述程序后，合并公司应在法定期限内，在登记主管机关办理合并登记。对此，我国《公司法》第 179 条第 1 款规定"公司合并或者分立，登记事项发生变更的，应当依法向公司登记机关办理变更登记；公司解散的，应当依法办理公司注销登记；设立新公司的，应当依法办理公司设立登记。"合并登记依合并中不同公司的生灭变化而分为三种情况：（1）因合并而存续的公司，须进行变更登记；（2）因合并而消灭的公司，须进行注销登记；（3）因合并而设立的公司，须进行设立登记。应当注意的是，公司设立须由有关政府主管部门审批的，在办理合并登记前，同样须由有关政府主管部门先行审批。办理合并登记是公司合并的最后一道程序，登记后，公司合并程序即告完成。

三、公司合并的法律效力

合法的公司合并，其法律效力主要表现在以下两个方面：

1. 合并公司的变化。合并公司的变化因合并方式的不同而有所区别，概括地说，可导致公司消灭、公司变更和公司设立三种结果。（1）公司消灭。在吸收合并的场合，被吸收合并公司的法人资格消灭；在新设合并的场合，参加合并公司的法人资格均归于消灭。（2）公司变更。在吸收合并时，存续公司的股东、资本等都发生了变化，需修改公司章程并办理变更登记。（3）公司设立。在新设合并时，因合并形成了一个新的公司，需办理设立登记。

2. 权利义务的概括承受。法人权利义务的概括承受，在性质上如向自然人的继承。存续公司和新设公司应不附任何先决条件，继续承担因合并而解散的公司经确认的债权、债务，无须就被合并公司的债权、债务为个别的让与及承受，且不得就其中权利或义务之一部分以特约除外，即使在合并中作出这种约定，亦不生法律效力更不得以此对抗第三人。为确保债权人利益不因公司合并受损，因合并而解散的公司不得隐匿债权、债务。《公司法》第174条规定："公司合并时，合并各方的债权、债务，应当由合并后存续的公司或者新设的公司承继。"

3. 异议股东保护的规范适用

（1）异议股东保护的条件。在公司合并的情形下，对公司股东（大）会决议持反对意见的股东，享有"要求公司以合理公平的价格收购自己股份"的权利。公司法以立法的形式认可了有限责任公司与股份有限公司的异议股东均享有请求公司回购其股份的权利，是对少数异议股东利益保护的一种有效机制。具体规定是，《公司法》第74条第1款对有限责任公司合并决议投反对票的股东，可以请求公司按照合理的价格收购其股权。第142条规定，股份有限公司合并，股东因对股东大会作出的公司合并决议持异议，可以要求公司收购其股份。行使异议回购请求权的股东，必须已经对股东（大）会会议决议表示明确反对。

（2）异议股东行使请求权受阻时的救济措施。对于有限责任公司的股东而言，当异议股东行使请求权受阻时，法律规定了相应的救济措施，我国《公司法》第74条第2款规定，自股东会会议通过合并决议之日起60日内，股东与公司不能达成股权收购协议的，股东可以自股东会议决议通过之日起90日内向人民法院提起诉讼。而对于股份有限公司的股东而言，因为股份有限公司的股份自由流动变现方便，所以，《公司法》并没有特别规定股份有限公司异议股东行使请求权受阻时的救济措施。

（3）行使请求权后，公司收购股份后对股份的处理。对于股份有限公司，《公司法》第142条规定，股份有限公司应在6个月内注销或者转让其收购的股份。对于有限责任公司而言，尽管《公司法》并没有明确规定，但一般应当作减资处理。

【理论拓展单元】 域外法：公司合并中的债权人保护

公司合并情形下，债权人保护的必要性，是理论研究关注的中心，通说是"债务人公司财产减少说"。该学说认为，公司合并中保护债权人的必要性在于，防止作为债权人依托的公司财产的直接或间接减少的危险。对此，公司合并因合并各方公司财产的合并、公司债权人的交叉、评估及换股比例的确定、合并交付金的支付等，都可能引起作为债权人担保的公司财产的直接或间接的计算上或实际上的减少，进而影响债权人利益。[1]

在具体制度设计中，债权人的知情权和异议权，是保障债权人利益的制度设计关键。其中，知情权是债权人利益保障的前提，异议权是债权人利益保障的举措。

第一，就债权人知情权而言，在公司合并中，债权人享有知悉权，有权了解合并之事实，有权了解自己在合并中享有异议权。至于对债权人利益保护的法律后果，主要是告知所生效力：一方面，对于债权人而言，收到告知后，若未在规定期限行使对公司合并的异议，则不得要求公司处理债务或提供保护；另一方面，对公司而言，公司未履行该告知的义务，债权人不丧失对合并的异议权，即使超过期限，也有权要求公司清偿债务或提供担保。而且，针对公司不履行通知、公告义务的法律后果，我国《公司法》第204条第1款还进一步规定了行政责任："公司在合并、分立、减少注册资本或者进行清算时，不依照本法规定通知或者公告债权人的，由公司登记机关责令改正，对公司处以1万元以上10万元以下的罚款。"

第二，就债权人异议权而言，即债权人是否能介入合并程序，这可能造成公司合并成本的扩大。对此，各国公司立法规定并不相同。

首先，在利益受到损害时，债权人可否向人民法院提起无效之诉，以对抗公司合并效力？对此，各国或地区立法有所不同。有的公司立法，赋予债权人对抗力，如日本商法规定对损害债权人、股东的合并，可事后宣告其无效，同时规定了提起确认无效之诉的期限在合并后6个月内；有的公司立法，则未赋予债权人对抗力，如我国台湾地区的"企业并购法"第23条第2款规定：公司不为前项之通知及公告，或对于在其指定期间内对提出异议之债权人不为清偿、不成立专以清偿债务为目的之信托或经公司证明无碍于债权人之权利者，不得以其合并对抗债权人。对比不同的立法模式，台湾地区立法的特点是，用债权人的权利救济取代了合并无效的宣告，即合并并不因为未履行债权人保护而当然无效。所以，就公司合并中的两个基本价值，即合并效率与债权人保护，二者需要立法作出利益平衡的取舍。不同的立法模式，

---

[1] 陈丽洁：《公司合并法律问题研究》，法律出版社2001年版，第84页。

体现出价值优位的不同选择。

其次，债权人的异议权，是否一并适用于消灭公司和存续公司的债权人。对此，我国现行立法并未作出明文规定，而各国立法也不尽相同。大陆法系国家的公司立法分为两种模式：一是债权人保护程序只适用于消灭公司，德国采用之。1993 年修订的《德国股份公司法》第 347 条规定："被合并公司的债权人提出清偿要求时，只要他们未能得到补偿，就应对他们提供保证金。而存续公司的债权人只有在表明合并对满足他们的要求产生危害时，才享有上述权利，在登记公告中应向债权人指明这一权利。"二是债权人保护程序既适用于消灭公司也适用于存续公司，以意大利、法国为代表。如《法国商事公司法》第 381 条规定："参与合并的公司的非公司债债权人，而且其债权是在合并草案公告之前发生的，可以在法令规定的期限内就合并草案提出异议。"

两种模式的区别，在于立法在债权人保护和公司合并效率两个价值间，作出了不同的选择。后一种法国模式的合理性在于：有利于对地位平等、合并中受影响相似的公司债权人提供平等保护；体现了合并中债权人保护的合理、科学的理论基础——债务人公司财产减少说，反映了合并中双方公司债权人均受影响的现实。不过，这种做法局限性也较为明显：因为扩大了债权人保护的范围，所以可能不利于简化合并程序，从而影响合并的效率。

【理论拓展思考题】

1. 公司合并，为什么需要进行债权人保护？

2. 为了保护债权人，公司合并中分别赋予了债权人哪些权利？

3. 试评价各项权利的合理性及其局限。

【实务拓展单元】 公司合并法律实务 [1]

法律实务的需要，是站在公司利益最大化的角度，由专业法律人士对公司合并事宜所做的专业服务。从流程角度看，公司合并是指一家或多家公司（以下称为被合并公司）将其全部资产和负债转让给另一家现存或新设公司

---

〔1〕 参见雷霆：《公司并购重组原理、实务及疑难问题诠释》，中国法制出版社 2016 年版，第 2~42 页。

（以下称为合并公司），被合并公司股东换取合并公司的股权或非股权支付，实现两个或两个以上公司的依法合并。

在实务中，有必要区别公司合并与公司资产并购，二者相同的地方在于交易的对象都是目标公司而不是目标公司的股东，并且都希望获取目标公司的资产。（这也是合并和资产并购与股权转让的显著区别，所以，公司合并可以被视为对公司资产价值的投资。）二者之间也存在明显的不同，如资产并购可以适用于并非全部收购目标公司的资产的情形，但公司合并只能是收购目标公司的全部资产。

具体的实务环节是：

第一，就合并实施而言，采取何种方式兼并被合并企业，是实务中首先需要重点考虑的。具体的兼并方式可以根据被兼并企业的具体情况来选择相应的，具体有购买式兼并、承担债务式兼并、吸收股份式兼并等。

一是，购买式兼并。所谓购买式兼并，即兼并方出资购买目标企业的资产。这种形式一般是以现金购买为条件，将目标企业的整体产权买断。这种购买只计算目标企业的整体资产价值，依其价值而确定购买价格。兼并方不与被兼并方协商债务如何处理。企业在完成兼并的同时，对其债务进行清偿。购买式兼并，可使目标企业丧失经济主体资格。兼并企业的购买价格，实际上是被兼并企业偿还债务以后的出价。因此，兼并企业即使承担目标企业的债务，目标企业的资产仍大于债务，而使兼并企业获得实际利益。

二是，承担债务式兼并。所谓承担债务式兼并，即在目标企业资产与债务等价的情况下，兼并方以承担目标企业的债务为条件接受其资产。作为被兼并企业，所有资产整体归入兼并企业，法人主体消失，丧失经济主体资格。按照权利义务对等原则，兼并企业没有理由取得被兼并企业的财产而拒绝承担其债务。这种兼并的特点是，兼并企业将被兼并企业的债务及整体产权一并吸收，以承担被兼并企业的债务来实现兼并。兼并行为的交易不是以价格为标准，而是以债务和整体产权价值之比而定。通常目标企业都还具有潜力或还有可利用的资源。

三是，吸收股份式兼并。所谓吸收股份式兼并，即将被兼并企业的净资产作为股金投入兼并方，而其成为兼并企业的一个股东。吸收股份式的企业兼并，使被兼并企业的整体财产并入兼并企业，被兼并企业作为经济实体已不复存在。吸收股份式一般发生在被兼并企业资产大于负债的情况下。此时，被兼并企业所有者与兼并企业共同作为股东，分享合并后企业的经营成长。在市场经济比较完善的国家，这种兼并形式为数甚多，其中包括资产入股式、股票交换式等。

总之，不同于行政指令性的企业合并，公司法上的企业合并是具有法人资格的经济组织，通过以现金方式购买被兼并企业或以承担被兼并企业的全部债权债务等为前提，取得被兼并企业全部产权，剥夺被兼并企业的法人资格。

第二，公司合并实务中，合并的实施以协议为基础，合并协议的起草是关键，其中需要精确判断合并各方利益多寡，这是顺利达成协议的基础。公司法上企业合并是优化资源配置的产物，是两个或两个以上的企业，通过自主建立契约关系而进行的合并，合并各方旨在实现生产要素的优化组合。主要涉及股权比例确定和或然负债处理，具体的法律实务要点有：

一是，存续公司或新设公司注册资本、股权比例的确定。无论是内资企业还是外商投资企业，我国的法律环境都不允许合并后公司注册资本高于合并前公司的注册资本之和，但也并未禁止内资企业可以小于合并前各公司的注册资本之和。

如果属于同一控制下的公司吸收合并时，一般情况下都按照合并各方的净资产的账面价值进行作价，并且一般情况下参与合并的各公司的股东及股东持股比例在合并后的公司的持股比例将按照享有净资产的账面价值加总后计算。如果属于非同一控制下的公司合并，由于参与合并各方的股东不尽相同，并且参与合并的各公司的资产状况、财务状况等也不相同。所以，不能简单按照参与各方账面净资产的价值来确定各股东在合并后公司的股权比例。在实务中，应当对参与各方资产和负债进行评估，在评估结果的基础上，由合并方协商确定参与各方的各自拥有的权益额以及股权比例。

二是，合并基准日、交割日的确定。同时满足下列条件，通常可认为实现了控制权的转移：（1）公司合并合同或协议已获股东大会等通过。（2）公司合并事项需要经过国家有关主管部门审批的，已获得批准。（3）参与合并各方已办理了必要的财产权转移手续。（4）合并方或购买方已支付了合并价款的大部分（一般应超过50%），并且有能力、有计划支付剩余款项。（5）合并方或购买方实际上已经控制了被合并方或被购买方的财务和经营政策，并享有相应的利益、承担相应的风险。至于交割日，实务中一般确定为合并公司办理完毕工商变更登记之日。

三是，过渡期/监管期损益归属的确定。在实务中关于过渡期/监管期损益的归属通常有如下三种：一是监管期为合并基准日次日至交割日。监管期间内，被合并公司在监管期内产生的损益归属于合并公司；二是监管期间内，被合并公司在监管期间内产生的损益归属被合并公司；三是监管期间内，被合并公司在监管期间内产生的收益归属于合并公司，亏损归属于被合并公司。

四是，合并中或然负债的处理。首先，是或然负债赔偿责任人的确定。通常采取两个步骤来进行确定：第一步：如果合并协议中约定由各股东对或然负债的担保条款，则可以依据担保法的规定，明确股东作为赔偿责任人，受偿人为合并后存续的公司或新设公司或者是遭受损失的股东。第二步：（1）在吸收合并下，如果或然负债是由于原合并方的原因而发生，由合并后存续公司承担赔偿责任，受偿人为被合并方的股东；如果或然负债是由于原被合并方的原因而发生，但原被合并方已经解散注销，应当由合并存续公司承担赔偿责任，受偿人为原合并方的股东；（2）在新设合并下，如果或然负债是由被合并一方造成的，则赔偿人为新设公司，受偿人为该被合并一方原股东之外的其他股东。其次，是或然负债赔偿金额的确定。通常的计算公式选择是，公式一：赔偿金额=或然负债×（受偿人在合并后公司的股权比例÷赔偿人原股东在合并后公司的股权比例）；公式二：赔偿金额=或然负债×受偿人在合并后公司的股权比例。

第二节　公司分立

公司分立的主要目的，是为了调整公司的业务经营并进行组织再造。首先，公司分立，有利于实现公司经营的专门化并提升公司经营效率。当一家公司形成相当规模时，其经营业务的多元化和组织结构的多极化，必然要求实现公司经营管理的专门化和效率化。公司将部分营业分离出去，以派生分立的方式设立新的公司，即可达到以上目的。其次，公司分立，可作为回避反垄断法管制的手段。当某一公司处于高度垄断地位时，为回应反垄断法的管制，相关主管机关可责令该公司分立为数家互不持股的独立公司，公司自身也可主动采取分立措施。例如，我国先后对电信企业进行多次分拆行为，即为公司分立行为。最后，公司分立，也是一种解决公司僵局的手段。例如，若公司不同股东之间形成严重分歧，且不同股东所持股权比例较为接近，则将其分立为不同公司，亦可作为解决公司僵局的一种方式。

公司分立，又称公司分割，是指一个公司依照法律规定和合同约定分立为两个或两个以上公司的行为。1966 年《法国商事公司法》首创了公司分立制度，其后为大陆法系国家立法所采纳。尤其是 1982 年《欧共体第六号公司法指令》要求各成员国建立公司分立制度后，其他欧共体国家相继建立了公司分立制度。在英美法系则未明确公司分立制度，美国公司实务中可以利用公司法上有关资产转让以及有关税法规定达到类似于公司分立的目的；英国公司法则采取更为灵活的债务清偿安排制度规范公司的合并和分立。我国 1993 年《公司法》即对公司分立制度作了明确规定，2005 年《公司法》规定亦同。

一、公司分立的形式

公司分立有新设分立和派生分立两种形式。新设分立，是指一个公司将其全部资产分割设立两个或两个以上公司的行为。原公司法人资格因此消灭，并须办理注销登记手续，新设立公司须符合公司法规定的设立条件，并办理设立登记。派生分立，是指一个公司以其部分资产设立另一个公司的法律行为。原公司继续存在，但在股东人数、资本数额及产生规模等方面都发生了变化，应依法办理变更登记；派生的公司则应办理设立登记。

除了《公司法》规定了公司分立形式之外，规范性文件还明确了公司分立结果。具体来说，在 2001 年 11 月原对外经贸部与国家工商总局联合下发的《关于外商投资企业合并与分立的规定》中对公司分立行为所采用的公司分立方式有所规定，其中指出公司分立可以采取存续分立和解散分立两种分立方式。而且在该规定中，还规定公司分立后的公司股权比例由各方投资者在公司分立后的公司合同与公司章程中进行确定。[1]根据该规定，公司分立会影响股东利益，在公司分立之后，分立后公司股权应当由原公司投资方所持有，而不是由存续公司所持有。与之相似的规定还有，对于公司分立后的股权与财产归属问题，国家税务总局在相关文件中明确指出，企业的分立对象包括将其企业的部分或者全部营业进行分割，进而将其转到现存或者新设

---

〔1〕《关于外商投资企业合并与分立的规定》（1999 年发布，2001 年修订）。

的企业中，其目的是给本企业的股东换取股权或是财产。[1]总之，规范性文件都强调分立之后由分立前公司的股东直接取得分立企业的股权或者其他财产。作为分立的结果是，股东在分立存续公司中所持有的股权和分立后新设公司所持有的股权，都可能有所变化。

二、公司分立的程序

公司分立也必须按照法律规定的程序进行。根据我国公司法的规定，公司分立应依下列程序进行：

1. 提出分立方案。公司分立方案由公司的董事会或执行董事提出。

2. 订立分立协议。我国《公司法》规定了公司合并应当由合并各方签订合并协议，但未规定公司分立时应订立分立协议。实践中，无论是新设分立还是派生分立，在分立之初均需由分立各方签订分立协议。新设分立协议通常被称为分立计划书；派生分立协议通常被称为分立契约，统称为分立协议。

3. 作出分立决议。公司分立须由股东会作出决议。在董事会作出公司分立决议并订立分立协议后，应将其提交股东会表决。公司分立的决议属特别决议，必须经出席股东会议的股东所持表决权的 2/3 以上通过。分立决议是分立协议生效的必备条件。股东中不同意分立的，有权根据异议股东股权收购请求权，请求公司按分立时的公正价格收购其持有的股份。

4. 编制资产负债表及财产清单。公司分立，应当编制资产负债表及财产清单。资产负债表应明确公司资产的借贷情况，财产清单应将公司所有的动产、不动产、债权、债务及其他资产分别注明。

5. 通知和公告债权人。为保护公司的债权人利益，各国公司法都规定，公司在作出公司分立决议后，应及时通知和公告债权人。我国《公司法》也明确规定，公司应当自作出分立决议之日起 10 日内通知债权人，并于 30 日内在报纸上公告。与公司合并不同，我国《公司法》未规定公司分立时债权人事前特别保护程序。也就是说，债权人无权对公司分立提出异议，也不能要求公司清偿债务或提供担保。实际上，各国公司法也大多未规定公司分立时债权人的事前特别保护程序，而主要是通过事后保护机制来实现对债权人的保护。

6. 进行资本的分离和财产的移转。完成了通知和公告债权人的程序后，

---

〔1〕《关于企业合并分立业务有关所得税问题的通知》（2000 年发布，国税发［2000］119 号）。

分立的公司即可进行资本的分离及财产的移转。在完成资本的分离与移转程序后，分立后存续的公司及新设的公司应召集股东会议，报告分立事宜，变更或订立公司章程。

7. 办理分立登记。在完成上述程序后，分立公司应在法定期限内，在登记主管机关办理分立登记。分立登记依分立中不同公司的生灭变化而分为三种情况：（1）因分立而存续的公司，须进行变更登记；（2）因分立而消灭的公司，须进行注销登记；（3）因分立而设立的公司，须进行设立登记。应当注意的是，公司设立须由有关政府主管部门审批的，在办理分立登记前，同样须由有关政府主管部门先行审批。办理分立登记是公司分立的最后一道程序。登记后，公司分立程序即告完成。

三、公司分立的法律效力

合法的公司分立，其法律效力主要表现在以下两个方面：

第一，分立公司的变化。分立公司的变化因分立方式的不同而有所区别，概括地说，可导致公司消灭、公司变更和公司设立三种结果。（1）公司消灭。在新设分立的场合，被分立公司的法人资格消灭。（2）公司变更。在派生分立时，存续公司的股东、资本等都发生了变化，需修改公司章程并办理变更登记。（3）公司设立。在新设分立及派生分立时，均形成了新的分立后的公司，需办理设立登记。

第二，分立后的公司对分立前的债务承担连带责任。设置债权人的事后保护机制，我国《公司法》第176条规定"公司分立前的债务由分立后的公司承担连带责任。但是，公司在分立前与债权人就债务清偿达成的书面协议另有约定的除外。"依此，我国《公司法》采取的是分立后的公司对分立前的债务承担连带责任的债权人保护机制。虽然原则上分立后的公司应对分立前的公司债务承担连带责任，但"公司在分立前与债权人就债务清偿达成的书面协议另有约定的除外"。

从形式上看，公司分立与营业转让具有相似性，均表现为原公司将部分资产分离出去，但由于行为对多方利益的影响有本质区别，所以两者存在根本不同。

首先，二者对股东权益的影响不同。在公司分立中，原公司不因分立而获得对价，也不拥有新设公司的股权，因而其资产总额减少，公司资产负债表中的所有者权益（包括股本）也因此减少；在资产转让中，转让方可以因转让资产而获得相应对价，因而其资产总额不变，所有者权益（包括股本）也不因此减少。

其次，二者对股东地位影响不同。因为分立公司的变化，所以公司分立直接影响股东地位。在派生分立形式中，原公司的股东所持有的原公司股权减少，相应地获得分立出来的公司的股权；在新设分立形式中，原公司的股东对原公司的股权因原公司的消灭而消灭，相应地获得分立出来的公司的股权。而在资产转让中，因原公司的股权结构与资产并未改变，故不影响原公司的股东地位。

最后，二者法律性质不同。公司分立的本质是公司人格的变化；而资产转让的本质则为买卖合同。所以，相应地二者对债权人的保护机制不同。在公司分立中为最大限度地保护债权人利益，规定了债务的概括继受，即原则上分立后的公司对分立前的债务承担连带责任。

【实务拓展单元】

专题一：公司分立与异议股东权利保护

案由：唐某诉长运运输公司股权回购纠纷案[1]

【一审诉讼】

原告唐某认为，长运公司设立长渡公司并将其74辆出租车的经营权与所有权转入长渡公司的行为，构成公司分立，而由于股东会决议时自己投了反对票，故应享有要求公司以合理价格回购股权的权利。遂向法院起诉，诉请判令被告长运公司按照合理的价格收购其股权。

一审法院裁判认定不构成公司分立行为，判决驳回原告诉讼请求。审理法院认为：设立全资子公司属于投资新设公司不属于公司分立行为；且74辆出租车的转让约占公司财产1/4，也未构成转让公司主要财产。

---

〔1〕　浙江省杭州市中级人民法院（2011）浙杭商终字第743号民事判决书。

【二审诉讼】

唐某不服提起上诉,上诉理由认为一审法院认定事实有误;[1]适用法律有误。[2]被上诉人长运公司答辩称:长运公司的行为属于公司调整发展战略经营行为,且股东权益并无变化。

二审法院裁判认定不构成公司分立,判决维持原判。二审法院认为:设立全资长渡公司不属于公司分立;转入长渡公司的资产仅占长运公司资产的1/4,不能认定为转让公司主要财产。

【再审诉讼】

唐某仍不服二审判决,申请再审。

再审法院判决公司分立行为不成立,驳回再审申请。就公司分立的认定,再审法院进行了明确裁判说理,认为:设立全资子公司的行为属于公司正常的投资经营行为,并未改变股东股份的数额和份额以及导致公司资产的减损,没有对投反对票股东的股东权益构成实质性的侵害。将74辆出租车的所有权与经营权过户给长渡公司,属于转让公司财产的行为,但该部分资产约占长运公司资产的1/4,不属于转让主要财产的行为。

【案例简析】公司分立裁判标准之"股权标准"

一审、二审和再审法院均认定案例事实不构成公司分立行为,认为公司设立全资子公司属于合法的投资行为未侵犯股东权利,因此未支持唐某请求公司收购其股权的诉请。从再审裁判说理中可以明确看出,再审法院在认定公司分立行为时采取"股权"的标准。三级法院一致认为设立全资子公司属于投资行为,设立全资子公司只是资产形式发生了变化,总量不变,由经营性资产转为股权性投资。故公司原股东权利并未受到影响。由此,唐某不享有请求股权回购的权利。

可见,公司分立中,当股东就个体回购请求权提起保护之诉时,司法实

---

[1] 将长运公司的客运出租业务从原有的经营项目当中进行剥离,已经达到公司分立的最终结果。

[2] 认定实际上长运公司的行为性质是设立子公司的法律行为。设立子公司本身与公司分立的法律概念之间并不存在矛盾,公司的派生分立并不排斥公司设立子公司,两者可以兼容。

务适用"股权标准",只要经审理判断股东股权价值并未因为公司决策而遭受减损,即股东的股权利益并未因为公司决策而受到实质影响,裁判认定结论就必然是不构成公司分立。从而,司法裁判为公司决策划定了一条不受股东个体干预的"红线",不支持股东异议回购请求权在事实上就降低了公司正常经营的决策成本。

实务中,有必要区别公司投资行为与公司分立行为的不同。公司在进行投资行为时,变化的仅仅是公司的财产形态,即由资产变化为股权形态;而公司各股东持股情况的内部股权结构,并不会因为投资行为而发生变化。但公司分立中,公司财产因分割而减少,财产发生变化后股权也随之发生变化。因此,在公司投资的情形下,公司资产形态发生了变化而股权结构并未变化;而在公司分立的情形中公司股权会与公司资本发生关系,分立前的公司股权会随着分立中公司资本的变化而发生相应的变化。

一旦构成公司分立,那公司资本总量的变化,势必造成原公司股东权益的变化。为了保证公司控制权的稳定性,一般情况,可以采用减少一定比例的股份或是减少股份的价格来降低公司资本。[1]其中,按一定比例减少股份只会造成股东持股数额发生变化,实际上在这种情形之下各股东所持有股份比例保持不变。而降低股份的价格,同样不会影响股东所持股份比例,即股东持股比例仍然保持不变。总之,股东的总数不变且以其按一定比例减少股份或者降低股份价格,是持股比例保持不发生变化的重要因素。但这也并不意味着股东持股结构一定不受影响,因为公司分立涉及股东个体权利的保护,如果在分立公司过程中出现了公司回购异议股东的股份,那基于股东人数的减少,也会引起持股比例的相应变化。

总之,将股权作为界定公司分立的标准,其优点在于能较为准确区分公司分立行为与公司投资行为。投资行为虽然在表面形式上造成了财产的剥离但是实际上由出资财产转化为了股权,也就是说其资产实际上未产生减少;而公司分立行为则一定会造成公司财产的剥离表象即资产的减少。总之,公司分立与公司投资行为之间,存在根本重大区别:在公司分立行为中原公司资本数量必然会造成减少,而注册资本的减少也正反映着公司分立行为的实施;在公司投资行为中则并未造成公司资产的减少,只是资产形态发生了变化。

---

〔1〕 沈贵明:《股东资格研究》,北京大学出版社 2011 年版,第 245 页。

专题二：公司分立与债权人保护

案由：GL 公司与航运集团借款合同纠纷案[1]

【裁判要旨】

企业法人的所有财产是其进行经营活动和对外偿还所有债务的物质基础和一般担保，企业改制不能侵害债权人就企业法人所有财产平等受偿的权利，债权人对于改制企业向新设公司转移债务不予认可的，有权根据企业法人财产的流向要求新设公司在接收改制企业财产的范围内对改制企业的债务与改制企业承担连带清偿责任。

【一审诉讼】

因航运集团未偿还 GL 公司到期债务。[2]GL 公司遂起诉至法院要求判令被告航运集团及其分立的新海航运公司，对该笔债务承担连带责任。

一审法院裁判认定构成公司分立，判决支持原告诉求由被告对债务承担连带责任。一审法院认为：航运集团改制组建新海航运公司，构成公司分立行为。

【二审诉讼】

一审被告新海航公司不服提起上诉，上诉理由：工商档案记载，新航海公司属于独立法人并非企业分立；本案涉及债务并未转入新海航运公司〔依据《最高人民法院关于审理与企业改制相关民事纠纷案件若干问题的规定》（以下简称《企业改制规定》）第6条〕。[3]被上诉人 GL 公司答辩称：新海

---

〔1〕 最高人民法院（2011）民四终字第21号民事判决书。

〔2〕 工商银行与航运集团签订了8 350 000美元的外汇借款合同。工商银行依约履行了放款义务。之后工商银行将上述债权转让给中国东方资产管理公司大连办事处。中国东方资产管理公司大连办事处又将上述债权转让给 GL 公司。新海航运公司前身为大连港务公司，后被注销后整体并入航运集团，成为航运集团港务分公司。之后，航运集团分立设立了新海航运公司。

〔3〕 管理局下发《批复》，将大连港务公司并入航运集团，并规定以其经资产评估后的净资产508.11万元中的120万元出资，与航运集团此次分立改制的净资产相关的债权债务由新海航公司承继。该批复的内容，新海航运公司实际上接收了与净资产相关的债务，未将航运集团原有的债务转入新海航运公司。

航运公司对新设航运集团财产的承接表明其从航运集团划转而来。

二审法院裁判认定不构成公司分立，判决改制企业在其接受资产的出资范围内承担连带责任。二审法院认为：关于新海航运公司是否应当对航运集团改制前的债务承担连带责任的问题，关键在于如何认定航运集团与新海航运公司之间的关系。从本案涉及的大连市交通口岸管理局的有关批文以及新海航运公司的设立情况看，新海航运公司是航运集团在国有企业改制过程中成立的新公司。原大连港务公司被吸收合并入航运集团后，其债权债务由航运集团承继，大连港务公司的财产成为航运集团的企业法人财产。其后，航运集团设立新海航运公司，设立方式是以航运集团的部分财产和债务相抵后的净资产进行出资，与他人组建设立新海航运公司。航运集团以其中价值人民币 120 万元的净资产在新海航运公司中占有 20% 的出资比例，门洪升等 37 名自然人以及大连华信信托投资股份有限公司合计占有 80% 的出资比例。由此可见，新海航运公司的设立符合《企业改制规定》第 6 条规定的"企业以其部分财产和相应债务与他人组建新公司"的情形，但并非因航运集团分立而成立的新公司。公司分立，无论是新设分立还是派生分立，均是公司对自身财产作相应的分割，并没有公司外部的其他股东参与投资，而新海航运公司的设立却有其他股东的共同出资，故不符合公司分立的特征。原审法院认定新海航运公司系航运集团分立设立的公司，并依据《企业改制规定》第 12 条关于企业分立改制的规定认定新海航运公司的责任，系适用法律不当，应予纠正。

本案航运集团以其部分财产和相应债务与他人组建新公司，属于企业公司制改造的情形。《企业改制规定》第 6 条规定："企业以其部分财产和相应债务与他人组建新公司，对所转移的债务债权人认可的，由新组建的公司承担民事责任；对所转移的债务未通知债权人或者虽通知债权人，而债权人不予认可的，由原企业承担民事责任。原企业无力偿还债务，债权人就此向新设公司主张债权的，新设公司在所接收的财产范围内与原企业承担连带民事责任。"该条体现了企业法人财产原则，即企业法人的所有财产是其进行经营活动和对外偿还所有债务的物质基础和一般担保，企业改制不能侵害债权人就企业法人所有财产平等受偿的权利，债权人对于改制企业向新设公司转移债务不予认可的，有权根据企业法人财产的流向要求新设公司在接收改制企业财产的范围内对改制企业的债务与改制企业承担连带清偿责任。

根据大连市交通口岸管理局批复的规定，航运集团向新海航运公司出资人民币 120 万元，取得新海航运公司的 20% 股权；门洪升等 37 名自然人以现金置换航运集团人民币 388.11 万元资产。作为对新海航运公司的出资，航运集团上述资产分别属出资和出售行为，取得了相应的对价，其法人财产总额没有减少。航运集团向新海航运公司转移的资产总额为人民币 9 458.24 万元，扣除上述构成新海航运公司注册资本的人民币 508.11 万元（120 万 + 388.11 万 = 508.11 万），再扣除用以支付按政策规定应当抵扣的改制企业人员安置费人民币 70.94 万元及改制成本费人民币 4 万元，剩余人民币 8 875.19 万元的资产（9 458.24 万 - 508.11 万 - 70.94 万 - 4 万 = 8 875.19 万）系新海航运公司无偿从航运集团接收的资产，不属于航运集团的投资行为，其结果是造成航运集团企业法人财产总额减少，直接影响到航运集团债权人权利的实现。

尽管大连市交通口岸管理局批复同时规定，与航运集团改制的净资产相关的人民币 8 875.19 万元债务随改制财产转移由新海航运公司承担，但是对于改制企业的债务转移以及承担所作的安排并未经得本案原债权人工商银行的同意。因此，航运集团与新海航运公司之间关于部分财产和等额债务相抵的约定，对本案债权人 GL 公司不发生法律效力。在债权人 GL 公司根据企业法人财产原则向新海航运公司主张债权的情况下，新海航运公司应当在所接收的航运集团人民币 8 875.19 万元的财产范围内对航运集团的债务承担连带清偿责任。即不论大连市交通口岸管理局批复规定航运集团债务是否转移由新海航运公司承担，新海航运公司用以清偿航运集团各项债务的总额，不得超出其接收的人民币 8 875.19 万元财产的范围。

【案例简析】公司分立标准之"财产剥离标准"

对同一事实，两级法院作出了不同的定性结论，遂作出不同判决。一审法院认定构成公司分立行为，分立后的企业应对分立前的企业债务承担连带责任。二审法院则认为不构成公司分立行为，但判决改制企业应就其企业改制中接受原公司的财产范围内承担连带责任。分立行为与改制行为，性质不同。二者都涉及新设公司，但分立行为，是分立前的公司对自身资产的分割，不涉及其他主体；而改制行为，除了分立前的公司之外，还引入了其他投资主体。因为，改制行为使得改制前公司的资产减少，影响到债权人受偿。所以，二审法院最终判决，对于未经债权人同意的企业改制，改制后的企业应在其受让财产范围内对改制前企业的债务承担连带责任。

实务中，针对债权人连带清偿责任之诉，司法裁判适用"财产剥离标准"界定是否构成公司分立行为，只要成立公司财产剥离即认定构成公司分立，从而有力保护债权的实现。财产的剥离标准的表现形式，易被法官识别，出于维护债权人利益的目的，实务中也经常被采用。

不过，财产剥离标准不利于将公司分立行为与公司投资相区别。其原因在于，公司分立行为与公司投资行为均可以表现为财产剥离现象。在界定公司分立行为时，法官通常会提及财产这一考量因素。公司分立的显然标志之一则是公司财产的分离，因此，法官在界定公司分立时首要考量标准则是公司财产的剥离。不过，公司实施了财产剥离行为，但不能一概将其定性为由分立后的公司对债权人承担连带清偿责任，因为要充分考虑到企业改制的情形，严格界定因改制而减少的财产范围，从而确定连带责任承担的财产基础。若对投资行为也不加以区别，就会将偿债基础不恰当地延伸到只是转换了资产形式但资产价值并未发生变化的公司财产上。为此，二审指出，作为改制前企业投资改制企业所形成的股权和其他自然人股东投资改制企业所形成的股权（以及改制的必要费用等）不应列入偿债基础。

【案例思考题】

1. 判断公司分立，有几种标准？
2. 你觉得哪一种标准更好？请说明理由。

【理论拓展单元】　公司分立的制度体系化

就公司分立制度运行法律实施效果而言，需要引入主体利益保护的视角[1]，以形成良性的公司分立制度，有效的公司分立利益相关方衡平机制。在法政策考量上，要兼顾公司发展利益和相关方保护。具体来说：一方面公司分立，有利于公司自身经营发展，提升经营效率；另一方面，为杜绝公司分立行为沦为大股东逃避债务、截取公司利益、侵害少数股东和债权人利益的合法外衣，有必要对债权人利益和异议的少数股东利益进行特别保护。

---

〔1〕　由于中小股东受资本多数决的制约，当其无法反对公司分立之决议时，也当然属于利益相关者，需要得到相应的保护。

具体的司法适用，需要透过公司行为的表象抓住公司分立的实质，维护相关利害关系人的利益。单单凭借公司财产的剥离或是新设公司进行公司登记等行为表象，去界定是否构成公司分立行为，这是不可取的。认定构成公司分立的关键，需要对个案中的各方主体利益进行平衡。相关方利益平衡，是公司分立制度体系化的基础。

1. 债权人利益保护

经济现实中，公司为提升经营效率，往往剥离出优质资产而保留全部债务，让新设公司无需承担任何债务；或者，存续公司与新设公司虽然也对债务加以剥离，但是债务与财产转移，二者在比例上不相对应。这些单方面免除或减少新设公司债务责任的安排，都会对债权人权益的造成严重威胁或侵害。同时，在公司分立的情形之下，债权人作为公司外部人处于被动地位，其权利只能依赖于法律制度的保护。

从立法来看，公司的分立行为表现为公司财产发生剥离，为了保障债权人利益，有必要对因公司分立行为而产生的剥离的财产仍纳入债权人债权一般担保的范围。为此，各国法律不约而同地都一定程度的强行规定"分立后各公司需对原公司的债务承担连带责任"。法律这样的规定，使得分立后各公司的债务清偿能力之和与分立前公司的债务清偿能力保持一致，最终实现保障债权人利益的目的。公司分立中规定债权人事后保护机制，是各国公司法的立法潮流。

（1）积极司法。司法裁判中，法院必须结合个案事实辨明财产剥离的具体结果，判断债权人权益是否因公司行为而受到损害。在查明受到损害的情形之下，方可适用财产剥离标准认定构成公司分立行为，从而支持债权人的保护诉求；在查明未受到损害的情形之下，方可采用工商登记标准认定不构成公司分立行为，而是构成设立新公司的投资行为，从而不支持债权人的保护诉求；在企业改制行为中，则需要根据改制后新设企业的投资状况，判断改制前企业的财产是的确发生了无偿剥离而非以股权为对价的投资，这种情况下势必损害到改制前企业的债权人利益，从而需要对债权人进行特别保护。

（2）完善立法。我国司法实务中，区别投资行为、分立行为和改制行为的做法，能更准确地识别出公司分立行为，这有必要成为立法中的细化标准。事实上，德国立法就采取了细化模式，将分立方式规定为"物的分立"与

"人的分立"两种。其中"物的分立",可以称之为子公司分立[1];"人的分立"可以称之为部分分立[2]。对债权人的保护,正是根据"物的分立"与"人的分立"的不同,进一步细化其责任清偿主体及责任清偿的范围。

我国公司立法极有必要明确公司分立的构成要件,有必要借鉴德国立法,引入"物的分立"和"人的分立"的规定。针对"物的分立"即子公司分立可以要求公司分立后的继受公司以其接受的财产范围为限,对债权人承担连带清偿责任;而针对"人的分立"即部分分立时则须规定强制其分立后的公司对债权人债务承担连带清偿责任。

除了事后保护之外,公司分立程序中还规定了事前对于债权人的通知及公告程序。一方面,关于通知公告的内容,我国《公司法》未明确规定。而由工商总局颁布的《关于做好公司合并分立登记支持企业兼并重组的意见》附件1中,对公司分立行为进行登记时所必须提交的材料进行了规范。[3]明确通知和公告内容中的注册资本变化,使债权人明晰注册资本的变化,有利于判断分立是否是对企业自身财产的分割。另外,联系方式在公告中并非法定必要公告内容。但为了更有效保护债权人权利,使债权实现有明确的可主张对象,有必要在公告中强制分立公司提供联系方式以有助于债权的实现。

2. 小股东保护

退出机制,是各国公司分立制度中为保护小股东使其在公司实施分立行为时免受侵害的一种保护措施。对于股东来说,在公司分立制度中赋予其退出权,是对投资效率自由选择权的认可。退出权的具体含义,是指在进行公司经营决策或是对公司进行合理投资时,如果超出自己所能承受的风险范围则可以行使退出权进而降低自己的风险承担。[4]在资本多数表决原则的公司决策制度下,针对大股东利用表决权优势通过的分立方案,设置退出权制度的安排,有利于从根本上保护小股东利益。

退出机制,符合私法意义上的私法自治原则,保障了主体在商事投资领

---

[1] 子公司分立是指分立公司将一部分财产或事业让新设公司继受,继受公司将对价支付给分立公司。

[2] 部分分立是指企业将其中一部分财产或者事业让新设公司或其他既存公司继受,继受公司将对价支付给分立公司股东,分立公司继续存在。

[3] 其中要求分立公告应当包括:分立各方的名称,分立形式,分立前后各公司的注册资本和实收资本。

[4] 赵旭东:"公司法修改中的小股东权益保护",载《月旦民商法研究》2006年第11期。

域的投资与退出自由，具有显著的合理性。[1] 股份回购请求权[2] 的行使其本质要求，在公司内部发生了基础性变更行为且需要得到全体股东的一致同意，从这样的概念中可知这项古老规则其条件过于严苛，显然与效率原则相违背，同时也不利于合并与分立行为的实施。在追求效率的当今社会，便在该项权利之下演变成了股份回购请求权制度。[3] 所谓的股份回购请求权，其本质属于纠偏制度即对抗资本多数表决权制度的问题。股份回购请求权制度可以选择通过退出机制来免受其大股东的不正当控制，最终以保护小股东合法权利。该制度的确立更有效地保障了我国公司分立过程中股东权利的实现。

退出权的制度设计，彰显了平衡个体股东利益诉求的公平正义价值，为小股东退出公司提供了正当渠道。对此，我国《公司法》在2005年中进行修订时正式引进了该项制度，[4] 并且在我国两类公司形态中即有限责任公司及股份有限公司中均赋予了股东回购请求权，明确规定对公司分立决议投反对票的异议股东，可以向公司提出回购请求。从而，为小股东退出公司提供了法律依据。

我国《公司法》中所规定的退出机制，是概括式的退出机制，即只要构成公司分立，异议股东便享有请求公司回购其股权的权利。这样的退出机制一定程度上，虽然有利于保护异议股东的权利；但不区分分立方式的不同，而一律赋予异议股东享有请求公司回购其股权的权利，却可能有碍公司自身发展，特别是在母子公司的分立行为中。

相比之下，《日本商法典》和《日本公司法》的公司分立制度的设计，

---

〔1〕 参见乔宝杰、王兵："论有限责任公司异议股东股份回购请求权之情势"，载《法律适用》2011年第10期。对于该制度的理论基础还有"期待落空说""衡平说""团体的可分解说""经济分析法学说""剩余财产分配说""不公正行为救济说"和"悔改机会说"等。

〔2〕 源自于19世纪美国法上的古老规则。

〔3〕 刘连煜：《公司法理论与判决研究（四）》，台湾元照出版公司2006年版，第216~217页。

〔4〕 2013年《公司法》第74条规定：公司分立的，对股东会该项决议投反对票的股东可以请求公司按照合理的价格收购其股权。自股东会会议决议通过之日起60日内，股东与公司不能达成股权收购协议的，股东可自股东会会议决议通过之日起90日内向人民法院提起诉讼。对于股份有限公司分立时的异议股东，2013年《公司法》第142条规定：公司不得收购本公司股份。但是股东因对股东大会作出的公司分立决议持异议，要求公司收购其股份的除外。公司因该原因收购本公司股份的，应当在6个月内转让或者注销。

进一步明确公司分立制度中的一般公司分立与略式公司分立[1]。区别不同类型的分立方式进行区别性地对待，而未一律赋予异议股东享有请求公司回购其股权的权利。略式分立中，因母公司作为大股东持股达 90% 以上，子公司对分立决议的表决无实际意义，且不赋予子公司异议回购请求权。这种制度的设计，有利于适应日本公司分立、增强市场经济活力的经济宏观发展需要。

第三节　公司组织形式的变更[2]

一、公司组织形式变更概述

公司组织形式变更，是指依照公司法之规定，在不改变公司法人资格的前提下，将公司从一种法定形态变更为另一种法定形态的行为。对此，各国公司法都作了明确规定。

公司的不同组织形式具有不同的优缺点，也具有各自不同的针对性与适应性。各国公司法都允许投资者基于其自身情况选择最符合其自身利益的公司组织形式。这种选择，既可能产生于事实上的缺陷，在公司运营期间发现选择错误；也可能在公司设立之后，因公司资本结构、规模及业务范围等发生变化，原本合适的组织形式已不符合实际需要。例如，股份有限公司经股份转让，股份集中于少数几个股东手中，为满足股东保守公司经营秘密的需要，就有必要放弃需承担更高信息披露义务的股份有限公司这一组织形式。若有限责任公司经不断吸收投资者，使股东发展到数十人之多，为提高公司经营决策的效力，实现股权自由转让，就有必要将其转换为股份有限公司，从而消除其较为浓厚的人合公司色彩。在此情形下，当然就应当依照现实情况与需要，对公司组织形式作必要的调整。因此，各国公司法都规定，公司可以不经解散原来的公司，而在不中断其营业及法人人格的情况下，通过法定程序而达到变更公司组织形式的目的。我国公司法也确认了该制度。

虽然公司组织形式的变更维持了其法律人格的同一性，但由于不同组织

---

〔1〕 略式分立指，母子公司之间的吸收分立（以子公司为继受公司），在母公司持有子公司表决权数量达到 90% 以上时，子公司对于吸收分立的表决就成了一种形式，因此作为例外，可以省去股东大会决议。从而，也就无需适用异议股东回购请求权。参见日本《公司法》第 796 第 1 款。

〔2〕 范健、王建文：《公司法》，法律出版社 2012 年版，第 447~449 页。

形式的公司具有不同的设立要求与条件，因此，必然造成公司章程、注册资本、公司名称、内部组织机构甚至股东责任等方面的相应变更，从而使其内容具有复合性。此外，各国公司法大多都将公司组织形式的变更限于公司法所确认的形态，因而其他的法定或非法定的公司类型之间的转换均不属于此类。

二、公司组织形式的立法例

总体而言，各国及地区公司法对公司组织形式变更的规定可分为限制主义与非限制主义两种。

（一）限制主义立法例

依限制主义立法例，公司组织形式的变更限于性质类似的公司之间。申言之，仅资合公司之间以及人合公司之间才能实现组织形式的变更，而不能在资合公司与人合公司之间实现变更。法律之所以作此限制，是因为资合公司与人合公司在资本结构、股东责任、组织机构等方面差异巨大，存在法律人格基础上的异质性，其相互之间转换时很难维持法律人格的同一性。目前，日本、韩国及我国台湾地区均采限制主义立法例。例如，《韩国商法典》第286条、第604条第1款、第607条第1款就无限公司与两合公司之间的相互转换以及有限责任公司与股份有限公司之间的相互转换作了明确规定。我国台湾地区现行"公司法"第76条、第126条及第106条分别规定了无限公司与两合公司之间的变更以及有限责任公司得变更为股份有限公司。显然，较为特殊的是，我国台湾地区未确认股份有限公司得变更为有限责任公司。

（二）非限制主义立法例

依非限制主义立法例，基于公司自由原则，公司有权、自由决定其组织形式的变更，而不将其变更权限于资合公司内部及人合公司内部。目前，德国、法国、葡萄牙、西班牙及我国澳门地区均采此立法例。例如，依《德国公司改组法》第191条第1款之规定，形式转换适用于人合贸易公司、自由职业合伙公司、人合公司、资合公司、注册合作社、有权利能力的社团、互助保险协会以及公法上之法人团体和机构；但民法上的合伙不在此列。《澳门商法典》第307条第1款规定"任何公司在设立及登记后，得采用另一公司种类，但法律禁止者除外。"该条第3款还明确规定："公司组织之变更不导致该公司之解散。"

（三）我国现行立法

我国旧《公司法》未就公司组织形式变更作明确规定，仅第 98 条、99 条、100 条对此有所涉及。依其规定，我国仅允许有限责任公司变更为股份有限公司，而未规定股份有限公司变更为有限责任公司，因而应认为法律仅确认了前者而未确认后者。如前所述，我国台湾地区亦未确认股份有限公司得变更为有限责任公司。但我国台湾地区在 1966 年引进公司变更制度时，原本规定了有限责任公司与股份有限公司之间的相互变更。由于我国台湾地区家族式小企业数量众多，为鼓励企业大众化和大规模经营，并配合限制有限责任公司陡立之立法宗旨，后来才在修订"公司法"时，废除了股份有限公司得变更为有限责任公司的规定。就我国而言，大多数股份有限公司设立时，之所以选择该组织形式，是因为股份有限公司可以公开发行股份，更为重要的是，可以实现日后上市融资的目的。如果股份有限公司成立后，难以实现上市目标，而股东之间具有相当的信任基础，股份有限公司复杂的运营要求成为一种经营负担，则应允许股东将其变更为更具灵活性与封闭性的有限责任公司。因此，即便我国《公司法》仍不确立无限公司与两合公司的组织形式，也应当确认股份有限与有限责任公司之间的变更。对此，2005 年《公司法》第 9 条分两款明确规定了股份有限与有限责任公司之间可以相互变更"有限责任公司变更为股份有限公司，应当符合本法规定的股份有限公司的条件。股份有限公司变更为有限责任公司，应当符合本法规定的有限责任公司的条件。有限责任公司变更为股份有限公司的，或者股份有限公司变更为有限责任公司的，公司变更前的债权、债务由变更后的公司承继。"

三、公司组织形式变更的要件与程序

公司法就不同类型的公司规定了不同的设立条件。因此，公司成立后要实现法律允许的不同类型之间的转换，首先必须符合新的公司组织形式所要求的法定条件。如果欠缺该要件，同样会导致公司设立瑕疵问题，因而可能使新变更的公司无效或被撤销。不过，虽然各国公司法大多对此未予明确规定，但理论界及判例一般认为，与公司设立的无效或被撤销不同，公司组织形式变更的无效或被撤销，并不导致解散和清算，而是复归为公司变更前的公司形式。我国《公司法》第 95 条规定："有限责任公司变更为股份有限公司时，折合的实收股本总额不得高于公司净资产额。有限责任公司变更为股

份有限公司，为增加资本公开发行股份时，应当依法办理。"

各国公司法关于公司组织形式变更差异较大，程序也不一致。在此，我们就我国《公司法》所确认的有限责任公司变更为股份有限公司的程序加以介绍。依我国《公司法》及相关法规之规定，变更设立股份有限公司的重要程序包括：（1）有限责任公司股东会作出同意变更公司组织形式的决议；（2）有限责任公司的股东签订的股东协议书上约定有关设立股份有限公司的事项及股东的权利义务等；（3）股份有限公司名称预先核准；（4）聘请中介机构，包括审计（评估）机构、律师事务所、券商等；（5）中介机构出具《审计报告》，如包含国有股还须出具《国有股权管理法律意见书》等；（6）如包含国有股，上报固有股权管理方案并取得批复意见；（7）律师事务所出具设立股份有限公司的《法律意见书》；（8）审计机构出具股份有限公司的《验资报告》；（9）筹备并召开股份有限公司第一次股东大会；（10）办理工商注册登记手续。

实际上，这些程序基本上就是股份有限公司的一般设立程序与此相适应，股份有限公司变更为有限责任公司的程序，也是在股份有限公司股东大会作出同意变更公司组织形式的决议后，按照有限责任公司的一般设立程序办理即可。

【本章思考题】

1. 公司合并的意义是什么？
2. 公司分立的作用是什么？
3. 公司为什么需要变更组织形式？
4. 试述公司合并、分立的公司法规范特点。
5. 公司合并中为什么需要保护债权人？试述保护债权人的方式有哪些？
6. 公司分立中为什么需要保护小股东？试述小股东的保护标准是什么？

第七章 CHAPTER 7

公司解散和清算的法律规制

导 论

法律有必要引入一种程序以终结法人的生命，如在股东无意继续运作公司时。公司解散和公司清算，都可以视作法律规定要终结法人生命所必经的程序。公司解散，即是有权作出解散决定的主体所作出的公司停止营业的意思表示。对解散事由的法律规定，实质上在回应公司自治和国家干预之间的界限问题。所谓自愿解散，意味着法律认为公司解散属于公司自治范畴；而所谓行政强制解散，意味着公司的法律调整认为公司经营未遵守基本的市场经济法制规范。在2005年的《公司法》修改中，进一步规定了司法解散，针对公司自治所产生的公司内部管理僵局以及内部控制权滥权行为，可以通过单个股东诉求司法解散的方式为国家介入公司内部事务提供干预渠道。这对于维护公司治理和中小股东利益，有积极意义。因此，在我国现有的公司法制框架下，可以解散公司的原因包括公司机关的行为、单个股东的起诉行为（当然需要法院作出解散判决才有效）、国家市场主管机关的行为。有权主体的解散决定，都成为人为终止公司"生命"的手段。

公司清算，是解散决定作出之后的必经程序。一旦做出解散公司停止营业的决定后，公司不可能马上退出市场，因为还有大量的公司文件清查、财产清理和法律事项的善后等。从而，需要通过清算程序处理好相关方的法律关系。只有清算完成后，才能最终注销法人资格。所以，清算程序的制度目的，是为了确保公司在其终止存续之前（尽自己所能）清偿全部未履行完毕的债务，并将剩余财产按照股东应得份额比例向其分配。法律规定，公司进入清算阶段，股东的利益劣后于债权人利益。

在法政策层面，清算程序中，尤其关注的是债权人利益和股东利益平衡问题。因为以公司解散为时间点所确定的公司财产是既定的，所以债权人分配和股东分配之间，势必存在冲突。考虑到各方冲突利益的平衡，清算更宜由独立的第三方来开展工作。在公司股东或董事自行清算的场合，债权人利益保护有着更直接的现实需求。所以，引入债权人利益诉求，以制衡股东自我利益至上的公司财产控制行为，成为各国清算制度设计的重点考量因素。

第一节　公司解散

一、公司解散的概念

公司解散，是指已成立的公司，因发生法律或章程规定的解散事由而停止对外营业活动的法律事实。一旦出现公司解散的法律事实，就会引起清算法律关系的发生，公司开始处理未了结的事务，并逐步终止其法人资格。公司除因合并、分立导致的解散外，必须伴随着公司财产与债权债务清算的终止而丧失其法人资格。所以，公司解散、清算和公司法人资格注销，是三个关联的过程，公司发生解散后，必须进入清产还债、分配剩余财产的清算阶段；清算结束后，再向登记机关申请公司注销登记。

公司解散，归根到底就是公司停止对外营业活动的决定。根据法律规定的决定权主体的不同，可以分为自愿解散和强制解散两种。所谓自愿解散，就是由公司做出解散决定，既可以是因为章程所规定的解散事由出现，也可以是在公司经营过程中由股东（大）会通过生效的解散决议。所谓强制解散，就是由国家权力机关决定解散公司，既包括因违法由监管或主管机关所作出的吊销营业执照的行政决定，也包括法院依法作出的司法解散判决。

二、公司解散的原因

公司解散因其原因或条件不同，可分为任意解散和强制解散。但公司破产一般不被作为公司解散事由，而作为与公司解散相并列的另一种公司终止的原因。我国《公司法》第180～183条对公司解散的原因作了明确规定，其中包括了自愿解散与强制解散，但未将公司破产纳入其中。

（一）自愿解散

自愿解散，又称任意解散，是指基于公司章程的规定或股东会决议而解散公司。自愿解散是基于公司自身的意思而发生，属于自愿行为，而非法律的强制。其事由包括以下三个方面：

1. 公司章程规定的公司存续期间届满或章程规定的其他解散事由出现。尽管现代各国公司法大多放弃了公司存续期间的限制性做法，但西方一些国家（如法国、意大利、比利时、卢森堡）的公司法仍然或明确规定公司存续的最高期限，或要求公司章程对其作出规定。在这些国家中，存续期限届满而又未申请延长的，公司即应解散，因而存续期限届满是公司解散最常见的事由。

我国公司法未对公司营业期限作出规定，在公司章程中，公司的营业期限也属任意记载事项，但凡在章程中约定有营业期限的，营业期限届满，公司即可解散。在中外合营企业法规中，根据合营企业的不同情况，对合营企业的合营期限作出了不同的规定，即有的行业的合营企业应该约定合营期限；有的行业的合营企业可以约定合营期限，也可以不约定合营期限。约定合营期限的合营企业，合营各方同意延长合营期限的，应在合营期满 6 个月前向审批机关提出延长合营期限的申请。合营合方约定了合营期限，期限届满前又未提出延长申请的，合营期限届满则公司自应解散。

不过，基于企业维持原则，各国公司法均允许公司通过修改章程而使公司存续。我国《公司法》第 181 条也明确规定，公司章程规定的公司存续期间届满或章程规定的其他解散事由出现时，公司可以通过修改公司章程而存续；该修改章程的表决，有限责任公司须经持有 2/3 以上表决权的股东通过，股份有限公司须经出席股东大会会议的股东所持表决权的 2/3 以上通过。

2. 股东会或者股东大会决议解散。股东会或者股东大会有权通过决议解散公司。只要解散公司的动议在股东会或股东大会上能以法定多数通过，公司即可解散。股份有限公司及有限责任公司的解散，一般须以特别决议作出。

3. 公司因合并或分立而解散。公司吸收合并会导致被吸收方解散，公司新设合并则导致合并各方均归解散。公司新设分立导致原公司解散，公司派生分立则不存在公司解散问题。无论因合并还是分立导致公司解散，都不必履行清算程序。公司合并或分立所导致的解散，属于合并或分立的法定结果，从形式上看，似应将其归入强制解散之中，但其本质上属于公司以股东会或股东大会决议的方式而实施合并或分立的结果，故仍应属于自愿解散。

（二）强制解散

强制解散，又称非自愿解散，是指非因公司自身、意思，而是因主管机关决定或法院判决而解散公司。其事由包括以下两个方面：

1. 行政解散。公司成立后，在进行生产经营活动的过程中，如违反国家法律、法规，实施危害社会公共利益的行为，登记主管机关有权命令其解散，吊销其营业执照。

我国《公司法》第198条分别规定了公司被撤销登记和被吊销营业执照的情形。《公司登记管理条例》在此基础上还补充规定了多种违反公司登记规定得被吊销营业执照的事由。依此，可导致公司被行政解散的违法行为主要有：（1）办理公司登记时虚报注册资本，提交虚假证明文件或者采取其他欺诈手段，情节严重的，撤销公司登记，吊销营业执照；（2）公司成立后无正当理由超过6个月未开业的，或者开业后自行停业连续6个月以上的，由公司登记机关吊销营业执照；（3）公司登记事项发生变更时，未依法办理有关变更登记，其中，变更经营范围涉及法律、行政法规或者国务院决定规定须经批准的项目而未取得批准，擅自从事相关经营活动，情节严重的，吊销营业执照；（4）不按照规定接受年度检验，逾期仍不接受年度检验，以及年度检验中隐瞒真实情况、弄虚作假，情节严重的，吊销营业执照；（5）伪造、涂改、出租、出借、转让营业执照，情节严重的，吊销营业执照；（6）承担资产评估、验资或者验证的机构提供虚假材料的，可以由有关主管部门依法责令该机构停业、吊销直接责任人员的资格证书，吊销营业执照；（7）承担资产评估、验资或者验证的机构因过失提供有重大遗漏的报告的，情节较重的，可以由有关主管部门依法责令该机构停业、吊销直接责任人员的资格证书，吊销营业执照；（8）利用公司名义从事危害国家安全、社会公共利益的严重违法行为的，吊销营业执照。

此外，行政吊销不同于行政撤销。就行政撤销而言，凡经主管机关批准从事特定行业的公司，当其经营许可被撤销时，公司登记机关要撤销其登记，令其解散。对其中不具备公司条件的，应依法撤销公司登记，取消其法人资格和经营资格。

2. 司法解散。当公司因股东矛盾陷入僵局，公司董事的行为危及公司存亡，或公司业务遇到显著困难，公司的财产有遭受重大损失之虞时，持有一定比例的出资额或股份的股东，有权请求法院解散公司。法院经审理，可判决公司解散。此即判决解散。

在我国，所谓司法解散都特指判决解散。为避免少数股东滥用此项权利，有些同家和地区的公司法不仅规定了提出解散请求的股东必须在公司资本中占有一定的份额，还规定了持股的持续时间以及原告败诉时的损害赔偿责任。在《日本商法典》及我国台湾地区的"公司法"中，均有类似的规定。

我国2005年《公司法》第183条对司法解散作了明确规定，即"公司经营管理发生严重困难，继续存续会使股东利益受到重大损失，通过其他途径不能解决的，持有公司全部股东表决权10%以上的股东，可以请求人民法院解散公司。"该规定正式确立了我国的司法解散制度。最高人民法院发布的司法解释，则进一步完善了司法解散的制度内容。根据2014年2月20日最高人民法院发布的《关于修改关于适用〈中华人民共和国公司法〉若干问题的规定的决定》修正的第1条第1款规定，单独或者合计持有公司全部股东表决权10%以上的股东，以下列事由之一提起解散公司诉讼，并符合公司法182条规定的，人民法院应予受理：

（1）公司持续2年以上无法召开股东会（泛称，含股东大会，下同），公司经营管理发生严重困难的。股东会乃公司最高权力机关与意思机关，是公司治理结构中确保公司形成独立意思的核心要素。股东意志必须通过股东会才能形成公司意志，而股东权利也必须通过股东会才能有效行使，因而股东会的正常运转是公司正常运转的基本前提。如果公司持续无法召开股东会，则意味着股东会已陷入严重僵局，其基本功能已无法发挥，从而也就丧失了维持公司法律人格的基本依据。当然，这种无法召开股东会的僵局必须持续存在一定时间，否则将与企业维持原则相悖。因此，司法解释规定，无法召开股东会的僵局必须持续2年以上，且公司经营管理发生了严重困难，才能提起解散公司诉讼。应当注意的是，此处所谓"无法召开股东会或者股东大会"是指无法实现依法召开股东会或者股东大会的目的，而非未召开股东会或股东大会。也就是说，必须是依法召集但经努力未能实际召开，或虽召开但未能达到召开股东会的最低要求，才能被视为无法召开。

（2）股东表决时无法达到法定或者公司章程规定的比例，持续2年以上不能作出有效的股东会决议，公司经营管理发生严重困难的。股东会作为会议体机构，其职能的发挥既有赖于会议的召开，更有赖于有效决议的作出。股东会作出决议必须达到法定或章程规定的最低表决权数，因而实践中出现公司僵局时，股东会虽经依法召开，但往往无法作出有效决议。如果股东会持续无法作出有效决议，将与股东会无法召开一样，使股东会的功能丧失。因此，司法解释作了本项规定。应当注意的是，必须是虽经表决但不能作出有效决议，而非未予表决从而未作出有效决议。此外，除了符合这一条件外，同样需要公司经营管理发生严重困难，否则仍不能构成提起司法解散的事由。

（3）公司董事长期冲突，且无法通过股东会解决，公司经营管理发生严重困难的。在公司治理结构中，董事会作为意思执行机关与日常经营管理决策机关，其有效运转对公司与股东利益的维护极为重要。若公司董事长期冲突，且无法通过股东会改选董事的方式解决董事之间的冲突，无疑将使公司的利益受到损害。因此，司法解释将本项内容规定为提起解散公司诉讼的事由。应当注意的是，与前两项事由不同，司法解释关于本项事由的规定未要求无法召开或作出有效董事会决议。这主要是因为董事会的运转方式并不限于召开会议并作出决议，董事长及董事可以通过自行行使职权的方式来从事经营管理活动。不过，仅仅董事之间长期存在冲突且还不足以构成提起解散公司的事白，该冲突还必须因股东会层面的僵局而无法通过选举新的董事的方式解决，且公司经营管理发生了严重困难。

（4）经营管理发生其他严重困难，公司继续存续会使股东利益受到重大损失的情形。本项规定作为兜底性规定，其内涵需要根据个案具体解释。

为了防止股东滥用司法解散诉权，《公司法司法解释二》第1条第2款明确规定"股东以知情权、利润分配请求权等权益受到损害，或者公司亏损、财产不足以偿还全部债务，以及公司被吊销企业法人营业执照未进行清算等为由，提起解散公司诉讼的，人民法院不予受理。"

司法解释之所以规定这些事实不得作为解散公司事由的原因，不尽相同。"股东知情权、利润分配请求权等权益受到损害"，《公司法》已明确规定了相应的救济途径，应当通过提起相应的诉讼来解决，故不能作为公司解散事由。"而"公司亏损、财产不足以偿还全部债务"，虽意味着公司经营出现了严重困难，但因为司法解散主要作为解决经营管理困难的救济手段，所以纯粹的经营困难可以通过各种途径解决，如清算程序甚至依赖破产制度来解决这一问题，故亦不能作为公司解散事由。另外，"公司被吊销企业法人营业执照或被撤销登记"的解散属于行政解散，应直接进入清算程序，而无须再提起司法解散诉讼。

三、公司解散的法律后果

公司解散的决定一经生效后，即产生以下法律后果：

第一，进入清算程序，成立清算组织。成立清算组织后，公司原来的代表及业务执行机关即丧失权利，由清算组取而代之，清算组代表公司为一切行为。公司，由此成为清算中的公司，此时，董事会不再是主导公司行为的意思机关，取而代之的清算组，取得了公司及其业务的控制权和管理权。

第二，限制权利能力，停止营业活动。公司宣告解散后，其权利能力即受到法律的特别限制，这种限制系特指解散公司的权利能力，仅局限于清算范围内，除为实现清算目的，由清算组代表公司处理未了结业务外，公司不得开展新的经营活动。此时，一方面，公司丧失积极的营业行为能力；另一方面，因为进入消极的清产还债为中心的清算程序，所以公司的法人资格即民事主体的权利能力，仍然存在。对此，《公司法》第186条第3款明确规定："清算期间，公司存续，但不得开展与清算无关的经营活动。公司财产在未依照前款规定清偿前，不得分配给股东。"

四、司法解散之诉

《公司法司法解释二》对公司解散诉讼中的相关问题作了具体规定，主要内容有：

第一，公司解散诉讼的管辖和案件受理费。《公司法司法解释二》第24条第1款规定："解散公司诉讼案件和公司清算案件由公司住所地人民法院管辖。公司住所地是指公司主要办事机构所在地。公司办事机构所在地不明确的，由其注册地人民法院管辖。"同条第2款规定："基层人民法院管辖县、县级市或者区的公司登记机关核准登记公司的解散诉讼案件和公司清算案件；中级人民法院管辖地区、地级市以上的公司登记机关核准登记公司的解散诉讼案件和公司清算案件。"该规定既解决了公司解散诉讼的专属管辖问题，又解决了级别管辖问题。

第二，公司解散诉讼的当事人。《公司法司法解释二》第4条分3款规定："股东提起解散公司诉讼应当以公司为被告。原告以其他股东为被告一并提起诉讼的，人民法院应当告知原告将其他股东变更为第三人；原告坚持不予变更的，人民法院应当驳回原告对其他股东的起诉。原告提起解散公司诉讼应当告知其他股东,或者由人民法院通知其参加诉讼。其他股东或者有关利害关系人申请以共同原告或者第三人身份参加诉讼的,人民法院应予准许。"依此,在公司解散诉讼中,被告只能为公司,其他股东不能被列为被告,但可以被列为第三人,其他股东或者有关利害关系人可以申请以共同原告或者第三人身份参加诉讼。

第三,公司解散诉讼中当事人清算请求的处理。公司解散必然伴随着公司清算,但若公司解散诉讼中原告败诉,则公司不能进入解散程序,当然更不能进入清算程序。因此,在公司被法院裁判解散之前,法院不能进入公司清算程序。基于此,《公司法司法解释二》第2条规定:"股东提起解散公司诉讼,同时又申请人民法院对公司进行清算的,人民法院对其提出的清算申请不予受理。人民法院可以告知原告,在人民法院判决解散公司后,依据公司法第184条和本规定第7条的规定,自行组织清算或者另行申请人民法院对公司进行清算。"

第四,公司解散诉讼中当事人财产保全或证据保全请求的处理。在提起公司解散诉讼之前,公司一般早已陷入僵局,并可能对公司财产造成损害,尤其是对原告股东等股东利益造成损害,因此为防止公司财产被实际控制人进一步减损,有必要确立财产保全制度。此外,在公司解散诉讼中,公司法规定了举证责任倒置制度,原告股东应承担举证责任。因此,为防止公司或实际控制人毁灭证据,也有必要赋予原告股东请求证据保全的权利。基于此,《公司法司法解释二》第3条规定:"股东提起解散公司诉讼时,向人民法院申请财产保全或者证据保全的,在股东提供担保且不影响公司正常经营的情形下,人民法院可予以保全。"

第五,公司解散诉讼中调解方式的运用。基于企业维持的原则,法律应尽可能维持公司的存续,使其避免在不必要情况下被解散。但在公司已经陷入僵局的情况下,也充分考虑原告股东以解散公司的方式谋求退出公司的合理性。因此,在我国公司解散诉讼实践中,应贯彻我国民事诉讼法所一贯强调的调解原则,积极进行调解。对此,《公司法司法解释二》第5条第1款规定:"人民法院审理解散公司诉讼案件,应当注重调解。当事人协商同意由公司或者股东收购股份,或者以减资等方式使公司存续,且不违反法律、行政法规强制性规定的,人民法院应予支持。当事人不能协商一致使公司存续的,人民法院应当及时判决。"该条第2款规定:"经人民法院调解公司收购原告股份的，公司应当自调解书生效之日起 6 个月内将股份转让或者注销。股份转让或者注销之前，原告不得以公司收购其股份为由对抗公司债权人。"

第六，公司解散判决的法律效力。人民法院关于解散公司诉讼作出的判决，对公司全体股东具有法律约束力。人民法院判决驳回解散公司诉讼请求后，提起该诉讼的股东或者其他股东以同一事实和理由再次提起解散公司诉讼的，人民法院不予受理。

【实务拓展单元】　司法解散中的公司僵局认定

案由：林方清诉常熟市凯莱实业有限公司公司解散纠纷案（最高人民法院第八号指导案例）[1]

【基本案情】

刘小河、常大树出资成立富裕实业有限公司，股东刘小河占股份35%，股东常大树占股份65%。刘小河认为富裕实业有限公司符合司法解散条件，向安徽省合肥市中级人民法院提起诉讼，被告富裕公司、第三人常大树反对该请求。一审法院对刘小河的诉讼请求，不予支持，为此，刘小河向安徽省高级人民法院提起上诉，二审法院作出改判决定，支持解散公司。

【当事人诉辩】

一审原告刘小河诉称：作为执行董事兼总经理，常大树实际把控公司的财务及经营权，股东刘小河与常大树之间有矛盾，造成富裕公司股东会 2008 年以后再也无法正常召开，股东会不能决议。股东会无法履行职能，公司决策机构无法形成有效决议，内部运行机制失灵，已经陷入公司僵局。通过其他途径无法解决公司目前困境。故依法有权提起解散公司的诉讼。一审被告富裕公司、第三人常大树辩称：应予驳回该诉讼请求，公司目前尚未发生严重困难，经营情况良好，股东间的分歧，可以通过收购股权、加强股东沟通来解决，不需要诉诸解散公司这一法律手段。上诉人（原审原告）刘小河诉

---

〔1〕　最高人民法院指导性第 8 号指导案例——林方清诉常熟市凯莱实业有限公司公司解散纠纷一案，江苏省高级人民法院（2010）苏商终字第 0043 号，源自裁判文书网。为避免机检的过高重复率，将林方清改为刘小河，将戴小明改为常大树，将凯莱公司改为富裕公司。

称富裕公司已经符合经营管理发生严重困难情形，继续存续会侵害其权益，通过其他途径不能解决公司目前僵局。被上诉富裕公司（原审被告）、被上诉人常大树（原审第三人）辩称公司经营情况良好，继续存续不会损害股东利益，股东间矛盾可以通过其他方式解决，不符合解散条件。[1]

诉讼双方针对董事会不能召开的事实，主张不同的理由进而主张对事实应进行不同的法律定性。原告方刘小河诉称事实是：作为执行董事兼总经理，常大树实际把控公司的财务及经营权，股东刘小河与常大树之间有矛盾，造成富裕公司股东会 2008 年以后再也无法正常召开，股东会不能决议。股东会无法履行职能，决策机构失灵，公司运作陷入瘫痪状态，出现公司僵局。富裕公司辩称事实是：富裕公司经济效益好，收入稳定，利润额每年都有上升趋势，富裕公司并未陷入公司僵局。

【法院裁判理由】

一审法院认为，富裕公司不符合司法解散的条件。虽然富裕公司两个股东之间的争议导致股东会僵局的出现，但是富裕公司经营上仍有收益，不符合经营管理发生严重困难的情形。因股东间的矛盾损害公司员工等相关主体利益，是因小失大的表现。可以采用多种方式来打破股东会僵局，保护刘小河方利益，例如可以转让其股权，让温州电子产品行业协会来进行调解，不需要向法院提起解散公司的诉讼。

二审法院则认为，富裕公司符合司法解散的条件。第一，认定存在公司僵局的事实。经查明，富裕公司的组织机构（股东会、执行董事、监事）都无法正常运行，公司经营管理已发生严重困难。组织机构的运行状况对公司的经营管理十分重要，能判断公司经营管理是否发生严重困难。富裕公司章程对公司治理有特殊规定，要求公司决议必须经全体股东一致同意才通过。富裕公司只有 2 个股东，股东刘小河占 35%的股份，股东常大树占 65%的股份，一旦意见不一致，很容易影响公司组织机构的正常运行。这种治理模式严格的要求更容易使公司陷入僵局。股东间矛盾激化，并进一步升级，再加上章程对公司治理的特殊规定，股东会长期没召开过，股东会决议管理公司

[1] 陈龙业："指导案例 8 号《林方清诉常熟市凯莱实业有限公司、戴小明公司解散纠纷案》的理解与参照"，载《人民司法》2012 年第 15 期。

方式失灵，出现股东会僵局。股东会出现僵局，股东常大树又是执行董事，长期掌控公司，其行为体现了个人意志，不受僵局状态的股东会的影响。常大树一再拒绝刘小河检查公司财务资料，不配合刘小河监督检查的行为，公司监事的监督不起作用。

公司经营管理发生严重困难，侧重的是公司组织机构无法正常履行职能，即管理困难。而不是公司经营绩效差、严重亏损等经济困难。而且盈利与否并不是判断符合公司经营管理发生严重困难条件的条件。[1]因此，富裕公司和常大树以公司还在盈利为理由，认为富裕公司的情况，不符合经营管理发生严重苦难的条件。二审法院，不予采信。

第二，二审法院认定富裕公司继续存续会使严重损害股东刘小河的利益。理由是：股东出资设立公司是为了收取财产性收益，参与公司经营管理。如果公司经营管理发生严重困难，那么极有可能会出现公司不能正常运作，收取股东利益不能得到保障的问题。这种状态的持续会损害股东利益。富裕公司内部组织机构已经无法正常运作，刘小河的股东权利、监事权利实际上不能行使，股东会长期不能发挥作用，刘小河的监督权、参与公司决策的表决权成为空谈。已经出现公司僵局，组织机构不能正常运作，刘小河的股东权利和监事权利实际上都无法行使，这种状态的持续会进一步损害刘小河的利益。

第三，二审法院认定通过其他途径无法打破公司目前僵局。诉讼前，股东刘小河试图化解和股东常大树的矛盾，知道诉讼后争议双方仍然没有一个统一的解决方案。温州电子产品行业协会也曾经对争议双方进行调解，提出了很多的解决纠纷的行之有效的方案，但是当事人仍没能拿出一个各方信服的统一的解决方案。法院也曾给当事人时间来进行协商，但是都没有结果，股东刘小河和常大树矛盾导致的僵局通过其他途径无法打破。

所以，在认可了刘小河的起诉资格后，即刘小河持有富裕公司35%的股份，股东刘小河符合提起司法解散的主体条件。

最终，二审法院作出法律事实认定结论：股东刘小河和股东常大树之间矛盾突出，公司章程的规定致使公司运行始终不能达成一致意见，富裕公司

---

[1]　蒋大兴："'好公司'为什么要判决解散——最高人民法院指导案例8号评析"，载《北大法律评论》2014年第1期。

已陷入公司僵局。若这种状态继续存续会损害股东利益，刘小河符合提起司法解散的主体条件。故判决富裕公司解散。

【理论拓展单元】 司法解散与公司人合性法理

一、人合性治理公司所面临的问题

人合性，是封闭公司的特点，实质是股东间参与公司经营管理的平等权，平等参与公司管理可以有效确保股东间的良好关系。如果股东能够为公司发展献言献策、相处融洽，那么人合性对公司治理的积极影响——降低公司经营成本比较明显。但如果股东间对于如何治理公司存在较大争议，进而影响到公司正常经营管理，权力机构无法正常决策、公司无法正常运行时，公司内部股东之间的人合性危机也带来了公司治理的消极影响。当人合性危机进一步使公司陷入僵局时，股东间矛盾突出，公司决策机构无法召开、正常作出决策，公司内部运行机制失灵，这样的公司继续存续不能使股东实现出资设立公司的目的，如收取财产性收益，享受参与公司经营管理等。

一旦出现公司僵局困境时，股份有限公司有较成熟的应对机制。股份有限公司具有公开性和开放性的特点，对社会开放，股份对内对外转让较为自由。所以，股份有限公司可以混合使用"用手投票"和"用脚投票"的方法，来处理股东争议、平衡各方利益。股份有限公司在作出公司决议时采用"用手投票"的方式，坚持资本多数决原则。当股东意见与公司决议不一样，不愿意继续留在公司时，股份有限公司采用"用脚投票"的方式，股份流转自由，股东可选择退出公司，在市场上出售其持有的该公司股票。

但是对于以封闭性为特点的有限责任公司而言，出现公司僵局时，中小股东会面临资本锁定和权益冻结的困境。由于有限责任公司具有人合性和封闭性特点，公司内部运行不对外开放，严格限制股东的人数和资本的流动，公司少数处于劣势的股东其资本将被锁定、权益会被冻结。当股东间存在较大争议时，股东对内转让股份，并没有达成合意的买受人，股东对外转让股权，须经其他股东过半数同意，而股东间矛盾不可调和，该股东对外转让股权不可能得到纠纷他方股东的支持，对外转让股权的希望也落空。转让股权不可行时，股东可以行使异议回购请求权，请求公司购买自己的股权。但是该种退出机制对条件要求的非常严格，如公司连续 5 年盈利不分红或公司合并、分立、转让主要财产等。因而，根据股权转让或公司回购的法律规定，股东个人退出公司的道路并不通畅，处于劣势的中小股东，不得不接受有限责任公司的封闭性带来的资本锁定、权益冻结的后果。

公司出现僵局时，处于劣势的中小股东其资本可能被锁定、权益被冻结，控股股东利用其优势地位控制公司，作出只满足其利益的安排。大股东对中小股东进行压榨，剥夺其应该享有的参与公司经营管理、监督权的股东权利，持异议的中小股东的合理期待利益落空。公司僵局状态的继续存续，会消磨掉公司原本积累的资源，公司商誉（无形资产）受到损害，没有话语权的中小股东利益会遭到进行损害。因此，有必要引入外部力量予以打破。

二、司法解散的对策性及适用把握

当封闭性的有限责任公司股东间出现严重分歧，致使股东间的合作和信任关系破裂时，股东这时可以选择转让股权这种方式，退出公司来保护自身权益。这时退出公司是最直接的方式。有限责任公司具有封闭性特点，这使得法律对有限责任公司股权的转让尤其是对外转让限制颇多，股东对外转让股权存在极大的困难，须经其他股东过半数同意。有限责任公司缺乏公开的外部市场，即使其他股东同意，也难以找到合适的受让方。而当公司陷入僵局时，股东间矛盾激化，内部转让行不通。当股权转让这一退出方式无果时，股东只能诉诸司法解散来保护自身权益。[1]

我国司法解散制度的存在意义，价值更大的是为了应对股东压迫，第一种典型的现实问题是股东滥权。有限责任公司中经常出现股权滥用的问题，公司在决策时坚持"资本多数决"原则，这使得大股东或者控股股东在公司决议时处于有利地位。这一原则如果运用得当，公司能够有效运行。但是如果大股东或者控股股东滥用资本多数决原则，做出只对大股东或者控股股东有利、损害中小股东利益的安排，这将和有限责任公司人合性含义相违背。这在实际公司运作中很常见。中小股东虽有决议权，但是如果按照资本多数决原则进行公司治理、作出决议，那么中小股东只能被动地听从大股东的安排，其权益可能受不到保护。

---

〔1〕　马其家："论公司僵局及其解决机制"，载《西北师大学报（社会科学版）》2007年第3期。

第二典型的现实问题是公司僵局。公司僵局表现为股东间的合作管理已经破裂，内部管理机制失灵，股东间纠纷无法通过内部救济措施来解决，公司设立时的目的难以实现。公司僵局具体表现为：股东或董事间因为利益冲突发生严重分歧，僵持不下，致使公司内部运行机制完全失灵，陷入瘫痪状态。

现实中，股东滥权和公司僵局在有限责任公司中经常出现，大股东或者控股股东利用其优势地位，滥用资本多数决原则；或者在人合性的公司治理安排下因为股东间的尖锐矛盾使公司权力机构、管理机构无法正常召开以及作出有效决策，运作停滞，出现公司僵局。司法解散制度存在的原因，正是为了应对这两种问题给股东、公司带来的不良后果。[1]

司法解散作为公司解散中的一种方式，其最主要的目的是解决股东纠纷，是保护中小股东的有效手段，这在有限责任公司等封闭公司中显得尤为重要。所以，司法解散的实质，是为公司中少数股东的利益提供一种保护机制或者退出机制。

不过，解散公司是一种极端的保护股东权益的方式，因为它消灭了公司的主体资格，当然会存在着一定的弊端。[2]强制解散公司是一种成本很高的救济措施，解散公司不仅会浪费公司设立的成本，也不利于减少股东的损失，为了解决公司治理问题就让公司终止，绝不是解决问题的上策。而且，公司一旦被解散，还会导致失业人数上升。所以，司法解散的定位，应该是有限责任公司股东为保护其权益的终极性司法救济途径。[3]

正是基于对司法解散的终极性特点的把握，当出现公司僵局时，国外立法例中常见的办法是先采取强制股权收购、临时管理人、临时董事等替代性救济措施。如《美国示范公司法》规定，只有当股东提起诉讼，请求非自愿解散公司时，才可以用强制股权收购这一替代性措施。原告诉至法院请求解散公司，采用强制股权收购方法时，买受人只能是其他股东或者公司。其他股东或者公司愿意购买其股份时，原告只能卖出其股份。使用替代性方法后，

〔1〕 郑瑞平："论我国公司司法解散制度的构建"，载《人民论坛》2010年第20期。

〔2〕 张乐："论公司僵局司法救济制度及其在我国的完善"，载《河南师范大学学报（哲学社会科学版）》2010年第4期。

〔3〕 吴民许、杨奕："司法解散制度及其功能归位——以司法解散和公司僵局破解的关系为视角"，载《理论探索》2008年第2期。

就不能直接判决公司解散。[1]而德国法院则在司法实践中，摸索出了两种替代性救济措施——退出权和除名权。退出权是指当股东想脱离公司时，在一定条件下可以要求公司或者公司的其他股东购买其股份，从而使自己退出公司。除名权是指当股东不想脱离公司时，在一定条件下，有权要求其他股东向他或者公司售出股份，并将其除名。

可见，从法律制度设计的角度来看，司法解散和公司僵局并没有必然的联系。公司僵局的出现，是因为股东间良好合作关系被打破。解散公司的终极目的，是通过解除股东间的合作关系或者解除投资管理关系，让股东顺利退出公司。所以，除司法解散外，还存在其他的可以替代司法解散的、打破公司僵局、让股东顺利退出公司的手段。制度设计，更多的使用替代性救济措施而非直接适用司法解散，这样的话，司法解散法律规定的实质上效果，是法律赋予了中小股东与大股东之间讨价还价的权利，对于中小股东利益保护而言，大股东非但不能漠视，甚至也许要付出更大的代价。

第二节　公司清算

一、公司清算的概念

公司清算，是指公司解散后，依照法定程序处分公司财产，了结各种法律关系，并最终使公司归于消灭的行为。公司解散之后，一般会面对清算问题。例外是，因合并或分立导致的公司解散，由于在合并或分立过程中，已发生了被解散公司的债权、债务概括承受的法律效果，故无须在解散后进行清算。此外，因为公司破产并非公司解散的原因，所以破产清算须依《破产法》规定的程序进行，而不被纳入公司清算的范畴之中。

公司清算由一系列行为构成，需要遵循相应的法律程序。通过清算，结束解散公司既存的法律关系，分配解散公司的剩余财产，从而最终消灭解散公司的法人资格。由此可见，公司进入清算程序并不导致其法律人格的消灭。这就提出了清算中公司的法律地位问题。鉴于清算中公司客观上存在处分公司财产并处理公司各种法律关系的需要，各国（地区）公司法均确认了清算

---

〔1〕　戴庆康："论作为公司强制解散替代路径的股权强制收购——从林某诉凯莱公司、戴某等公司解散纠纷案谈起"，载《东南大学学报（哲学社会科学版）》2015年第5期。

中公司有限制的法律人格。在清算期间，公司法律人格仍然存续，但其权利能力被限制在与清算有关的事务之中。这种受限的特殊人格被称为清算法人。我国《公司法》也接受并确认了这一理论与立法模式。该法第186条第3款规定："清算期间，公司存续，但不得开展与清算无关的经营活动。公司财产在未依照前款规定清偿前，不得分配给股东。"由于已进入清算程序，公司原有的治理结构已经解体，因而清算中公司的代表人和业务执行机关都由清算人担任，由其对内执行清算业务，对外代表清算中公司。我国《公司法》第184条所规定的清算组所具有的七项职权，即为清算组地位的反映。

二、公司清算的种类

各国（地区）公司法均将清算分为普通清算与特别清算两种类型。

普通清算，是指由公司依法定程序自行组织清算机构所进行的清算，法院不直接干预其清算事务，仅实行一般监督。此种清算兼顾股东和公司债权人的利益。在公司实践中，普通清算对于自愿解散和强制解散均可适用，但前提是公司解散时的资产能够抵偿债务，并且公司能够自行组织清算工作。对此，我国《公司法》第183条规定："公司因本法第180条第1项、第2项、第4项、第5项规定而解散的，应当在解散事由出现之日起15日内成立清算组，开始清算。"依此，因公司解散而导致的清算，均可适用普通清算程序。

特别清算，是指公司解散时不能由公司自行组织清算，或者在进行普通清算发生显著障碍时，由法院介入而强制进行的清算。特别清算，是为维护公司债权人的利益，依法院的命令而开始，并在法院严格监督下进行。因特别清算仍为清算程序，故公司法中有关普通清算的规定，除另有规定外，特别清算都可适用。对特别清算程序的启动，我国《公司法》第183条进一步规定："逾期不成立清算组进行清算的，债权人可以申请人民法院指定有关人员组成清算组进行清算。人民法院应当受理该申请，并及时组织清算组进行清算。"

三、公司清算人

（一）清算人的概念

清算人即公司清算事务的执行人。在境外公司法中，清算人既可为单一的自然人，也可为由数人组成的集合体，故普遍采用"清算人"概念。我国法律则对清算人有不同称谓，例如，在《合伙企业法》《个人独资企业法》《信托法》中称为"清算人"；在《民法通则》《民事诉讼法》中称为"清算组织"；在《公司法》《保险法》中称为"清算组"；在《破产法》中则称为"破产管理人"。

（二）清算组的组成

各国公司法虽对清算人选任的规定不尽一致，但归纳起来，大致有以下三种做法：一是由公司执行业务股东或执行业务董事担任清算人；二是根据公司章程的规定，由股东或股东会选任清算人；三是由法院指派清算人。在一般情况下，清算人都以第一种或第二种方式产生。只有在特定情形下，如由董事担任清算人不适合时，以及解散公司逾期不成立清算组时，法院才有权指派清算人。依我国《公司法》第183条之规定，有限责任公司的清算组由股东组成，股份有限公司的清算组由股东大会确定其人选；逾期不成立清算组进行清算的，经债权人申请，人民法院应当指定有关人员组成清算组，进行清算。

对清算组的具体组成，作出明确规定的是《公司法司法解释二》第8条。该条第1款规定："人民法院受理公司清算案件，应当及时指定有关人员组成清算组。"该条第2款规定："清算组成员可以从下列人员或者机构中产生：（1）公司股东、董事、监事、高级管理人员；（2）依法设立的律师事务所、会计师事务所、破产清算事务所等社会中介机构；（3）依法设立的律师事务所、会计师事务所、破产清算事务所等社会中介机构中具备相关专业知识并取得执业资格的人员。"据此，除公司股东、董事、监事、高级管理人员外，法院还可将律师事务所、会计师事务所、破产清算事务所等社会中介机构以及这些机构中具备相关专业知识并取得执业资格的人员指定为清算组成员，清算组成员必须具有相应的能力才能开展清算活动。

另外，对于清算组成员的更换，《公司法司法解释二》第9条规定："人民法院指定的清算组成员有下列情形之一的，人民法院可以根据债权人、股东的申请，或者依职权更换清算组成员：（1）有违反法律或者行政法规的行为；（2）丧失执业能力或者民事行为能力；（3）有严重损害公司或者债权人利益的行为。"

（三）清算组的职权与职责

清算组在执行清算业务的范围内，其权利义务有如公司的董事，拥有公司清算范围内的广泛职权。对此，我国《公司法》第 184 条规定，清算人在执行清算过程中行使下列职权：（1）清理公司财产，分别编制资产负债表和财产清单；（2）通知、公告债权人；（3）处理与清算有关的公司未了结的业务；（4）清缴所欠税款；（5）清理债权、债务；（6）处理公司清偿债务后的剩余财产；（7）代表公司参与民事诉讼活动。

清算人作为公司的受托人，应忠于职守，依法履行清算义务。域外法，一般都明确规定了清算程序中清算人违反清算义务的不法行为及违法后果。如《英国破产法》第 212 条有关不法行为诉讼（misfeasance proceedings）的规定，清算人可能就挪用公司资产、疏忽过失或违反其对公司负有的信义义务（关于利益冲突和谋取私利的规则）的行为，而遭到起诉并承担个人责任。

我国 2005 年《公司法》第 190 条规定："清算组成员应当忠于职守，依法履行清算义务。清算组成员不得利用职权收受贿赂或者其他非法收入，不得侵占公司财产。清算组成员因故意或者重大过失给公司或者债权人造成损失的，应当承担赔偿责任。"

对于赔偿之诉的原告起诉资格，我国《公司法司法解释二》第 23 条作了具体规定："清算组成员从事清算事务时，违反法律、行政法规或者公司章程给公司或者债权人造成损失，公司或者债权人主张其承担赔偿责任的，人民法院应依法予以支持。有限责任公司的股东、股份有限公司连续 180 日以上单独或者合计持有公司 1% 以上股份的股东，依据公司法第 151 条第 3 款的规定，以清算组成员有前款所述行为为由向人民法院提起诉讼的，人民法院应予受理。公司已经清算完毕注销，上述股东参照公司法第 151 条第 3 款的规定，直接以清算组成员为被告、其他股东为第三人向人民法院提起诉讼的，人民法院应予受理。"

四、公司清算程序

根据我国《公司法》《公司法司法解释二》之规定，并结合公司清算实践，公司清算的程序具体包括以下七个方面。

（一）成立清算组，开始清算

公司因法定原因而解散的，应当在解散事由出现之日起 15 日内成立清算组，开始清算。公司解散后逾期不能组成清算组进行清算，或者成立清算组开始清算后故意拖延清算，或者有其他违法清算、可能严重损害公司债权人或者股东利益行为的，公司股东、债权人申请人民法院对公司进行清算的，人民法院应当受理。但如果公司已经不能清偿到期债务，并且资产不足以清偿全部债务或者明显缺乏清偿能力的，人民法院可以告知其依据《破产法》的规定向人民法院申请宣告破产。

清算组成立后，公司清算正式开始。清算开始后，公司的法律人格即进入受限制的清算法人状态。此后，公司权利均由清算组统一行使，清算组应停止与清算无关的活动。

（二）通知、公告债权人

清算组应当自成立之日起 10 日内，将公司解散清算事宜书面通知全体已知债权人，并于 60 日内根据公司规模和营业地域范围，在全国或者公司注册登记地省级有影响的报纸上进行公告。清算组未按照前款规定履行通知和公告义务，导致债权人未及时申报债权而未获清偿，债权人主张清算组成员对此造成的损失承担赔偿责任的，人民法院应依法予以支持。

（三）债权申报和债权登记

债权人应当自接到通知书之日起 30 日内，未接到通知书的向公告之日起 45 日内，向清算组申报其债权。债权人申报债权，应当说明债权的有关事项，并提供证明材料。清算组应当对债权进行登记。但在申报债权期间，清算组不得对债权人进行清偿。

公司清算时，债权人对清算组核定的债权有异议的，可以要求清算组重新核定。清算组不予重新核定，或者债权人对重新核定的债权仍有异议，债权人以公司为被告向人民法院提起诉讼请求确认的，人民法院应予受理。

债权人在规定的期限内未申报债权，在公司清算程序终结前补充申报的，清算组应予登记。债权人补充申报的债权，可以在公司尚未分配财产中依法清偿。公司尚未分配财产不能全额清偿，债权人主张股东以其在剩余财产分配中已经取得的财产予以清偿的，人民法院应予支持；但债权人因重大过错未在规定期限内申报债权的除外。

（四）清理公司财产、编制资产负债表和财产清单

清算开始后，清算组要全面清理公司财产，并以此为基础，编制资产负债表和财产清单。但在此期间，如果清算组发现公司财产不足以清偿债务的，应当立即向法院申请宣告破产。一旦法院受理后，清算组应当将清算事务移交给法院，自此终结公司清算程序，而进入破产清算程序。

（五）制定清算方案，并报股东会、股东大会或者人民法院确认

清算组在清理公司财产、编制资产负债表和财产清单后，应当制定清算方案，并报股东会、股东大会或者人民法院确认。在普通清算情形下，因不涉及法院的司法监督，清算方案报股东会、股东大会确认即可。在特别清算情形下，清算方案应呈报人民法院确认；未经确认的清算方案，清算组不得执行。执行未经确认的清算方案给公司或者债权人造成损失，公司、股东或者债权人主张清算组成员承担赔偿责任的，人民法院应依法予以支持。

（六）分配公司清算财产

清算组在制定清算方案并报股东会、股东大会或者人民法院确认后，就进入分配公司清算财产的阶段。对于财产的分配顺序，我国《公司法》第186条第2款规定："公司财产在分别支付清算费用、职工的工资、社会保险费用和法定补偿金，缴纳所欠税款，清偿公司债务后的剩余财产，有限责任公司按照股东的出资比例分配，股份有限公司按照股东持有的股份比例分配。"

（七）清算结束

第一种情形是，财产分配完毕后终结清算程序。我国《公司法》第188条规定："公司清算结束后，清算组应当制作清算报告，报股东会、股东大会或者人民法院确认，并报送公司登记机关，申请注销公司登记，公告公司终止。"

终结清算程序的第二种情形，适用于特别清算，作为替代破产程序的简化程序。人民法院指定的清算组在清理公司财产、编制资产负债表和财产清单时，发现公司财产不足清偿债务的，可以与债权人协商制作有关债务清偿方案。债务清偿方案经全体债权人确认且不损害其他利害关系人利益的，人民法院可依清算组的申请裁定予以认可。清算组依据该清偿方案清偿债务后，应当向人民法院申请裁定终结清算程序。债权人对债务清偿方案不予确认或者人民法院不予认可的，清算组应当依法向人民法院申请宣告破产。

各国（地区）公司法大多未规定清算程序的期限，我国《公司法》亦然。不过，《公司法司法解释二》第16条对特别清算的期间作了明确规定，该条第1款规定："人民法院组织清算的，清算组应当自成立之日起6个月内清算完毕。"该条第2款规定："因特殊情况无法在6个月内完成清算的，清算组应当向人民法院申请延长。"

五、公司清算的相关责任主体

为充分保护债权人利益，发挥债权人对公司清算的制衡和控制，更好地应对自行清算中股东自我利益最大化而损害债权人利益的行为。《公司法司法解释二》对控股股东、实际控制人和董事的清算责任和债权人诉权，作出了明确具体的规定：

第一，未及时清算的法律责任。有限责任公司的股东、股份有限公司的董事和控股股东未在法定期限内成立清算组开始清算，导致公司财产贬值、流失、毁损或者灭失，债权人主张其在造成损失范围内对公司债务承担赔偿责任的，人民法院应依法予以支持。若上述情形系实际控制人原因造成，债权人主张实际控制人对公司债务承担相应民事责任的，人民法院应依法予以支持。

有限责任公司的股东、股份有限公司的董事和控股股东，以及公司的实际控制人为2人以上的，其中1人或者数人按照以上规定承担民事责任后，主张其他人员按照过错大小分担责任的，人民法院应依法予以支持。

第二，怠于履行公司财产监管义务致不能清算的法律责任。有限责任公司的股东、股份有限公司的董事和控股股东因怠于履行义务，导致公司主要财产、账册、重要文件等灭失，无法进行清算，债权人主张其对公司债务承担连带清偿责任的，人民法院应依法予以支持。若上述情形系实际控制人原因造成，债权人主张实际控制人对公司债务承担相应民事责任的，人民法院应依法予以支持。

有限责任公司的股东、股份有限公司的董事和控股股东，以及公司的实际控制人为2人以上的，其中1人或者数人按照以上规定承担民事责任后，主张其他人员按照过错大小分担责任的，人民法院应依法予以支持。

第三，侵害债权人的财产分配行为的法律责任。有限责任公司的股东、股份有限公司的董事和控股股东，以及公司的实际控制人在公司解散后，恶意处置公司财产给债权人造成损失，债权人主张其对公司债务承担相应赔偿责任的，人民法院应依法予以支持。

第四，不法注销登记的法律责任。未经依法清算，以虚假的清算报告骗取公司登记机关办理法人注销登记，债权人主张其对公司债务承担相应赔偿责任的，人民法院应依法予以支持。

公司未经清算即办理注销登记，导致公司无法进行清算，债权人主张有限责任公司的股东、股份有限公司的董事和控股股东，以及公司的实际控制人对公司债务承担清偿责任的，人民法院应依法予以支持。

有限责任公司的股东、股份有限公司的董事和控股股东，以及公司的实际控制人为2人以上的，其中1人或者数人按照以上规定承担民事责任后，主张其他人员按照过错大小分担责任的，人民法院应依法予以支持。

第五，登记承诺时的清算责任承担。公司未经依法清算即办理注销登记，股东或者第三人在公司登记机关办理注销登记时承诺对公司债务承担责任，债权人主张其对公司债务承担相应民事责任的，人民法院应依法予以支持。

第六，未缴纳出资应承担的清算责任。截止至公司解散时，股东尚未缴纳的出资均应作为清算财产。股东尚未缴纳的出资，包括到期应缴未缴的出资，以及依照《公司法》第28条和第83条的规定分期缴纳尚未届满缴纳期限的出资。

公司财产不足以清偿债务时，债权人主张未缴出资股东，以及公司设立时的其他股东或者发起人在未缴出资范围内对公司债务承担连带清偿责任的，人民法院应依法予以支持。

【实务拓展单元】 公司清算中控股股东的清算责任

案由：北京北鹰吉成科技有限公司诉王倩清算责任纠纷案[1]

【基本案情】

2008年，科技公司提供装饰公司借款215万余元。2009年，装饰公司法定代表人李某去世。2010年，法院判决装饰公司返还科技公司欠款本息。2011年，装饰公司被吊销营业执照，执行法院查明装饰公司遗留财产不足以清偿债务，且公司财务账簿查无下落。2012年，科技公司诉请装饰公司唯一股东，持股40%的李某妻子王某承担清偿责任。王某抗辩称其未参与经营，并向法院提交了装饰公司2008年、2009年共计5张北京银行对账单，2008年

---

〔1〕 北京市海淀区人民法院（2013）海民初字第3259号民事判决书，北京市第一中级人民法院（2013）一中民终字第6082号民事判决书。

借条 1 张，称装饰公司可据此进行清算。

北鹰公司主张，要求判令被告王倩向北鹰公司清偿债务共计 2 156 250 元，并支付相应的债务迟延履行利息（自 2010 年 12 月 16 日起至实际清偿完毕之日止，按中国人民银行同期贷款基准利率标准加倍计算）。

【法院裁判结果】

一审法院判决被告王倩向原告北京北鹰吉成科技有限公司清偿债务 2 156 250 万元，并支付相应的债务迟延履行利息（自 2010 年 12 月 26 日起至实际清偿完毕之日止，按中国人民银行同期贷款基准利率标准加倍计算），均于本判决生效后 10 日内付清。

二审法院判决驳回上诉，维持原判。

【法院裁判理由】

本案中，大千公司 2011 年 11 月 23 日被北京市工商行政管理局海淀分局依法吊销企业法人营业执照，即自 2011 年 11 月 23 日起大千公司就已出现法定的解散事由，应当在被吊销之日起 15 日内成立由大千公司股东组成的清算组开始清算。但本案中王倩作为大千公司的唯一股东仍未开始对大千公司进行清算。而且大千公司自 2005 年 4 月 29 日注册成立至 2011 年 11 月 23 日被北京市工商行政管理局海淀分局吊销营业执照时止，共经营 6 年有余，但王倩仅向法院提交了大千公司 2008 年、2009 年共计 5 张北京银行对账单，2008 年借条 1 张，称大千公司可以据此进行清算。

最终，二审法院认为，从大千公司的经营时间长短分析，王倩提交的上述材料显然并非大千公司的全部财务账册，依据《公司法司法解释二》第 18 条第 2 款"有限责任公司的股东、股份有限公司的董事和控股股东因怠于履行义务，导致公司主要财产、账册、重要文件等灭失，无法进行清算，债权人主张其对公司债务承担连带清偿责任的，人民法院应依法予以支持"之规定，在王倩无法提交大千公司的全部账册、重要文件，另据生效判决认定的"因大千公司遗留财产不足以清偿而未能执行"等情况下，一审法院认定大千公司目前无法正常进行公司清算，王倩对此应承担相应的法律责任，并判决王倩向北鹰公司清偿到期债务，具有事实和法律依据，予以维持。

【理论拓展单元】 清算中的债权人利益保护：法政策与具体制度设计

清算，是公司停止营业后、终止公司"生命"前，必须进行的清产还债行为。一旦公司消亡，对债权人就意味着，债权利益的消亡。因为一旦清算终结，公司就不复有偿债的财产（因为财产已在清算程序中被分配完毕）甚至主体资格都会终结（因为已经向公司登记机关申请注销登记）。当然地，清算应该被视为债权人保护的最后一道防线。理论上来说，清算程序是为了贯彻和配合公司制度的基石——有限责任——而在终止法人生命时必须经历的债权人保护程序。因此，清算程序的具体制度设计，极有必要从应然层面确立起维护债权人利益的价值取向。

我国现有法律规定，只赋予债权人以事后救济为导向的诉权，而对于清算程序过程中的股东控制权，则缺乏债权人的有效制衡。由此，引发了实务中大量的不积极组织清算，未履行债权人通知程序而进行清算，以及恶意分配公司财产致使债权人权利受损的案例。从司法指导层面来看，考虑到债权人利益受侵害的情形，《公司法司法解释二》在现有立法的法制框架内，最大限度地保护了债权人的利益，赋予债权人诉权从而可以向负有清算责任的控股股东、实际控制人或董事追究偿债的个人责任。但囿于司法的事后性和"一事一议"的特点，以债权人诉权为基础、以责任主体个人财产补充的制度设计，难以有效约束股东违反清算程序法律规定的机会主义行为，无法给予债权人普遍而周全的保护。因此，极有必要从立法层面，思考合理的制衡体系。

域外法中极有借鉴意义的是，英国法所采取的最大限度稳定公司财产，着眼于债权人根本利益维护的制度构建。英国立法区分为自愿结业和强制结业两种形式，不同结业形式下清算制度设计中所引入的债权人利益保护主体，有所不同。不管是哪种类型的结业程序，其最终的目的并不局限于变卖公司资产，以及将变卖所得款项分配给债权人或股东（若清偿全部债权后仍有剩余）；关键在于，通过结业程序，一项针对公司管理人员行为的审查将得以启动。该审查将可能揭露公司管理者的不法行为，从而引发针对这些人的民事或刑事诉讼，或者导致相关各项交易被撤销或修正。

（1）在自愿结业程序中

制度设计，将公司董事作为债权人利益保护的主体。公司董事必须以董事会会议的方式作出一份法定声明（即偿债能力声明），以此证明他们已经对公司事务进行了全面的调查，并且基于该调查结果认为，公司可以在声明制定的期限内（不超过结业程序开始后12个月）全额清偿其债务。

偿债声明中董事对债权人利益保护必须承担个人责任。如果一名董事没有合理的理由相信公司有能力在指定期限内全额清偿债务（及利息），但却作出了"清偿能力声明"，那么该名董事将被处以罚金或有期徒刑；假如债务并未如声明所述那样足额清偿，则董事将被推定为没有合理理由相信公司具有偿债能力（除非有相反的理由予以反驳）。因此，董事在作出声明之前，必须尽到自己的最大注意，并且应当咨询专业人士的意见。

而追查董事责任的主体，也有专门的制度配套。自愿结业程序，虽然是由股东主导，但一名持证破产执行人（licensed insolvency practitioner）仍将被任命为清算人，而该清算人也许会在12个月的偿债期限届满前就着手调查上述声明是否乐观。可见，在公司结业方面，法律设定了相当多的负担。

如果董事没有作出偿债能力声明，那么公司必须在公司提出自愿结业的决议后14天内召集债权人会议，并履行法律规定的债权人通知程序。债权人会议通过债权人提名的人选，选举产生清算人。一旦清算人认为公司无法在12个月之内全额清偿债务，股东自愿结业程序就会转化为债权人自愿结业程序，此时，由清算人承担起清算义务。清算人，也成为维护债权人利益的主体。

另外，债权人会议会选举产生"清算委员会"，从而可以为了债权人的利益而有效监督清算人行为。毕竟在自愿结业程序中，并不存在官方接管人的监督制度。清算人对公司负有义务，而非对个别债权人或股东负有义务。清算人可能就自己的不法行为，包括挪用公司资产、疏忽过失或违反其对公司负有的信义义务（关于利益冲突和谋取私利的规制）的行为，遭到起诉并承担个人责任。

（2）在法院强制下达结业令的程序中

在当事人向法院提出结业请求后，法院就可以随时任命官方接管人。官方接管人有权并有义务对公司事务展开调查。当法院下达结业命令后，官方接管人可以要求公司管理人员、雇员以及其他掌握公司信息的人向其提交一份有关公司事务的文件，并宣誓保证文件内容的真实性。官方接管人也可以向法院提出申请，要求对以下人员进行公开调查：任何担任或曾经担任过公司管理人员、清算人、破产管理人、接管人或经理的人，或者其他任何曾经参与公司发起、设立或管理活动的人。同时，还规定如果债权额占债权总额1/2以上的债权人或持有公司3/4以上股份的股东也有权要求官方接管人展开上述调查。正是因为调查程序的存在，所以公司的控制人最不愿意选择的就是"法院下令强制结业"的方式，因为该方式不但成本最高，而且他们过去的所作所为在这个过程中很可能遭到彻底的调查。

【本章思考题】

1. 法律规定公司终止的意义何在？

2. 公司法人资格消灭，需要经历哪些阶段？试描述每个阶段的特点。

3. 司法解散制度，能够解决公司治理实践中的什么问题？司法解散作为解决方式，有何优劣？

4. 公司清算中，为什么会存在股东利益和债权人利益的平衡问题？我国立法，是如何解决这一问题的？

图书在版编目（ＣＩＰ）数据

公司法/杨敏, 程南, 唐英著. —北京：中国政法大学出版社，2019.4
ISBN 978-7-5620-8958-2

Ⅰ.①公… Ⅱ.①杨…②程…③唐… Ⅲ.①公司法 Ⅳ.①D913.991

中国版本图书馆 CIP 数据核字 (2019) 第 064112 号

出 版 者　　中国政法大学出版社

地　　址　　北京市海淀区西土城路 25 号

邮寄地址　　北京 100088 信箱 8034 分箱　邮编 100088

网　　址　　http://www.cuplpress.com（网络实名：中国政法大学出版社）

电　　话　　010-58908285(总编室) 58908433 (编辑部) 58908334(邮购部)

承　　印　　固安华明印业有限公司

开　　本　　787mm×1092mm　1/16

印　　张　　22

字　　数　　360 千字

版　　次　　2019 年 4 月第 1 版

印　　次　　2019 年 4 月第 1 次印刷

定　　价　　69.00 元